神楽と祭文の中世

■変容する信仰のかたち■

斎藤英喜・井上隆弘 編
Hideki Saito　Takahiro Inoue

思文閣出版

はじめに

神楽というと、初めて愛知県奥三河の花祭を訪れたときのことを思い出す。祭もたけなわとなる夜半に幼子たちによって舞われる花の舞のころになると、舞処は見物衆で埋めつくされる。そのころ突如恐ろしい形相の鬼が舞処に闖入する。榊鬼の庭入りである。人々は待ちかねていたとばかりに、声をかぎりに囃し立てる。榊鬼は子分の伴鬼《ともおに》をともなっているが、酒に酔った彼らはときにマサカリを振り回して暴れまわり乱闘を繰り広げたりする。危険極まりないのだが、気が付くと舞処に飛び出して、村人たちとともに狂喜乱舞していた。神楽の渦を巻くような荒ぶる力は、われわれの日常性を切り裂いてカオスの中に叩き込みそして再生させるのだ。

神楽はよく「伝統芸能」などと呼ばれる。しかし山間部などに伝承される古い神楽は、日本文化についての解釈のステロタイプに書き直しをせまるものである。

こうした神楽についての研究は、昭和初年に三信遠の神楽が折口信夫や早川孝太郎らによって見いだされたことに始まる。しかし彼らは、神楽の本当の主役たち、すなわち土公神《どくうじん》や荒神《こうじん》、大将軍神など、神楽祭儀や祭文類の中に生き残っている中世的な神格にあまり注意をはらってはいなかった。

こうした現実は一九八〇年代の「中世ルネサンス」ともいうべき状況によって打ち破られる。これまで荒唐無稽で一顧の価値もないとみなされていた、中世の日本書紀注釈のテキスト群が「中世日本紀」として再定義され、その世界に照明が当てられるようになった。そして、こうした中世の神仏習合思想によって解釈された「中世日本紀」「中世神道」「本地物語」などのテキスト群にたいして、中世的な世界観・宇宙観を構想するものとして「中世神話」という新たな概念が提起された。

この時期の神楽研究においては、岩田勝、山本ひろ子の功績が大きい。岩田は広島県の比婆荒神《ひばこうじん》神楽の中世神楽としての性格を明らかにし、またこの地の神楽祭文を研究して中世の神楽祭儀の解明を行い、「浄土神楽」という新たな概念を提起した。山本は花祭の前身である大神楽の「白山《しらやま》浄土入り」の中世的な宗教世界を明らかにし、大神楽・花祭の「花の祭文群」の解明を行なった。

そして一九八二年の小松和彦の『憑霊信仰論』発表以降の高知県のいざなぎ流研究の進展は、祭文とその宗教世界、そしてそれを用いた祈禱の実修へ研究者の関心を高めていくものであった。

だが今日、なお「神楽・祭文の研究」は立ち遅れていると言わざるをえない。

近代は「始源」をその写し絵としての「古代」に求め、そこから「日本の伝統」といった物語が造り出された。そうであるがゆえに、中世研究は近代のわれわれの価値体系を相対化し問い直すことをせまるのである。神楽・祭文研究はその最も重要な分野の一つに他ならない。

本書では、こうした祭文研究の道標となるべく、中世密教・陰陽道の知見をふまえ、各地の神楽の現場から祭文実修のあり方を明らかにしようと試みた。幸いなことに東アジアをふくめて各地の神楽（祈禱）と祭文について、ベテランに若手研究者も加わり意欲的な研究を集めることができた。

本書が神楽と祭文の研究にとっての新たな議論の可能性を拓くものとなれば幸いである。各方面の建設的な批判を乞いたい。

井上隆弘

二〇一六年十一月吉日

もくじ◆神楽と祭文の中世——変容する信仰のかたち——

Ⅱ　生成する祭文の世界

Ⅲ　中世神楽の現場へ

神楽と祭文の中世

――変容する信仰のかたち――

総論　神楽・祭文研究の現在と課題

斎藤英喜
井上隆弘

はじめに

近年は「神楽ブーム」ということで、列島の山深い村々や海辺の町で演じられる神楽に多くの観光客やアマチュアカメラマンたちが押しかけている。そこでは山村に生きる人びとの素朴な信仰や、山や森などの自然に息づく神々と交感する民俗芸能といった言説が、今も流通している。神楽研究が、「古代的」「民衆的」といったキーワードで論じられる現状にあることを映し出していよう。

しかし一九八〇年代以降に、神楽研究のなかであらたに注目されたのが、「中世」の神楽の実態である。おもに中国地方神楽を対象とした岩田勝や、奥三河の花祭、大神楽をめぐる山本ひろ子などの研究を起爆剤にして、これまでの「古代」の原型・祖形を求める神楽研究を塗り替える、新しい「神楽」の中世的儀礼世界の研究がわれわれの前に顕現してきたのだ。

とりわけ、「浄土神楽」「荒神神楽」の実態は、従来の「修験系神楽」という視野をさらに押しひろげ、中世の神仏習合の信仰世界と神楽とがぶつかり合う、ダイナミックな儀礼現場へと導いてくれ、荒神、土公神《どくうじん》、牛頭天《ごずてん》王《のう》、八王子、呪詛神、金神《こんじん》など『記』『紀』神話には登場しない異貌の神々、あるいは太夫《たゆう》、法者《ほさ》、禰宜《ねぎ》、博士《はかせ》、陰陽師、神子《みこ》……と呼ばれる神楽の担い手たちの姿とともに、これまでの「神楽」の認識を大きく転換させたといえよう。

こうした「中世神楽」の研究は、神楽の場で読み唱えられる「祭文《さいもん》」の研究と不可分にあった。従来「祭文」といえば、古代の儀式系祭文か、近世の「歌祭文」などの芸能化したものがメインで、「中世の祭文」は「継子あつかい」（五来重『日本庶民生活史料集成』第一七巻「解説」三一九頁）されてきたが、中国地方の神楽祭文、奥三河の花祭祭文、あるいは対馬の祈禱祭文、また土佐のいざなぎ流祭文は中世神楽の現場を究明する大きな視野を与えてくれたのである。それはまた、神楽と祈禱という二分法が通用しない「中世」の儀礼世界に分け入る方法を教えてくれたといえよう。

「神楽と祭文の中世」と題した本書は、近年の中世神楽、祭文の研究を踏まえつつ、さらにその次なる課題へと迫っていくことを目的に編まれるのである。以下「総論」として、「神楽」をめぐって井上隆弘が、「祭文」については斎藤英喜が執筆分担し、本書の研究史的な位置づけ、方法論的な射程などを論じていきたい。さらに本書への導入として、各章の論考の簡単なコメントを付す。

神楽編

井上隆弘

折口信夫は「日本文学啓蒙」のなかで次のように述べている。

神楽は、神遊びから出て居る。先、神遊びの話から初めて行かう。あそびとは舞踊の事であるが、あそびとまひとには区別があった。あそびには必、奏楽が伴うて居た、といふことのほかに、まう一つの違ふ点があつて、其の方が大事な問題でもある。まひは踏み鎮めるのだが、あそびは、単に踏み鎮めるだけでなしに、色々の動作をして揺がす・魂をえぶる・魂をゆすぶつて完全に人間の身体に其外来魂を附着させるといふ、鎮魂の第一義があるのである。(1)

神楽の本義が「神遊び」にあるという折口の言説は、まさに神楽というものの正鵠を射ている。彼はそこに神と人との直接的な関係を見ているのである。

その意味で神楽はたんなる「民俗芸能」ではない。神楽を論じるとき、まずその宗教性が問われなければならない。宗教といっても信仰が個人の問題に還元されるような近代のそれではなく、近代以前の、とりわけ中世の宗教世界が問題とされなければならないのだ。これが本書のモチーフである。

しかし神楽といっても、地方により実にさまざまな形態のものが伝承されている。それはその神楽が負っている歴史性なり地域性の反映である。神楽がそのような複雑な構成体である以上、その把握は一筋縄ではいかない。

これまでの神楽研究は学問として方法らしい方法を提示してこなかった。例えば、歴史的なレベルの違いを無視して、現前の神楽にあれこれの芸態的な特徴にもとづく分類を附して満足するがごとき「方法」が流通している。こうした従来の神楽研究の限界を乗り越えるには、しっかりした方法にもとづく神楽の分析が必要である。以下、研究史の総括をふまえて、神楽研究の方法論確立のための試みを提示していくことにしたい。

一　研究史

（1）「民俗芸能研究」成立の場所

神楽研究を問ううえで、まず研究史を振り返る必要があるが、そこにおいては「日本民俗学」の創始と呼応するように、いわゆる「民俗芸能研究」が成立した時空を問うことが必須である。

昭和初期、折口信夫・早川孝太郎は競い合うように奥三河や南信濃の地に分け入り、花祭、霜月祭の研究に成果を上げた。それは日本民俗学の黎明を告げる出来事であった。

しかしながら両者の立場には大きなへだたりがあった。

折口のそれはあくまで神楽の宗教性を追究するということにあった。明治以降の国家神道の展開のもとで「神社非宗教論」が政府の公式見解とされ、神道は宗教性を否定されてしまった。折口の営為は、この神道の宗教性を問うということにあった。彼はそれを三信遠の神楽における神と人との生き生きとした関係に見出そうとした。こうした折口の花祭・霜月祭研究の成果が、「山の霜月舞」（一九三〇年）や「大嘗祭の本義」（一九二八年）で定式化された「鎮魂論」である。その核心は「みたまのふゆ」という語に示されている。すなわち神は「ふゆまつり」において、外来魂を付着させて霊魂の復活再生と成長を行うというものであった。(2)

今日的には、こうした折口鎮魂論の限界は明らかである。しかし折口が神楽の宗教性を問うことを神楽研究の中心にすえたということは、今日的に再評価されていいことである。

一方早川であるが、その大著『花祭』（岡書院、一九三〇年）を見ると、それは詳細なモノグラフに終始している印象がある。しかし、『早川孝太郎全集』を通覧すれば明らかなとおり、早川は当時昭和恐慌のもとで危機に瀕する農山村を再建する農村更生運動の担い手であった。したがって、早川の花祭研究は、危機に直面した農山村を再建するうえで共同体的紐帯の中核をになうべきものを解明することにほかならなかったのである。

こうした「民俗芸能研究」成立の時代状況を考えるうえで、小寺融吉の存在は重要である。小寺は一九二五年より日本青年館における「全国郷土舞踊と民謡大会」(のちの「民俗芸能大会」)を指導し、一九二七年には柳田國男、折口信夫とともに「民俗藝術の会」を結成、雑誌『民俗藝術』を発刊した。

彼は「当時は価値が低いとして顧みられなかった郷土舞踊(郷土芸能)を学問の枠組みに取り込み学術的に体系的に研究した」。その方法は西欧の民族学の進化主義の影響を受けたもので、「呪術から芸能へという流れの中に神楽や田楽を位置づける試みで」あった。しかし、その中心に置かれたのは芸態研究であり、美学の方法にもとづいた「わざ」という身体技法への着目があった(3)。

こうした小寺の活動は、日本青年館を中心とする農山村の青年団運動と結びついたものであった。青年団運動とそれを担い手とする「民俗芸術」の振興活動は、昭和恐慌によって深化する農村危機の中で重要視されるようになっていった。それは前述の早川の立場とも共通するものであったろう。

(2) 本田安次の神楽研究の検討

この流れのなかから登場するのが本田安次である。本田は『山伏神楽・番楽』(斎藤報恩会、一九四二年)などに代表される東北地方の神楽研究を出発点として、折口・早川よりやや遅れて三信遠の神楽の踏査を行い、その成果は戦後『霜月神楽之研究』(明善堂書店、一九五四年)にまとめられた。その後も全国の神楽の調査研究を行い神楽研究の基礎を築いたといわれる。

本田の神楽研究の核心にあるものは、「こんな草深い田舎に、なぜこのような雅な芸能があるのだろうか」という驚きであったと思われる。その理想形は岩手県の早池峰神楽に見出された。そうした美意識は小寺融吉の「美学」を受け継ぐものであったと思われる。

しかしそれは神楽研究の方法たりえない。そこで折口の論から、その宗教性とは切り離された形で、説明原理が切り取ってこられることになる。

例えば本田安次は大著『神楽』（木耳社、一九六六年）において、神楽成立の基礎として「神楽以前」の一章を立てているが、その「一、神座を設けて神を呼ぶ行事」の項には次のように述べられている。

神の分身である人間は、その神を招ぶことも、神と交通することもできると信じてゐた。そこに色々の呪術も生じた。

神を招ぶには、先ず神の依るべき座を設けることが必要であった。然らば何が神座になるかといふことが大切な問題であったらう(4)。

また「二、鎮魂の祭」の項には次のように記されている。

……岩戸の故事は一種の鎮魂、或は招魂の式であつたと思ふ。鎮魂《たましずめ》とは、抜け出ようとする霊魂を身体の内府に、しっかりと収めようとすること、招魂《たまふり》とは、遊離した魂、或は新たな魂を招きよせようとすることである(5)。

一は折口が「髭籠の話」で提唱した「依代論」であり、後述する「神楽＝かむくら（神の座）説」であること、また二は折口の「鎮魂論」によるものであることは明らかである。

「四、かぐらの語源」で本田は、志田延義が、「神楽の本体は採物である」として、神楽とは、「神の座と考へられる「採物」を持つて歌舞することと考へたい」としていることを、「さすに鋭いと思ふ」などと評している。

そして、以下ではこれを承けて、「神座を設けて神を呼ぶ行事――主として鎮魂・招魂の行事――そのものが「かむくらの行事」であり」すなわち神楽であると結論づける。(6)

しかしここでは、神楽の本義として提出されていると思われる、「神楽＝鎮魂説」と「神楽＝かむくら（神の座）説」(7)との関連はまったく明らかではない。要するに説明原理のつぎはぎなのである。

ここでは後者の「神楽＝かむくら（神の座）説」で説かれている「採物」を「神楽の本体」とする見解について一言しておこう。通例「採り物」とされるものには次の二通りある。一つは榊枝や御幣など、それを持って舞う巫者に神霊が依り付くしるしである。いま一つは剣や弓矢など、それを採って舞うことによって悪魔をはらい祭場を清めるためのものである。(8)

志田ないしは本田の議論では両者の区別がまったく無視されている。そもそも榊枝や御幣などの「採り物」が儀礼の間を通して神の座でありつづけることがありうるのだろうか。それはその「神の座」がもはや形式にすぎないことを意味している。

本田の神楽研究における中心的関心事は、小寺から受け継いだ「芸態」にあったといえよう。

以下、『神楽』において、本田は神楽の分類を試みている。よく知られる、「伊勢流神楽」「出雲流神楽」「巫女神楽」「獅子神楽」の四分類である。これも現前の神楽の芸態による分類であることは明らかである。

例えば「出雲流神楽」は、本田が島根県の佐陀神能《さだしんのう》を西日本の神楽の典型と考えたことによるものである。これはいわゆる「採り物神楽」である。佐陀神能においては「七座の神事」という「採り物舞」によって構成された祭式が神楽の本体をなし、次に行われる「神能」は「法楽」すなわち余興と考えられている。

こうした神楽祭儀のあり方は、近世における吉田神道の影響によるものである。本田の議論は、こうした歴史的な把握を無視して、現前の神楽の形態的特徴によって、神楽にあれこれの規定を付与するものに他ならない。

こうした芸態論中心の神楽研究の限界を乗り越えるものは、神楽の宗教性をいま一度問うということにほかならない。そのために必須なものは「中世への視点」である。

（3）「中世神楽」の発見──岩田勝・山本ひろ子の神楽研究の意義──

これについては、岩田勝・山本ひろ子という二人の論者の仕事について取り上げなければならないであろう。

岩田勝の神楽研究

岩田勝の功績の第一は、神楽祭儀における男性の巫者である法者＝司霊者の役割について明らかにしたことにある。

岩田は日本の宗教史において「巫女なるものがこれまで不当なまでにとでもいえるほど重視されてきている」[9]として、これにたいして男性の司霊者が神楽祭儀において神霊を操作する役割を重視した。すなわち神がかって神言を託宣する神子にたいして、祭文を誦み神霊を強制するものとして司霊者＝法者の位置を明らかにした。そして、中世的神楽祭儀はこの「法者」と「神子」のセットによって執行されたとしたのである。

一九七〇年代以降、岩田は、中国山地の神楽の研究に取り組むなかで、荒神神楽が中世以来の「名《みょう》」という同族共同体の祭祀の性格をもち、また神楽祭儀が中世的神格の両義的なはたらきに対応するものであることを明らかにした[10]。すなわち近世神道以来の「神に悪い神はいない」という観念をくつがえし、中世の人々の身近にいるカミは強い祟る性質をもち、それを祀ることによって祟る性質を鎮め守護霊とする、ないしは境界の外に送り返すことを神楽祭儀の目的とする視点を打ち出した。

こうした神楽祭儀における神々のなかで重要な位置を占めるのは、記紀神話の高位の神ではなく、民俗学・民俗芸能研究が無視してきた荒神や土公神、牛頭天王などの密教、陰陽道の神、すなわち中世的な神格であった。

また岩田は、広島県東城町の戸宇《とう》栃木家文書などの解読に取り組み、中世の神仏習合的な神楽祭文の宗教世界を明らかにした。そのなかで「浄土神楽」という死霊を祀る神楽祭儀について提起したことは、従来の神楽の常識的理解を書き換えるものであった。

これらの研究は、たんなる神楽の研究にとどまらず、中世思想の解明に新しい次元を拓くものであった。

岩田の営為と時を同じくして、日本における中世研究にニューウェーブともいうべき運動が起こった。それまで荒唐無稽で一顧の価値もないとみなされてきた「中世日本紀」に照明が当てられ、その本文から大きく逸脱した注釈の世界が解明されるにいたった。また、こうした「中世日本紀」、あるいは「中世神道」「本地物語」などのテキスト群にたいして、神仏習合思想によって中世的な世界観・宇宙観を構想するものとしての「中世神話」という概念が提起された。山本ひろ子が『中世神話』（岩波書店、一九九八年）を刊行したのは、その一つのメルクマールである。[11]

山本ひろ子の神楽研究

山本は「大神楽「浄土入り」」（『変成譜』春秋社、一九九三年）において、愛知県奥三河の三沢山内・榊原家文書『御神楽日記』（天正九年＝一五八一）の解読をとおして、奥三河でかつて実修された大神楽の「白山浄土入り」の中世の神仏習合的な宗教世界を再現させた。

ここで注目したいのは、中世神話的な世界観である。同稿で山本は、大神楽文書の『御神楽日記』所収の「神楽申付」（仮称）に記されている詞章に注目している。例えば「神楽の演者は、古代神話と異なってアメノウズメではなく「五人の神楽男・八人の花の八乙女」であった」として、それが中世に実修されていた神楽の様相を示すものであるとしている。[12]

さらに「神楽申付」における中世的特徴として、「打つ太鼓の音は長夜の眠りを覚ますが義なり、振る鈴の響きは五衰三熱を冷ます義なり」という章句を挙げる。そして、「神楽の目的と意義。そのひとつは祭場に招請した神に神楽を捧げることで神が受ける五衰三熱を除き、その功力によって神の利生を仰ぐことにある」とする。

「五衰」とは末期の天人が顕わす五種の衰相、「三熱」とは、中世には「神の三熱の苦」という文言が流通したように、神が衆生の三毒の故に受ける代受苦である。これについて山本は次のように説く。

中世には多彩な神観念が生まれ成熟していったが、その中に「権者《ごんしゃ》」と「実者《じっしゃ》」という類別があった。権者の神が仏菩薩の垂迹であるのに対し、実者の神は本地仏を持たず、垂迹形のみで、しかもその姿はしばしば龍蛇形で示された。権者にくらべて明らかに低劣な位置にある実者なのだが、中世ではむしろ、実者の神こそが神祇信仰のダイナミズムを担い、先導していった感がある。(13)

中世の民衆にとって仏菩薩は高貴に過ぎて自分たちとは縁遠い彼岸の存在であった。劣位にある実者の神こそが穢汚の塵にまじわり衆生を救う身近な存在であったのである。

こうした中世の神祇観・世界観に寄り添うことによって、神楽についての正しい理解が得られるのである。それは「日本古来の神祀りのよき伝統」といった近代のイデオロギー的呪縛から、われわれが解放されることをも意味するのである。

二　神楽の原理的把握――神霊の遊び――

神楽を正しく理解するためには、まず神楽の原理的な把握を行い、そのうえでそれぞれの歴史的条件および地理的条件に応じた理解を行う必要がある。

神楽の原理的把握を行ううえで、後述のとおり古代は必ずしも十分な材料を提供しているとはいえない。前述したとおり、目を向けるべきは中世神楽である。

ここに一つの史料を提示したい。これは出雲国意宇《おう》郡大庭村の早玉社の神楽の執行記録（元禄九年＝一六九六）(14)で中世神楽の特徴を色濃くとどめているものである。(15)早玉社は出雲大社の北島国造家の邸内社で、その祭礼は「社家数弐拾五人外に伊弉諾一神子其外神子残らず出申候」というものであった。次のとおり、私に段落分けを施し表にして示す。

早玉御神事目録

①祭式的部分	②神遊びを主とする部分	③祭神の託宣儀礼を主とする部分
注連引歌有り	荒神祭	ミてくら
入座	ミそふす	幣串祓
御座	四土用祭	御座もとし
塩清	荒神遊	早玉御託宣
神迎	水神遊	将軍遊
祝詞	御崎遊	
解除	ぢとの遊	
神酒御供	火神遊	
八乙女	恵美須遊	
ねり歌	ちやさ遊	
三拾三番神楽	うなり舞	
	神帰し	

ここで注目すべきは②の部分である。これは主としてさまざまな神の「遊」からなっている。「荒神祭」「四土用祭」などの「祭」は舞に先行する儀礼を意味するものか。「四土用祭」は土公神を祀るもので、石塚尊俊も指

摘するように五郎王子の舞の祖型に当たるものであろう[16]。

②の中心をなす「遊」の内容を見ると、「荒神遊」は地霊たる荒神を祀るもの、「御崎遊」は祟りやすい小神の類であるミサキを祀るもの、「水神遊」「火神遊」は生活や生産にかかわるこれらの神を祀るもの、「恵美須遊」は神楽の利生をことほぐ福神の舞であったろうか。

「遊」は神子が神がかって舞い、ともすれば祟りやすい、これらの神を鎮めるものであったと思われる[17]。

この神楽の主たる目的は、③における祭神たる早玉神の託宣にあったことは明らかであるが、②の部分の考察からも、中世的な神楽祭儀においてさまざまな神を遊ばせて鎮めることが重視されていたことが理解できよう。

この「遊び」と呼ばれる祭儀は、愛知県奥三河の大神楽の「おりいの遊び」のように各地の神楽文書のなかに見出される。

このような「神霊の遊び」こそは神楽の本義をなすものである。

「神霊の遊び」とは何か？　それは神と人との直接的な関係のなかで成立することである。実際、「遊び」とは多くの場合、神子が神がかって舞うことを意味する。神は舞わされることによって祟る性質を鎮められ、あるいは託宣する。

このような中世的な性格をもつ神楽祭儀は、時代が下り神楽から呪術性が失われるとともに衰退し、今日的には一部の地方の神楽に見られるのみとなったのである。

しかし、神楽の原理的な把握には、このような「神霊の遊び」についての理解がすえられなければならないであろう。

三　神楽の歴史的展開

（1）古代神楽

古代においては民間神楽の執行も知られているが、記録によって検討できるのは宮中の神楽、いわゆる「御神楽」のみである。

古代神楽の研究者においては、平安後期に成立した「内侍所御神楽」をもって神楽の確立と考え、それ以前の「神楽」はその前史と考えるのが通例である。例えば本田安次は、「鎮魂祭、園幷韓神祭、平野祭、大嘗祭、石清水八幡宮、賀茂社」などにおける神楽を挙げている(18)。

しかし、神楽の宗教性・呪術性を重視するなら、むしろ「鎮魂祭」など内侍所御神楽成立以前の神楽に注目すべきであろう。

ここではこれらのうち、まず「鎮魂祭」について検討し、次に内侍所御神楽と対比していくことにしたい。

鎮魂祭

貞観年間の『儀式』（九世紀後半）によれば、鎮魂祭は次のような次第からなっている。

①琴師が琴を弾き、琴師、神部、雅楽の歌人らが「鎮魂歌」をうたう。御巫《みかんなぎ》が舞う。舞うごとに巫部《かんなぎべ》がこれを誉める。

②御巫が宇気槽《うけふね》をふせて、その上に立ち、桙《ほこ》で槽《ふね》をつく。一〇度終わるごとに、神祇伯が箱の中で木綿《ゆう》鬘《かずら》を結ぶ。

③御巫が媛女《さるめ》舞を舞う。

④宮内丞ら官人が倭舞を舞う(19)。

このうち②は、本田も指摘しているように祭儀の呪術的な部分である。①はそのための神降ろしの舞、③は神返しの舞、④は直会的な舞と考えられる。

鎌倉時代の『年中行事秘抄』には、①のときにうたわれたと思われる「鎮魂歌」が記されている。そこでは「御魂上がり」した神を招き返して、「魂箱」の木綿によって繋ぎ止めることがうたわれている。②における神祇伯が箱の中で木綿鬘を結ぶ作法と対応しよう。

②では、御巫が宇気槽の上に立ち、一〇度桙で槽をつく。

「鎮魂歌」には前記に続いて「一二三四五六七八九十《ヒトフタミヨイツムニナナヤココノタリヤ》」と記しているが、この作法における唱え事であろう。[20]

これは『古事記』にある、天宇受売命《あめのうずめ》が「天之石屋戸にうけ伏せて踏みとどろこし神懸」したという故事に由来する猨目の鎮魂法と考えられるが、一方「一二三四……」は明らかに石上《いそのかみ》の鎮魂法の呪文である。折口がつとに指摘しているように、この「鎮魂祭」の呪術は猨女系と物部・石上系の鎮魂法からなっているといえよう。[21]

御巫が一〇度つくごとに神祇伯が箱の中で木綿鬘を結ぶ。遊離した魂を繋ぎ止める作法と考えられる。『西宮記』(一〇世紀)および『江家次第』(一二世紀初)には、この間、蔵人が天皇の御衣を入れた箱を開いて振動させたと記されている。[22]

これらの呪術的儀礼は、鎮魂祭が天皇の御魂の復活、招き返しのために行われたことをよく示している。鎮魂祭では宮中八神殿の神など九座の神が祀られたが、神楽はこれらの神に対してではなく、もっぱら天皇のために行われたのである。[23]

なお『儀式』に鎮魂祭とともに記されている「園幷韓神祭」には「湯立」の語が初めて見える。[24] この時期の神楽に湯立祭儀が登場したことは注目される。

内侍所御神楽

さて、平安中期に成立したとされる内侍所御神楽の由来として、天徳四年（九六〇）、寛弘二年（一〇〇五）とあいつぐ内裏焼亡によって神鏡が焼けて損なわれたことがあった。天徳四年のときは鏡は焼け残ったものの、寛弘二年のときは鏡は形を損なってしまった。そこで朝廷では改鋳が議せられたが凶兆により沙汰止みとなり、「件の宝鏡は、是人間の所為に非ず」（『大神宮諸雑事記』）とされるにいたった。

後朱雀天皇の長暦年間にも内裏焼亡による神鏡焼失のことがあり、このときは、内侍所女官の古老たちの手によって、ようやく「玉の如き金之物を数粒」（『春記』）を得ることができた。これを新しい辛櫃に入れるとき、伊勢神宮のご神体（＝鏡）を納めるときとほとんど同じ扱いを受けたという。内侍所の鏡は、こうして鏡としての形態を失うことによって神としての位置にせりあがっていったのである。(25)

このとき寛弘二年の先例にならい神楽が執行された。以降恒例化するにいたった。

図１　鶴岡八幡宮御神楽の「人長舞」
宮中の御神楽でも舞われた（2014年民俗芸能大会より）

このように内侍所御神楽は、神鏡に対して行われる神楽であった。鎮魂祭の神楽が天皇自身に対して行われたことを想起されたい。

『江家次第』によれば、御神楽の神事の最初にまず天皇の内侍所御拝があり、続いて内侍が神鏡を納めた辛櫃の御鈴を振り鳴らすことにより神楽が始められた。(26)これらから内侍所御神楽がアマテラスそのものと考えられていた神鏡を祀るものであることは明らかであろう。

ここに古代宮廷神楽は制度的に確立をみる。しかし、その内容を見るなら、多くの曲は奏楽と歌にとどまり、舞はわずかに「韓神」に「人長舞」がともなうのみである。こうして古代神楽は呪術性を喪失し、形式的な歌舞のみとなるのである。

神楽の呪術性、神人が直接関係するという神楽の宗教性は、中世の民間神楽に引き継がれることになる。古代における神楽の宗教性・呪術性は猨目（猿女）氏や忌部氏のような祭祀にかかわる氏族に担われたが、中世におけるそれは密教や陰陽道の知識をもった山岳宗教者や民間祈禱者によって担われることになる。

(2) 中世神楽

方法としての中世

「中世神楽」ということを問題にするとき確認しておかなければならないのは、中世という言葉が年代を意味するだけではなく、一つの世界観を意味するということである。この「中世的なもの」は、次のように規定することができる。

①神仏習合的な宗教世界をもつものである。

②記紀神話もこの神仏習合思想によって再解釈され、神の由来も唐・天竺・日本三国という東アジア的な世界で語られる。こうした中世神話的な世界観をもつ。

③密教、陰陽道などの神々・「異神」が日本の神々とならんで、いなそれ以上に祭祀の主役となって登場する。荒神、土公神、牛頭天王、八将神などがそれである。これらは民衆にとって身近な神々であり、強い祟る性質をもつ一方で祀ることにより人々に福徳をもたらす存在でもあった。

こうした「中世的なもの」は近世あるいは近代の神楽にも見出すことができる。例えば近世的な宗教世界は、中世的なものを摂取しつつ、それとの緊張関係をとおして成立することを見ていかなければならない。これを「方法としての中世」と呼ぶことにしよう。

中世神楽の執行形態

以上のような意味で中世神楽は必ずしも歴史的年代としての中世に行われていた神楽を意味しない。中世でも室町前期くらいまでは古代以来の湯立と神子舞の神楽が執行されていた。中世神楽が確立するのは、むしろ中世後期のことと考えられる。

慶長一三年（一六〇八）の備後国恵蘇《えそ》郡の「児玉文書」[27]のうち「恵蘇郡社家衆掟之事」からは、当時神楽執行にあたっていた者たちが、「小法者」「公界者」と呼ばれていたことが分かる。彼ら法者が女性の神子や男巫である「棹」を率いて神楽を実修していたのである。

こうした神楽祭儀について記されたものとしては、同文書の慶長一七年（一六一二）の「中上一札之事」がよく知られる。これによれば当時の社家衆による祭儀として、「湯立」「荒神舞」とともに「浄土神楽」があったことが分かる。

図２　中世の荒神舞を引き継ぐといわれる比婆荒神神楽の「竜押し」

これらのうち「湯立」は古代以来の祭儀であり、神子舞がともなったものと考えられる。

また「荒神舞」は、今日「荒神神楽」として執行される祭儀の先行形態であろう。

しかし「浄土神楽」については、これ以降の神楽文書から姿を消す祭儀であり、中世神楽に特有の祭儀形態であったと考えられる。

この浄土神楽については、岩田勝が備後国奴可《ぬか》郡の戸宇栃木家文書の諸本、すなわち「六道十三仏之カン文」と呼ばれる祭文や、「文殊菩薩能」「目連ノ能」「身ウリ能」「松ノ能」などの能のテキストと結びつけて論じている。

岩田によれば、「六道十三仏之カン文」は「法者があずさ弓にのせてこの祭文を誦むことによって冥土に迷っている死霊を連れもどし、五輪塔婆の前で祭文を舞う神子にのり移らせて「冥土の物語」（あら口・口寄せ）をさせ、縁者が「涙ノ見参」する」ものである。

そして、この「六道十三仏之カン文」で死者をこの世に連れもどしたところで、「目連ノ能」などの能が「浄土神楽として死霊を鎮めるために舞われた」とする。すなわち「舞歌やはやしで神子が神がかることによって、死霊を舞いうかべて即身成仏の姿を拝しようとするものであった」というのである。[28]

岩田がこのような形で「浄土神楽」を構想したことは画期的な問題提起であったが、個々の文書から浄土神楽の実像を再現するにあたっては無理な推論も見られる。今後よりていねいな議論が求められよう。

中世後期における神楽大祭の成立

神楽の考察にとって、そのいちじるしい地域的な差異は注視すべきである。この差異をつくりだした要因として考えられるのは、中世後期に各地で形成された神楽の大祭である。

例えば南九州では、いわゆる「大宝の注連」を立てて祈願によって執行される「神舞《かんめ》」と呼ばれる神楽の大祭が戦国期に成立した。

図3　大宝の注連
宮崎県西都市の銀鏡神楽

また中国地方の荒神神楽の前身と考えられる「荒神舞」は、前述のとおり慶長一七年の備後国恵蘇郡の社家衆の文書に見える。

中部地方においては、天正九年（一五八一）から安政三年（一八五六）までほぼ数十年に一度開催された奥三河の大神楽が一〇〇番前後の次第をもつ大祭の神楽であった。

しかし関東から東北にかけての地方では、こうした中世的な神楽大祭の成立は確認できない。

こうした中世後期に成立した大祭の神楽は、祭場のこしらえも大がかりで、採り物舞や仮面の舞などさまざまな演目が行われた。その次第内容は、今日の神楽の内容に大きな影響を与えており、地域ごとの神楽にきわだった個性を与えている。

(3) 近世神楽

寛文五年(一六六五)、江戸幕府は「諸社禰宜神主法度」により、京都の吉田家に神道裁許状を発給する権利を認めた。これ以降、在地の禰宜神主層に吉田神道の影響が浸透して、それまでの神楽儀礼が改変されていくことになる。

これによって、神がかる「神子」と神霊を操作する「法者」のセットで執行されていた中世神楽の呪術的な儀礼が後退していった。

これらの改変は、けっして吉田家によって強制されたものではなく、吉田家から裁許状を得た在地の禰宜神主たちが自ら行なったものである。そのため多くの祭式の改変がうわべだけの形式的なものにとどまったことも事実である。

吉田神道による改変は、たんなる中世的なものの退転でなく、他面で中世神楽の世界観が近世神道によって摂取され再解釈され、新たな世界観を獲得していく過程でもあった。また諸藩の宗教政策の違いによって、こうした過程はいちじるしい地域的な偏差をもったものともなったのである。こうした視座からの研究はまだ不十分といえる(29)。

近世中期以降の本居宣長(一七三〇~一八〇一)や平田篤胤(一七七六~一八四三)らによる国学思想の展開は、神楽にも多くの影響をもたらした。

例えば江戸後期の備中の神官・西林国橋(一七六四~一八二八)は、国学の影響を受け、当時行われていた神

図4　西林国橋が大成したといわれる神能、「国譲り」

楽能が卑俗に流れているのを憂え、記紀神話の記述にもとづき「岩戸」「八重垣」「国譲り」などの神能を創始し、「備中神楽」を完成させたといわれる。しかしこれは、それまで備後などで始まっていた荒神神楽の神道思想による再編を集大成するものであったといえる。西林の影響は過大には評価できない。

こうした、いわゆる「演劇的な神楽」は、西日本では中国地方を中心として、東日本では江戸を中心として展開することになる。

（4）　近代以降の展開

近代に入ると明治政府の神道政策も神楽に大きな影響を与えた。明治初年のいわゆる神仏分離令によって、神職は神楽の演舞を禁止され、神楽から仏教的要素は厳しく排除された。また神がかり行為は、とくに平田派が神祇省に拠っていた明治初年には官憲の弾圧の対象となった。この時期には、神職から民間に多くの神楽が伝習された。また修験道が禁止されたことによって、修験者を担い手とする多くの神楽が廃絶した。

しかしそれ以降、神職に民間の人々が加わった神楽復興の動きが始まる。例えば広島県の備後地方では明治初期から神職を中心として神楽社が組織されたが、舞手が少ないため農家の青年を受け入れるようになり、昭和期に入ると民間の神楽大夫という職業が広島県各地で一つの地位を占めるようになった(30)。

昭和期には農村危機のなかで青年層を担い手とする「郷土芸術」の役割が重視されるようになり、神楽の顕彰・保存の活動も活発となったが、それは他方で文化ナショナリズムとあいまった、「創られた伝統」への傾斜をも意味するものであった。

四　神楽の分類について――「タテの軸」と「ヨコの軸」――

われわれが今日見る神楽は、以上のような歴史的な変遷を経たものであり、また多様な地域的展開をとげたものである。したがって、その理解は、まず原理的な解明をふまえ、それに歴史的、地理的な展開をふまえた考察を加えて行われなければならないであろう。

ここで参考までに神楽の分類について一言しておけば、従来のような芸態の外見的特徴にもとづく、「○○流」、「××系」といった分類法はもはや有効性をもたなくなっている。とするなら、以上をふまえて神楽の分類を試みれば、どうなるであろうか。

前節までで検討してきた歴史的な展開を「タテの軸」と呼ぶとすると、これにたいして地理的・地域的な展開を「ヨコの軸」と呼ぶことができよう。分類は両者が交差するところに与えられる。

「ヨコの軸」については本稿では立ち入れなかったが、「中世後期における神楽大祭の成立」の項で説いたように、この時期、各地方で成立した神楽大祭の性格が、その地方の神楽の性格を規定している。これをふまえて、地方・地域ごとの神楽の特徴について類型化の作業を試みていけばよかろう。

付言すれば、このヨコの軸において、関東・東北地方とそれより西の地方との差異はもっとも留意すべき問題である。関東・東北地方においては、前述の中世後期における神楽大祭は成立しなかった。また東北地方において中心的な神楽たるいわゆる獅子神楽は、門付けの祈禱に起源をもち、そうであるがゆえに祭場の結界・荘厳を本来行わない。それらの意味で関東・東北地方の神楽は、中部地方以西の神楽とは大きく性格を異にすると考えるべきである。

このような方法によって各地の神楽の分類を試みれば、例えば中国山地の「荒神神楽」は、タテの軸では荒神の託宣など「中世神楽」の性格を強く残しているが、「七座の神事」や「神能」など「近世神楽」の影響も大きく受けている。したがって「近世神楽の影響を受けた中世神楽」と規定することができよう。「ヨコの軸」では、類似の性格をもつ神楽が中国山地を中心に比較的広く分布することから、「荒神神楽型」というような類型を与えればよかろう。内容からみて島根県石見地方の「大元神楽」もこの類型に入れることができる。

また島根県出雲地方の神楽は、佐陀神能の影響を受けて「七座の神事」という採り物舞と「神能」から祭式が構成される。これはタテの軸では「近世神楽」であり、ヨコの軸では出雲地方という一定範囲に分布することから「出雲型」というような類型が与えられようか。ただ類似の採り物舞と神能からなる近隣の「石見神楽」などを含めた分類にするのが妥当かどうかは別途検討すればよかろう。

もとより本稿は神楽の分類を目的とするものではないし、文化財行政の手引きを企図するものでもない。しかし「通説」的な神楽の分類法の限界はもはや明らかであろうから、神楽の本質規定と歴史的・地理的な展開の考察をふまえて、ここで分類法について一定程度の試論的提示をしておいた。

（1）『折口信夫全集』第一二巻（中央公論社、一九五五年、三九四〜三九五頁）。折口はこの後、古代の「遊部」についてふれ、遊部が「葬式の際に、もがりの場に臨んで、死者の魂を其元の身体へ呼び返して附著させる役目として、外の魂を呼び起す為に舞踊をしたのである」と述べているが、遊部が死霊鎮魂のために舞踊を行う部であるということについては根拠がなく首肯できない。しかし、ここではこれ以上立ち入らない。

（2）折口の「鎮魂論」はけっして彼のオリジナルではなく、幕末の国学者で平田篤胤門下の鈴木重胤（一八一二〜六三）

の説を参照したものであった。以下の鈴木の「鎮魂論」は折口のそれと驚くほど類似している（斎藤英喜「折口信夫「山の霜月舞」再考」『歴史学部論集』第六号、佛教大学、二〇一六年三月、七頁参照）。

此の布理布由は離遊べる運魂《ミタマ》の天中を行歴るが、人体の中府の降《フリ》て其触《フル》る魂を殖し整へる由なり……然れば鎮魂祭とは魂を神より受賜り殖し留めて、身と心と相共《アヒソ》は令其心をして神明に令至る祭になむ有ける。

（鈴木重胤著／樹下快淳校訂『延喜式祝詞講義』第二〈一二之巻〉、国書刊行会、一九九〇年）

(3) 鈴木正崇「「民俗藝術」の発見――小寺融吉の学問とその意義――」（『明治聖徳記念学会紀要』復刊第五二号、二〇一五年一一月）参照。

(4)『日本の伝統芸能 本田安次著作集』第一巻（錦正社、一九九三年、四頁）。

(5) 同前、一〇頁。

(6) 以上、同前、一七～八頁参照。

(7) 二〇一四年一一月の民俗芸能学会における山路興造氏の基調講演「神楽とは何か」もこの「神の座」論の系譜に属する（『民俗芸能研究』第五八号、二〇一五年三月）。

(8) 岩田勝編著『中国地方神楽祭文集』（三弥井書店、一九九〇年、九一頁）参照。岩田は前者を「手草」として「採り物」と区別すべきとしている。これは折口信夫の「日本文学啓蒙」（前掲註1）における議論を承けたものと思われるが、折口の同稿における「手草」と「採り物」の規定は必ずしも明解なものとはいえない。

(9) 同前、四七頁。

(10) 岩田勝『神楽源流考』（名著出版、一九八三年、四〇五～六五頁）参照。

(11) 斎藤英喜「祭文研究の「中世」へ」（中世文学会編『中世文学研究は日本文化を解明できるか』笠間書院、二〇〇六年）参照。

(12) 山本ひろ子『変成譜』（春秋社、一九九三年、一一三～四頁）参照。

(13) 以上、同前、一二二～三頁参照。

(14) 石塚尊俊『里神楽の成立に関する研究』（二〇〇五年、七一～二頁）。

(15) 岩田は『中国地方神楽祭文集』（前掲註8、五八～九頁）で、これを「弓神楽」の一つとして紹介しているが適当ではあるまい。ちなみに『神楽源流考』（前掲註10、二七〇頁）では「巫女が神がかって舞い遊んだもの」としている。
(16) 以上前掲註(14)、七一～六頁参照。
(17) 岩田勝は『中国地方神楽祭文集』（前掲註8、九五頁）において「遊びの本義」を「悪霊強制の行儀」としているが適当ではあるまい。中世の両義的な性格をもつ神霊は、崇りやすいとともに恩寵を与える性格をもあわせ持ち（したがって託宣する）、そうであるがゆえに「両義」的なのである。岩田自身もこの問題には半ば気づいているようなところがあり、同書（九七頁）において「弓神楽」で荒神の託宣を得ようとする事例を取り上げ、それは両義的な性格の「ゆれ」であるとしている。しかし、「ゆれ」ているのは岩田の論の方だというべきであろう。
(18) 前掲註(4)、二五九～六〇頁参照。
(19) 前掲註(4)、二六三～四頁参照。
(20) 以上、『群書類従』第六輯（続群書類従完成会、一九三二年、五四九～五〇頁）参照。
(21) 『松前健著作集』第四巻（おうふう、一九九八年、八七頁）参照。
(22) 前掲註(4)、二六四～五頁参照。
(23) 前掲註(21)、八四～五頁参照。
(24) 前掲註(4)、二六八頁参照。
(25) 斎藤英喜『アマテラスの深みへ』（新曜社、一九九六年、二〇四～七頁）参照。
(26) 前掲註(21)、一一三頁参照。
(27) 『広島県史　古代中世資料編Ⅳ』（広島県、一九七八年、九七九～八七頁）。
(28) 前掲註(10)、三三四～四一頁。
(29) 小松和彦の『いざなぎ流の研究　歴史のなかのいざなぎ流太夫』（角川学芸出版、二〇一一年）は、土佐藩の宗教政策や明治維新後の教派神道との関係にまで立入って、いざなぎ流太夫の存在形態を明らかにしたものとして注目される。
(30) 田地春江『神楽大夫』（岩田書院、一九九五年、一五～八頁）参照。

祭文編

斎藤英喜

一　「祭文」とはなにか

あらためて「祭文」とは何か。じつはその定義はかなり難しい。

従来、「祭文」といえば、近世、近代に多数出現した「歌祭文」「山伏祭文」「デロレン祭文」などの芸能、語り物の歌謡と認識されてきた。それらは職業的な芸人＝祭文語りなどに担われてきた近世的な祭文の世界である。(1)

その一方で、「天神を交野に祀る祭文」（『続日本紀』延暦六年〔七八七〕一一月五日条）などの儒教系儀礼の詞章をはじめ、密教の「北斗御修法《みしほ》祭文」「北辰祭文」「地神供《ちじんく》祭文」（『朝野群載』）や陰陽道の「泰山府君《たいざんふくん》祭文」（『続朝野群載』）「玄宮北極祭《げんぐうほっきょくさい》祭文」（『諸祭文故実抄』）など、陰陽師、密教僧などが担った古代の儀礼的な祭文も多数伝わっている。それらは近世の語り物歌謡の枠組みからはほど遠い祭文であった。神道の「祝詞」にたいして、仏教・修験道、陰陽道系のものを「祭文」とされる場合もある。

こうしたなかにあって、中世の修験道や民間巫女の「オシラ祭文」、奥州の「羽黒祭文」などとともに、奥三河・花祭の「釜の神祭文」「花のほんげん祭文」「牛頭天王嶋渡り祭文」「大土公神之祭文」などの「中世の祭文」に注目したのが五来重であった。(2) それらは花祭の源流とされる「大神楽」の場でも読誦されたことから、まさしく中世神楽と密接に関わる祭文といえよう。

こうした中世の祭文研究は、高木啓夫や小松和彦らの研究に始発する、高知県旧物部村《ものべそん》（現・香美《かみ》市物部町）

のいざなぎ流に伝わる膨大な数の祭文、[3]岩田勝の研究による中国地方の「神楽祭文」[4]、さらに対馬の弓神楽の祭文[5]、伊豆諸島・青ヶ島の巫女祭文など[6]、これまで「継子あつかい」されてきた、中世の祭文資料が発掘、報告、研究されることで、「中世神楽」研究とクロスしつつ、大きく飛躍することになったのである。

二 「中世神話」としての祭文

「いざなぎ流」が膨大な数と種類の祭文を伝えてきたことは早くから知られ、口承文芸の研究者からも注目された。[7]たとえばいざなぎ流の「山の神の祭文」や「地神の祭文」は、御伽草子（室町時代物語）の『をこぜ』や『熊野の本地』に類似し、また疫神封じを語る「てんげしょうの祭文」は、『祇園牛頭天王縁起』と話型を同じくする。さらにいざなぎ流の由来を語る「いざなぎの祭文」には、晴明伝説との交渉も見られる。

あるいは奥三河・花祭の祭文にあっても、たとえば「そも〳〵お釜の神の御本地を詳《くわ》しくたづね奉れば……」（「釜の神祭文」中設楽《なかしだら》、『日本庶民生活史料集成』第一七巻三六八頁）、「そも〳〵花の御本地を委《くわし》く尋ね奉れば……」（「中付花の次第祭文」下津具《しもつぐ》、同上三七二頁）という冒頭の語り出し方には、中世の神仏の縁起を説く本地物などと共通するものが見出される。ここから中世の祭文は、伝説や民間説話、説経、本地物、縁起譚などの中世の「口承文芸」の研究の一角に置かれたのである。

こうした祭文の物語構造から、徳田和夫は「神仏への崇敬を示してその由来物語を奏上申し上げるとの口吻であった」と捉え、そこに見られる神話的な機能から、「中世神話」というネーミングを与えた。[8]それは八世紀の『記』『紀』など古代王権神話にたいしては、寺院や村落など中世社会に作られた縁起、本地物などのなかにも見られる「神話的要素」を抽出する視点といってもいいだろう。

「中世神話」という視座は、山本ひろ子によって、さらに飛躍的な転回をとげる。徳田が指摘した本地物、縁起譚など唱導のテキストのみならず、中世の卜部氏や天台・真言僧、歌学を担う貴族知識人たちが主導した『日本書紀』の注釈言説（中世日本紀）、あるいは伊勢神宮、叡山、三輪などを拠点とした神官や僧侶たちによる神道説（中世神学）などをも含めて「中世神話」と捉えていったのである。(9) そこでは中世のテキストに見られる「神話的要素」という古層的なものではなく、「中世」という新しい時代の現実の起源を語るために創出されていった、まさしく中世固有の神話というポジティヴな意味づけがなされた、といってもよい。(10) それは「神話」概念の拡大という研究視座へと広がっていくのである。(11)

かくして山本によって転回・拡張された「中世神話」の視点は、花祭やいざなぎ流などの中世祭文も「中世神話」の一群に位置づけることになる。たとえば花祭の源流とされる奥三河の大神楽の最古の次第書『御神楽日記』（三沢山内の禰宜（鍵取）・榊原家に伝来。天正九年〔一五八一〕）の解読から「天神七代、地神五代」という中世神話特有な神統譜や、「神祇灌頂《じんぎかんじよう》」という密教儀礼と習合した秘儀作法、あるいは「五人の神楽男《かぐらを》・八人の八乙女《やをとめ》」という神楽の担い手像が導き出されていった。(12)

とりわけ「五人の神楽男・八人の八乙女」は、南北朝に編纂された『神道雑々集《ぞうぞうしゆう》』（天理図書館吉田文庫蔵）に記された神楽の由来譚にも登場し、そこでは五人の神楽男が五色の幣帛を「五龍王」に捧げて「大地」を乞い、八人の八乙女が「御湯を立て、千草を以て大地を洗ひ清め」たという、「湯立て神楽」の起源神話が語られていくのである。(13)「中世神楽」の由来譚といってもいいだろう。(14)

三　「祭文」の語り手を求めて

ところで、山本の研究に先立って、中世の祭文群の語り手たちの相貌を、さらに具体的に描き出してくれたのが、備後、備中、備前などの中国地方の神楽祭文の研究を推し進めた岩田勝である。

岩田は、「神楽事の多くは、法者が祭文を誦んではやし、神子もしくは棹が舞って神がかるもの」[15]という、ひとつのモデルケースを導き出した。この見解は、青森のイタコ、沖縄のユタのような単独で神がかりをしていく「単独型シャーマン」にたいして、神がかる巫者と神がからせる司霊者との「セット型のシャーマン」が列島社会に広く伝わってきたことを明らかにし、シャーマニズム研究にあらたな視角をもたらしたのである[16]。

法者、祝師《のとし》、禰宜、太夫、神楽男、注連主《しめぬし》など、さまざまな名称をもつ「司霊者」たちにとって、祭文を読誦することは、たんに神々の由来を語り、村落の神話的なコスモロジーを伝えるといったレベルを超えるものとしてあった。それを岩田は、司霊者による「神霊強制」と呼ぶ。

みずからカリスマの呪力の持続的な保持者であると自認する司霊者は、神霊を巫者に神がからせることとともに、祭文の読誦によってみずからの意思どおりに神霊を強制することができるとして祭儀の場に臨んだのである。（『中国地方神楽祭文集』総説[17]）

「司霊者」たちにとって祭文を読誦することは、そこに語られている神々の来歴や村落社会を支える宗教的なコスモロジーの確認というレベルに留まらない。宗教者が直接的に神霊と向き合い、その力を強制的に導き、あるいは使役する宗教実践として認識されていくのである。それが中世の「神楽」の機能と見なされるとき、これまでの祈禱／呪術／芸能といった区分とは異なる、宗教儀礼の現場へと導かれることになるだろう。さらに法者、禰宜、博士、祝師、神楽男など、中世の村方祭祀・神楽を担う、多種多様な宗教者たちの相貌がここに浮かんでくるのである。

たとえば奥三河の花祭の祭祀の現場に目をむけたとき、現行の姿は花の舞、三つ舞、四つ舞、榊鬼の舞など、華麗で躍動的な舞踏の姿が際立って見えよう[18]。もちろん花祭でも「花太夫」（神楽太夫、禰宜）と呼ばれる宗教者が登場するが、その活動は「神事」として区別された滝祓い、高根祭り、辻固め、しずめの舞、土公神やすめ、あるいは楽の舞などの儀式的舞などに限定されているように見える。けれどもかつては舞処《まいど》のうえの天井裏に花太夫のみが籠って、七五膳の供物を捧げつつ「三十番神祭文」「土公神祭文」「牛頭天王嶋渡り祭文」などが読誦されていく儀礼＝天《あま》の祭りがあった。(19) それは「みょうど」と呼ばれる神楽男グループ(20)の舞の世界と競合するように繰り広げられる、祭文の語り手＝花太夫（禰宜）による宗教儀礼の世界であったわけだ。

なお山本ひろ子は、花祭において「祭文」の役割が後退、消滅したのは、明治以降の神仏分離・国家神道の時代の政策とリンクすることを指摘し、「祭文」の存在を等閑視した早川、折口信夫らの先行研究の批判を行っている。(21)「祭文」への注目は、近代に封印された花祭の「中世的様態」へと導いてくれる要にあったわけだ。

四　祭文・りかん・法文――いざなぎ流の世界から――

岩田勝によって導かれた宗教者たちと祭文との関係をもっとも鮮やかに教えてくれるのが、土佐いざなぎ流の太夫たちの世界である。(22)

山の神、水神、地神、荒神、恵比寿《えぶす》、天刑星《てんげしょう》、天神などの民俗的、職能的な神々、オンザキ、ミコ神、天の神といった村落社会や家秩序を形成する、膨大な数の神々たちの来歴を語る祭文群は、いざなぎ流の太夫たちによって、「取り分け」と呼ばれる穢れ、呪詛《すそ》の祓え儀礼、あるいは本神楽、ミコ神の取り上げ神楽など、「神楽」と呼ばれる場で読誦される。また「取り分け」と共通する儀礼構造をもつ「病人祈禱」の場でも祭文読誦は不可欠であった。太夫たちは祭文の読誦を祭祀・祈禱の基本として、それを疎かにしない。祭文をきちんと誦めば、どんな病気も治ると豪語する太夫もいた。

だが、さらに祭文を誦むだけでは一人前の太夫ではない、ともいう。彼らは「りかん」を重視する。「りかん」とは、祭文を読誦したあとに、その祭祀、祈禱の現場に即して付け足すコトバである。祭文を誦むことにどのような効果を求めるのか、どんな目的があるのか、などを儀礼の現場にあわせて祭文に付加するのだ。それは太夫の個人的な裁量にまかされ、また文字化された祭文にたいして、一回一回の儀礼の場で個別的に編み出すコトバである。それは「司霊者」が祭文を誦むことで神霊を強制するといった、岩田が捉えた神々と宗教者とのダイレクトな交流の現場を顕現させてくれるものといえよう。

こうした「りかん」のコトバは祭文とは区別されるが、現在伝わっている祭文テキストのなかには、「りかん」のコトバがそのまま書き残され、また祭文のなかに組み込まれたと思われるものもすくなくない。それが太夫たちのあいだで、多様な祭文のバリアント（異文）を生み出す背景となる。多数の祭文の生成とは、太夫が起源神話のなかから、儀礼の現場に見合ったかたちでの、あらたな「神話」を生み出した過程、と理解することができよう。神話はひとつだけではなく、儀礼の現場にそくしながら、生成し、増殖していくことが、いざなぎ流の世界からも見えてくるのである。(23)

さらにいざなぎ流では「神霊強制」といった機能を独立させたテキストも編み出されていく。「法文《ほうもん》」と呼ばれるものだ。それは「祭文」を読誦して祀る神々を、文字どおり強制的に使役する「式王子」へと変換させる呪法に使用される。式王子が、陰陽道の使役する「式神」と通じることは、あらためていうまでもないだろう。上記の「祭文」に対応して、生成する「法文」は下記のような種類が見られる。

「山の神の祭文」→山の神のけみだし式、山の神さあら式
「荒神の祭文」→荒神ののうめ切り、荒神さかいんの法、大荒神のけみだし式
「水神の祭文」→蛇式の法、水式の法、びき式
「天神の祭文」→天神吹きみだしの裏式《うらじき》、天神血花くずし、天神の裏式上天川、天神九代の行《おこない》の裏式、天神まなご打ちの法、天神のこんから式

「オンザキの祭文」──→御崎式

かくして、「祭文」の世界は、書かれたテキストとして固定されたものではなく、祭祀、儀礼の現場で流動し、変成していく動態的な実践的テキストとしてあったことを教えてくれるのである。その様相は、「中世」という時代のイメージと繋がるものといえよう。

五　「中世」という視角──方法論にむけて──

けれども「いざなぎ流」の祭文や法文は、歴史的な実態としての中世の資料ではない。太夫たちの伝えるテキストは、近世末期から近代以降の年号が多い。また太夫たちが語る言説は、いうまでもなく現代のものだ。いざなぎ流の「中世」の実態は、じつは不明なのである。

そうしたなかにあって、近年、いざなぎ流太夫の歴史的な実像の解明を試みたのが、小松和彦の大著『いざなぎ流の研究──歴史のなかのいざなぎ流太夫』である(24)。

以下、同書を参照すれば、中世の槇山《まきやま》（高知県物部村の旧名）の支配者たち＝荘園の代官たちは、槇山の有力名主（在地小豪族）の協力を得て、この地域の人びとを支配していた。その支配のシンボルとなったのが槇山惣鎮守社という神社であり、その祭祀執行のリーダーが「惣《そう》の市」（別府）、「勾当《こうとう》」（山崎）という神職名をもつ神主、社人であった。またそれぞれの「名《みょう》」には、神主や僧侶、祈禱師がいた。彼らの信仰知識は、現在のいざなぎ流の神祭りや祈禱に継承されていた。いざなぎ流太夫は多様な系譜をもつが、その一つが中世の槇山惣鎮守社に奉仕していた神職たちに至るわけだ。

近世の幕藩制社会になると、神社祭祀を担った中世以来の神主たちは、それを「株」化し、村役人が承認するかたちで維持され、また吉田家から許状を得ることで、その権威を維持した。一方、病人祈禱系の宗教者は土佐藩から公認された博士支配下の「博士《はかしょ》」としての職分を獲得した。それぞれの宗教者は、おもて向きは互いの職分を侵さないことによって共存したのである。また江戸時代後期、文政四年（一八二一）あるいは文化一〇年（一八一三）という年号をもつ、土御門家から出された「陰陽師」の許状の史料が発見された。これは近世陰陽師の組織化の歴史から見れば、[25]寛政三年（一七九一）の陰陽師組織加入を定めた全国触れの発令以降、土御門家の本所支配が土佐藩の「槇山」という地方にも及んだことを証明する実例ともなる。さらに小松によれば、土御門家の「陰陽師」を認定されたものの祖父の代までは「神主」としての仕事に就いていたことや、あるいは「博士」の株を売り買いしていたという。

たしかに近世の幕藩制社会のなかでは、宗教者は、それぞれの「本所」に支配され、神主・修験・博士・陰陽師などの職分が区別されていた。それは社会的な分業を「身分」として固定していく、近世社会の特質とも繋がっていよう。[26]しかし、村落社会の宗教現場にあっては、そうした区分を超えた宗教的な実践が繰り広げられていたことも、たしかであったのである。

たとえば、小松はこんな事例も報告している。

神社神主たちも代々「式法」を含めた祈禱・まじないの知識を大切にしていたことがわかる。さらにこの事実を敷衍させていえば、この地域の神社神主たちは、祭礼に奉仕するだけではなく、そのかたわらでは式法を用いて祈禱もする祈禱師であったということになるだろう。[27]

ここから見えてくるのは、現代のわれわれの側の「神楽」とか「祈禱」あるいは「芸能」とかの区別とは違うかたちで、彼らの宗教実践が行われていたという宗教者たちの現場の姿である。それは、幕藩制社会の制度的な歴史とは異なる宗教者たちの現場から「歴史」がいかに記述できるか、という問題へと波及するだろう。

あるいは「いざなぎ流太夫」の信仰知識、実践が、「神主」の許状を出す吉田家からの吉田神道の知識、あるいは土御門家の陰陽道知識からの影響（たとえば天正一一年（一五八三）に、土御門泰嗣が家伝の祭文類を書写・編纂した『祭文部類』といざなぎ流祭文との関係など）、さらに土御門家とは異なる陰陽道知識（たとえば近世の土御門家から排除された『簠簋内伝《ほきないでん》』、『簠簋抄』の知識）などの外部のものが、どのように取り込まれながら形成されたかを考えることになるだろう。

こうした事例は、なにも「いざなぎ流」だけに限ったことではなかった。奥三河の花祭を司祭する花太夫（禰宜）たちは、同時に病気治療の儀礼を担う祈禱師でもあった。たとえば花祭の「天《あま》の祭り」で読誦された「牛頭天王嶋渡り祭文」は、「病人祈禱ニハ／天王嶋渡り才文を読／又ハ六ケ度時ニハ歳神才文読」（「釜神祭文／渡り立て祭文／般若心経秘鍵／病加持祈禱口伝」天明二年（一七八二））といった具合に「病人祈禱」で活用されたものでもあったのだ(28)。それを可能としたのは、修験からもたらされた「宗教知識」にほかならなかったのである。

以上、われわれが本書でいう「中世」とは、歴史区分としての中世でありつつ、民間宗教者たちの宗教儀礼の現場へと迫っていくためのひとつの方法論であったことを確認しておこう。「中世」を起点として、古代や近世、近代を捉え返していく、あらたな歴史認識／記述といってもよい(29)。

「中世神楽」という方法的視点——。その可能性は、いま、本書によって、開かれることになるのである。

（1）近世、近代の「祭文語り」をめぐっては、兵藤裕己「祭文語り」（『岩波講座　日本文学史』第一六巻、岩波書店、一九九七年）、同『〈声〉の国民国家・日本』（日本放送出版協会、二〇〇〇年）など参照。

（2）五来重「解説」（『日本庶民生活史料集成』第一七巻、三一書房、一九七二年）。以上の祭文は、本書、三三一～四〇〇頁に収録。

（3）高木啓夫『いざなぎ流御祈禱』（物部村教育委員会、一九七九年）、同『いざなぎ流御祈禱（第二集）病人祈禱篇』（物部村教育委員会、一九八〇年）、同『いざなぎ流御祈禱（第三集）天ノ神・御先神・みこ神篇』（物部村教育委員会、一九八二年）、同『いざなぎ流御祈禱の研究』（高知県文化財団、一九九六年）など。小松和彦『憑霊信仰論』（伝統と現代社、一九八二年。講談社学術文庫版、一九九四年）、同「いざなぎ流祭文研究覚帖」（『春秋』一九八九年八月号～一九九四年五月号）など。

（4）岩田勝『神楽源流考』（名著出版、一九八三年）、同編『中国地方神楽祭文集』（三弥井書店、一九九〇年）。なお、岩田勝氏は一九九四年五月に急逝され、その研究が「中断」されることになったのが惜しまれる。本書は岩田氏の研究を批判的に継承、発展させることを、ひとつの目標としている。

（5）渡辺伸夫『椎葉神楽発掘』（岩田書院、二〇一二年）。

（6）本田安次『語り物・風流二』（木耳社、一九七〇年）。

（7）いざなぎ流祭文に関する研究は、吉村淑甫「いざなぎ流神道祭文集」（『土佐民俗』一九六四～一九七一年）に始発する。吉村が蒐集した祭文はその後増補、校注を付して、吉村淑甫監修／斎藤英喜・梅野光興編『いざなぎ流祭文帳』（高知県立歴史民俗資料館、一九九七年）として刊行した。口承文芸研究からは、小松和彦「いざなぎ流・地神の祭文――若干の検討と資料」（『社会人類学年報』第三巻、一九七七年）、同「「いざなぎの祭文」と「山の神の祭文」――いざなぎ流祭文の背景と考察」（『山岳宗教史研究叢書　15』名著出版、一九八一年）、石川純一郎「いざなぎ流神道の祭文」（『日本民俗研究体系　7』國學院大學、一九八七年）、福田晃「諏訪縁起・甲賀三郎譚の原像」（『神道集説話の成立』三弥生書店、一九八四年）などがある。

（8）徳田和夫「「中世神話」論の可能性」（『別冊国文学　日本神話必携』学燈社、一九八八年）三六頁上段。

（9）山本ひろ子『中世神話』（岩波新書、一九九八年）。

（10）伊藤正義「中世日本紀の輪郭」（『文学』一九七二年一〇月号）、阿部泰郎「中世王権と中世日本紀」（『日本文学』一九八五年五月号。斎藤英喜編『日本神話　その構造と生成』有精堂出版、一九九五年に再録）、同「〝日本紀〟という運動」（『国文学　解釈と鑑賞』一九九九年三月号）など。神話研究からの「中世日本紀」論の可能性については、斎藤英喜「「中世日本紀」と神話研究の現在」（『国文学　解釈と鑑賞』二〇一一年五月号）で述べた。

(11) 中世神話から「近世神話」という視座の拡大については、斎藤英喜「近世神話としての『古事記伝』」(佛教大学『文学部論集』第九四号、二〇一〇年)、同「宣長・アマテラス・天文学」(佛教大学『歴史学部論集』創刊号、二〇一一年)、同「中世日本紀から『古事記伝』へ」(山下久夫・斎藤英喜編『越境する古事記伝』森話社、二〇一二年)、同『古事記はいかに読まれてきたか』(吉川弘文館、二〇一二年)など。さらに「近代」へと視野を拡大する試みとしては、斎藤英喜『異貌の古事記』(青土社、二〇一四年)を参照。また『古事記伝』を近世神話として読む研究に、山下久夫「「近世神話」からみた『古事記伝』注釈の方法」(鈴木健一編『江戸の「知」』森話社、二〇一〇年)、同「『古事記伝』を近世以前から照らし出す」(山下久夫・斎藤英喜編『越境する古事記伝』森話社、二〇一二年)、同「『古事記伝』の記述方法」(『文学・語学』第二〇五号、二〇一三年)がある。

(12) 山本ひろ子「大神楽「浄土入り」」(『変成譜』春秋社、一九九三年)。

(13) 前掲註(12)論文、一一四頁。

(14) さらに文献上の「中世神楽」の問題ついては、鶴巻由美「中世御神楽異聞」(『伝承文学研究』四七号、一九九八年)がある。

(15) 前掲註(4)岩田勝『神楽源流考』。

(16) 斎藤英喜「神楽と祭儀のシャーマニズム」(斎藤ほか『シャーマニズムの文化学』森話社、二〇〇一年)。

(17) 前掲註(4)岩田勝『中国地方神楽祭文集』四三頁。

(18) こうした花祭のイメージを作りあげたのが、早川孝太郎『花祭』前編・後編(岡書院、一九三〇年。『早川孝太郎全集』Ⅰ・Ⅱ巻、未来社、一九七二年)である。なお、花祭の舞をめぐる最新の研究として、井上隆弘『霜月神楽の祝祭学』(岩田書院、二〇〇四年、第一部「舞の宇宙」)がある。「舞」がもつ宗教的意義を解読する試みが展開されている。

(19) 現行では、東栄町足込で舞処の上の中二階を「天」と称して、七五膳を前に太夫が単独で祭文を読むことが行われている。武井正弘によれば、そこにはみょうど(宮人)さえも立入ることはタブーとされ、かつては太夫が強力の神霊と一体となり、神がかりをしたともいう(武井正弘「花祭の世界」〔『日本祭祀研究集成』第四巻、名著出版、一九七七年〕参照)。なお、「神がかり」の説は、近年では疑問視されている。

(20) 武井、前掲註(19)によれば、「みょうど」は、「結縁により祭事を分担・世襲する義務を負う本百姓の家柄」(一九八頁）とある。「宮人」「舞人」の表記もある。

（21）　山本ひろ子「祭儀と祭文」（『岩波講座　日本文学史』第一六巻　口誦文学1、岩波書店、一九九七年）。しかし折口信夫の花祭論は、彼の生きた時代動向とも重ねながら、再考すべき課題も残されている。この点については、斎藤英喜「折口信夫「山の霜月舞」再考――「花祭」研究の現在へ」（佛教大学『歴史学部論集』第六号、二〇一六年三月）で、論じた。

（22）　以下、いざなぎ流については、斎藤英喜『いざなぎ流　祭文と儀礼』（法藏館、二〇〇二年）参照。

（23）　この点については、斎藤英喜「いざなぎ流祭文と中世神話――中尾計佐清太夫本「金神方位の神祭文」をめぐって――」（佛教大学『歴史学部論集』第四号、二〇一四年）、同「いざなぎ流病人祈禱の世界――神話研究の視点から」（アジア民族文化学会編『アジア民族文化研究』一四号、二〇一五年）で詳述した。

（24）　小松和彦『いざなぎ流の研究――歴史のなかのいざなぎ流太夫』（角川学芸出版、二〇一一年）。

（25）　近世陰陽道組織に関する研究は、木場明志「近世日本の陰陽道」、「近世土御門家の陰陽師支配と配下陰陽師」（木場明志編『陰陽道叢書三　近世』名著出版、一九九二年）、高埜利彦「近世陰陽道の編成と組織」（『近世日本の国家権力と宗教』東京大学出版会、一九八九年）。林淳『近世陰陽道の研究』（吉川弘文館、二〇〇五年）。梅田千尋『近世陰陽道組織の研究』（吉川弘文館、二〇〇九年）などを参照。

（26）　兵藤裕己「中世神話と諸職」（『平家物語の歴史と芸能』吉川弘文館、二〇〇〇年）を参照。

（27）　小松、前掲註(24)、三一四頁。

（28）　松山由布子「花太夫所蔵文献に見る奥三河の宗教文化」（説話・伝承学会二〇一四年度大会・シンポジウム「アジアのなかの「花祭」」二〇一四年四月）。後に『説話・伝承学』（第二三号、二〇一五年三月）。なお、本シンポジウムのコメントとして、斎藤英喜「もうひとつの「花祭」へ」（『説話・伝承学』第二三号、二〇一五年三月）も参照。

（29）　末木文美士「神話創造の系譜」（中世文学会編『中世文学研究は日本文化を解明できるか』笠間書院、二〇〇六年）を参照。

各章の概説

斎藤英喜
井上隆弘

Ⅰ　陰陽道・密教・中世神話・アジア

第1章　梅田千尋「陰陽道祭文の位置——『祭文部類』を中心に——」

「祭文」の古態を探ると、平安時代から鎌倉時代に繰り広げられた陰陽道儀礼で使用された祭文に行き当たる。では、そうした陰陽道祭文と、民俗芸能系の神楽祭文とは、どのような繋がりがあるのだろうか。まさに未踏の領域に属する研究テーマだが、近世陰陽道史研究の梅田論文は、その課題にチャレンジした。中世の陰陽道儀礼で使用された祭文を集めた『諸祭文故実抄』『祭文部類』などの分析を通して、金神や荒神の信仰も取り入れ、中世神話の坩堝のなかで再鋳されていく「中世陰陽道祭文」の世界の豊かな広がりとともに、今後の研究のひとつの「座標軸」を提示してくれた。

（斎藤）

第2章　阿部泰郎「五形祭文と五蔵曼荼羅——中世日本の宗教的身体論の系譜——」

奥三河の花祭は、実はきわめて大規模な民間宗教儀礼の一端を集約した祭儀であった。この花祭が伝える祭文群のなかに、「五形のさいもん」と呼ばれる、人間の身体を宗教体系によって具さに分ち観念することにより病者を祈禱する祭文が伝えられている。中世顕密仏教の深奥から生みだされた、「五蔵曼荼羅」に集約される宗教的身体の観念体系が寺院の経蔵から出て、より広い世界において、「祭文」という実践的な儀礼テクストとして、どのように変貌をとげたのか。阿部論文では、中世宗教テクストのなかに手がかりを探る。

（井上）

第3章　斎藤英喜「大土公神祭文・考――暦神たちの中世神楽へ――」

中世の列島社会に繰り広げられた神楽には、『記』『紀』神話の神々とも、垂迹神、仏教神とも異なる神々が数多く登場する。それらの多くは陰陽道書『簠簋内伝』に由来が説かれる「暦神」たちである。斎藤論文は、古代の陰陽道儀礼に起源する「土公」の鎮めが、『簠簋内伝』の暦注の神話世界を媒介にして、神楽、祈禱の祭文によって、祀られる「土公神」へと変貌していく経緯を、奥三河の「大土公神経」と、いざなぎ流の「大どッくの祭文(祭文)」から読み解き、宇宙創造への遡及、あるいは世界の崩壊という中世神話を語りつつ、他方では神楽の祭文が、病人祈禱儀礼へと応用され、変容していく「現場」を明らかにした。（斎藤）

第4章　北條勝貴「牽かれゆく神霊――東アジアの比較民俗からみる死者の浄化――」

環境や災害、生死観などのアクチュアルな課題に挑戦し続ける古代史研究の北條論文は、中世に展開した「死霊の鎮魂を目的とした祭儀」たる神楽、祭文の世界と、中国少数民族に伝わる「指路経」とを比較し、〈導き手による牽引〉が浄化・昇華の重要なモチーフであることを読み取る。そこから浄土神楽のもつ「観念的なもの」にたいして、「指路経」の道行きには、「民族・枝族の遷移の現実的記憶」の反映を指摘し、人類史における「定住と移動」という、壮大なテーマを提示する。（斎藤）

Ⅱ　生成する祭文の世界

第5章　星優也「神祇講式を招し祈らん――蘭牟田神舞「忉利の法者、忉利の小神子」をめぐって――」

『神祇講式』とは、鎌倉期の中世神道説の展開のなかに登場した「貞慶作」が暗示される講式文である。もともとは仏教儀礼である講式が「神祇」を本尊として、衆生救済を祈る特異な儀礼テキストであるが、星論文は、

『神祇講式』が中世から近世の地方神楽の場で読まれることに注目し、とくに鹿児島県薩摩地方の「蘭牟田神舞」で読誦される意味を解読していくことで、中世的な岩戸神話の場面で神々を召還していく儀礼実践に繋がることを明らかにした。『神祇講式』が神楽祭文としての機能をもつという、驚くべき事実とともに、さらにその先には奥三河の「浄土入り」とも共振する問題を展望した。

（斎藤）

第6章　松山由布子「奥三河の宗教文化と祭文」

青少年たちの華麗な舞や鬼の乱舞で有名な奥三河の花祭であるが、かつては膨大な数と種類の祭文が重要な役割を果していた。松山論文は、「花太夫」のもとに伝えられた祭文の悉皆調査を通して、花祭や大神楽のみならず、病人祈禱などの儀礼においても、祭文が駆使されていた現場を明らかにし、その背後に活動していた「里修験」や尾張津島社との交渉関係を見出し、奥三河の地に創造された独自な「宗教文化」の姿に迫った。従来の「民俗芸能」の枠組みとは異なる奥三河の花祭の姿を浮き上がらせた論稿といえる。

（斎藤）

第7章　神田竜浩「物語化する祭文——日向琵琶盲僧の釈文「五郎王子」の事例から——」

琵琶盲僧は地神盲僧などとも呼ばれ、近世には地神経を読誦し、琵琶を弾きながら釈文を唱え、祈禱を行なった民間宗教者のことで、主に九州や中国地方などで活動していた。神田論文では、宮崎県延岡市長久山浄満寺の住職永田法順が唱える釈文「五郎王子」を取り上げた。永田は生前、もっぱらその語りが注目されたが、ここでは釈文について、その物語の検討をおこない、祭文は聞き手にわかりやすく語るだけでなく、自らの由緒を盛り込むなど、読誦する民間宗教者の立場に合わせて戦略的に改変されていくことを明らかにした。

（井上）

Ⅲ　中世神楽の現場へ

第8章　池原真「静岡県水窪町草木霜月神楽に見る湯立ての儀礼構造――「玉取り」と「神清め」――」

三信遠地域の湯立神楽のなかでも、遠州のそれはシンプルな湯立儀礼に徹した地味な内容をもつが、この地域の神楽祭儀をとらえるうえで重要な意味をもっている。〈玉取り〉とは遠州水窪に特有な祭祀者集団による湯立であるが、池原論文はそれを「神を清めることによって立願の成就を願う湯立の核になる儀礼」と規定。同様の性格をもつ湯立祭儀が三信遠地域に広く分布し、この地域の湯立神楽の理解の鍵となるものであることを明らかにした。（井上）

第9章　鈴木昂太「「浄土神楽」論の再検討――『六道十三佛之カン文』の位置づけをめぐって――」

広島県庄原市に伝承される比婆荒神神楽は牛尾三千夫らによって、歌舞によって死霊を鎮め浄化する「浄土神楽」と指摘されてきた。しかし鈴木論文ではかつての「浄土神楽」と現在の「比婆荒神神楽」との間に連続性を見出すことには慎重であるべきだと考える。こうした視点から従来浄土神楽の重要な根拠とされてきた『六道十三佛之カン文』の死者の口寄せの祭文としての性格を検討して、これを神楽と結びつけて比婆荒神神楽の意義の根拠として用いたり、その祖型が浄土神楽であると論じたりすることには問題があると結論する。（井上）

第10章　梅野光興「いざなぎ流「神楽」考――米とバッカイを中心に――」

高知県香美市物部町に伝わるいざなぎ流は、神道・陰陽道・修験道などが混交した民間信仰で、大夫と呼ばれる民間宗教者が、家や村の神の祭り、さまざまな祈禱など多様な祭儀に携わってきた。いざなぎ流の祭儀のほとんどは祭文を使った「イノリ」（祈禱）であり、一般的な神楽に比べると異例なものである。梅野論文では、いざなぎ流の内容を検討して、そこでは、かつては神がかりの神楽が伝えられていたが、「ばっかい」（天蓋）が導入されることによって、儀礼の多様化が進んだという仮説を提示する。（井上）

第11章　永松敦「山の神祭文と神楽祭文——狩猟祭文の解釈をめぐって——」

民間の山の神信仰と神楽に登場する神々の間には思想的に深い関係がある。近世中後期に膨大な量の山の神祭文が作成されるようになると、さまざまな神々が山の神という名称の下に一元化されるようになる。神楽の場合もさまざまな神々が、星の神・山の神・火の神の三神に集約され、竈の神として一元的に捉えられるという思想がつくられていく。このなかで神楽祭文においては、山の神とそれを祀る山人との仲介役は陰陽道的神格たる「玉女」であるが、猟師の世界では、その役割を猟師の女房が担っているのではないかとする。（井上）

第12章　井上隆弘「九州における神出現の神楽と祭文」

九州南部の宮崎県、鹿児島県に分布する特徴的な仮面の神の神楽は、通説ではいわゆる「出雲流神楽」の亜流とされたが、これについては石塚尊俊の批判がある。井上論文ではこれをふまえ、これら仮面の神の神楽を九州固有の性格をもつ「神出現の神楽」ととらえ直した。そして、それらが伝える祭文あるいは祭文に準じる性格をもつ言い句のうち、宮崎県椎葉村の嶽之枝尾神楽と鹿児島県旧祁答院町の藺牟田神舞における荒神の言い句に注目して、それが中世の荒神信仰をよく伝えるものであることを明らかにした。（井上）

〔研究ノート〕ジェーン・アラシェフスカ「青ヶ島における中世的病人祈禱祭文といざなぎ流との関係について」

イギリス在住の研究者であるジェーン・アラシェフスカは、かつて本田安次らによる調査で、その中世的な信仰世界を垣間見せてくれた八丈島、青ヶ島への、複数にわたるフィールドワークを通して、「祭文」の伝来の実態とともに、これまで類似点は指摘されてきたものの具体的な分析はなされていなかった、いざなぎ流の祭文との比較・検討を行った。とりわけ、青ヶ島といざなぎ流の「呪詛祭文」の表現の類似点の分析などは、今後の中世の神楽・祭文研究にとっての重要な課題となるだろう。（斎藤）

〔資料翻刻と解説〕渡辺伸夫「対馬の新神供養――「綱教化」と「提婆」を中心として――」

対馬の新神《さらかみ》供養は、単に「かみ」とも呼ばれた先祖祭の一つで、中世後期から近世幕末期にかけて、法者と神子によって執り行われた。さまざまな祈禱と祭文と舞からなる大掛かりな霊祭神楽であった。これは他の法者の行う祈禱と同様に、弓弦を篠竹で打ちならしながら祭文を誦む、いわゆる弓祈禱であった。この新神供養については、ほとんど解明されていない。渡辺による新神供養の「綱供《つなく》」「綱教化《つなきょうげ》」「提婆《だいば》」などについての資料翻刻と解説は、霊祭神楽・浄土神楽の解明にとって画期的な意義をもつものである。（井上）

I 陰陽道・密教・中世神話・アジア

第1章　陰陽道祭文の位置——『祭文部類』を中心に——

梅田　千尋

はじめに

祭文という呼称をもつ様々な文書・芸能・儀礼のうち、現在主な研究対象となっているのは、奥三河の花祭の祭文や中国地方の神楽で朗唱される五行祭文・高知のいざなぎ流祭文など地域の神事芸能の祭文だろう。近年脚光を浴びるこれらの祭文が、陰陽道・密教儀礼で用いられた儀礼文書としての祭文や、近世の庶民芸能として発展した山伏祭文・歌祭文と関連するのか否か。祭文という名をもちながら、およそ脈絡を見いだしがたいほどの多様性ゆえ、相互の関係を論じることは難しい。本書の編集意図そのものでもあるこうした問いかけに対して、本論文は、少し遠い地点から、応答を試みたい。ここで取り上げるのは、中世の陰陽道儀礼で使用された祭文集『祭文部類』などに掲載される陰陽道祭文である。

すでに、泰山府君祭や土公祭《どくうさい》といった個々の祭文については、祭神や祈願内容を論ずるいくつかの先行研究があるが、祭文という形式の成立・特徴や伝播と変容、祭祀内容の変遷について俯瞰的に論じる論考は少ない。本稿ではまず、史料紹介も含めて、陰陽道祭文とその変遷について、基礎的事実を確認し、共通理解を築く土台としたい。

一　陰陽道祭文の成立と展開

陰陽道祭文は、都状《とじょう》と同じく、陰陽道祭で用いられる儀礼文である。つまり、陰陽道祭に伴なって、発展してきたものである。律令官司としての陰陽寮は奈良時代以前から存在したが、本来、暦・天文・占を司る役所であった陰陽寮が祈禱・祓・祭祀などの呪術的機能を担いはじめた九世紀半ば以降、陰陽道祭も本格的に成立した。一〇世紀以降多種多様に展開し、祭神や目的別に祭祀の種別は増加して、平安末までには四二種の陰陽道祭が行われていたという。この間、神祇の祭祀と五行家の説を受けて導入された泰山府君祭など冥道《みょうどう》信仰の祭祀や、五行を用いる反閇《へんばい》・呪符といった呪術儀礼の基盤が確立し、国家祭祀にも組みこまれていった(1)。

平安初期の陰陽道祭については祭祀名だけが伝えられ、祭式や祭文が判明する例は少ない。そうしたなか、『卅五文集《さんじゆうごぶんしゆう》』に収められている仁和四年（八八八）「本命祭文」は陰陽道祭祭文の古例である。この祭文では天曹・地府・司命・司禄・河伯・水官を祭神とし、「本命之祀」を設けて禍を転ずることを祈る。本命祭《ほんみようさい》は、『延喜式』陰陽寮所載の陰陽道祭の一つであり、天皇・中宮・東宮の本命日に罪悪を天神に報告するという司命・司過信仰に基づいて、益算・招福・攘災のため動物の脯《ほじし》などを供して本命星を祀った。当時は都状の文例が多く、祭文も、後世の祭文に比べて文章は短く、構成も単純である。

同文集には、能筆の官人藤原伊房《これふさ》作とされる承保四年（一〇七七）の「天曹地府都状《てんそうちふとじょう》」も掲載される。かような朝廷における陰陽道祭祭文・都状の起草者は、陰陽師ではなく、紀伝・文章道の知識を持つ官人が通例であった(2)。

祭文の文体上の特色は、「維何年何月何日干支、祭主名……」と、日時と祭主を告げ、神名を挙げて神を招き、祭祀の主催者が祭祀の趣旨を説いて願意を乞うものである。こうした形式は、中国では漢代には成立し、死者の追悼や、雨乞・攘災などの祭祀のための文として広く用いられた。古代日本でもっともよく学ばれた漢文集『文選』にも一章を割いて祭文類が収められる。祭文は、中国・朝鮮では儒祭の祭祀文としても継承されたが、次第に死者への哀悼文に限られるようになり、道教では青詞《せいし》という儀礼文が別に確立していった(3)。漢字文化圏で共有された祭文の形式は、日本では、九世紀以降の密教・陰陽道行事でも基本文体となったのである(4)。

陰陽道祭の種類は、院政期を経て格段に増加し、多様化した。赤澤春彦氏は鎌倉時代の記録類から六五種の陰陽道祭の実施を確認した。陰陽道祭祀は鎌倉をはじめ東国にひろがり、多くの陰陽師を動員する大規模な祭祀も増加したという(5)。鎌倉期に賀茂家の家伝としてまとめられた祭祀次第書『文肝抄』には、五四種の祭祀名が挙げられている。しかしその後、幕府が京都に移り、官人陰陽師の官位が上昇した室町期には、記録に残る陰陽道祭祀の種類はむしろ減少した。柳原敏昭氏によれば、暦応三年（一三四〇）から長禄二年（一四五八）まで公家日記などの記録類に載る陰陽道祭一〇二件の種類は一二種であり、最多は泰山府君祭（四七回）、次いで天曹地府祭（一六回）・天地災変祭（一一回）・三万六千神祭（一一回）と続き、四角四堺鬼気祭《しかくしかいききさい》なども行われた(6)。もっともこれは記録に残らない陰陽道祭の残存を否定するものではない。さらに近世に入り、寛文年間に成立した「天《てん》社《しゃ》神道行事」は、顕著な神道化が見られるなか二二種の祭祀・祓が列挙されているが、鎌倉期のような多様性は見られない。

『諸祭文故実抄』(7)（以下『故実抄』）は、一一～一五世紀の、朝廷・幕府にかかわる祭文を集めたものである。紀伝道・文章道の知識をもつ菅原家に伝わる、いわば、菅原家家伝の祭文の文例集で、一六種五六件の文例を載せる。その一六種とは、尊星王祭文（尊星法）・天曹地府・東方清流・泰山府君・三万六千神・天地災変・北斗本拝供・北斗法・大属星・南方高山・熾盛光・閻魔天供・鎮宅法・玄宮北極・妙見法・本命元法である。傍線を

表1　『諸祭文故実抄』所載の（外典）陰陽道祭祭文

祭祀名	年月日・西暦		願主	儒草	祭主
天曹地府	応永16年9月10日	1409	足利義持	東坊城秀長	安倍泰継
	嘉吉3年8月6日	1443	足利義勝	東坊城益長	安倍有重？
泰山府君	応永11年12月27日	1404	後小松天皇	東坊城秀長	安倍有世
	応永9年12月24日	1402	後小松天皇	東坊城秀長	安倍有世
	至徳元年4月10日	1384	後円融院	「作者不見」	
	至徳3年4月15日	1386	崇光院	「作者不見」	安倍有世？
	嘉吉2年12月	1442	足利義勝	東坊城益長	
三万六千神	宝治元年	1247	後嵯峨院	「作者不見」	
	応永14年6月21日	1407	足利義満	東坊城秀長	
天地災変	承元4年10月	1210	土御門天皇	（菅原為長）	
	建保3年2月15日	1215	土御門院	（菅原為長）	
	天福元年9月16日	1233	中宮藻壁門院	（菅原為長）	賀茂在友
	応永26年6月11日	1419	足利義持	（菅原為長）	安倍守経？
鎮宅法	不明		不明	不明	不明
玄宮北極	長保4年7月27日	1002	一条天皇	藤原敦光	安倍晴明
	康平8年2月19日	1065	後冷泉天皇	藤原敦光※	
	天仁3年7月6日	1110	鳥羽天皇	大江匡房	
	保元3月8月1日	1158	後白河天皇	藤原永範	

注：史料掲載順。儒草は章末註（8）伊藤論文による。祭主名に「？」を付したものは、章末註（6）柳原論文年表・『続史愚抄』などに基づき推定。※は史料中での比定。

付した祭祀が「外典」つまり陰陽道の祭文であり、「鎮宅法」については密教・陰陽道双方の祭文が載る。六種二三件の陰陽道祭文が収録されていることになる。

ここで留意すべきは、祭祀の分類は第一に祭祀の種類・目的によってなされ、その下位分類として、密教祭祀と陰陽道祭を列記することであろう（表1）。この時代、朝廷の公的祭祀として行われる陰陽道祭で、祭文の文案を作成したのは菅家の儒家であった。『故実抄』の冒頭では「祭文に諸法有り」と、内典（密教）・外典（陰陽道）・宿曜師《すくようし》という「三家」それぞれの「法」と流儀が有ることを述べつつも、「祭文は必ず紀伝儒士の口伝なり」と儒家の口伝の重要性を説く。彼らが施主の立場や格式によって書き分け、祭主たる陰陽師や僧侶とともにその文言を定めていったのである。儒家の側から見て、密教祭文と陰陽道祭文は、文言や文段の数・表現に若干の差異がみられるものの、同じ文章構造を持ち、技術的にも延長線上にある職務と考えられたことを意味する。

儒家たちによる関与の度合いも、伊藤慎吾氏が詳細に明らかにしている。(8) 延徳四年（一四九二）地震後の天地災変祭では、地震発生後、陰陽頭による占文《せんもん》提出と祭儀申請を経て、禁裏にて天地災変祭が決定され、下命をうけた朝廷の儒家東坊城和長が、祭主の安倍在通とのやりとりを通して祭文の文章表現を確定した。その際、両者は、祭儀の目的や祭祀の場での幣の色など、祭祀次第を確認して詩句の表現を調整し、祭主が朗読したうえで、儒草を提出するか、祭主が新たに清書するかを確定したという。

『故実抄』を著した東坊城和長は、「勧請之段」「奉請之分」など文段を区切り、各部の用字や分量、どの箇所を新作するかといったことを口伝としてまとめた。伊藤氏は、主に密教儀礼に関する文段構造を整理して①位署の段、②勧請の段、③序の段、④土地・本尊賛嘆、⑤修法、⑥願成就、⑦書き止め、⑧年月日という基本的な構成を見いだした。この構成は陰陽道祭文でもおおむね共通するため、次節で試みる各祭文の分析の際にも参考とする。

これらの祭文作成において、もっとも注意を払われたのは、願主が天皇・皇族か武家かという身分と文章表現の対応であった。祭文の種別ごとに、複数の例文が掲載されるのはそのためである。これらの陰陽道祭文は、公武祭祀全体の体系のなかで、前例や願主の格式に配慮しながら、周到に練り上げられたものといえるだろう。そうした制約の中で、儒家は文章家としての知識と素養を発揮し「新作の段」の文飾に力を尽くしていたのである。

祭神	付記
閻羅天子・五道大神・泰山府君/天官・地官・水官/司命・司禄・本命神/開路将軍・土地霊祇・家親丈人	
(五方〈東方・南方・西方・北方・中央〉・四季・天上地上)主咒咀君	人形による呪詛方法
(天曹・地府・水官・北帝大王・五道大王)具官・(太山府君・司命君・司禄君・六曹判官・南斗好星君)具官・北斗七星君・家親丈人	
五方大小荒神(東方・南方・西方・北方・中央)／(上方・下方・四維)大小荒神／多婆天王・那行都佐神／天潜尾命・天捨尾命(以下18神)／九万八千百七十二神九億四万三千四百九十荒神	
北斗七星魁罡府君(第一貧狼星・第二巨門星・第三禄存星・第四文曲星・第五廉貞星・第六武曲星・第七破軍星)＋27宿・12直	
五方(東方・南方・西方・北方・中央)道断神・四角四維道断神・五方(東方・南方・西方・北方・中央)大神将軍道断神・五方(東方・南方・西方・北方・中央)集来大神将軍各領八万四千神王道断・五方(東方・南方・西方・北方・中央)世絶利道断・五方(東方・南方・西方・北方・中央)阿刀木利摩刀木利	
五方(東方・南方・西方・北方・中央)土公神・五土将軍・五土諸神・土姥・土家子孫・土府官属	原本若杉36
五方五龍王・東南西北中央青赤白黒黄帝土公将軍・五土諸神土府官属等	
五方(東方・南方・西方・北方・中央)萡(甲乙・丙丁・壬癸・戌巳)・百怪諸霊	
天地霊神・司命・司禄・河伯府君・名山・大川諸神祇等/八卦八史六甲十二辰歳月日時徳刑厭殺、大歳・大陰・大将軍、里社阡陌巷街土府伏龍及宅内七神直府小史丈人親識幽顕霊等、五方(東方・南方・西方・北方・中央)厄将軍、月日時厄将軍・五方小褰玉女将軍・大厄上下尊神祇等、五方(東方・南方・西方・北方・中央)主咒咀君・天上地上主咒咀君、執法・収法・問法・推法・解法・除法・散法・滅法八部将軍、田地貴人五方上下主厄主褰諸神君	原本若杉22
皇霊后土司命・司禄掌筭掌籍之神	
大陰之精、奎・婁・胃・昴・畢・觜・参星等	
五方(東方・南方・西方・北方・中央)防解火災神、河伯朱童之神	
東方震位歳星之精、亢・角・氐・房・心・尾・箕	

資料館所蔵若杉家文書に確認できる場合は、その史料番号を備考に記した。

表2　『祭文部類』所載の祭文

	分類	祭文名	催行年月日・西暦		末尾年月日	署名
1	(1)	泰山府君祭文	永禄10年2月	1567	天正11年8月	正二位有春
2	(4)	呪詛之返祭文	天文21年4月9日	1552	天正11年8月	
3	(1)	天曹地府祭文	弘治2年5月	1556	天正11年8月	
4	(2)	荒神之祭文	—	—	天正11年8月	
5	(3)	属星祭文	弘治2年5月*	1556	天正11年8月	
6	(4)	霊気道断祭文	弘治2年5月*	1556	天正11年8月	
7	(2)	土公之祭文	天文9年2年7日*	1540	天正9年8月	安倍有春
8	(2)	地鎮之祭文	弘治2年3月*	1556	天正11年10月	安倍有春
9	(4)	百怪異祭文	永禄元年閏6月吉日*	1558	—	
10	(4)	河臨祭文	文明6年3月8日	1474	—	
11	(4)	招魂祭文	弘治2年3月23日	1556	—	(家之正本以書写畢)
12	(4)	大陰祭文	寛喜3年	1231	—	
13	(4)	防解火災之祭文	大永5年10月14日	1525	—	
14	(3)	歳星祭文	弘治2年5月	1556	—	

注：史料掲載順。*は文中に記載されている年月日。また、原本と思われる史料が京都府立総合

二　『祭文部類』の神々

前節の『故実抄』が、菅家が関与した天皇・室町将軍らを願主とする公的陰陽道儀礼の祭文集であったことに対して、私的領域に関わる陰陽道の祭文も含むのが、『祭文部類』（以下『部類』と略す）である。『部類』には主に一六世紀に土御門家関係者が催行した一四種の陰陽道祭文が収められている（表2）[9]。

これら祭祀の執行年代は様々だが、多くは天正一一年（一五八三）八月に筆写され、「有春正本」つまり安倍（土御門）有春所伝本に基づくことが記されている。なお、土御門有春は、永禄一二年（一五六九）に六九歳で没しているから、実際に天正一一年に書写しえた人物としては、当時二〇代にして陰陽頭・天文博士の任にあった土御門久脩《ひさなが》が最有力であろう。土御門家の人びとが応仁の乱を逃れ、所領の若狭名田庄と京都を往復し、領地で陰陽道祭祀を行っていた時期に作られたものであった。また、うち二件については、原本と思われる祭文も残っており（表2「付記」に史料番号）、安倍家が保持していた祭文の集大成という性格を裏付ける。

なお、村山修一氏はこの史料について「「属星祭文」の終わりの注記によれば天正一一年（一五八三）八月、安倍泰嗣が家伝の祭文を筆写し、まとめて伝奏権中納言廣橋兼勝に差し出したものである」とした。しかし、実際に「属星祭文」末尾にあるのは、天文元年（一五三二）天皇の所望による属星祭の趣旨説明と、「銘の御太刀」を形代《かたしろ》とした経緯のみであり、安倍泰嗣という名前は見あたらず、村山氏の推定の根拠は不明である[10]。

これら『部類』の陰陽道祭について、祭祀の性格・内容面から、

（1）泰山府君祭や天曹地府祭など冥界信仰の影響をうけ延命を祈る代表的な陰陽道祭祀

（2）土公や荒神など土地に関わる神を祭り、祭祀の名称が、中国地方の神楽祭文とも共通する荒神之祭文・土公之祭文・地鎮之祭文

（３）星辰信仰に基づく属星祭文・歳星祭文

（４）怪異や災異に対応する霊気道断祭文・百怪異祭文・呪詛祭祭文

に大別することができよう。これらを、陰陽道以外の祭祀との重複関係で捉えなおすと、（１）は陰陽道でのみ行われるが、（２）は修験や中国地方の神楽祭文とも共通し（ただし呪詛祭祭文などは一部神楽祭文でも見られる）、いずれも「〇〇之祭文」という名称をもつ点で、他とは異なる。（３）は密教・宿曜道の影響も見られ、（４）は、祓いの要素が強く、神祇の祓いと共通する性格をもつ(11)（表２）。

すべての類型の祭文について分析を行うべきであろうが、本稿では、陰陽道祭文と神事芸能との関わりを考えるうえで関連の深い（１）（２）類型を中心に、祭祀の種別ごとに内容・構成の特質を概観したい。

（１）「泰山府君祭」等延命系陰陽道祭

泰山府君は、中国の五岳の一つ泰山《たいざん》の神である。死者の霊魂が寄り集う冥府があるとされた山の、人間の寿夭《じゅよう》生死を司る神として信仰された。延喜年間に行われていた七献上章祭から、一一世紀には安倍氏の代表的な祭祀泰山府君祭として知られるようになり、除災・延命の「オールマイティーな祭祀」として院政期〜鎌倉期の貴族社会で盛行した(12)。勧請神は冥道十二神で、延命・消災などを祈る。この泰山府君祭の形式を踏襲しつつ、祭神に天官・地官も加えて一一世紀に成立したのが天曹地府祭であり、近世には天皇・将軍の代替わり時に行われる祭祀として位置づけられた。これらは、安倍家による代表的祭祀であり『故実抄』『部類』いずれにも、両祭に関わる祭祀文が掲載されている。

『部類』に載る「泰山府君祭文」は左の通りである。なお、主に全体構成を分析するため、改行は省略し、[a]〜[f]の記号を付した。

【史料1】泰山府君祭祭文（なお、□は破損による判読不能箇所）

［a］謹奉請閻羅天子・五道大神・泰山府君下来就座、謹奉請天官　地官　水官　下来就座
謹奉請司命　司禄　本命神　下来就座、謹奉請開路将軍・土地霊祇・家親丈人下来就□
伏願諸神一々具官各々就座　所献尚饗再□

［b］維日本國永禄十年（一五六七）二月吉日　干支良辰□斎戒沐浴、謹備珍肴酒醴、奉謝諸神伏□垂慈悲
歆饗薄礼領納単誠再拝□

［c］謹啓降臨尊神等主人心性愚闇愆違是□犯㆓忌諱㆒猶闇㆓倚伏之方㆒剏今年図卦之所□、可㆑慎曜宿之所
㆑会有㆑可㆑恐、爰夢想間驚□異時々示飄来所㆑推吉少凶多寤寐之歎時而无㆑聊恐没㆓命於幽闇之中㆒、入㆓名
於泰山之薄㆒抑消㆑灾致㆑祥莫㆑過㆓祭祀㆒除㆑厄保㆑命只有㆓祈-息㆒也、謹案㆓賈相公奏銭儀式㆒云泰山府君者管㆓
領天曹地府㆒摂㆓行閻羅冥官㆒科定㆓禍ノ福㆒増㆓減寿命㆒仍敬㆑之者得㆓福祚㆒帰㆑之者保㆓寿命㆒也、昔崔希夷祈㆓
福於東岳㆒忽報㆓万戸公㆒、趙顔子請㆓命於泰山㆒更延㆓八百之祚㆒因㆑茲為㆔払㆓其灾厄㆒全保㆓寿福㆒謹賀㆓銀銭寳
幣酒菓之奠㆒擺跪献㆓泰山府君冥道之神㆒、伏乞ハ諸神幸垂㆓歆饗㆒必應丹祈彼三十六衰七十二厄兼以避㆑之遠
以退㆑之削㆓死籍㆒於北宮録㆓生名於南簡㆒延年益算長生久視謹啓再拝

［d］謹白閻羅天子諸神君等主人生在㆓凡堺㆒愆失巨㆑計或有㆘於㆓冥顕㆒所㆑犯㆖惑有㆘付㆓内外㆒所㆑謬㆖依㆑之冥司記録
結㆓罪三官㆒魂魄遊散咎加㆓一身㆒仰乞依㆓神明恩尊神之助㆒、九厄三灾悉以除蕩謹啓　再拝

［d'］謹重啓諸神君等主人伏願諸神衛護主人之身上年灾月厄日破元辰算盡魁罡并以消散兼又邪気怨霊之祟厭魅咒
咀之徴遥払遠退善福来臻凶悪永滅所㆑求遂㆑心所㆑作随随㆑意謹啓　再拝

［d"］重啓降臨尊神等且為㆔謝㆓愆失㆒且保㆓福-寿㆒、謹設㆓甘香美味㆒敬献㆓降臨諸神㆒伏願早垂㆓領納㆒尚饗所献抑光
駕之神各在㆓部属㆒登㆓座席㆒同以歆-饗既臨㆓俗席㆒幸領㆓納凡志㆒為㆓主人㆒歓喜衛護謹啓　再拝

[e]謹上閻羅天子銀銭二十貫文・絹十疋・鞍馬一疋・勇奴三人伏願領納
（以下、傍線部「閻羅天子」にかわって五道大神・泰山府君・天官・地官・水官・司命・司禄・本命・開路将軍・土地霊祇・家親丈人が挿入される行が続く）
右以前ノ奉上銭絹鞍馬等各有別状伏願領納謹啓　再拝
散供　天上地上左右衆官車馬福栄皆悉尚饗
[f]夫神降修忽感應斯須礼酌不周惟神悦豫良時速邁晷刻未淹上曺多務下府事煩啓　謝事訖、早還本官冥司必降景福久保林吉謹啓　再拝
天正十一年（一五八三）八月　正二位有春以正本寫之

冒頭の[a]の段では、祭りの場に勧請する神々の名を呼び、諸神を迎える。ここでは、冥道十二神（閻羅《えんら》天子・五道大神・泰山府君・天地水官・司命・司禄・本命・開路将軍・土地霊祇・家親丈人）を勧請する。次いで、[b]の段で、祭事を行う日時を述べる。日時を告げ、斎戒沐浴をもって礼奠《れいてん》を行うことを宣言する。[c]段の〈主人〉と記されている箇所には、願主の姓名を充て、祭祀の趣旨・意図を述べ、神徳を讃える。いわば、神に対して名乗りを上げ、神々に対し、祭壇と献物を捧げることで降臨を請う。神の威徳を畏れつつも讃え、除災と福寿を祈る。例えば、趙顔子《ちようがんし》命を泰山に於いて請い云々のくだりは、『三国志演義』に登場するエピソード――占師管輅《かんろ》が一九歳の青年趙顔の死を予知するも、祈禱によって延命を遂げる――に由来する。(13)

[d]の段は、祈願の内容・願意を三段に渡って繰り返し、文飾を変えながら述べる。

[f]段では、迎えた神を送り出し、速やかな帰還を乞う。

このように、祭文は、陰陽道祭の進行に沿って読み上げ、献納・奉礼《ほうらい》・散華《さんげ》といった行法の進行に沿って朗唱されるものであった。

順序が前後するが、[e]段は、他の段とは異なる特徴を持つ。たとえば、『部類』では[e]を除く箇所には読み仮名が付されている。つまり[e]段のみ読み上げを想定されていない。またその内容は、十二神それぞれへの銀銭二〇貫文・絹一〇疋・鞍馬一疋・勇奴三人という献物を列挙し、神に捧げるというものである。この段は、都状という別系統の祭祀文書に由来すると考えられる。

都状とは「すべての状」を指し、十二神の献物状全体を示す語であるとされる。[14]確かに、現存する最古の都状である承元三年（一二〇九）七月一五日の「道誉泰山府君都状」[15]は、個別の神格宛の供物目録とそれを一通にまとめた目録全体という二種の様態で書かれており、この指摘を裏付ける。

なお、『故実抄』では、泰山府君祭の祭祀文は、祭文ではなく都状という呼称で、勅願・院御願・武家御願の願主別に五件載せられる。その書式は「謹上　泰山府君都状」からはじまり、「南浮州日本国天子　年／本命／行年」と、願主自らの年齢・自著を記す箇所がある。続いて、「献上　冥道諸神十二座」と、金幣・銀幣・銀銭・白絹・鞍馬・勇奴を一行宛列挙し、「右〈諱〉謹啓泰山府君冥道諸神等言上」以下に、祈願の趣旨や神徳を称える文言を記す。

このように都状は祭祀の願主から祭神に宛てて、献上する祭物を披露することが主目的となる。それゆえ、願主が署名を直筆し、十二神に対して直接呼びかける体裁をとる。また、黄紙に朱筆という、装飾的性格ももつ。一方、祭文は祭祀を主催する陰陽師の立場から書かれた物であり、文段構成は複雑で祭儀の進行に沿った長文の内容になる。

『文肝抄』の「泰山府君祭」の項では、「都状」は「棚に置いて読まず」と記される。陰陽師たる祭主が主体となり、祭祀の趣旨を説明しつつ神に呼びかける祭文と、願主が自著して降臨した神々への献納を示す都状との相互補完的関係が、陰陽道祭祀文の特徴だと考えられる。

なお、『故実抄』では、「泰山府君の祭文を都状とする」と記すが、都状は、泰山府君祭や天曹地府祭に限られるものではない。若杉家文書に残る中世の都状には「三万六千神祭」（弘治三年・足利義輝）や「土公祭都状」もある。[16] 陰陽師の側には祭文とされるものよりむしろ、願主の署名が残る都状が多く残存する。これは用途・作成経緯の違いによるものであろう。

なお、近世の天曹地府祭では、「都状」「祭文」をそれぞれ「筥《はこ》」に置き、いずれも読み上げたようである。全文が残存する嘉永六年（一八五三）晴明霊社八五〇年祭の「祭文」に至っては、上言・祭文（ここでは本来の祭文主要部を指すと思われる）・三上言・送神文から成る長文化、複雑化が顕著である。[17] 祭式進行上は、炷香《しゅこう》↓祭文↓進供↓都状の順となり、享和二年（一八〇二）の天地火変祭でも、長官（祭主）による「祭文」奏上に続いて「御都状」も読み上げられた。この間、「御諱」を読みあげるくだりでは、奉礼は笏を正し、献者から祭郎に至る参列者はおのおの敬屈し、具官らも平伏した。具官は史料によっては勇奴とも表記され、いわば献納される存在として、祭場に参加する人びとであった。この役は、近世においては、土御門家の陰陽道組織に属した地方の陰陽師、とくに京都周辺の陰陽師や歴代組陰陽師が担うことになっていた。

なお、『部類』掲載の泰山府君祭文とほぼ同文の祭文の写本が、賀茂氏の流れをひく南都暦《こよみ》師《し》吉川家の史料に残る。[18] 本文に建暦三年（一二一三）二月の日付をもち、陰陽師伝来史料のなかで最古の泰山府君祭文と思われる。永享三年（一四三一）に二一歳の幸徳井《こうとくい》友重が「家本」をもって書写せしめたと記され、『部類』では欠落している文字も残る。とすれば、『部類』掲載の祭文も、元は賀茂氏の伝本から作成された可能性が高い。

「天曹地府祭」については、『故実抄』『部類』いずれにも「祭文」として、【史料1】泰山府君祭祭文と同型式の――[a]～[f]段から構成される――文例が載る。『故実抄』によれば「天曹地府祭」では、「此の文段は新作の段只三段也、夫字を置き、先ず「蒙帖語」を書き（其語天地議祭祀事）、「伏惟某」の字を置き……」等と記す。この祭文は比較的長文であり、祭祀の目的や経緯によって「新作」される部分が三段あるという。実際に『故実抄』に載るものと『部類』の文とをくらべると、確かに「新作」とされた箇所が異なっており、この類型の祭文が、蓄積された作法に則って作成されたことを傍証する。

（2）「土公祭文」等土地・家の神に関わる祭祀

土公は、本来土を司る神とされ、『暦林問答集』にも、春は竈、夏は門、秋は井戸、冬は庭と遊行し、該当する場所での普請や犯土によって祟りをなすものとして描かれた。この神を祀る陰陽道祭としての土公祭は平安時代から行われており、『文肝抄』では大土公・小土公の祭祀の存在が確認できる。しかし平安期の都状・祭文は残存せず、五方の「土公神」と五行五方に配置されるその眷属への祭祀という形態は、五行五方の竜神の修法を行う密教系祈禱と類似しており、いずれが本来の形態と断じることも難しい(19)。

『部類』に載るこの祭文の概略について、前節同様の記号を付して分析したい。

「土公之祭文」と題したこの祭文は、［b］「維日本国天文九年（一五四〇）歳次庚子二月七日庚子吉日良辰〈主人〉斎誡沐浴謹遣有司奉説礼奠」と、祭事を行う日時から始まる。なお、〈主人〉の箇所には、やはり願主の姓名を充てる。

ついで、［a］謹請東方青帝土公神／謹請南方赤帝土公神／謹請西方白帝土公神／謹請北方黒帝土公神／謹請中央黄帝土公神と神々を招き、さらに「五土将軍・五土諸神・土姥土家子孫土府官属」「五方土公五土将軍・五土諸神」に呼びかけ、東西南北・中央の五方の土公神とその眷属を祭りの場に勧請する。

続いて［c］の降臨の段は、神々に対し、祭壇と献物を捧げることで降臨を請う。〈某〉には願主に替わって祭祀を行う陰陽師の名が入る。

もっとも長文に渡る［d］の段では、神の威徳を畏れつつも讃え、除災と福寿を祈る。具体的には、願主がこれから行う普請において、工匠を惑わせ事故が起こること、溝や垣を築いて霊地を犯し、大歳・大将軍といった方位神の方位を犯すなどの方角と時間に関わる禁忌に触れることをひたすらに畏れ、知らず知らず、「次日の禁殺」にふれ「鬼怒を犯す」過を謝し、祈る。そして悪法を払い、ひいては寿福を祈り、善導を望んで「五土将軍」の恩を謝す。この間、再拝礼と酒の奉献を行う。

このほか歳刑《さいぎょう》・伏龍地脈・金神七殺《こんじんしちせつ》といった『暦林問答集』などの暦注書をふまえた暦と方位に関わる陰陽道の神々の禁忌も挙げられる。ここで「金神七殺」といった、陰陽道の典籍には見られない民間伝承も禁忌に数えられている点については、すでに斎藤英喜氏が指摘している通りである[20]。典拠や本文としての道教書や暦占書に依拠する正統性はうすれ、当時の民間信仰も混入しているといえよう。

［d］の後段では、前段を承けて、祈願内容を要約し、「触犯の罪」を免れるよう祈り、改めて五方土公五土諸神等にたいして加護を願う。都状のような祭物列挙にあたる段（［e］段）は、この祭文には見られない。そして［f］段は神への謝意を繰り返し、迎えた神を送り出す。

かように、『部類』の陰陽道祭文においては、方位神・暦神の描写は、抽象的・象徴的なものであり、物語を伴って語られることはない。長文を割いて語られるのは、暦に記された特定の周期で遊行する方位の神々の威力であり、それらへの恐懼と畏怖である。『簠簋内伝《ほきないでん》』や神楽祭文のような物語性・神話的語りは見られず、特定の神の性格やエピソードと関連づけられることはない。盤古王と五王子の物語や牛頭天王と蘇民将来のような人格・性格や動的な文脈をもたない。

こうしたなか、『部類』においてとりわけ豊かな表現と詳細な説明を伴って異彩を放つものが、「荒神之祭文」だろう。土公も登場する荒神祭は、先に挙げた土公祭や地鎮之祭文と同様に、建築や犯土に関わる祭祀である。

荒神祭は、『文肝抄』に載るところから、少なくとも鎌倉期には行われた祭りであると思われるが、平安期の記録には見えない。寛文二年（一六六二）の『天社神道行事』には、竈祭《かまどまつり》について「大略荒神祭と同」とあり、ある時期から竈祭と混同されていたようである。この祭文についても、概要を示す。

この祭文も、[b]「維日本國年歳次……」と日時・祭主を述べ、潔斎による祭場準備の完了を宣言する。勧請される神々を列挙する[a]「謹請段」では、「東方大小荒神／南方大小荒神／西方大小荒神／北方大小荒神／中央大小荒神／上方大小荒神／下方大小荒神／四維大小荒神」と方位や空間ごとに総称される「大小荒神」に続いて、密教系・修験道・盲僧琵琶系の荒神経・荒神供でも荒神の別名として登場する「多婆天王」や「那行都佐神」[21]が勧請される。さらに、「謹請天潜尾命□各与妙見神等倶祭之除諸灾難令□衆生而自在／謹請天捨尾命与天上諸神倶祭之満大福徳於天下／謹請地潜尾命与南州土公神倶祭之除土公之咎祟家中泰平／謹請天別尾命ハ与天倶祭之押開天ノ石戸授万富」といった、詳細な説明を含む十八柱の神々が、「倶に祭る」べき様々な神名とともに読み上げられる。こうした神の役割を明示する説明は、陰陽道祭祀では珍しい。

このように冒頭部でこそ陰陽道祭の通例に則った五方の神々が勧請されるが、続いて挙げられるのは、「山潜尾命」ら聞き慣れない神の名称である。以下、「天津社國律社八百万國造作神」と「倶に祭らば造作之祟を除く國潜尾命」、五穀成就の「地別尾命」ほか、山潜尾命・谷潜尾命・塔潜尾命・木潜尾命・草潜尾命・火潜尾命・水潜尾命・海潜尾命・河潜尾命・池潜尾命・風潜尾命と続き、國富尾命に至る。なお、土公は「地潜尾命与南洲土公神倶祭之、除土公之咎祟」として登場する。こうした神々は、「天上神」「妙見神」から「樹霊神」までそれぞれ対応する森羅万象の神々と「倶に祭る」とされており、それぞれが「家中泰平」「授万富」から「男妻給女夫給」つまり縁結び、といった特定の世俗的な神徳をもたらすという。

これら「〇〇尾命」と称する十八神の名前は、吉田神道の基本文献である『神道名目類聚抄』第四巻に登場する「六十四神」（天潜尾命《アメククリヲノミコト》・水潜尾命《ミツククリヲノミコト》・地潜尾命《チニククリヲノミコト》以下実際には計三十二神）と類似し、うち四神の名が一致する。[22] なお、同書によれば「卜部家神事行事の時壇場の左右に此神号を書て是を掛つらぬ。左右各三十二神宛なり。」と、供奉の三十二神とともに吉田神道では神道行事の祭壇の神々として位置づけられていたことがわかる。もっとも、「ククル（リ）オノ」神は、吉田神道だけに限定されるわけではない。年代不明ながら高知県夜須町の「荒神祭文」には「此所には地神・荒神・三宝ー木く、るー火く、るー（中略）九万九千の大小」と、やはり「くくる」神が登場する。同系統の神々と考えられよう。[23]

さらに神をたたえる[d]段では、「謹請九万八千百七十二神・九億四万三千四百九十荒神、皆来集會威儀就座所献尚饗」と天文学的な数の神々が来臨する。恐ろしい力を秘めたこれらの荒神に対し、「今年宿曜之所指咎徴不少厄」と危うい時期にある願主は、避邪と福寿を祈願する。天・地・国・山・谷・塔・木・火・水といったおよそ森羅万象に宿る神々は、自然を安らかに治め、あるいは人に富を与え男女を娶せ、人の禍福をも司る。恐るべくも敬うべきこの神は、しかし丁重に礼奠を捧げ祀ることで、貧女を大王の后となすような神徳を発揮する。病気や盗難・火災といった深刻な災難から悪夢・家族不和といった身近な不運まで、すべては荒神の障碍であり、その名を知って正しく祀れば長寿・万福を保つことができるという。ここには、神々の特性と身の回りの禍福とを関連づける語りが見られる。注目すべきは、「荒神」自らが「荒神云、夜見悪夢昼現灾恠是我所為也、疾病發令無療治之験是我所為也」など種々の障碍を述べ、世の様々な災厄が荒神により引き起こされることを明言するくだりであろう。一方で、この神を祭れば「無病を保ち、不老之身体旁仕歓喜之思」を得ることができるとも語られる。

続いて、さらに祭るべき神として「仰願三寶荒神・四柱八柱荒神等、従類九億四万三千四百九十荒御玉・荒御前、九万八千五百七十二神、日本國内五畿七道六十八ケ國所有大小神祇六百九十六、處神四百九十、明神一万四千余」の膨大な神々が数え上げられる。

傍線部での「荒御玉」「荒御前」の数は、南北朝期の『神道雑々集《ざつざつしゅう》』「荒神之事」にすでにみえ、比婆荒神神楽でも頻出するという(24)。この数値については、吉田神道の『神道名目類聚抄(25)』では、「荒神祭」に関する説明としてさらに詳しく展開される。

竈神を祭事にあらず。是人の身体に備る神あり、此神あるゝ時は必病を生じ災至る、故に是を祭を荒神祭と云。（略）

○卜部家鈔に云、人に九萬八千五百七十二の荒神あり。是如影随形なり。其眷属九億四萬三千四百九十二神あり。一竅に一千六百十九神つゝありて九竅には、合て一萬四千五百七十二神なり。口の一竅には一神多、故に総数にて一神多し。又八萬四千の毛孔に八萬四千の神あり。九竅の神と毛孔の神と合て、九萬八千五百七十二神なり。人の身に生ずる毛頭に、此神ましませり。毛頭は外、毛根は内にこもるなり。毛頭の根のむすぼれぬ時は病なし。一念乱て気の迷倒する時は毛頭の根むすぼるゝなり。云々

ここでは、数値に若干の差異があるが、人体に侵入して病を起こすとされる「荒神」の存在とその数が挙げられている。これに対し、『祭文部類』では、類似する数値が挙げられるのみである。それゆえ、形式的な類似であるのか「荒神」観を共有しているのかは不明である。

この後の段には、「必證明二今日之丹誠一給、受納之後飲饗之給、彼方哉繁木本焼鎌持打掃事如、大船舳解レ放二大海一原ニ押放事如、科戸風天八重雲吹掃事如、今吉日吉時不二過給一、根國底國速早気吹放渡大坐、自今以後更今日ノ祓主某之御身来着事奈加礼」と、唐突に大祓の祝詞に類似する文言も挿入される。この祭祀の祓いとしての痕跡を残すものであろうか。

末尾の神送りの呪歌「年ヲ経テ身ヲ妨る荒神の皆者はてぬ千世の富せん」や用いられる呪符は、『文肝抄』に

載るものと同様であり、祭式形態自体は、鎌倉期から継承されていると思われる。陰陽道の荒神祭については、すでに室田辰雄氏が、密教からの導入と陰陽道的呪法への展開について詳細に検討している。(26) そこでは、密教から取り込まれた荒神祓が、鎌倉中期の官人陰陽師賀茂在清によって陰陽道儀礼に改編された経緯が述べられ、さらに『文肝抄』では祓い清める対象であった荒神が、祭られる対象となった経緯を示した。つまり、先に述べた陰陽師の方法論――「祓う」のではなく、祀りあげ、言い聞かせ、神威を利用するという方法に組み込むという転換を示しながら、祓いを受容する過程で混入した吉田神道の祭神像が色濃く反映されていると言えよう。

荒神たちに対する祭祀は、陰陽道・吉田神道・修験道・そして神楽祭文のそれぞれの論理に基づいて展開し、共通する背景・祭神認識のもとに、それぞれの技法が盛り込まれる余地があった。土御門家においても、儒草の先例をもつ（ある意味それに制約される）泰山府君祭などの公的祭祀と、施主の希望によって行われる荒神祭とでは、祭文の作成経緯は異なったはずである。陰陽師自らがそれぞれの家伝によりつつ作成した荒神祭などの家祈禱・個人祈禱では、自由度の高い改変もあり得たものと思われる。

おわりに

ここまでみてきたように、『故実抄』は、院政期から室町期にかけて蓄積・伝授された知識を基に作成された、朝廷儀礼としての陰陽道祭の集大成である。また、『部類』は、朝廷に蓄積された先例に基づきつつ、私祭としての個人祈禱の要求に応えて、ときに密教・修験道・神道に素材を求めながら再編された陰陽道祭を含む。

陰陽道祭文は、願主にかわって、直接的恐懼を述べ交渉をおこなう陰陽師の、神との対話のための文言である。それゆえ、祭文の内容は、基本的に実に単調であり神の徳と祟りの恐ろしさについて、故事を引き、反復して言い換え、繰り返すものであった。構造が明確で定型化された祭文は、汎用性の高い文体であり、勧請神・祭儀内容など書き換えは容易であった。参集する人びとに神徳を伝える唱道の祭文とは性格を異にし、それゆえに物語の欠落という特質は必然的なものだともいえる。

一方、中世陰陽道祭文のなかには、古代からの規範を守りつつ、神楽祭文など民俗芸能系祭文と同時代に、金神や荒神の信仰をも取り入れて、同じ中世神話の坩堝の中で再鋳されていったものもあった。この流れを遡る際、やはり、密教・修験道における祭文の変遷とその影響を辿ることが、決定的に重要な今後の課題であろう。そのうえで、名称や祭神名の表面的な一致だけではなく、祭祀の技法や論理をもふまえた体系的な比較や伝播の経緯も明らかになるものと思われる。勿論その背後には、縁起・本地物や神道説など、さらなる祭祀文芸の広がりにまで目を配る必要もあるだろう。そうした広がりの中で、本稿で確認した陰陽道祭文は、ある種の座標軸の役割を果たせるのではないか。

なおも、若杉家文書・吉川家文書などには多数の中近世祭文の原本・写本が残されているが、これらの比較検討は今後の課題である。

（1）　山下克明「陰陽道の典拠」（『平安時代の宗教文化と陰陽道』岩田書院、一九九六年、初出：『青山学院大学文学部紀要』第二三号、一九八二年）、小坂眞二「陰陽道の成立と展開」（『古代史研究の最前線』第四巻、雄山閣出版、一九八七年）。

（2）　承保四年（一〇七七）には右大弁・参議、のち権中納言・大宰権帥、正二位に至る。『朝野群載』には「陰陽道祭都状」の古例、永承五年（一〇五〇）「後冷泉天皇都状」も載る。

（3）　丸山宏『道教儀禮文書の歴史的研究』（汲古書院、二〇〇四年）。道教祭の齋詞については、田村圭子「唐代前後に見える青詞――『広成集』所収の事例を中心に――」（『駒澤大学外国語論集』一一、二〇一一年）。

（4）　密教における表白文・願文・祭文については、山本真吾「星供次第に於ける表白文と祭文について（一）（二）――

高山寺経蔵文献による――」（『平成五年度・九年度高山寺典籍文書綜合調査団研究報告論集』一九九四年、一九九八年）。
（5）赤澤春彦「鎌倉期の朝廷と陰陽師」（『鎌倉期官人陰陽師の研究』吉川弘文館、二〇一一年）。
（6）柳原敏昭「室町政権と陰陽道」（『陰陽道叢書　二　中世』名著出版、一九九三年、初出：『歴史』七一、東北史学会、一九八八年）。
（7）東京大学史料編纂所所蔵　謄写本（二〇一一―二〇）による。
（8）伊藤慎吾「室町後期紀伝儒の祭文故実について」（『国語国文』七五―八、二〇〇六年、のち『室町戦国期の公家社会と文事』三弥井書店、二〇一二年）。
（9）京都府立総合資料館若杉家文書四四四、なお、若杉家文書の祭文類は同館ＷＥＢページにて公開されている。原文のふりがなは省略したが、返り点・送りがなはできるだけ踏襲した。
（10）村山修一『陰陽道基礎史料集成』（東京美術、一九八七年）三八五～三八六頁「従天子以伝　奏廣橋殿御望ニ而如此言上申也、重テ　被仰出テ銘ノ御太刀被出、以形代御祭行可申之由被仰候者也、天文元年（一五三二）ノ度被仰出候書写　天正十一年八月」。「廣橋兼勝（一五五八―一六二二）」も天文元年という年代に合わない。
（11）なお、中世以前の陰陽道祭については、何通りかの分類が試みられている。
赤澤春彦氏は、鎌倉期の陰陽道祭を目的別に分類し、Ａ天変地異・怪異に対して行われるもの、Ｂ犯土造作に対して行われるもの、Ｃ個人の延命・重複祈願に対して行われるものに分類した（前掲註５赤澤書）。

また、村山修一氏は①病気その他直接身体の障害や危険を取り除き悪霊の祟りを防ぐもの、②宿星の信仰を中心とし自然の異変に対する祈禱、③建築物の安全祈願のもの、④祓いを中心とした神祇の作法に近い物、という分類を試みた（『日本陰陽道史総説』塙書房、一九八一年）。柳原敏昭氏はこの分類を踏襲しつつ、室町期の公武祈禱では、①に属する祭祀がほとんどを占め、②に属するものではほぼ天地災変祭だけが行われ、他はほぼ行われなくなったとする（前掲註６「室町政権と陰陽道」）。
（12）斎藤英喜『増補　陰陽道の神々』（思文閣出版、二〇一二年）第二章「冥府と現世を支配する神」。なお、小坂眞二「陰陽道の成立と展開」（『古代史研究の最前線第四巻下』雄山閣出版、一九八七年）には、泰山府君祭は神祇信仰や五行信仰のほかに唐代密教の影響をうけて成立したとの指摘がある。

(13)『三国志演義』第六九回「周易を卜して管輅機を知り漢賊を討たんとして五臣節に死す」(『中国古典文学大系　第二七巻　三国志演義（下）』平凡社、一九六八年)。

(14) 小坂眞二「都状」『国史大辞典』第十巻（吉川弘文館、一九八九年)。

(15) 宮内庁書陵部所蔵の『陰陽道旧記抄』紙背に発見された、最古の現物陰陽道都状。詫間直樹・高田義人編著『陰陽道関係史料』(汲古書院、二〇〇一年)。

(16) 前掲註(10)村山書。

(17) 拙稿「江戸時代の晴明霊社祭」(晴明神社編『安倍晴明公』講談社、二〇〇二年)。

(18) 奈良暦師吉川家旧蔵資料八―五九（国立歴史民俗博物館)。現存本は宝暦一一年（一七六一）の写本。

(19) 斎藤英喜「祭文・祝詞――「土公神祭文」をめぐって」(上杉和彦編『経世の信仰・呪術』竹林舎、二〇一二年)。

(20) 斎藤英喜「いざなぎ流祭文と中世神話――中尾計佐清太夫本「金神方位の神祭文」をめぐって」(『歴史学部論集』四、佛教大学、二〇一四年)。

(21) 山本ひろ子『異神』(平凡社、一九九八年）第四章「行疫神・牛頭天王」。

(22) 佐伯有義校訂『神道名目類聚抄』(大岡山書店、一九三四年）第四巻神祇部にて、天孫降臨供奉三十二神の直後に六十四神として列挙される以下の神々。「天潜尾命・水潜尾命・地潜尾命・木潜尾命・火潜尾命・土潜尾命・石潜尾命・金潜尾命・天日尾命・天月尾命・天子尾命・地子尾命・天破塔命・天破法命・天破仁命・天破神命・國加利命・國加寶命・國加國命・國加賀命・愛鬘尾命・愛護尾命・解法尾命・覚耳尾命・上法神尊・下法神尊・中言神尊・天鏡神尊・地鏡神尊・百百神尊・千千神尊・萬萬神尊」

(23) 梅野光興「夜須町宗円家の荒神祭文」(『高知県立歴史民俗資料館研究紀要』九、一九九九年)。この荒神祭文は年代未詳とされているが、宗円家は室町後期の名主家に遡り、安芸・香美・長岡三郡の「荒神鎮」を行ってきた神職家とされる。

(24) 前掲註(21)山本書所収「宇賀神――異貌の弁財天女」、同「比婆荒神神楽の中世的像容――「龍押し」の問答劇をめぐって」。

(25)　前掲註(22)『神道名目類聚抄』第五巻　祭祀部。

(26)　室田辰雄「『文肝抄』所収荒神祓についての一考察」(『佛教大學大學院紀要』三五号、二〇〇七年)。

第2章　五形祭文と五蔵曼荼羅
——中世日本の宗教的身体論の系譜——

阿部　泰郎

「宗教テクスト」という仮説概念の許で、遥かな古《いにし》えより現在まで伝承される宗教事象を横断的に見わたすとき、そこには実に豊かで多彩な宗教文化の動《ダイナミック》的な様相がうかびあがる。(1)そのテクストとは、経典など聖典の、祀り上げられ固定化された不可侵な——実際には必ずしもそうではないが——オヴジェだけではない。宗教の運動そのものがテクストとして捉えられ、聖典もまたその象徴としてあらわれる。そのとき、儀礼は宗教の実践として最も肝要な、生けるテクストそのものであり、儀礼実践のためのテクストも、儀礼を記録し表象するテクストも、ひいては儀礼を営む人間の身体所作や発する音声までもテクストとして認識することができよう。そして、〈聖なるもの〉に向かい、祈り願う人間の思惟や存在を、テクストを介してよみがえらせることも不可能ではないだろう。

そうした諸位相と可能性をもつ宗教テクスト、ひいては儀礼テクスト(2)のうち、殊に注目されるのが祭文である。儀礼執行者がその祀り祈る神に対して読み上げ、その声によって聞き届けられることを期す文であり、請願であり、命令でもある。この、神と人の交《コミュニケート》通の回路というべき祭文の種々相のなかで、人間の身体を構成する諸要素を宗教体系のコードによって分節し、かつ統合するテクストが見いだされる。それは、まさしく身体という宇宙を象《かたど》り、また発動させるコトバであった。元より、日本において、いかなる宗教的身体観の系譜が歴史的に形成され、伝承されてきたかという問題は、宗教テクストの探求にとって核心的な課題のひとつ(3)である。そのとき、民間に伝えられる神楽祭文中に見いだされる一群の祭文は、きわめて奥深く広大な東アジアの身体宇宙論への窓口として、格好な導《みちび》きとなるだろう。

一　花祭と神楽における「五形祭文」

奥三河の民俗芸能として著名な花祭《はなまつり》は、実はきわめて大規模な民間宗教儀礼の一端を集約した祭儀であった(4)。この花祭において中核を成す儀礼テクストである祭文のなかに、人間の身体を宗教体系によって具さに分ち観念することにより病者を祈禱する祭文が伝えられる。「五形の祭文」と題し、近世初期、花祭の成立に関わった修験万蔵院の居した豊根村曾川の守屋家に伝来した、慶長一七年（一六一二）写本と、「五形六根守護祭文」と題する東栄町小林の伊藤（田野口）家に伝わる、寛文八年（一六六八）写本(5)の二種が知られる。前者は片仮名書きで、ほぼ同内容の漢文体で書かれる後者によって判読できるが、花祭の祭文中に時に見いだされるこれらの仮名書きのテクストは、おそらく一旦口誦によって伝承され、また実修にあたりその読みのままに誦唱するために、こうした表記がなされ

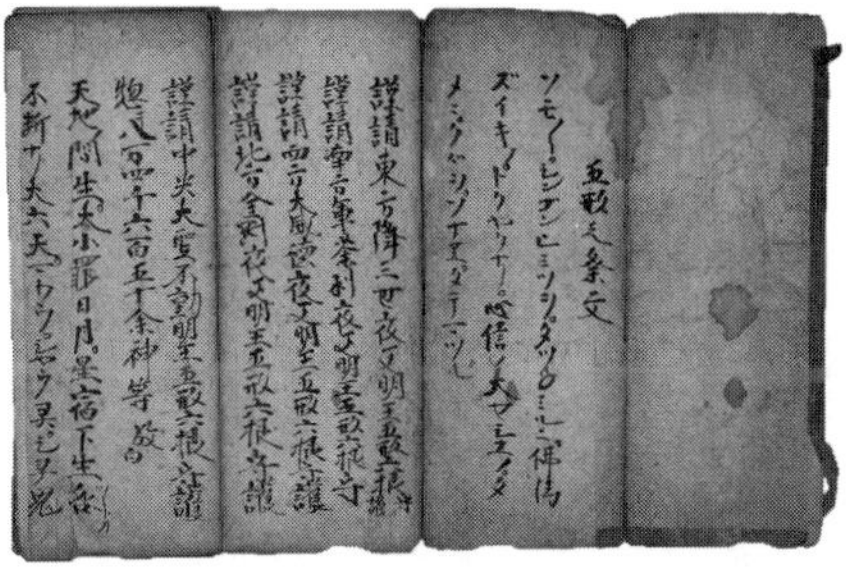

図１　「五形之祭文」

図２　「五形六根守護祭文」

たものだろう。

この「五形祭文」と通称するテクストに注目し、その儀礼テクストとして身体宇宙を表象し操作する特質を、類似する中国地方の神楽祭文（後述）および盆踊り歌として伝承される「五輪砕《ごりんくだ》き」等の詞章と比較し、それらの根ざす宗教世界を探ったのが、井上隆弘[6]である。この研究に導かれ、筆者も同じくこの「五形祭文」を起点として、こうした祭文の展《ひろ》がりと、その背景となる中世日本の宗教的身体論とその系譜を尋ねよう。そのとき、それら宗教テクストの表題となり、焦点をなすのが「五蔵曼荼羅」である（以下、「五藏」は「五蔵」と表記する）。

花祭の「五形祭文」の宗教テクストの特徴は、これを読みあげる行者が、対象となる「施主」（病者）に向い、その身体（五体）を「五形」と観念し、加持して取りつく悪魔を退散させる、病者祈禱の儀礼過程そのものであることだろう。その序に、真言の秘密を尋ねれば、仏法を随喜する得益であり、信心の大施主の為に仏神の前に供具を備え祈禱を白《もう》す、と始まるところに、この祭文の儀礼テクストとしての性格がよく示される。そこに勧請されるのは五大明王とその眷属であり、それぞれ毎に「五形六根守護せしめ給へ」と祈る決り文句が付される（小林本の表題はここに由来する）。以下に、その内容を詳しく記してみよう。

祭文本文は、「夫《そ》れ以《おもんみ》れば、天地の間、日月星宿の下《もと》（人間の）大小の罪咎を造ること断《た》たず」それ故に、第六天魔王は悪霊・悪鬼・荒神・行疫神・土公《どくう》神・御崎などと現われて障碍をなす、と病因を明かす。これに対し、行者は、「我が身の五智五仏」なることを観ずれば、どうしてそれらが祟りをなすことができようか、と、魔障の災いとして病を降伏《ごうぶく》する、いわば〝降魔詞〟を、祭文を構成する一節毎にその末尾に置くことが、大きな特徴である。

全体はおよそ三段に分かれ、その前段は、ア「仏の文《もん》に云《いは》く」、イ「伝教大師の尺《しゃく》に云く」、ウ「弘法大師の説に云く」、いわば仏説（経典）と天台・真言（顕密）にわたる経論釈の所説の引用という体裁で、拠って立つ典拠の本文を提示する。そのうち、[ア]は、天地二儀を見るに、天は陽神、地は陰神、陰陽和合して五形となり、五形は五味・五蔵・五方・五力・五帝龍王となり、これにより仏も人身も法報応の三身如来である、という。[イ]は、法華経の題号の文字をもって人躰となし、経の二十八品は左右の手の節《ふし》、経の文字の数は人の毛の数である、とする。[ウ]は、諸法の大事は十界を越えず、十界は十如是と重なるとして[イ][ウ]の末それぞれに降魔詞が添えられる。

中段では、「然《さ》らば人間に五蔵あり」と、人の五根・五蔵から五仏・五味・四季土用・干支・五龍王までみな連関し、次いで「然らば人間に五調子《ちょうし》あり」として、干支と五調子の対応が説かれ、これにも降魔詞が付く。更に「然らば東方大円鏡智は降三世明王、金剛部なり、五古印を結び、[梵字]《カン》字を誦し、肝蔵を加持す」に始まる、五方の五智・五大明王が五部の印と明、そして五蔵の加持に至る〝五蔵曼荼羅〟説が展開され、「故に、人間の躰は皆な是れ五蔵・六識（六根）あり（中略）十方三世の仏これに坐《まし》ます」と結ぶ。これが、以下本論に扱うところの〝五蔵曼荼羅〟説の一端をなすのだが、それはこの祭文でも中核的な位置を占めている。

後段には、「然らば人間の大骨は一年十二ヶ月、小骨は三百六十日、星は草木、身肉は土なり、[梵字]《アウン》は火風、（この）二字は出入《いでい》る息、父母の淫は白 赤二渧《びゃくしゃくにたい》和合して五躰を造り、身分《しんぶん》となる。父は金剛界五百余尊、母は胎蔵界七百余尊、惣じて千余尊の仏なり」と、身体は両部曼荼羅世界と等しく、「骨は北方釈迦の五百大願、皮は東方薬師の十二大願、面《おもて》は南方観音の六大願、血は西方阿弥陀の四十八大願、中央大日は五智五仏なり」と諸仏の本誓が身体となる一節を加える。以上のように、人躰は悉く仏法の言説体系と重ねられ成り立つものなのである。最後に、「然らば、頭《かしら》の円《まろ》きは天の象《かたち》、足の四方は地の形、眼は日月、左右の肩は両部、（面の）七穴は北斗七星、九穴は九曜なり。手足は四季四節、腹の暖きは春夏、背の寒きは秋冬」と、人躰と日月星辰天文四季を同調させる壮大な宇宙論的アナロジーにまで至る。そのうえで、「如是《かくのごとく》、五智五蔵五仏は皆な五智如来なり」と結ぶ。この結論もまた、本祭文が五蔵曼荼羅に根ざしていることを示す。以上の本文は、「惣じて八万四千六百五十余神に至るまで、その身五躰六根に付て守護せしめ給へ」と、再び冒頭の勧請祈願の詞と呼応するように、祭文の全体が祈禱としてはたらくように構成される。

花祭を創りだし、伝承してきた花太夫（禰宜）の許に写し伝えられたこの『五形祭文』は、実際どのような祭儀の文脈で用いられたものか、残念ながら明らかではない。しかし、そこに説かれるような人間の身躰と中世宗教の宇宙論とのアナロジー的結合は、花祭の根ざした奥三河の地で展開した大神楽の中心を成す「浄土入り」儀礼に実践されていた「生《う》まれ清《きよ》まり」と言われる擬死再生《イニシエーション》儀式を担う思想の基底を支えるものであったと想像される。花祭に関わって花太夫が遺した厖大な文献を悉くアーカイヴスとして記録する過程に、そこに導く回路を見いだすこともいずれは期待される。[7]

井上論文が指摘するように、この『五形祭文』は孤立した存在でなく、中世に遡る、神楽儀礼とその祭文の中核を成す宗教テクストであったことを示すのが、中国地方に伝承される神楽芸能の祭文中に含まれる「五形祭文」の一群である。広島県千代田町壬生の神楽太夫であった井上家に伝来する祭文類のうち、延徳三年（一四九一）の書写奥書をもつ『五形さいもん』[8]および天文一九年（一五五〇）写本『五形之祭文』[9]およびこれと関連する一連の祭文がある。ここでも、最古の『五形さいもん』は仮名書で、他の祭文類と比較してやはり口誦のための儀礼テクストであった消息を如実に示している。それが、この地域の神楽の担い手であった「法者《ほうしゃ》」と呼ばれる修験系祈禱者たちが神子《みこ》（巫）に神を依り憑かせる祭儀のなかで、一定の役割を果たした重要な祭文であったことは、岩田勝が論ずるところである。[10]岩田氏はこれについて、五大明王を勧請し祈禱する、いわゆる身祈禱の祭文として、延徳本が「行者」の加持というのに対し天文本が「陰陽師請奉」とすることや、後者が怨霊呪詛の攘却のみならず、悪霊・邪気を守護神と変身させる呪力を行使し病災を消除するような変化を示すことに注目する。更に、八丈小島の巫女が舞う身祈禱の「不動明王祭文[11]」などと同じく五大明王を五方に配す構想を、この『五形祭文』では、台密の五智の配列によっており、天台系につながる熊野修験の系統かと推定する。また、『五形祭文』が、五大明王が五龍王を使霊とする形であるところから発展して、『大土公祭文』では、五龍王に代り五人の王子が登場し、そこから『勧請祭文』等において五人の王子だけが五大明王の許を離れ、同格に立つ上位の神格として現われてくるようになる、と祭文間における発展段階を『五形祭文』を基点に位置付けて論じていることが注目される。

いま、改めて室町時代に遡るこの『五形祭文』の所説を辿ってみよう。まず「敬《うやまって》白《もうす》」と、五大明王とその眷属に対し、おのおの五形六根を守護せしめ給えと勧請祈願の章句から始まる。序に説かれるのは、天地開闢より陰陽五行を生じ、これを五智五仏と名付け、五戒五重となり、五色五味ともなって、更に（密教の）五大、（顕教の）五時経となり、法華経ともなる。五体は八万法蔵の根源であり、法報応の三身とも生じ、十界・十如是の依正三千（一念）の法門であり、十二因縁でもある、と説いて、至るところ仏法の遍在の旨を示す。次に、十界と十如是を重ねる一段を立て、「今時三界皆是空（中略）唯我一人能育護」の文を引き、その意（三界の衆生はみな仏の子であり、諸経の説くところも唯だ我が仏のよく育《はごく》み護るところ）を説く。また、衆生は元より仏躰を具足する、と説き、頭《かしら》は天、五体は五仏、眼は日月、頭の七穴は七曜、九穴は九曜、両手の二十八宿と示し（以上、花祭祭文と重なる）、身を以て印を結び、口に経呪を誦し、意《こころ》に観念する（三業成就）ことで即身成仏するのを「父母所生身即大覚」という。ところが、凡夫は煩悩の悪業により仏神を信ぜず、罪業を犯すため、第六天魔王が悪霊・鬼神・荒御前《あらみさき》らにより衆生を悩まし、災難を起こす。これら障碍の難を払うのが、この祭文の祈禱の眼目である（これは花祭祭文の前段の所説におよそ対応する、儀礼の表白文にあたる）。

本祭文を誦唱すべき行者（法者）は、この前提の許で、「旦那」施主の祈願を遂げるために「五形」を観念することになる。「故《かるがゆへ》に、信心の大旦那、無二の丹誠を運び、一心の精誠を致して、五形神の前に諸の供物を備へ」祈念する。以下が、人の「五形神」に対する〝五蔵曼荼羅〟観というべき本祭文の中核部分である。それは甲乙の二段から成る。甲は、五形の始めとして、木火金水土の五行神を、東南北西中央の五仏、五大龍王、五色、四季土用として干支に重ね、「五大龍王を始め、行者を加持し、施主を守護し給へ」と祈る。乙は、五智如来とは五大明王の五智であるとし、各《おのおの》の印明を結び誦し、それが五調子を介して五蔵を加持するに至り、五大が五行の陀羅尼として衆生本躰の五蔵であることから、「男女の姿も金胎の両部、陰陽の二神なり」に帰し、その善果として大智（大円鏡智か）を具足する、と説く。更に、「何物か実相に非ざらんといふ事なし」と、諸法実相の境地を支証とし、「されば衆生元より仏躰なり、三身を具足せり」と、顕密一体具有の悟りの成就として此の身（行者と祈られる旦那）が在ることを示す（この段《くだ》りも、花祭祭文のそれとおよそ共通する）。

　こうして行者と旦那一体の悟りを開くことを示した上で、「いかなる悪霊悪鬼悪魔悪神邪魔外道も、その便《たよ》りを得《う》べからず」と降魔除霊が宣告され、仏神の加護により病患災難の消滅と疫鬼らの攘却を、福祐招来の加持と併せて言祝《ことほ》ぎ、「謹《つつし》み敬《うやま》って申《まう》す五形の祭文、万《バン》の通用一巻誦し奉る」と結ぶ。花祭祭文では幾つもの小節毎に繰り返される〝降魔詞〟は壬生の祭文では一回に集約されているが、これにより病者の加持はもとよりあらゆる旦那施主の守護のために行者が祈禱する、万能の通用祭文として機能することが示されている。それと共に、壬生の祭文が含む思想的特徴として、その功能を発揮し支えるための肝心の要文として、本覚讃や三界唯心偈が引かれることは、この儀礼テクストが明らかに中世顕密仏教の基盤に根ざしていることを示すものでもある。この一篇の中核に説かれる〝五形神〟観が、甲乙両段においてそれぞれ最後に五蔵観に到るところは、これもやはり中世顕密仏教の中で醸成された〝五蔵曼荼羅〟というべき宗教テクストの一変奏であることが、花祭の『五形祭文』との比較の上からも明らかになってくる。

二　「五形祭文」の地平——修験寺院と顕密寺院の聖教——

神楽祭文における、行者と病人ないし施主の加持祈禱という儀礼実践のための「五形祭文」の、中世に遡る存在は、おそらく全国的な広がりをもって宗教世界の普遍性に根ざしていた可能性を示す。その証左が、福島県南会津町南照寺に伝来する聖教のうち、「五形祭文」と外題を書き、内題に「身堅祭文也」とする室町時代末期の一冊である。南照寺は南会津地方の熊野修験の中心拠点であった寺院で、会津街道の往還の傍に位置して、中世末から近世にかけての聖教のほか、当地の里修験の触頭《ふれがしら》として大量の文書記録を伝えている(12)。

南照寺本『五形祭文』は、その表紙見返に五輪を図し、これに「歯声」「喉」「舌」「牙」「唇」を書き入れて配当し、更に五輪の下に「響・告」の声を出す器官とそのはたらきが、五調子と並べて記されており、音声《おんじょう》と五輪五大（五躰）との重なりがまず示されている。

本文の冒頭に、「抑、人間之躰者、万宝蔵（の）根源也」と示し、その音《こえ》と皃《かたち》と像《すがた》は密教法具（独古・三古・五古）を象り、躰は阿字で相《あい》継ぐと、密教による人躰表象を掲げた後、法華経二十八品が左右の手の継節《つぎふし》と（神楽祭文とも共通する所説）し、本覚の成仏は三身如来であり、その三身の成仏は一心三観による心の成仏であると、天台本覚論的な顕教の即身成仏説が展開される。この中に、「人間に五蔵あるを眼《まなこ》とす」として、その下に「五輪、五仏、五味、五形ノサイ爰ニ有」の注記をほどこす。全体ではここにのみ、真言密教による〝五蔵曼荼羅〟に通ずる回路が示される。以降は、仏と衆生は一体にして迷悟不二、魔仏一如の差別無き理《ことわり》を悟れば、「病者に祟を成すべからず」と、衆生（病人）を悩すものを、諸法実相、煩悩即菩提の悟りを得ることによって解除《ハラヘ》し、加持する祈禱文が重ねられて展開していく。その大きな特徴は、その中で熊野三所権現の本地を尋ね、和光同塵した仏神である「権現」の済度利益に預かって「彼病者、早令平愈給（早く平愈せしめ給へ）」と繰り返し祈る、病人加持の祈禱として機能するところで、これは花祭等の神楽祭文と全く共通している。

加えて、南照院の祭文が神楽の『五形祭文』と共通の思想基盤に立った宗教テクストであることは、本文の終り近くに「蓮花三昧経文云」として本覚讃の四句偈を引き、この功徳により罪障消滅して仏果に至ると、修法の根拠にすることからも明らかであろう。この熊野修験の五形祭文は、もっぱら天台法華教学の語彙と論理を用いて顕教を中心にしているが、それもやはり密教を含みこみ、五体・五輪と五音など、身体と音声を強く意識しているのは、それが儀礼テクストである故のことだろう。これらを併せみると、「五形祭文」が顕密仏教の体系の諸位相の水準で、人間の身心に直接はたらきかける能動的な宗教テクストであることが認められる。仏法の言説に表象される身体宇宙を分節し、再構成することが、病者の病因である悪鬼悪霊邪神等の正体を明かし、その障碍を無力化する過程と一体となって展開することは、三つの「五形祭文」に共通する宗教／儀礼テクストとしての特質である。そのとき、何れにあっても必ず備わり、欠かすことのできない要素が、「五形」を構成する、五行説による五根・五味・五方・四季土用・五色・五音等と、仏教の五大説による五智・五仏・五大明王・五龍王・五時教・五輪等の接点となり、それらすべてが人間の身体に収斂され、その根幹となるところの「五蔵」である。

五蔵をめぐる、祭文の母胎となった中世顕密仏教の言説を、寺院の宗教テクスト（聖教）のなかに探ってみたい。そのとき手がかりとなるのは、高野山三宝院蔵（高野山大学図書館寄託）、明応九年（一五〇〇）写『五蔵六府私聞書』[13]である。その冒頭に「五蔵六府ノ躰相ヲ明スコト、顕宗・密宗・内典・外典ニ其ノ旨非レ一ニ」として、当時の知の体系のなかで「五蔵」（およびその付属としての六腑）をめぐる認識が何に依拠しているかを端的に示す。

（止）観禅門《ノ》鏡録《ニスル》白虎通博（物）誌、皇帝録《ノスル》五蔵論相。《ナリ》真言、善無畏三蔵、《(ノ)》尊勝破地獄《ノ》法。不空三蔵、宿曜経《ノ》文《ハ》、五蔵曼荼羅《ノ》義説。《ナリ》而《ルニ》今《マ》、真言《ノ》法文耳《ニ》入《レ》ザレバ、聞《コト》無《シ》、授《ル》事無《シ》、不可知。異文閣《ヲ(ヲキ)テ》当途《ノ》本意《ヲ》ヌキ取《テ》、少々此注《ヲスル》処也。

本書の立場は、五蔵について真言側の所説は伝授を得ず聞き知らずと断り、いわば顕教の側から五蔵六府の躰相を十二門を立てて明かすという。本文は、「抑、人界《ニ》生《ヲ》受事《シ》、必《ズ》此五戒《ノ》功徳《ニヨリテ》人身《ノ》五蔵《ヲ》生《ズ》」と、五戒の具足により五蔵を生ずること（第一門）から説き始めるが、その一「五蔵《ノ》生起」と二「五蔵《ノ》音」、三「（五蔵《ノ》）息《ノ》生起」の三門分だけが記されている。本書の記事の中心は、五戒により五蔵が生じ、その息が五音（と呂律、甲乙の音）を生ずる、五蔵／五音／五調子の相関を説くことにあり、五蔵の病はすべて息を通じて声に露《あら》われる、と説く仏教医学書というべき聖教である。そうした知識の源泉を、冒頭の一節は示唆しているのだが、それは顕教（天台）では天台大師智顗の止観（『摩訶止観』）と禅門（『釈禅波羅密次第法門』）に録された『白虎通博物誌』等による「五蔵論」であり、密教（真言）においては善無畏三蔵の尊勝破地獄法と不空三蔵の宿曜経による「五蔵曼荼羅」である、とその典拠が示されている。果たして、ここに要説された、天台側の五蔵論相と真言側の五蔵曼荼羅とは、それぞれに中世顕密仏教の基盤を成す宗教テクストのひとつとして、たしかに古代―中世寺院経蔵の中に見いだすことができるのである。

たとえば、その一端は、栄西の『喫茶養生記』（承元五年、一二一一）にあらわれる。茶を養生の薬として勧める本書の前提となる「五蔵和合門」は、五蔵の首《はじめ》としての心蔵の病を治す苦味を茶に求める。その根拠として、「尊勝陀羅尼破地獄儀軌秘鈔」と「五蔵曼荼羅儀軌鈔」を抄出し、それぞれについて、五味から五根まで、五方五仏から五蔵に至る相関を図表的に示した上で、それらを加持することにより五蔵ひいて人間は無病を得る、と説く。ここに、茶の効能を保証する原理として引用された典拠とは、いかなる宗教テクストであり、またどのような来歴を辿ったものであろうか。

三　五蔵曼荼羅と五蔵音義――顕密仏教の宗教的身体論の系譜――

日本の仏教、とりわけ顕密仏教において、ミクロコスモスとしての人間の身体を、マクロコスモスというべき仏教の世界観に結びつけ、その不可分な関連を理論的に示す典拠となったテクストは何であったか。栄西が挙げた「尊勝陀羅尼破地獄儀軌」と「五蔵曼荼羅儀軌」は、その平安時代密教における代表的な二種のテクストを指していると想定される。そのうち前者は、大正新修大蔵経に三種の、それぞれ構成と本文を異にする、善無畏三蔵（六三七～七三五）訳として収められている「三種悉地破地獄儀軌」に相当するだろう。これらの儀軌の中核となる「三種悉地真言」（三種の五字明で、上・中・下品に区別される）は、最澄が入唐の際に青龍寺法全より伝授相承した印明とされ、いわば台密の根本印明に比定される真言であるが、その功能を説いた儀軌として重視されるにもかかわらず、成立と三本相互の関係については、伝来を含めてなお究明されていない[14]。

この三種悉地の三本は、広本というべき『三種悉地破地獄転業障出三界秘密陀羅尼法』（尾題「亦名五蔵曼荼羅」、大九〇五）、その略本にあたる『佛頂尊勝心破地獄転業障出三界秘密三身佛果三種悉地真言儀軌』（尾題「佛頂尊勝心破地獄法」、大九〇六）、さらにその最略の異本で本文の錯乱を含む『佛頂尊勝心破地獄転業障出三界秘密陀羅尼』（大九〇七）であるが、いまはその概要を広本（大九〇五）についてみよう。

前半は、阿鑁藍唅欠《アバンランウンケン》の五字明が、それぞれ胎蔵の五部として五蔵を主《つかさど》り、五仏・五大と連関する。更に五神五識五方五行五色等を生じ、また五蔵に五味が入ることにより増損すると説く（『喫茶養生記』の拠《よりどころ》でもある）。それは互いに循環して生成消滅する相生相克の五行思想の理論にもとづく。五輪にも象られるこの「五部真言」は、一切如来の無生甘露の珍漿、醍醐仏性の妙薬であり、「一字入五蔵、万病不生」にして、日月観を修せば

「即時証得佛身空寂」すなわち即身成仏の秘法である、と説く。後半は、この五字明について、下品阿羅波者那《アラバシャナ》、中品阿尾羅吽欠《アビラウンケン》、上品阿鑁藍唅欠《アバンランウンケン》の三種があり、それらの悉地を満てると、一五字は一字に摂し、一切字に及び、衆生と仏と一切法であり、同じ心より出《いづ》る曼荼羅のあらゆる仏となり、生身法身の舎利であり、理智の法身であり、万法は阿字に帰し、五部同一の仏である、と結ぶ。訳者と伝えられる善無畏三蔵が翻訳した『蘇悉地経』の成立と前後して、おそらく唐末期の後期密教の潮流の影響下で成立した、中国の五行思想と密教との習合の所産である。

この三種悉地破地獄儀軌の広本ではその別名として示されていた「五蔵曼荼羅」の題名をもち、その前半部の所説を要約した、観想法段のみのテクストが、平安時代には台密法流のなかで相承されていた。青蓮院吉水蔵に伝えられる、元永元年（一一一八）写本『五蔵曼荼羅』一帖は、三昧流の祖師良祐の伝受書写になる、彼が良実（鳥羽院七宮行玄）に伝授した三昧流事相聖教の一部をなすものであった。注目すべきは、その本奥書伝授書写識語である[15]。それによれば、本書は摂関期の寛弘九年（一〇一二）に、台密谷流の始祖皇慶の本を写したものであり、更に大原の長宴に伝えられた事相秘伝のひとつであった。おそらくより遡って一〇世紀には、このように簡潔な形に集約された「五蔵曼荼羅」が成立していたのであろう[16]。

『五蔵曼荼羅』の説くところは、五蔵が五色と五行を主《つかさど》り、五字明を本覚として、これに能破（はたらきかける側）と所破（はたらきを受ける側）の種字《しゅじ》ありとし、行者は能破の字義を観じて、本不生の五行を変じて五智と思惟し、五障の百八十心の妄執を摧破し滅尽して菩提心を成長させ、五智如来の三摩地門（三昧の境地）に入れ、という。行者自身の即身成仏を成就するための内観法であるが、それを五蔵から生ずる、「三種悉地破地獄儀軌」と同じく五行の相生相克理論による循環によって成そうとする、実践的なテクストであった。

「三種悉地破地獄儀軌」と「五蔵曼荼羅」は、院政期真言密教の革新を担い、後世に東密の新義真言門流の祖師と仰がれた覚鑁（一〇九五〜一一四三）の主著として大きな影響を与えた『五輪九字明秘密釈』に摂り入れられ、その一部を成している。[17] この現象は、きわめて興味深い、宗教テクスト生成と受容の様相を示すものであり、密教における宗教的身体観の中世への展開という点でも画期をなすものであろう。上述した『五蔵曼荼羅』の全文が、『秘密釈』の中心を成す、大日如来の五輪真言を具足して即身成仏を成就する理《ことわ》りと観法を論ずる「五輪五智法身門（五輪具足即身門）」の中にそっくり組み込まれているのである。

この門では、大日の本地法身の五字明から、「五輪五大六大法界十界輪円一切衆生色心実相自身成仏図」が開示され、それは図像《イメージ》としても五輪／人躰図として「五大即五蔵、五蔵即五智図」に集約され（それには「已上善無畏三蔵伝」と、「三種悉地破地獄儀軌」に拠ると考えられる[18]出典が示される。また、これとは五行と五大等の配釈が異なる表を掲げて「已上不空三蔵伝」とするが、これは遠く不空訳『宿曜経』に拠るものである）、それを、覚鑁の創唱した密厳浄土観において、理智不二の両部ともに五仏五智なることを行者自ら観ずるのが即身成仏である、と秘決を示す。更に自ら「初位三昧」を修得したとして（「覚禅師（永明延寿）云」として『宗鏡録』をも引用し）、五字真言の功能を五蔵より五色・五部に変成する観が説かれ、それを「是則、無生甘露之極漿、醍醐仏性之妙薬、一字入五蔵之中、万病万悩即得不生」と讃えるが、これは明らかにさきの「三種悉地」に拠ったものである。更にその要諦を、「大師釈」（『念持真言理観啓白文』に拠る）の「一字入蔵、万病不生」とする。これを支証として、「若観日月輪、凡夫即成仏」とは、人の「汗栗駄《カリタ》」つまり心蔵の八葉蓮花／八分肉団の上に五字究極の阿字を観じて即身成仏する（この展開もまた「三種悉地」による）と論じ、その先に『五蔵曼荼羅』の全文を引用の形でなく本文として続けるのである。

更に覚鑁は、この〝五蔵曼荼羅〟観によって金剛・胎蔵の定に入り金剛薩埵と文殊となるように、行者は両界の定に入って、空海が清涼殿で即身成仏したごとく、入定／即身成仏することを得る。「故《かるがゆへ》に五蔵三摩地は秘中の秘」として、その具象化した図を道教に由来するだろう「五蔵神形」にあらわす。この「五輪五智法身門」の最後は、「一字入蔵万病不生即身成仏頌」と題する、覚鑁自身が灌頂の際に伝受したという「若凡若聖偈」を引いて締めくくる。つまり、宗祖大師の即身成仏の先蹤に倣い、また、自身が伝受し修得した真言行者の究めるべき即身成仏の諸秘伝をここに集め、統合し開示し実践してみせる、きわめてパフォーマティヴなテクストなのであるが、その土台となったのが「三種悉地破地獄儀軌」であり、また「五蔵曼荼羅」なのである。その自跋には、覚鑁が「五蔵秘義」をよく受け学び修せと強調し、更にこの書を撰び了《おえ》る時に自ら「三摩地」に入り、先師宝生房（教尋）が金色世界から（文殊として）化現し、彼を「密厳浄土新人」と賛えた、という霊瑞を記している。すなわち、この真言行者のための入定成仏実修法としてのテクストを著す過程で自らも入定し即身成仏したことを示して見せている、自己演出的な宗教テクストなのである。その、行者としての自他の成就の核心としても、「五蔵曼荼羅」は欠かせないテクストであった。

一二世紀前期の覚鑁『五輪九字明秘密釈』の影響を蒙り、程なく院政期に成立した寛慶撰『五蔵曼荼羅和会釈』[19]は、覚鑁のそれとは対照的に、本文中では肝心の「五蔵」について言及すること無く、全段の冒頭を「東方は木なり」の五行説によって始め、あらゆる世界（器界）の位相五二種について、図解入りで示した〝五蔵曼荼羅〟の類聚であり、世界＝人躰図である。真福寺本の識語により、長寛二年（一一六〇）の成立であることが判明する。真福寺本にはまた、本文の後に『五蔵曼荼羅』の本文が付載されており、それを参照することで、むしろ『五蔵曼荼羅』を前提として、それを元に連関対応する世界を構成する諸要素を広く求め展開させて、それを五行／五大の世界観のマトリックス（図は人躰と五輪を除けば、全て四角形で表され、そこに全てが位相化される）の一覧を網羅することが目的であったと推測される。具象化した人躰図には、顔面から三焦に及び（五蔵を含む内臓の上中下）、一方では、和漢の詩歌（出典は『和漢朗詠集』）に譬えて四季と五行の対応を示す一段もあり、人間世俗の生業《なりわい》の営みにも重ねるように、それこそ森羅万象にわたる悉皆の相生相克の様相を体系化しようとする、院政期文化の特質である類聚の学問の所産であった。それは、自ら即身成仏を体現する、アクチュアルな宗教テクストである覚鑁の『秘密釈』とは異なり、徹底して世界全体を位相化《マトリックス》して体系化しようとする〝知〟の所産としての宗教テクストなのである。

一方、顕教の側における、とくに天台の止観による五蔵説（前述した『五蔵六府私聞書』にいう「五蔵論相」）とは、どのようなものであったか。その典型が、鎌倉初頭の文治元年（一一八五）、四天王寺において凉金によって著された『管絃音義』[20]という楽書である。内典（仏書）と外典（漢籍）の引用によって音楽と音声の理論を説く、中世仏教の楽理書であるが、そこに一貫して論ぜられるのは、〝五蔵音義説〟ともいうべき体系である。はじめに古代中国以来の五音（宮商角徴羽）を元に、七調子が定められ、これらが相互に「反音」というシステムにより無限に輪転し循環する円環が図として表示され、これが五行の相生相克と重ねられるところに、本書の立脚する世界観が示される。

前半は、「七音義釈」として、『次第禅門』の文を引き、「今、深くこの根本、世間の一期の果報は何に因りて生ずるかを知らんと欲す」つまり世間と人間の生成原理を尋ねようとする。その指標《インデックス》としての七音について、智顗の『摩訶止観』と『次第禅門』および湛然『止観輔行伝弘決』等の本文を引き、また古代中国の類書『白虎通博物誌』等の本文から、五行説による世界と人躰（五根・五蔵等）の生成において五音七調子が生ずる理を説く。人の身命は、先世の五戒（を守ったか破ったか）の業力により五蔵を生じ、そこに五識が宿ると説く、〝五戒五蔵神〟論にもとずいて、「五蔵は天の法に在りては五岳・五音」というように壮大な宇宙論に展開していく。所論の主たる拠となる『白虎通』は、古くは天台学僧安然の『悉曇蔵』（サンスクリット「悉曇」の文字言語音声学体系を論ずる）に引かれているのだが、本書はその出典を明示しない[21]。そこにいう、「木は東方を主《つかさど》り、東方は肝を主り、眼は春を主り、春は生を主る」以下の五行説による展開は、「凡《およ》そ、能くこの五音の根源を知らんと欲せば、先ずこの身と天地と相い向う義を悟るべし」と、世界と人間の相関と五音生成が重なることを示し、『弘決』の所説により人躰が悉く天地に相則する究みに五蔵を位置付ける。そして「まさに五蔵の音《こえ》を覚知すれば、即ち一切は仏法の音義なり」という認識に至る。

後半は、まさに「五蔵音義」論というべく、「仏は衆生の五蔵の病《やまい》を退治せんが為に一切の四諦義を説けり」と、それが仏法の意に叶うものであり、更に「一切の仏法に達せんと欲せば、能く五蔵の音義を覚知すべし。五蔵の音義を覚知せんと欲せば、また五音の起る所を知るべきなり」と前置きして、五行・五音は五蔵・五根を主るものであり、五蔵・五根・五音の連環は全て阿《ア》の一音に帰し、それはまた法花経の「此法住法位、世間相常住」つまり諸法実相の悟りと同じである。すなわち、天台法華一乗の思想にもとずく、「深く世法を識らば、即ちこれ仏法」の境地に至るのである。そして、五蔵の不調《ふじょう》（病）は五音の不調和によって生じ、音を正すことで病も平愈するように、管絃をもって衆音を調え、音楽によってこそ人間と世間の調和（ハルモニア・ムンディ）がもたらされるという理念が表明される。音楽の道に達すれば、悪道を離れ、ひいては成仏に至る。管絃の徳は、舞・詠・楽（曲）が身口意の三業を成就させ、衆善を生じ、見聞する者を正路へ赴かせる。こうした音楽の救済の功能を讃えることをもって結論とする。

このような『管絃音義』の論旨において、その拠とするのは『止観』を中心とする天台祖師の論疏であり、また外典であって、密教は全く参照されず、論理の体系のなかでも言及されない。それは真言側の密教における〝五蔵曼荼羅〟に対して、あくまで天台の立場に立った顕教の〝五蔵音義〟というべき、もうひとつの宗教的身体論を示すものであった。この、『管絃音義』の楽理説は、やがて鎌倉時代の琵琶の音楽の歴史とその楽人の逸話《エピソード》を鏡物《かがみもの》（歴史物語）風に綴った楽書である隆円著『文机談《ぶんきだん》』にも採られ、そこでは、院政期に音楽や芸能の故実知識を集成し体系化した信西《しんぜい》入道（藤原通憲）と妙音院《みょうおんいん》入道藤原師長《もろなが》の説くところに仮託されていくつにも分解されつつ引かれている[22]。その現象は、いかにも象徴的に、『管絃音義』が天台教学に拠って構築した音楽を介した世界と人間との相関の論理が、中世芸能の道《カテゴリー》を通じて広がり、共有されていく経路を示唆している。

以上にうかがいみた、院政期（一二世紀）に顕密寺院の〝知〟の領域で展開した、仏教的身体／世界論としての〝五蔵曼荼羅〟と〝五蔵音義〟説は、やがて鎌倉時代（一三世紀）に至り、その顕密（天台・真言）の両者が総合されるに至る。それは、高野山の学僧正智院道範（一一七八～一二五二）による、『五智五蔵秘密抄』[23]によって成された。嘉禎二年（一二三六）に、「禅定大王（光台院御室道助　一一九六～一二四九）教命」によって撰ばれ成立した聖教である。

『五智五蔵秘密抄』は、事書による箇条を立てて全体を分かち、各項に出典を明示した本文を引用し、これに「私云」として問答体を交えて撰者による注を付す、正統《オーソドックス》な学問的方法の許に著されている。その裏書には関連する記事を、やはり出典を挙げて示す。その主な典拠は、覚鑁『五輪九字明秘密釈』であり、その中核をなす「五輪五智法身門」から、五輪／人躰図を含む「善無畏三蔵伝」や「不空三蔵伝」が引かれ、更に「五蔵神形」条も五蔵神の図像をそのまま転写して引用する。

特に「五蔵能破所破事」条では、やはり「五輪九字秘釈云」として、そこで覚鑁が書名を示さずに摂り込んだ『五蔵曼荼羅』を抄出し、これに考勘を加えている。その一方では、「白虎通」を再三引用し、五行・十二支や五蔵・五塵等の対応配当をこれによって示し、そこに「安然悉曇蔵云、言音者、白虎通博物誌云」として、前述の『管絃音義』では出典として書名を出さなかった、五大院安然の言語文字音声論である『悉曇蔵』に拠っていることを明らかにしている。そのうえで、五方・五行等の配当表を掲げ、また「五蔵五神事」条でも、『管絃音義』

が依拠した『次第禅門』第八の本文を引いて五戒五蔵説を示す。「白虎通」は続く「五行相生事」でも拠として参照されており、これもやはり『悉曇蔵』に拠るだろう。

　道範は、本書において、本文ではもっぱら真言（東密）の『五輪九字明秘密釈』に拠り、裏書では主に『管絃音義』や、そこに引かれた『止観』『弘決』『次第禅門』等の天台顕教の本文を用いている。なお、後半の五蔵五識神と五音の関係については、『管絃音義』を参照しつつ、同書冒頭に掲げた各種の輪転図ではなく、横笛の図をもって五音七調子を示しており、これを安然の『悉曇蔵』の釈について示す、と注して、以下に五音をめぐる音義論を展開し、その音声や諸調子などがもとづく梵文の配属は全て『悉曇蔵』中にある、と安然著作に全面的に依拠している。最後に全体を総括して、一切の有情非情の声は五音に約し、五音は梵音の五字に、漢家の字韻も梵文の韻に含まれ、和国の字音も梵語と同じ、つまり三国の言語音字声は全て五音に摂在する。五音は五大・五智の声であり、一切の「山林河海、禽獣人天」の声であり、阿《ア》字以下の梵字であって、その実相を論ずれば六大法界の躰性、法爾の真言として不壊の法身であり、即身（成仏）をたちまちに証す根底は、ただこの「五蔵曼荼羅」にある、という。大師が清涼殿で即身成仏を顕したのも、この「五蔵三摩地」に入った故であり、全ての行者が学び修すべき法である、と結ぶ。なお、一書全体の末に改めて『管絃音義』の五蔵音義説、「一切の仏法に達せんと欲はば、能く五蔵の音義を覚知すべし」と始まる一節を引いて了《おわ》る。

　以上のような『五蔵五智秘密抄』の〝五蔵曼荼羅〟説は、ここに〝五蔵音義〟説と連結され、まさに顕密を綜合する様相を呈している。それを、あくまで出典を明示した本文の引用とその注釈という学問的手続きの許で集成し、統合をはかろうとするのである。その中には、当時の実践的な仏教医学の知識も「五蔵明鏡図」や「五蔵六府病候」などの佚書を引いて参照されており、加えて「破地獄図」という（おそらく「三種悉地破地獄儀軌」の流れを汲む）五蔵六府や三焦の五行による配属表も含み込み、更には、それに付けて、六府の五行との対応に関して「五行音」を示すにあたり、「是等は五行家（陰陽道）、管絃者（楽人）に問うべし」と注して、医術、陰陽道、楽家の諸道との交流も、この主題をめぐって道範の（ひいては注進献上する御室法親王の）視野に入っていたことを示している。何より、天台系の楽理書であり中世の世界＝人躰論の到達点のひとつであった『管絃音義』を、覚鑁『五輪九字明秘密釈』と共に、いち早く享受利用して、中世における顕密仏教の〝知の体系〟の一画に位置付けたことは注目に値する。それは、中世の宗教的身体観のあらたな座標を構築した宗教的テクストなのであった。

結　論

中世顕密仏教の深奥から、それが伝来・形成される過程のなかで生みだされた、「五蔵曼荼羅」に集約される宗教的身体の観念体系は、密教法流の事相伝授の中で流通する秘説や、学僧の知的営為の所産としての教相聖教などの宗教テクスト群の間から、その姿を図像イメージをも含めてあらわす。やがて、それにとどまらず、中世後期には寺院の経蔵から出て、より広い世界において、「祭文」という実践的な儀礼テクストとして、たとえば「身祈禱」の具として、その役割を果たすことになる。そうした「五形祭文」への変貌は、どのようにして起きたのか。その決定的な飛躍を跡づける資料は、いまだ姿を見せない。しかし、遡ってみれば、この主題における中世宗教テクストの結節点であり、源流でもある覚鑁の『五輪九字明秘密釈』こそは、既にしてそれ自体がすぐれて能動的な、著書その人が己の論ずる五蔵観によって五蔵三摩地に入り、空海と等しく即身成仏を遂げるように自己演出を企てた、パフォーマティブな宗教テクストなのであった。ここに結ばれ、かつ発した画期的な宗教的身体論の系譜は、以降の中世にうけつがれ、修行や修法ひいて伝承や芸能の領域までの宗教実践の場において、くりかえしその生成をうながし続けたのではなかろうか。更に遡れば、覚鑁が用いた『五蔵曼荼羅』や「三種悉地破地獄儀軌」もまた、そうした性格を本質に内在するテクストであった。そう捉えれば、これらの中世宗教テクスト群と『五形祭文』は、いわば地続きで重なり合った〝宗教的身体テクスト〟といえるであろう。更にいえば、中世宗教テクストの中核としての寺院聖教テクスト体系は、祭文の如き儀礼実践テクスト――表白や法則、講式などにも連なる――の性格を、その最も深い層において内在させているのである。

〔付記〕　本論文は、フランス国立極東学院日本支部の紀要のために執筆した「五蔵曼荼羅の展開――中世仏教の宗教的身体観の系譜 Développement du *Maṇḍala des Cinq Viscères* : La généalogie de l'idée du corps dans le bouddhisme médiéval au Japon」（2016）を元に、構成を変え、全面的に書き改めたものである。その仏語訳に自ら労をとられ、懇切な御教示と参考文献を加えていただいた彌永信美氏に厚く感謝申し上げる。本論は、日本学術振興会科学研究費基盤研究（Ｓ）「宗教テクスト遺産の探査と綜合的研究」（二六二二〇四〇一）の成果の一部である。

（１）　阿部泰郎『中世日本の宗教テクスト体系』（名古屋大学出版会、二〇一三年）。

（２）　阿部泰郎「中世仏教における儀礼テクストの綜合的研究」（『国立歴史民俗博物館報告』一八六号、二〇一五年）。

（３）「The Embryological Discourse in Medieval Japan:A New Soteriolgy of the Human Body」（ヨーロッパ日本学協会（ＥＡＪＳ）タリン大会パネル、二〇一一年）。「The Sensorial Costruction of the Body in Medieval Religion:Voice, Taste, Form, Performance」（同（ＥＡＪＳ）リュブリャナ大会パネル、二〇一四年）。Lucia DOLCE ルチア・ドルチェ（チェアー）、阿部泰郎、伊藤聡、米田真理子、柴佳世乃。

（４）　山﨑一司『花祭の起源――死・地獄・再生の大神楽』（岩田書院、二〇一一年）。同『「花祭り」の意味するもの――早川孝太郎『花祭』を超えて』（岩田書院、二〇一五年）。

(5)　五来重編『山岳宗教史叢書』第一五巻「修験道史料集（東日本篇）」所収、武井正弘解題・翻刻（名著出版、一九八〇年）。
(6)　井上隆弘「死と再生の身体宇宙――『五形祭文』と「五輪くだき」の世界」（『芸能』一二号、二〇〇六年）。
(7)　岩田勝氏は、『中国地方祭文集』（注9）の解説（二六九頁）に、花祭『五形祭文』と壬生の『五形祭文』の共通性に注目し、小林の『五形六根守護祭文』について、花祭において、花太夫による護摩壇を用いたこの祭文による加持作法が伝承されていた、と述べる。しかし、名古屋大学による小林太夫家「花祭アーカイヴス」調査によれば、それを裏付ける資料を見いだすことはできなかった。唯一、田野口家蔵資料中に、明治時代に当主に伝授を行った田邊照山という修験者の手文の中で、護摩壇図を含む五字明による加持作法が見え、これを花祭作法の一環と誤解した可能性がある。名古屋大学文学研究科人類文化遺産テクスト学研究センター（CHT）では、科学研究費基盤研究（S）「宗教テクスト遺産の探査と綜合的研究」の一環として、花太夫所蔵文献のアーカイヴス化に取り組んでいる。その成果の一端は、名古屋市博物館特別展図録『奥三河の花祭と田楽』（二〇一三年）。
(8)　芸能史研究会編『日本庶民文化資料集成』第一巻「神楽」所収、山路興造解説（三一書房、一九七四年）。
(9)　岩田勝編『伝承文学資料集成』一六「中国地方神楽祭文集」（三弥井書店、一九九〇年）。
(10)　岩田勝『神楽源流考』（名著出版、一九八三年）第二部第三章七「五方に勧請される仏神の変態」。
(11)　本田安次『語り物・風流二』（木耳社、一九七〇年）「八丈小島の巫女祭文」六二一～四頁。
(12)　本書は、二〇一六年五月、久野俊彦氏に導かれてCHTの実地踏査として南会津町立民俗資料館に寄託される南照寺蔵聖教を拝見した際に採訪した。久野氏の御教示に感謝すると同時に、詳細の紹介は改めて久野氏と共同で行う予定であることを記しておく。
(13)　阿部泰郎「『大織冠』の成立」（『幸若舞曲研究』第四巻、三弥井書店、一九八六年）。
(14)　「三種悉地破地獄儀軌」についての主な研究は、松永有見「三種悉地破地獄儀軌」（『密教研究』第三五号、一九二九年）、那須政隆「三種悉地破地獄儀軌の研究」（『印度学仏教学論集』三省堂出版、一九五四年）、長部和雄『唐代密教史雑考』（神戸商科大学経済研究所、一九七一年）、松長有慶「三種悉地と破地獄」（『密教文化』第一二一号、一九七八年）、三崎良周『台密の研究』（創文社、一九八八年）等があり、大正蔵所収の三本（九〇五、九〇六、九〇七）成立の

前後関係や相互の位置付けについては見解が岐れているが、いずれも中国撰述で唐末の後期密教の所産であり、安然の『八家秘録（諸阿闍梨真言密教部類総録）』に「尊勝破地獄陀羅尼儀軌一巻、是三種悉地法」と見えるにより、そのうちの一本が安然の時代までに日本へもたらされていたこと、また覚鑁『五輪九字明秘密釈』が広本（大九〇五）の所説をふまえていることを確認している。一方、陳金華『Legend and Legitimation-The Formation of Tendai Esoteric Buddhism in Japan』（二〇〇九年）では、それらの日本撰述を主張し、しかも安然をその撰者に比定するが、先行研究を踏まえれば、その所論には飛躍が大きく、認めがたい。近年の、小崎良行「三本の三種悉地破地獄儀軌について」（『智山学報』第六三輯、二〇一四年）は、諸説を整理した上で、略本と異本（大九〇六、大九〇七）は共に唐本密教の金胎合行思想に立脚して成立し、唐の国家護持志向が明瞭に示され、広本（大九〇五）が最も道教的な要素をもち、中国思想が濃厚であり、従来の密教経典の中国化の流れを超えたもの、と位置付けながら、三本前後関係について慎重に留保しつつ、広本（大九〇五）を最も遅れて成立したものと推定している。

(15)「写本云、寛弘九年五月二日□□辻□君本、写之校之、但、件□□法也云々、以去月廿六日、従伊勢師匠（睿超？）□□。本云、承暦二年（一〇七八）四月廿四日、於洛下閑院南御所、以定林房僧都（長宴）御本奉書写畢。同廿日、於頼盛朝臣（源頼盛）家奉伝受先了。元永元年六月廿六□□御本書□□。」（吉水蔵聖教調査団編『青蓮院門跡吉水蔵聖教目録』汲古書院、一九九九年、七二頁）。

(16)『五蔵曼荼羅』の伝本には、この他に、末木文美士氏により翻刻紹介された鎌倉初期写の高山寺蔵本（高山寺典籍文書綜合調査団『平成二十四年度研究報告論集』二〇一三年）や叡山文庫真如蔵文永六年（一二六二）本奥書『五蔵曼荼羅』室町時代写本などがあり、いずれも本文は共通している。また、大原来迎院如来蔵に寛徳二年（一〇四五）写本を伝えるが未見。

(17)『那須政隆著作集第四巻　五輪九字秘釈の研究』（法蔵館、一九九七年）。

(18)阿部泰郎・米田真里子・伊藤聡『宗教的身体テクスト資料集』（注3参照、二〇一一年）に真福寺本の翻刻を収録。称名寺蔵永仁五年（一二九七）写本は、『金沢文庫資料全書　真言篇』（神奈川県立金沢文庫、一九八二年）に収録。この他に、香川県三豊町弥谷寺聖教中に徳治元年（一三〇六）写本を伝える（香川県教育委員会『古文書等緊急調査報告書（弥谷寺所蔵聖教等調査報告書）』一九七三年）。亀山隆彦「中世真言密教における五蔵曼荼羅の意義――『五蔵曼荼羅和会釈』を中心に――」（末木文美士編『比較思想から見た日本仏教』山喜房仏書林、二〇一五年）。

(19)『群書類従』音楽部（巻一九）所収本は、乾元二年（一三〇二）信盛により摂津国忍頂寺に写された本を底本とする。天理図書館蔵本は、文永三年（一二六九）、称名寺二世釼阿が四天王寺にて書写した旧称名寺聖教である（天理図書館善本叢書『古楽書遺珠』）八木書店、一九七四年）。両本を校訂した本文を、阿部泰郎編『宗教的身体テクスト資料集』（注3参照、二〇一四年）に収めた。

(20)礒水絵「『管絃音義』における『白虎通義』の影響」（『源氏物語時代の音楽研究』笠間書院、二〇〇八年）。

(21)岩佐美代子『文机談　全注釋』（笠間書院、二〇一三年）。

(22)落合俊典「スペンサー本の道範撰『五智五蔵秘密抄』」（人間文化研究機構国文学研究資料館編『絵が物語る日本――ニューヨークスペンサーコレクションを訪ねて』三弥井書店、二〇一四年）に、正安三年（一三〇一）東寺観智院杲宝写本が紹介される。この他に、落合氏も参加された金沢文庫寄託称名寺本後欠本の鎌倉時代写本と、香川県弥谷寺所蔵写本。

(23)『五智五蔵秘密抄』に淵源する類書異本の一例として、仁和寺蔵『五智五蔵秘抄』（弘長元年＝一二六一写本）がある（注18前掲資料集所収）。本書は前半が道範『秘密抄』の抜粋に当たり、一部の図像を共有するが、後半に阿字心月輪館図と八葉蓮台上男女交会図（いわゆる立川流聖教独特の図像）と胎内五位図・金胎五輪（金剛薩埵と女人）図などを含み、阿字観仮名法語を加えるなど、多様な宗教的身体テクストを複合させ、しかも巻末に「邪義」と銘して外見を憚る識語を加えている。こうしたテクストもまた、中世密教における身体論の諸文脈を如実に反映している。

第3章　大土公神祭文・考——暦神たちの中世神楽へ——

斎藤　英喜

はじめに

神楽に登場する神々といえば、岩戸隠れのアマテラスやアメノウズメ、八岐大蛇退治のスサノヲ、クシナダヒメなどが有名だろう。だが、彼らメジャーな古代神たちの神楽は、近世に吉田神道や国学によって、再編成されたものが少なくない。

一方、中世の列島社会に繰り広げられた神楽には、大将軍、牛頭《ごず》天王《てんのう》、天刑星《てんけいしょう》、八王子、盤《ばん》古王《こおう》、金神《こんじん》、土《ど》公神《くうじん》など異貌の神々たちが多数登場してくる。彼らの由来は、もちろん『記』『紀』には記されていない。また神仏習合のロジックによる仏教神、垂迹神の系譜とも異なっていた。

では彼らの来歴はどこに伝えられているのか。浮上するのが、安倍晴明に仮託された陰陽道書『簠簋《ほき》内伝《ないでん》』という書物である。陰陽道書に由来する神々の神楽——。ここからは修験山伏の信仰世界と繋がる神楽とともに、「陰陽道」の神々が、中世の神楽にとって、欠かせない存在であったことが見えてくるのである。彼らを「暦神《れきしん》」と呼ぼう(1)。

そうした暦神たちのなかで、もっとも有名なのは、五人五郎王子の物語をもつ土公神であろう。五龍王祭文、五人五郎祭文、五行霊土公神旧記、土公神祭文、大土宮神本地、大土公神経……。さまざまな呼び名をもちつつ、盤古王と黄帝《こうてい》黄龍王《こうりゅうおう》＝五郎の王子を主人公とする祭文群が列島各地に伝わっている。そこで語られ、舞われるのは、四季の成立、そして土用の由来だ。まさしく「暦」の成り立ちが神楽の場で語られ、舞われていく。ここには、これまでほとんど注目されてこなかった陰陽道―暦注書に由来する神々が、中世の神楽の世界に不可欠な存在であったことが見えてくるのである。

そもそも「土公」の来歴は、一〇世紀の『延喜式』にまで遡る。「鎮土公祭」（巻三・神祇三・臨時祭）として、宮中の臨時祭祀の一角を占めていた。土公とは、「春三月ハ竈ニ在リ。夏三月ハ門ニ在リ。秋三月ハ井ニ在リ。冬三月ハ庭ニ在リ」（『和名類聚抄』巻二・鬼神部五「神霊類十六」項）と、季節ごとに遊行する神霊で、その在所を犯すと（犯土）、病気や災厄などをもたらす恐ろしい存在であった。

それに対処する「鎮土公祭」は、陰陽師たちの管掌として広がり、たとえば陰陽師の中原恒盛が「御竈神・土公祟由」と占い判じ、「御祓」に携わっている例（『小右記』長元四年（一〇三一）七月五日）や、また鎌倉時代にも、新造された御所への移徙《わたまし》に際して、陰陽師の安倍有道が「謝土公」を執行する事例がある（『吾妻鏡』嘉禄元年（一二二五）一二月一七日）。「鎮土公祭」は、病人祈禱とともに新築殿舎への移徙に関しても行われたことが見てとれる[2]。ちなみに一三世紀末には、「鎮土公祭」を担った陰陽師による祭祀次第も定められている（賀茂在材編述『文肝抄』[3]）。

しかし、こうした宮廷、幕府の陰陽道祭祀にあっては、あくまで「土公」の鎮めが中心である。鎮められる「土公」が「土公神」という神格を獲得して、礼拝の対象となっていくのは、中世以降の列島各地に繰り広げられた「大土公神祭文」による神楽であった（以下、一般名称として呼ぶときは「大土公神祭文」とする）。鎮められる「土公」から祭祀される「土公神」へ。その変貌の中心こそ「暦神」という神の存在であったのだ。

土公神を祀る神楽、来歴を語る祭文は各地方に多く見られるが、本章ではふたつの地域のテキストを選びたい。ひとつは、花祭で有名な奥三河に伝わる「大土公神経」（承応四年〔一六五五〕）。[4] もうひとつは、民間陰陽師の残存として知られる高知県旧物部村《ものべそん》の「いざなぎ流」太夫が伝えた「大どッくの祭文《（祭文）》」（中尾計佐清太夫《なかおけさきよたゆう》所持『御神祭《（祭）》文集書物』[5]）である。奥三河の祭文からは、「大土公神」の神格形成が中世神道の教説とリンクしてくる様相を、物部村いざなぎ流の祭文からは、「大五の大じ《（王子）》　五人五郎の大じ《（王子）》」（中尾計佐清太夫所持）という呪詛・調伏などの祈禱に用いる「法文《ほうもん》」との連関を見ていく。そこから浮かび上がってくるのは、「神楽」と「祈禱」という二分された区別をもちつつ、それらを包摂する中世固有の「神楽」の現場である。

一　『簠簋内伝』のなかの「五帝龍王」譚

中世神楽として広がっていく「大土公神祭文」の生成と密接にかかわるのは、安倍晴明に仮託された『簠簋内伝』である。まずは、『簠簋内伝』の内容を見ておこう。

従来、『簠簋内伝』といえば、巻一の牛頭天王縁起にかかわって、祇園信仰をめぐる議論のなかで注目されてきた。だが忘れてならないのは、巻一の牛頭天王、巻二の盤牛王《ばんごおう》の来歴を語る物語が「暦注」と結びつくところだ。『簠簋内伝』は、陰陽道の暦注の書であったのである。[6] それは『簠簋内伝』の構成からも理解できる。

巻一　牛頭天王の縁起。天道神・歳徳神《としとくじん》・八将神・金神などの方位の禁忌
巻二　盤牛王の縁起。五行神・十干神・十二支神などの暦神の説明と暦の吉凶
巻三　大将軍遊行・土公変化・三宝吉日・神吉日などの雑多な禁忌
巻四　「造屋」に関する禁忌

巻五「文殊曜宿経」。宿曜《すくよう》占星術に関する説明

『簠簋内伝』に記された牛頭天王や盤牛王の物語とは、特定の神社の縁起・由来ではなく、方位や暦に関する禁忌の注釈書＝暦注の典拠・由来として位置づけられていたのである(7)。

とりわけ注目されるのは、慶長一七年（一六一二）版本に記された、盤牛王の五番目の王子＝黄帝黄龍王をめぐる「異伝」である。そこにはまだ「土公神」の名称は出てこないものの、諸国の神楽で読み唱えられる「大土公神祭文」が『簠簋内伝』と密接な繋がりをもつことはまちがいないだろう。中世神楽の「大土公神祭文」とのかかわりで注目すべきは、巻二の盤牛王縁起の「異伝」として挿入された「五帝龍王」の物語である。

以下のような物語である(8)。

(1)盤牛王は星宮と結婚し、星宮は妊娠した。盤牛王は「五大」を極めようとして、春夏秋冬の四時の季節は四人の王子（四大龍王）に与えた。次に生まれる子は男子であっても女子であっても、八尺懸帯、五尺の鬘、八尺の花形、唐鏡七面、宇浮絹《うぶぎぬ》の剣、娑婆訶《そわか》の剣などを与えようと、宝物の蔵に納めた。

(2)やがて一〇月が満ちて女子が誕生した。彼女の名を「天門玉女妃《てんもんぎょくにょひ》」という。後に堅牢大地神王《けんろうだいちじんのう》の妻となり、四八人の王子を生んだ。

(3)しかし、王子たちにはしかるべき住居がなかったので、天門玉女妃は女子から男子の相に変じて「黄帝黄龍王」と名乗った。そして四八人の王子と、一〇〇〇人の郎党を引き連れて、四大龍王にたいして謀反を企て、恒河《ごうが》で一七日間にわたって戦った。そのため恒河に血が流れるのを見た文選博士《もんぜんはかせ》が争いを仲裁し、一八の四季土用をあつめて、七二日を黄帝黄龍王に与えたので、五帝龍王の争いは収まった。その時、文選博士にも四季土用の間日を与えたともいう。

春夏秋冬の四季、さらに「四季土用」の起源を語る神話である。「四季土用」とは、四季を木火土金水の五行

に配すると「土」があまるので、「土」を四等分して、それぞれ四季の終わりにほぼ一八、九日ずつ配当される。これが四季土用である。(9)

その原型としては、平安時代末期に作られた幼学書（年少者向け教科書）の『注好選』の「文選は諍《あらそひ》を止めき第八十六」が知られている。冒頭部分を引いてみよう。

昔、舎衛国に王有り。都夫王と名づく。其の夫人《ぶにん》、四《よたり》の王子を生めり。又一子を任ぜり。即ち未だ任める子を生ぜざるに、王没崩《かくれ》たまひき。王に遺言在り。「君等、吾が死後には天下を領じて人民を救へ。太郎は春三月《みつき》東を領ずべし。次郎は夏三月南を領ずべし。三郎は秋三月西を領ずべし。四郎は冬三月北を領ずべし」と。任める子は未だ生れざれば、所領を置かずして、王崩じ了んぬ。即ち四の王子、父の命の如く四方を領ず……。

（『注好選』上、新日本古典文学大系、二七二～二七三頁）

そしてこのあと、夫人が孕んでいた五郎の王子が誕生し、上の兄たちと同じく領ずべき所領を要求し、争いが始まる。そして仲介者の「文選博士」によって「五の王子乍ら、平等に七十二日を受領し給へ。四の王子、各々の十八日を分ちて、五郎の王子に奉りたまへ」と、「四季の土用」を五郎の王子に配分したという結末にいたる。「五郎は土用の擬人化で、土用の由来説明」(10)というわけだ。

さらに注目されるのは、結末の一節である。

五郎の王子博士に語りて言はく、「吾等、将来に人有りて博士の末孫といはば、縦ひ眼《まなこ》を穿ち頭《かうべ》を打つとも、其の過《とが》を免すべし。敢へて祟り無からむ者か」と。

（同上）

博士の子孫が「眼を穿ち頭を打つとも……」とは、何を語ろうとしているのか。いうまでもなく、ここに表象されるのは「土公」の犯土の禁忌である。その禁忌を犯した場合も、災厄から逃れられることを「五郎の王子」が博士に約束した、という内容だ。この一節からは五郎の王子が「土公」と重なることが読みとれよう。さらにその犯土の災厄から守護される「文選博士」の子孫のことを特別に強調する。これは後の「大土公神祭文」への展開として見落とせないところである。

そこであらためて、『注好選』と『簠簋内伝』の「五帝龍王」とを比較したときに、気がつくのは、五人の王子たちの父が「都夫王」から「盤牛王」に変わっているところだ。盤牛王とは、いうまでもなく中国の大地創造神話に登場する「盤古王」のこと。『簠簋内伝』では、黄帝黄龍王（五郎の王子）は、大地の創造神たる盤牛王の子どもという、あらたな来歴を得ていくのである。

だが、「神話」変成はそれで終わらない。『簠簋内伝』巻二の冒頭に掲げられた盤牛王の神話では、盤牛王が「五方ニ五宮ヲ構ヘ、八方ニ八閣ヲ開ク。妻ト等シク五宮采女ヲ愛シ、五帝龍王ヲ産生ス」（『簠簋内伝』巻二、二五七頁）と、五人の妻に産ませた子供が「五帝龍王」となる。さらに五帝龍王の子どもたちが、暦注の基本概念である「十干」「十二支」「十二客《じゅうにかく》」「九図《きゅうず》」「七箇善日《しちかぜんじつ》」となっていくことが説かれていくのだ。そもそも「暦」とは、天帝が主宰する「天」の運動法則を具体化したものである[11]。そして慶長一七年（一六一二）版本の「異伝」は、この五帝龍王たちの争いの物語を「四季土用」の起源と結び付けていくのだ。あらたな「暦神」の創造神話といえよう。四季土用の起源となる黄帝黄龍王（五郎の王子）が、盤牛王の系譜へと読み替えられていく。『簠簋内伝』において、盤牛王も大地の創造神から、十干・十二支・五行という暦の起源神へと変貌したことと対応する、新しい暦神の神話世界が繰り広げられていくのである。古代神話はもちろん、神仏習合にもとづく中世神話とも異なる、もうひとつの中世神話の世界といえよう。

さらに「四季土用」の起源が、「文選博士」という仲介者を不可欠としたことも見過ごせない。後に見るように、文選博士の存在は、「大土公神祭文」のなかでは、祭文や神楽の執行者と重ねられていくことになるからだ。宗教者自身の「神話」の創出といってもよい。

それにしても、『簠簋内伝』の記述には、いまだ「土公神」の名前は出てこないことを確認しよう（なお巻三には「土公変化」などの禁忌の項目名はあるが、「土公神」とは記されていない）。五帝龍王譚を「土公神」の神話へと読み替え、再創造していくものこそ、中世神楽の場で読誦される「大土公神祭文」であったからだ。

次に列島社会に繰り広げられた中世神楽の祭文に分け入ることにしよう。

二　奥三河「大土公神経」——世界を建立する神——

愛知県奥三河の「花祭」といえば、勇壮な鬼や躍動的で華麗な青少年たちの舞が有名である。だが、明治期の神仏分離令以前にあっては、花祭もまた、多くの祭文が読誦される祭儀の場であった。とりわけ、花祭のルーツとされる、共同祭礼たる「大神楽」では、「橋の拝見」「花の本源」など魅力的な名前をもつ、多種多様な祭文が祭儀次第の中核を構成していたのである。(12)

図1　再興された浄土入り

図2　三沢山内の花祭（花育てのシーン）

大神楽とは、複数の集落が合同の神楽組を組織し、数年、数十年に一度、数日数夜をかけて行われた共同祭礼である。その成立は中世末期にまで遡る。江戸末期、安政三年（一八五六）の実修を最期に途絶えたが、平成二年（一九九〇）に、一三四年ぶりに豊根《とよね》村《むら》で再興された。この巨大祭礼「大神楽」を一日一夜の恒例祭祀に組み替えたのが「花祭」である（図1・2）。

では大神楽では、「土公祭」は、どのように行われているのか。早川孝太郎が採集した神楽次第書のなかには、一日目の「山立て」、二日目の「白山《しらやま》」造りのときに、「大土公神祭文」を読むことと並行して、鎮めの反閇《へんばい》が行われたとある。(13) ここで土公祭は、鎮めと反閇とともに「地霊の土公を鎮めて守護霊化しようとする行儀(14)」と解釈される。「土公」が「土公神」という神へと成長する儀礼現場といってもいいだろう。

しかし、祭祀の場で誦まれる「大土公神祭文」の世界に分け入ってみると、「守護霊化」という概念では収まりきれない、独特な「暦神」の起源神話が浮かび上がってくる。

(1)「盤古王」から世界建立の神へ

現在、奥三河の「土公神祭文」は、豊根村古真立《こまだて》・禰宜屋敷鈴木家伝来、書写年不明の「大土公神祭文」、振《ふり》草村中《くさむらなか》設楽《しだら》・岡田家伝来、元禄一三年（一七〇〇）書写の「大土公神祭文(15)」が翻刻されているが、ここでは比較的表記が整っている東栄町《とうえいちょう》御園《みその》・尾林家伝来、承応四年（一六五五）書写の「大土公神経(16)」を取り上げたい。便宜上、三つの段落に分ける。

(1)ソモソモ大土公神ノ御本地ヲ（委ヨ舁）尋ネ奉、昔此世界天モ無地モ無、衆生草木モ定ラザリシ時、宇宙天ヨリ赤白《しやくびやく》ノ球出デ来ル、ソノ形ワ鳥ノ飼子《かいこ》ノ如シ、コレ二ツニ分カッテ、澄メル形ワ天トナル、濁ル形ハ地トナル、（四ツニ分カッテ）四方ノ四季トナル、ソノ後流レテ大海トナル、黄ナルヲモッテ仏ト崇メ、赤キヲモッテ神ト崇メ、白キヲモッテ人間ト定メ、黒キヲモッテ畜生獣ト定メ、青キヲモッテ草木ト定メ給ウ、ココニ十二月ノ将王《しょうおう》ト（申ス）御人《ごにん》出デ来ッテ、彼ノ世界ヲ建立《こんりゅう》シ給ウ……

(2)……コノ菩薩ト相語ラッテ、第七天上ニ至ッテ、ソノ七宝ヲトッテ此世界ニ至リ、日月ト分ッテ、星宿《しょうしゅく》トナラセ給ウテ、天地ヲ照ラシ給ウ、ソノ時、宇宙天地ヨリ、種木《しゅき》ノ冠ヲ召サレ、左ノ御手ニハ火ノ玉ヲ持チ給エイテ、御足ニワ金ノ沓ヲ履キ給ウ、御名ヲバ、イクバト申ス、ソノイクバ、口ニワ軟草《なんそう》ヲ含マセ給ウテ、東方ヲ枕トシ、西ヲ後トシテ、天ニ向ツテ伏シ給ウ、頭《かしら》ニハ木ノ冠ヲ召シ給ヘバ、ソノ時東方ヲ甲乙《こうおつ》ノ方ト申、左ノ御手ニハ火ノ玉ヲ持チ給ウニヨッテ、南方ヲバ丙丁《へいてい》ノ方ト申、御足ニハ金ノ沓ヲ召シ給ウ、コノ為西方庚申《こうしん》ノ方ト名ツク、右ノ御手ニハ水ノ玉ヲ持チ給ウニヨッテ、北方ヲバ壬癸《じんき》ノ方ト名ツク、左ノ御手ニハ日光菩薩、右ノ御手ニハ月光菩薩トナリ給ウ、コレヲモッテ中央ヲ戊己《ぼうき》ト名ツクル……

(3)……ソノ時未申ノ方ヨリ黄ナル王子一人出テ来タリ給ウ、御名ヲ名ツケテ盤固大王《ばんごだいおう》ト申奉ル、又丑寅ノ方ヨリ青キ女一人出デ来タリ給ウ、御名ヲ名ツケテ千歳福与女《せんざいふくよしよ》ト名ツク、三ノ三ノ見事俳優《わざおき》トシテ、夫妻トナラセ給ウ、コノ国ノ主トナッテ、一切ノ五穀、色々ノ作リ物、松竹ヲ始メトシテサマザマノ木草ニイタルマデ、始メヲキ給ウ、ココニ陰陽ノ道和合シ給ウニヨッテ、四人ノ王子ヲマウケ給ウ、太郎ノ王子ヲバ木神《きのかみ》ト名ツケテ東方甲乙国ヲ譲リ給ウ、次郎ノ王子ニハ火神《ひのかみ》ト名ツケテ南方丙丁国ヲ譲リ給ウ、三郎ノ王子ヲバ金神《かねのかみ》ト名ツケテ西方庚辛《かのえかのと》国ヲ譲リ給ウ、四郎ノ王子ヲバ水神《みずのかみ》ノ名ツケテ北方壬癸《みずのえみずのと》国ヲ譲リ給ウ、カクテ四方ノ国土ヲバ四人ノ王子達ニ譲リヲキ、父盤古大王ワ、コノ国衆生ヲ卜《ぼく》センカ為ニ、仮ニ生死ノ道ニ入リ給ウ、ソノ時后宮懐妊ナラセ給、七月ト申スハ父大王隠レサセ給ウ、ソノ後足ニワ磐石ヲ踏ミ、御手ニワ剣ノ握ッテ生レサセ給、取上拝ミ奉レバ姫宮ニテヲワシマス、御名ヲツケ五郎ノ姫宮ト申奉ル……。

(「大土公神経」東栄町御園、尾林克時文書、一一三〜一一八頁)

『簠簋内伝』の五帝龍王譚とかかわるのは、第三段落のところである。とくに父王の死後に生まれる五郎の王子が「五郎の姫宮」とあるところは、『簠簋内伝』と同じ語り口だ。

しかし注目すべきは、五郎の姫宮の物語のまえに、(2)宇宙天地から降ってくる「イクバ」、(1)世界の建立を担う「十二月ノ将王」という世界創造の神が登場してくるところだ。盤古大王による世界創造から、さらに古い起源へと遡っていく展開とみてよい。大地創造以前の、宇宙起源の神話の希求である。

「イクバ」は素性不明だが、「東方ヲ枕トシ、西ヲ後トシテ、天ニ向ツテ伏シ給ウ……」という語りは、盤古王の死体化成神話のバリエーションであろう。「十二月ノ将王」も不明だが、陰陽道の式盤の十二月将神《げつしようしん》（徴明《ちようめい》・河魁《かかい》・従魁《じゆかい》・伝送《でんそう》・小吉《しようきつ》・勝先《しようせん》・太一《たいいつ》・天罡《てんこう》・大衝《たいしよう》・功曹《こうそう》・大吉《だいきつ》・神后《しんこう》）とも繋がりがあるかもしれない。冒頭からの「鳥ノ飼子ノ如し、コレ二ツニ分カッテ、澄メル形ワ天トナル、濁ル形ハ地トナル」という叙述は、あきらかに『日本書紀』の天地開闢神話をベースとした改変、すなわち「中世日本紀」のバリエーションと読むことができよう。

そこで注目されるのは、十二月ノ将王を「世界ヲ建立」する神と語るところだ。共通する表現は、中世神道書などのなかに多く見られる。たとえば北畠親房『神皇正統記』には以下のようにある。

震旦ハコトニ書契《しよけい》ヲコトトスル国ナレドモ、世界建立《こんりふ》ヲ云ル事タシカナラズ。儒書ニハ伏犠《ふくき》氏ト云王ヨリアナタヲバ云ズ。但《ただし》異書ノ説ニ、渾沌未分ノカタチ、天・地・人ノ初ヲ云ルハ、神代ノ起《おこり》ニ相似タリ。或ハ又盤古ト云王アリ。……我朝ノ初ハ天神《あまつかみ》ノ種《しゆ》ヲウケテ世界ヲ建立スルスガタハ、天竺ノ説ニ似タル方モアルニヤ。

（『神皇正統記』神代、日本古典文学大系、四八頁）

中国は多くの文献を残す国であるが、「世界建立」のことは明確に語られていない。また「盤古ト云王」の神話があるが、天竺のようにたしかなものではない。それにたいして日本の「世界ヲ建立」する「天神」の姿は、天竺の説と似ているものもあるようだ……。

これは三国世界観のなかで、「日本」が震旦（中国）を超えて、「天竺」という普遍的な世界と共有する神話をもつという、中世特有な言説となっている。もちろん『記』『紀』には、世界を建立する創造神、唯一神はないが、中世の神道言説のなかでは、『日本書紀』の「天神」を「世界建立」＝宇宙創造神の唯一神へと読み替え、

作り替えていったのである。(17)

ここからは、奥三河の「大土公神経」の祭文が、『簠簋内伝』の「盤牛王」に発する大地起源、暦起源の神話から、さらにそれを超えた宇宙創成の中世神話の世界へと展開していることが読みとれよう。中国神話の「盤古王」による大地起源を超えて、五行や十干、十二支、暦の起源を「世界ノ建立」と表現していく、あらたな神話世界が「大土公神経」の祭文に見られるのである。

（2）神楽と祈禱のなかで

あらためて、この祭文は「ソモソモ大土公神ノ御本地ヲ（委ヨ舁）尋ネ奉」というように、「大土公神」の由来を語る語り出しになっている。では物語に登場する、どの神が「大土公神」を指すのだろうか。祭文の語りからは、それははっきりとしない。漠然と、ここに登場する宇宙創造、大地創造、暦創造の神々の総称が「大土公神」となっていると読むべきだろう。

宇宙・天地・暦の根源的な創造者を語る、この雄大な祭文は、大神楽の「白山入り」の「白山」造作のときに読誦されていた。「白山入り」＝浄土入りという擬死再生の儀礼のなかで、宇宙・天地・暦の創造神話が読まれるとき、まさに「白山」が、宇宙的始原の世界そのものへと読み替えられるのである。白山入り＝浄土入りをする「神子《かんご》」たちが、起源の世に立ち戻って、再生してくるという神話の働きをもつことが読みとれよう。

しかし、その一方で、祭文の結末部には、以下の記述がある。

> ソモソモ末世ノ衆生ワ迷《まよい》多ク悟少ナシ、故《かるがゆえ》ニ、大土公神の祟ヲナシ給ウトモ、門前博士《もんぜんはかせ》ノ子孫ニヲイテ、コレヲ許シ給ウヘシト宣エバ、王子達ワ各々悦ビ給エテ、門前博士ノ教ニ従イ、我等兄弟和合シテ仔細無キ上ワ、タトエ堂塔ヲ造リ、井ヲ堀リ、産屋《うぶや》ヲ造リ産血《うぶち》ヲ流シ、門ヲ建ツル、田畑《でんばた》ヲ作リ、シツケ（嶋）山ヲ崩シ、

河ヲ塞ギ、色々ノ田地当リ候トモ、土公神ノ懈怠トイウトモ、門前ノ子孫ニヲイテワ、末世ノ祟ナサジト誓宣エバ、門前ワ、千歳千歳ナリト悦ビ給ウ……。（「大土公神経」御園、尾林克時文書、一二五～一二六頁）

文末の「タトエ堂塔ヲ造リ、井ヲ堀リ……」以下の記述は、「土公」の犯土による「祟り」の許しを請う祈禱的な文句となっている。この祭文が、土公神の祟りで災厄、病気になったときに用いられたことを想像させるところだ。また仲介者となる「門前（文選）博士ノ子孫ニヲイテ、コレヲ許シ給ウ」とあるところも注目される。先に見た『注好選』の「文選は諍を止めき第八十六」と通ずる記述だ。「門前博士」は、ここでは、奥三河の地域の神楽、祈禱を担う宗教者＝禰宜・太夫と重ねられる。そうした宗教者たちの子孫への守護が、この結末部分によって保障される神話となっているのである。

ここからは、神楽と祈禱という区別をしつつ、それを包摂するような、中世固有な祭文の世界が浮かび上がってこよう。ちなみに、「大土公神経」には「土公神法大事護身法」といった祈禱・呪法のテキストも付随している。神楽の祭文から、祈禱・呪法のテキストが分立してくる姿が見てとれよう。それをさらにダイレクトに見せてくれるのが、次節にみる「いざなぎ流」の世界である。

なお「大土公神経」を伝える尾林家は、吉野桜本坊に所属する修験の先達であり、また「花太夫」を務めつつ「祝《はふり》」として氏神の祭事に携わった家である(18)。ここからは陰陽道書とされる『簠簋内伝』、またはその注釈書の『簠簋抄』などのテキストが、「修験山伏」と呼ばれる宗教者たちにも広まっていたことの一端を見ることができよう。近世の宗教者統制とは異なる、地域社会の実態といってもよい(19)。

三　いざなぎ流「大どッくの祭文《さいもん》」――祭文と法文――

高知県旧物部村（現在は香美市物部町）の民間信仰「いざなぎ流」は、膨大な数と種類の祭文を伝えることで注目されてきた。とりわけ、祭文の多くは「いざなぎ流の太夫」と呼ばれる民間宗教者たちによって執行される宅神祭《たくじんさい》、神楽、山鎮め、病人祈禱などの場で読誦され、実践的な効用が機能していることも重要だ。祭文が神楽や祈禱の場で読まれる、生きた姿を伝えてくれるからである[20]。

（1）「世界」の崩壊と再生を語る祭文

さて、いざなぎ流における「大土公神祭文」としては、「文明十二年（一四八〇）庚子夷即十三日書之良弥房之」の奥書がある岡内《おかのうち》村神主吉太夫所蔵土公祭文の名前が伝わっているが（『土佐国古文叢』四七七）、残念ながら現物は未発見のようである[21]。また現存している「大土公神祭文」は複数紹介されているが[22]、ここでは物部川上流域を中心に活動していた中尾計佐清太夫が使用していた「大どっくの察文《祭文》」を見てみよう。その冒頭は以下のように始まる。

> 天神七代　土《地》神五代　神の御世が十二代　仏の御世が三十六代　上京が七年　み六千世の其御時に　三年三月九十二日の火でりい《ガ》きまいらして　あらせに木の葉の　しづみぬる　いうづにわまなごがうき　猫のつらが三尺二寸になり　牛のつらが四寸二歩になり　からすのあたまが　白うなり　地天の間が四寸二歩になりまいらして　日大の　月日の将軍様も　東々方　天の岩戸へこもらせ給ふて　日本の御世もみとろどろかいになりまいらしてござれば　天地《天竺》久父番《盤古》五大王様が申されようにわ……。

語りの口調そのまま書かれ、当て字も多い覚書なので、読みにくいところも多いが、冒頭の「天神七代　土《地》神五代」という語りだしは、『記』『紀』神話とは異なる、中世の神道書、中世神話独特な定型句である。いざなぎ流の祭文もまた、中世神話の世界のなかで作られていたことが確認できるところだ[23]。

そうした起源の世で三年三月九二日の日照りが続いたために、天と地との間も四寸二分になって、国土が海に沈んでいくという「日本の御世」の終末状況が語られていく。この場面は、半田文次太夫所持本では「大日本でわ三年三月九十二日の日照りがいきまいらして　青木に古木がかれゆき　五穀の種がきれゆき　石が灰になり土が芥になりぬる世に……」(24)と語られている。

　そうした世界の崩壊のなかで、救済者として登場するのが「天地《（天竺）》九父番五《（盤古）》大王」である。以下の物語を要約すると――、盤古大王は、光が必要と考えて天の岩戸を尋ねて、鍛冶屋が作った錐《きり》で岩屋に穴をあけて、光がもれることを確かめた。戸開きの明神に岩戸を蹴らせると、なかの月日の将軍は立腹する。そこで子どもや人形も含めて一二人の神楽の役者を揃えて、三十三度の礼拝《らいはい》神楽を行うと、月日の将軍も喜んで岩屋から出てきた。

　これは明らかに古代神話のアマテラスの岩屋ごもり譚を変換させたもの。中世神話のアマテラスの変貌のひとつの姿が、この祭文に見てとれるのである。また岩屋のまえで「十ヤ二人のかぐら《（神楽）》のやくしや《（役者）》もすへやならべてごされば」と神楽の起源とも結びつく。半田文次本には「三十三どの　らいはいかぐらをさしあげ申す」のフレーズもある。この三十三度の礼拝神楽のスタイルは、太夫たちが長い神楽幣をもって、立って舞い、座って礼拝するというかなりハードなもので、現行でも、いざなぎ流の大祭とされる「日月祭」において行われている。祭文のなかの物語が、いま大夫たちによって執行されている神楽・儀礼の由来となっている構造である（図3）。

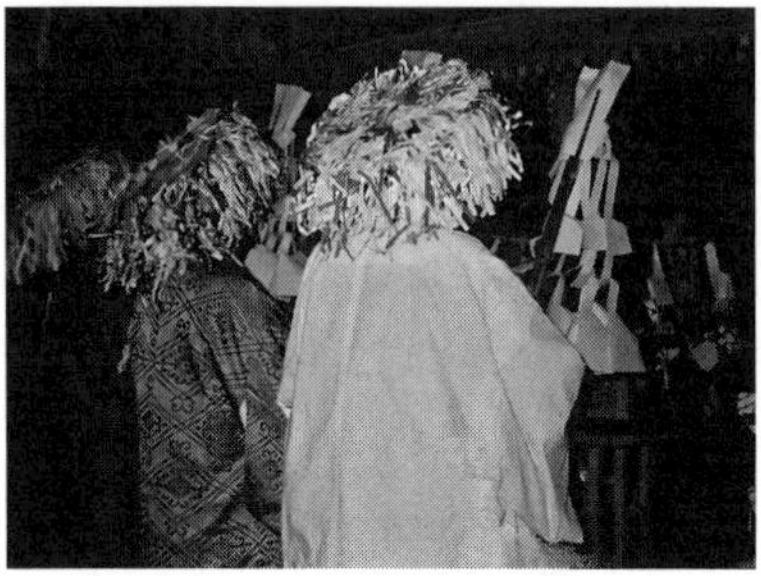
図3　三十三度の礼拝神楽

　このあと、盤古大王は「四節」（四つの季節）が必要として、以下のような展開になる。

　　四節（土用）と云ふ事なければ　ごこく《（五穀）》のたねやをろしをするとも　うれる《（飢）》
　とと云ふぎがござらん　四季（土用）と云ふ事はじめようものよと申して

四人の王子に二人をとめを御めしつれて　是天地久《天竺》へあまやのぼらせ給ふて　春や三月は春の土用を初めて太郎の王子にもたせ　夏や三月に夏の土用を初めて次郎の王子にもたせ……。（「大どっくの察文《祭文》」）

という具合に、盤古大王の四人の王子たちに四季を配当していく。そして盤古大王が亡くなったあとに「五人五郎の王子」が生まれ、「われに何じのしょぶわけ（所務分け）あるかよのう」と所務分けを要求するが、「五人五郎の王子は大あら者」であるために「かんせい《喊声》いくさ」が始まる……という五人五郎王子譚の展開になっていく。そして「こうや上人、おぢやじよもん」（『注好選』『簠簋内伝』の「文選博士」にあたる）の登場によって争いは調停されるという、五人五郎譚の定型を踏んでいくのである。

以上、いざなぎ流の「大どッくの察文《祭文》」では、世界の創造神たる盤古大王が、世界の崩壊のあとに登場し、世界を再建・再生させていく物語となっているのが特徴的である。これは世界の起源を遡っていくと、じつは世界は一度崩壊に瀕していたという、神話の語り口が見てとれよう。まさに日照り、洪水によって世界は崩壊し、そこから世界の再生を語るという洪水神話のパターンを踏んでいることが注目されよう[25]。いざなぎ流の「大土公神祭文」は、盤古王神話が語る大地の創造から遡ったとき、じつは一度世界は崩壊に瀕した時があったという、さらなる始原へと遡っていく語りとなっているのである。「四季土用」の起源は、この崩壊を経たあとの、再生した世界のなかで語られていく。「暦神」の神話の変奏が見てとれるのである。

奥三河の「大土公神経」は、盤古王神話から宇宙の起源を語る、「世界の建立」を担う神格＝十二月将王を登場させた。一方、いざなぎ流の「大どっくの察文《祭文》」は、一度、世界は崩壊に瀕したあとに、あらたな「世界」が再生したと語っていく。「四季土用」は、再生した世界において作りだされた「暦」というわけだ。中世以降の地方社会に伝わる「大土公神祭文」は、予想以上に、中世神道、中世神話と共振しつつ、形成されていったことが見えてこよう。

（2）「天《てん》の神の祭り」と式王子の法文

では、いざなぎ流の「大土公神祭文」は、どのように神楽、祈禱の場で読まれるのだろうか。いざなぎ流の「大土公神祭文」は、「いざなぎ流七通りの祭文」のひとつになっていて、「取り分け」の場でも読まれている。「取り分け」（読みわけ、祓い分けとも）とは、宅神祭などの祭祀（神楽）に先立って、家や村の「穢らい不浄」（すそ）のものを除去するために行われた儀礼である。[26]土公への犯土が、神への隔てとなり、お叱りを受けていた場合の許しを請うという意義で、「取り分け」のなかでも読まれるのだろう（図4）。

だが、さらに興味深いのは、「大土公神祭文」は、いざなぎ流における最大の祭祀である「天の神の祭り」の中心的な祭文として読まれるところだ。天の神とは、物部村（旧槇山村）における中世物領制に由来する「土居《どい》筋《すじ》」（屋敷をもつ特定の旧家）によって祭られた最高神で、神聖な竈が神格化されている[27]（図5）。

竈神と土公神との習合は広く民俗信仰に見られるものだが、陰陽道の根本である暦＝宇宙的時間の起源を語る「大土公神祭文」が、村落の最高神＝天の神の祭祀で読誦されるのは、まさしくいざなぎ流固有の儀礼的思考といえよう。いざなぎ流の「大土公神祭文」が、世界の崩壊から再生をテーマとした神話世界を語っていくのは、「名」の組織、共同社会の維持、権力の支配ともかかわろう。「天の神の祭り」の場で、大土公神は、最高神、支配神たる地位を獲得することになるわけだ（図6）。ただし「大土公神祭文」が天の神祭祀で使用されるようになったのは、後のことと見る説もある。また地域的には中尾計佐清太夫が活動していた物部川上流域に固有に伝わった作法とみることもできる。

その一方、注目されるのは、いざなぎ流の「大土公神祭文」は、そこに語られる五人五郎の王子の物語から、「五体の王子」「大五んの乱れ敷」「五人五郎の王子のうら敷」「五行秘密大古之王子行」「五行秘密荒識王子」といった名称で呼ばれる、あらたな詞章、祈禱テキストが編み出されていくところにある。それらは祭文にたいして「法文」と区別される詞章で、病人祈禱や調伏儀礼などで用いられたものだ。「大土公神祭文」に語られる神々の起源神話をベースに、そこに語られた神を太夫たちが使役する「式王子」（陰陽師の式神の一種）へと転用させていく呪術法文と言ってよい。それは太夫が祭文を独占的に管理していることとリンクしよう。こうした呪法は、鍛治神の起源を語る「天神の祭文」から「天神血花くづし」「天神九代の行のうら敷」「天神のうら敷上天川」といった法文が派生していくように、いざなぎ流の特徴となっているものだ[28]。太夫による「神霊強制」の実践的な展開といってもよい（この点は、「総論・祭文編」三三一頁を、参照）。

大土公神の法文のひとつ、中尾計佐清太夫所持「大五の大じ《(王子)》　五人五郎の大じ《(王子)》」（『御神仕木《(式)》書物』未翻刻）の一節を紹介しよう。

みつの石どに、ちばな《(血花)》さ《(咲)》いて、うちいしみぢん《(微塵)》になれと何年玉の氏子をまとやにかけて行いもんたるしき《(式)》なれば、あらんの大じ《(事)》と行い上て社らんの大じ《(事)》と行いおろいて、あらんの大じ《(事)》と行いあぐれば、三神やづま

図4　取り分けの場面

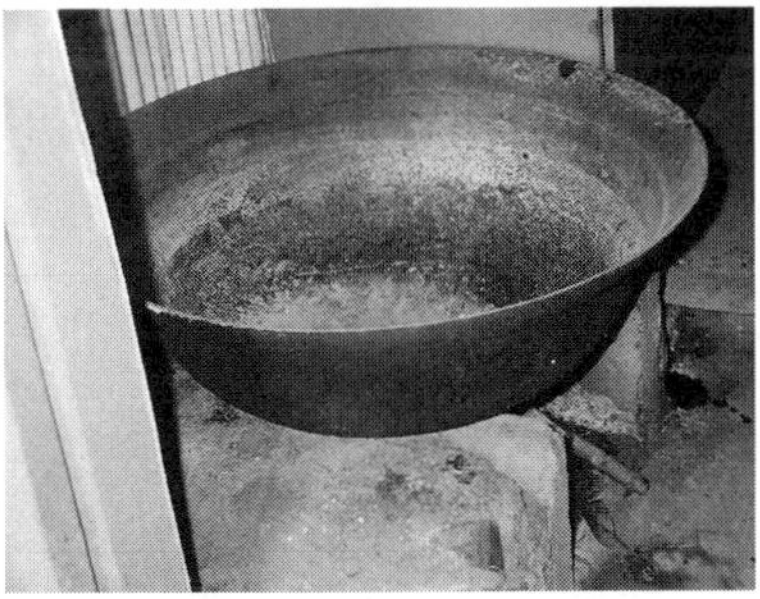

図5　「天の神」の竈

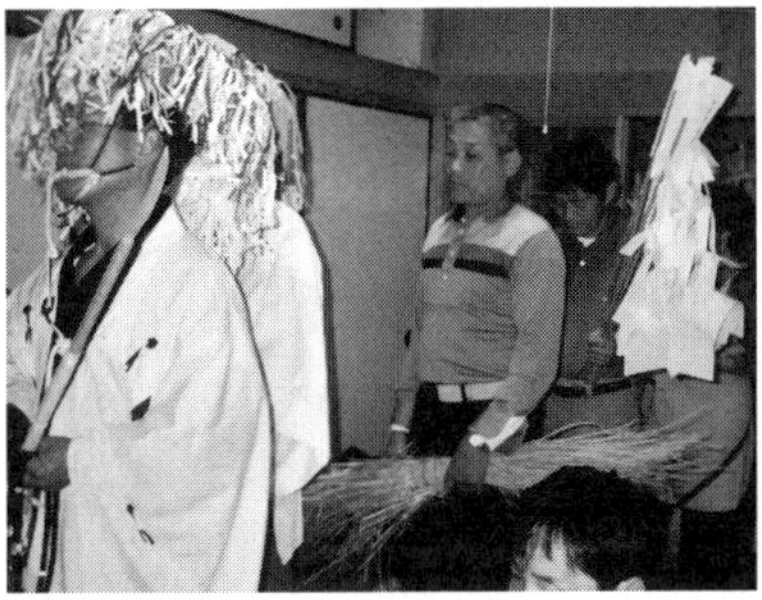

図6　天の神祭祀

の何年玉の氏子を今とりしめた、あくまわしりぞく《（退）》病者は時をはんじ《（半時）》にへい《（平癒）》用ならせ給へ
（「大五の大じ　五人五郎の大じ」中尾計佐清太夫所持）

後半に「悪魔は退く病者は時を半時に平癒ならせ給へ」とあるように、これが病気治療の祈禱で用いられたことは明らかだ。その背景には、大五の王子＝大土公神が、世界創造神話の「大土公神祭文」に由来する神霊の力であることとかかわる。病気を治す力は、病人を、世界の起源の場に連れ戻し、その清浄なる起源のとおりに回復させるという発想である。

ミルチャ・エリアーデは、ナヴァホ・インディアンのシャーマンをはじめ、多くのシャーマンたちの病気治療の儀礼の場で、宇宙創造、世界創造の「起源神話」が朗誦されることに注目する。なぜ病気を治すときに宇宙や世界の起源を語る神話が必要なのか。シャーマンが朗誦する起源神話を聞く病人は、「原初の時の充実に投入し、世界の始めにつれ戻されることによって、宇宙創造を目のあたりにする」。そして病気の出現、その治癒に必要な医薬をもたらした原初のシャーマンの顕現を知り、自身の病気も「起源神話」のとおりに治癒されていく、というのである。[29]

いざなぎ流の「大土公神祭文」と、そこから派生する、病人祈禱の法文「大五の大じ　五人五郎の大じ」との関係は、エリアーデの神話論から理解することができよう。しかし、それだけには留まらない。

「大五の大じ　五人五郎の大じ」の前半部分を見ると、「血花が咲いて、うちいし微塵になれと何年玉の氏子をまとやにかけて行いもんたる式なれば」といったように、明らかに「五人五郎の王子」を呪詛調伏のための式王子として使役する一文が付いている。そのように調伏の力を発揮する式王子であるからこそ、「悪魔」を退散させる病人祈禱で絶大な力が発揮されるというのが、太夫たちの実践的発想である。

起源神話の力が病を治すとすれば、大土公神の力が呪詛・調伏にかかわるのは、なぜか。それは祭文のなかで

語られていたように、世界の起源は世界の崩壊と裏表の関係にあったこととかかわるだろう。世界を崩壊させる力もまた、大土公神のなかに潜んでいたのである。太夫たちは、祈禱の実践の現場で、そうした神霊の力をコトバによって導き出してくるのだ。それを可能とするのは、土公神の中世神話の世界であった。

おわりに

いざなぎ流の伝えた「大土公神祭文」の古いテキストが、「岡内村神主吉太夫所蔵」とあったように、この地域の「神主」職の太夫が所蔵していたことがわかる。近年の小松和彦の研究によれば[30]、「いざなぎ流太夫」の先祖として推定される宗教者のひとつの系譜は、槇山の有力名主（在地小豪族）の支配シンボルである槇山惣鎮守社の祭祀を司った「惣の市」や「勾当《こうとう》」という神職名をもつ神主・社人であった。さらに、もうひとつの系譜が、その周辺で活動した僧侶、祈禱師たちであった。そして近世の幕藩制社会では神社祭祀を担った中世以来の神主たちは、それを「株」化し、村役人に承認されるかたちで維持され、また吉田家の許状を得ることで生きのびた。一方、病人祈禱系の宗教者は土佐藩から公認された博士支配下の「博士」としての職分を獲得したことが明らかにされた。さらに近世末期には、京都の土御門家から「陰陽師」の許状を得るものも発見されている[31]。

　このように近世の土佐藩の宗教者たちは、大きく神主系と博士・陰陽師系との社会的・法的に区別された存在であった。先に見た中尾計佐清太夫が「大どッくの察文《（祭文）》」を活用すると同時に「大五の大じ　五人五郎の大じ」などの祈禱の法文を用いたことは、近代以降に、「いざなぎ流」という総合化された宗教世界が創造されたことと対応するとも見られなくもない。

　けれども、小松が紹介した旧神主家である坂本家の文書群のなかには、「大山鎮法」といった鎮め系の作法・呪文の類い、また「祈禱身がこいの法」「天神たがねのくじ」「火ををこす法」「しきをもどす法」「荒神くじ」

「しきをうつ方、あげる方」「しきをうつ方、もどす方」「十りせきあげの法」なども記されていた。それはまさしく「いざなぎ流」の法文・式法・まじないの類いにあたる。これらは博士・陰陽師系の宗教者が使用するものだが、それを惣鎮守公士方《くじかた》大明神社に奉仕する神主家が伝えていたわけだ。ここからは、「神社神主たちも代々「式法」を含めた祈禱・まじないの知識を大切にしていたことがわかる。さらにこの事実を敷衍させていえば、この地域の神社神主たちは、祭礼に奉仕するだけではなく、そのかたわらでは式法を用いて祈禱もする祈禱師であったということになるだろう(32)」という、幕藩社会の宗教者統制とは異なる、宗教者の実践現場が浮かび上がってくるのである。

古代の宮中臨時祭祀に発する「土公」は、民間系陰陽道書の『簠簋内伝』を経由しつつ、中世神楽の祭文のなかで「土公神」という暦神へと変貌を遂げていった。それを導いたものこそ、神楽が呪術でもあった「中世神楽」の現場にほかならない。そこに分け入っていくためには、硬直した近代的な学問の枠組みを超える方法が要請される。中世神楽の暦神たちは、それをわれわれに問うているのである。

〔付記〕本稿の骨子は、イスラエル日本学会（IAJS・二〇一六年五月二九日～三一日）での口頭発表「暦神たちの中世神楽」（五月三〇日、於ヘブライ大学）にもとづく。発表の機会を与えてくださったテルアビブ大学のIrit Auerbuch氏に感謝いたします。

（1）「暦神」についての先行研究として、小池淳一「暦神考」（上川通夫編『国境の歴史文化』清文堂、二〇一二年）がある。

（2）以上、古代・中世の「鎮土公祭」については、山下克明『平安時代の宗教文化と陰陽道』（岩田書院、一九九六年）、

同『平安時代陰陽道史研究』（思文閣出版、二〇一五年）、赤澤晴彦『鎌倉期官人陰陽師の研究』（吉川弘文館、二〇一〇年）を参照。

（3）『文肝抄』には以下のようにある。「大土公　牛一頭　然者造作移徙病事産事　時祭之　魚味　撫物　无／神座五座・小土公　〔一名〕謝土公　魚味　撫物　无／神座五座／犯土造作病事産事時祭之」。
土公の方角・在所を犯す（犯土）、新築の造作・移徙、病気・出産の場合に「土公」を祭ること、供物は魚味を用いて、撫物は使用しないこと、神座は五座用意されることが記されている。土公を祭る神座が「五座」とあるところは興味深い。それは土公が五方・五行の神として認識されることで、後の「大土公神祭文」の五人五郎王子譚への繋がりを暗示してくれるからだ。また「大土公」で「牛一頭」が用意されるのは、新宅移徙の儀礼で「黄牛」を牽くことで「土公を厭ずる」＝鎮める儀礼に対応するものと思われる（繁田信一『陰陽師と貴族社会』吉川弘文館、二〇〇四年）。その解釈は賀茂家陰陽師の家祖となる賀茂保憲の説にもとづく（『左経記』長元五年〔一〇三二〕四月四日条）。「黄牛」が指定されるのは、土公が五行説において中央の「黄」に配当されることと関わっていよう。土公がまさしく陰陽道神として祭られたことがこれらの事例から確認できるのである。なお、この点については、斎藤英喜「祭文・祝詞——「土公神祭文」をめぐって——」（上杉和彦編『経世の信仰・呪術』竹林舎、二〇一二年）で論じた。

（4）武井正弘編『奥三河花祭り祭文集』（岩田書院、二〇一〇年）二一一〜二一七頁に翻刻。以下、引用は同書による。

（5）オリジナルテキストは未翻刻。現在、計佐清太夫の「資料」は、国際日本文化研究センターにおいてデジタルアーカイブ化されている。以下、引用は斎藤所持の『御神察《（祭）》文集書物』のコピーによる。

（6）林淳「簠簋内伝」（日本仏教研究会編『日本仏教の文献ガイド』法藏館、二〇〇一年）。

（7）斎藤英喜『増補・陰陽道の神々』（思文閣出版、二〇一二年）。

（8）原文は、中村璋八『日本陰陽道書の研究』（汲古書院、一九八五年）を参照。引用も本書による。

（9）岡田芳郎『旧暦読本』（創元社、二〇〇六年）二六三〜二六四頁、参照。

（10）新日本古典文学大系・脚注、二七三頁。引用も本書による。

（11）前掲註(2)山下『平安時代の宗教文化と陰陽道』第二部第一章「暦・天文をめぐる諸相」二一〇頁。

（12）山本ひろ子「神楽の儀礼宇宙」（『思想』岩波書店、一九九五年一二月号〜一九九七年一〇月号）。

(13)　早川孝太郎『花祭』後編（早川孝太郎全集Ⅱ、未来社、一九七二年）六三・八二頁。
(14)　岩田勝編『中国地方神楽祭文集』（三弥井書店、一九九〇年）二〇一頁。
(15)　早川、前掲註(13)。
(16)　武井、前掲註(4)。
(17)　小川豊生『中世日本の神話・文字・身体』（森話社、二〇一四年、第Ⅲ部第二章「三界を建立する神」）。
(18)　武井、前掲註(4)、一一一頁。
(19)　久野俊彦・小池淳一編『簠簋伝・陰陽雑書抜書』（岩田書院、二〇一〇年）二九五頁、参照。
(20)　いざなぎ流祭文の包括的な問題については、斎藤英喜『いざなぎ流　祭文と儀礼』（法藏館、二〇〇二年）で論じた。
(21)　吉村淑甫監修／斎藤英喜・梅野光興編『いざなぎ流祭文帳』（高知県立歴史民俗資料館、一九九七年）梅野解題・一五頁上段。
(22)　小松和彦「大土公の祭文」（「いざなぎ流祭文研究覚帖」『春秋』一九九〇年三月号～一二月号）を参照。
(23)　山本ひろ子「神話と歴史の間で」（『歴史を問う』一、岩波書店、二〇〇二年）。
(24)　吉村淑甫監修、前掲註(21)に翻刻、一六頁。
(25)　小松和彦「〈神語り〉伝承させるもの」（斎藤英喜編『日本神話　構造と生成』（有精堂出版、一九九五年）に再録）。
(26)　斎藤、前掲註(20)、第四章「「呪咀の祭文」と取り分け儀礼」参照。
(27)　梅野、前掲註(21)。
(28)　斎藤、前掲註(20)、第五章「表のなかに裏あり」。
(29)　ミルチャ・エリアーデ『神話と現実』（著作集七、せりか書房、一九七三年）。
(30)　小松和彦『いざなぎ流の研究　歴史のなかのいざなぎ流太夫』（角川学芸出版、二〇一一年）。
(31)　小松、前掲註(30)、三七〇～三七三頁。なお、同書の研究史的な意義については、斎藤英喜「書評・小松和彦著『いざなぎ流の研究――歴史のなかのいざなぎ流太夫』」（『京都民俗』第三〇・三一号、二〇一三年）を参照。また近世陰陽道組織に関する研究は、木場明志「近世日本の陰陽道」「近世土御門家の陰陽師支配と配下陰陽師」（木場明志編『陰陽道叢書三　近世』名著出版、一九九二年）、高埜利彦「近世陰陽道の編成と組織」（『近世日本の国家権力と宗教』東

京大学出版会、一九八九年）、林淳『近世陰陽道の研究』（吉川弘文館、二〇〇五年）、梅田千尋『近世陰陽道組織の研究』（吉川弘文館、二〇〇九年）などを参照。

(32)　小松、前掲註(30)、三一四頁。

第4章　牽かれゆく神霊
――東アジアの比較民俗からみる死者の浄化――

北條　勝貴

はじめに――死者の浄化――

地球温暖化の影響か、近年の異常気象、気候の極端化とそれに伴う種々の災害によって、毎年世界各地で多くの死者が出ている。日本では、南方で台風が発生し列島へ近づく時期になると、新聞やテレビで死傷者の人数、氏名の列挙をよくみかけるようになる。数として計量された死の大きさ、可視化された被害の規模に、我々は驚き、その苛酷さを思う。しかしいうまでもないことだが、例えば列島では、東日本大震災などのような激甚災害が起きなくとも、一日で約三五〇〇人、一年で約一三〇万人の人間が死亡しているのである(1)。社会は、成員がその事実を明確に意識できないよう隠蔽し、我々も半ば以上自発的に、その事実を自分の心のなかから除外している。しかし死は、死者は、常に我々の近くにあり、日常のなかに溢れているのである。それに気づいたとき我々の発する問いは、古代から現代に至るまで、変わらずに投げかけられてきたものかもしれない。日々姿を消してゆく家族、友人や知人は、どこへ行ったのか。あるいは彼らは、どこか別の場所で、生前と同じように暮らしているのではないか。

康保元年（九六四）秋、藤原道綱母は、亡母の葬儀を済ませて山寺に籠もっている間に、死者の姿を遠望できるという「みみらくの島」の噂を聞く（『蜻蛉日記』上巻）。同島については、『肥前国風土記』松浦郡値嘉郷《ちかのごう》条に記載のある、遣唐使が最後に発する列島の境界「美弥良久之埼」（長崎県五島市三井楽町に比定）に結びつける見解と、より広汎な他界観のなかに位置づけようとする見方がある。[2] 柳田国男のように、ミミラクを環東シナ海的な海上他界観と結びつけるとすれば、その語源は、沖縄などで来訪神と化している弥勒＝ミロクだろうか。五十六億七千万年後、末法の世界に降臨し再び仏教的救済をなすという弥勒菩薩は、それまでを弥勒の兜率天《とそつてん》で過ごすという上生《じょうしょう》信仰、メシアの出現に期待し経典などを埋納するという下生《げしょう》信仰を通じ、現身往生や死者の信仰と結びついてゆく。水谷類氏は、兜率天内院の四十九院になぞらえた石祠＝ラントウを前に、巫女による口寄せを介し死者／生者が向き合う儀礼を復原している。[3] かつては列島各地に、何らかの技法を通じて、死者の再帰を実現する場所があったのだろう。しかしそうして現れた死者は、フロイトの〈アンビバレンツ〉論を引くまでもなく、必ずしも生者によって歓迎される存在ではなかった。[4]

そもそも隋・蕭吉撰『五行大義』巻二　論扶抑第九所引「尸子」には、「鬼帰也、古者謂㆓死人㆒、為㆓帰人㆒」とあり、[5] 東アジアにおいて、死者は〈帰ってくるもの〉との発想が強固にあった。彼らは祖霊として家や子孫の守護をなすが、適切に祭祀されていなければ、逆に災禍を振りまく怖ろしい存在となってしまう。例えば、中国の宗廟祭祀は不孝の典型としての殤《しょう》（非業の死者）を排除するが、祭祀を受けられない彼らは厲鬼《れいき》にならざるをえず、これを撃退する対抗儀礼が戦国期から発展することになった。[6] あるいは、非業の死者の無念さは、生者が確実に鎮められるものではないと考えられたのかもしれない。列島文化においても、死者の迷妄を抑制する呪術は、石器時代の施朱《せしゅ》から神祇信仰的な修祓《しゅばつ》、仏教や陰陽道の各種祭儀に至るまで、多様に存在する。近年では、〈生存〉自体の危ぶまれる中世に展開した神楽を、死霊の鎮魂を目的とした祭儀と位置づける見解も確認できる。[7]

その背景をなす中世神話には、多くの中国的要素が認められるが、東アジア・レベルでの比較研究は必ずしも進捗してはいない。本稿では、極めて限定的な視野からではあるが、神霊や死霊を浄化・昇華する手段として広くみられる〈牽引〉に注目し、本論文集の中心的対象である中世の神楽・祭文と、中国の宗教民俗、とくに西南少数民族の持つ喪葬歌「指路経」との、少々の比較・考察を試みたい。

一　浄化手段としての牽引――成巫譚から浄土神楽へ――

非業の死者との邂逅と軋轢の物語のうち、列島文化の最古層に属するのは、やはり『古事記』上巻／神代の黄泉国神話であろう。火の神カグツチを生んだ火傷がもとで死んだイザナミを、忘れることができずに黄泉国へ足を踏み入れるイザナキ。〈見るなの禁〉を破り、イザナミの腐爛した身体を目の当たりにしたイザナキは、追ってくる黄泉津醜女《よもつしこめ》やイザナミ自身から逃れ、千引石を挟んでお互いに永遠の別れを告げる。一見、生者／死者の隔絶を証すだけの内容にみえるが、最後まで「愛我那邇妹命」「愛我那勢命」と呼び合う二人は、逃亡／追跡という関わり方ながら、黄泉国から地上へ戻る関門をともに越えてきている。[8] そうして、イザナミは「故、号二其伊耶那美神命一、謂二黄泉津大神一」と呼ばれるに至り、イザナキはアマテラス・ツクヨミ・スサノヲを生むことになる。〈二人の道行き〉の根底には、分節された物語の指し示す以上の意味が、隠されているのではなかろうか。

まず想起されるのは、神話の起源のひとつと想定される〈成巫譚〉の形式である。現代を生きるシャーマンからの聞き取りを得て確認されたこの様式は、いわば彼／彼女らのライフ・ヒストリーであり、(a)巫病など困難の発生→(b)克服の失敗（死の経験）→(c)シャーマンへの師事→(d)修行による困難の克服→(e)シャーマンとしての再生、といった構成を取る。『古事記』上巻／神代の出雲神話において、兄の八十神たちから迫害を受け、死／再生を繰り返すオホナムチが、黄泉国へ至ってスサノヲに謁見し、スセリビメの助けを得てスサノヲの課題を克服、彼の力の象徴である生太刀《いく》・生弓矢・天沼琴《あめのぬこと》を奪い、オホクニヌシとして地上に復帰する形式などは、まさにこの典型といえよう。(9) 物語としては複雑化しているが、オホクニヌシが困難に直面する際には、素兎《しろうさぎ》（兎神）、ヤガミヒメ、母神、スサノヲ、スセリビメなどが、必ず手を差し伸べている。何者かに導かれた課題の克服（多くは死／再生の経験）こそが、神霊の清浄化と霊格の上昇をもたらすのだろう。『古事記』黄泉国神話においても、イザナミはイザナキ（の裏切り）を導き手として別次元の神霊に成長し、あるいは、イザナキこそがイザナミ（の追撃）に導かれて三貴神の父神になったとも解釈できる。

成巫譚の核ともいうべき、このような〈導き手による牽引〉モチーフは、いくつかの祭儀や物語にも通時代的に確認できる。以前、列島文化における〈送り〉祭儀の基層と多様性を理解するために、アイヌの飼熊送り（イヨマンテ）と諏訪の御柱祭を比較してみたことがあるが、両者においても牽引の共通性は際立った。(10) 近年は、北方交易に関する研究の進展を背景に、アイヌ文化を大陸や列島のそれに開いたものとみて、その祭儀次第に仏教や陰陽道の影響を認める見解もあり、新たな比較の可能性が提示されている。(11) イヨマンテにはアイヌ文化における送りの思想が凝縮されているが（典型という意味ではない）、送りの対象となる仔熊にヘペレァイ（花矢）を射かける段に、祭りとしての熱狂の最高潮がある。檻から出された仔熊は縄をつけた状態で広場を歩かされ、タクサイナウ（木幣）で進むべき方向を強制される苛立ちのなか、周囲を取り囲む村人たちの旅立ちを祝う歌と踊り、囃し立てを受けて次第に興奮してゆく。この局面はヘペレシノッ（熊を遊ばせる）と呼ばれ、古老たちの打ち込むヘペレァイに憤る仔熊を、人々は「お土産に喜んでいる」と喝采するのである。こののち、イヌンパニ（丸太）に挟まれて絶命した仔熊は、解体されたうえ、イナウルで飾られて精霊としての本体を現し、ヌサ（神壇）へ祀られて父母の待つ世界へと帰ってゆくことになる。(12) 人間の視点におけるヘペレシノッは仔熊にとっては試練であり、それゆえにこれを通過することで精霊へと復帰する。アイヌのヘペレシノッ認識にも重層性があり、その実態を供犠とみて、負債感と憐愍をもって関わっていることも指摘されている(13)。

また、一方の御柱祭においても、伐採した樹木を山から出して社まで引いてゆく山出し・里曳き・柱建てに、近世祭礼的神幸祭のハイライトが置かれていることは衆知であろう。縄を懸けられ牽引される樹木は、群衆の熱狂のなかで山谷を越え、町を巡り、冠落しと山神返しを経て神聖な〈御柱〉となる。そもそも、祟りなす強力な樹木が牽引を経て浄化され、神仏の類へと変貌してゆく過程は、源為憲撰『三宝絵』巻下　長谷菩薩戒（天平五年「観音ノ縁起幷ニ雑記等」）の長谷観音縁起譚にも描かれている。大水とともに近江国高嶋郡「ミヲガ崎」に流れ出た巨木は、村里に死者や病者を出すが、これを用いた十一面観音の造像を発願した「イヅモノ大ミヅ」らによって綱をつけられると、「カロクヒカレテヨクユ」き、最終的に沙弥徳道の実践を通じて菩薩像へ造型されてゆく(14)。中世から近世にかけて多く語り出されてゆく列島の樹霊婚姻譚は、古浄瑠璃から昔話へ展開した「三十三間堂棟木由来」に代表されるとおり、伐採に対する抵抗と運搬に対する抵抗の要素を併せ持つものが多い。伐採抵抗の解除（主に大木の秘密を知ることで達成）は文字どおり伐採・山出しを、運搬抵抗の解除（主に配偶者や子供が乗ること／触れることで達成）は里曳きを実現し、樹木は木材化、樹霊や山の神の力は建造物の守護神へ転化されてゆく(15)。いうまでもなく、牽引が浄化、霊格の上昇を導いたのである。これも前稿で指摘したように、かかる運搬抵抗／解除の言説形式は、六朝の志怪小説や僧伝、仏教説話の影響を受けており、アジア的な広がりを持っている(16)。説経節『をぐり』においても、閻魔自筆の御判を胸札に冥途黄泉から蘇生した小栗へ、藤沢の上人が、「「この者を一引き引いたは千僧供養　二引き引いたは万僧供養」と書き添へをなされ　土車を作りこの餓鬼阿弥を乗せ申　女綱男綱を打つて付け　お上人も車の手縄にすがりつき「ゑいさらゑい」とお引きある」ことで、熊野本宮の湯に辿り着き再生を遂げる(17)。『をぐり』はもちろんだが、「長谷菩薩戒」や「三十三間堂棟木由来」にも、導き手の存在が重要な役割を果たしているといえよう。

　なお、古代において牽引というと、最初に想起されるのは『出雲国風土記』意宇郡《おうぐん》総説の国引き神話であろう。内陸から中海に流れ込む河川の神格化と思われる八束水臣津野命《やつかみずおみつののみこと》が、新羅や隠岐、越《こし》、周辺の島々に縄を懸けて土地を引き寄せ、国土を生成する描写の背景には、恐らくは諸河川から運ばれる土砂が島々の間を埋め半島化してゆく、何百年にも及ぶ大規模な地形変容の記憶がある[18]。よく知られているとおりこの国引き神話は、出雲大社の別当寺でもあった浮浪山鰐淵寺《がくえんじ》により中世神話化され、同寺の位置する山こそもとは天竺霊鷲山《りょうじゅせん》の一峰であり、海へ漂い出したそれをスサノヲが引き寄せ国土化したとの伝承になってゆく（建長六年〈一二五四〉「鰐淵寺衆徒等勧進状案」、建武三年〈一三三六〉「旧記覚書」など）[19]。『出雲国風土記』においても、神々の躍動する国土は神聖なものであったが、浮浪山伝承においては、神仏習合的要素がその程度を倍加している。新羅や隠岐から奪われた一隅、霊鷲山の一峰は、ともにひとつの死を経験しているのであり、やがて島根半島として新たな生命を得る。牽引という行為は、ここでも死／再生を媒介し、霊格の上昇をもたらすものと位置づけられていると思われる。

　ところで、諏訪御柱祭や説経節『をぐり』の死／再生観を端的に表す中世的祭儀に、岩田勝氏によって体系的に紹介された浄土神楽、死霊鎮め／再生の祭文がある[20]。三村泰臣氏は、その基本構造を、(a)神殿入り→(b)神殿清め→(c)死霊迎え→(d)死霊清め→(e)死霊送り→(f)祟り神の鎮送と復原、天蓋・白布などの特徴的な道具立てはすべて葬儀に由来しており、同神楽の成立と喪葬とが密接に関係することを指摘している[21]。注目すべきは、そのほとんどに、法者（司霊者）が死霊を案内して冥界へ赴かせる形式（また連れ戻して浄化する形式）の読みとれることである。例えば、貞享五年（一六八八）備後国奴可郡《ぬかぐん》「六道十三仏ノカン文」は、法者が地獄へ赴いて目指す死者を現世へ引き戻し、神子による口寄せと舞によって浄化し再生を促す。このようないわば煩瑣な方法の採られることは、未だ浄化されていない新たな死霊には、災禍をなす危険性が強いためとされる。具体

的には、まず、死者が最初に目にする光景を、

サテ六道ト申ハ、此土トメイ土ノサカヱニヱリヤウジユト云ウ大キナルウヱ木アリ、ヱダノカスハ八万四千本、ハワコンシキナリ、サテコノ三国ノミ霊ハ上モ下モ此ノ木ノ下ヲトヲランモノワ一人モナシ、此ノ木ノ下ヱト皆集ナリ、此木ヨリ二町半スギテトリイ有リ、此ノワキニ時バノ鳥トモ八木鳥ト云鳥アリ、ミ霊ト参ハ能キ道ヱトミチビカントスルニヨツテツゲノ鳥トモ云、ヤガテケシキト云八人ノ鬼来テ、シヤバニテノ善悪シタイニサヤナミ道ビクガ、又六道ト申ハ、第一ニ地獄道、第二餓鬼道、第三畜生ドウ、四ニ修羅道、五ニ人道、六天道トテ、六ツニゾワカレタリ、[22]

と、歩を進める視点移動のなかに具体的に説明し、初七日からの道筋（山越え）と十王・本地仏、固有の「文」（経呪）を列挙して三十三年忌にまで至る。この行程では、いわば年忌の時間が、山越えの関門として空間化されている。冥界の門前に立った法者は、地獄から目当ての死者へ名を挙げて呼びかけ、門を押し開けて導き救済する。

夫一百六十六地獄ニマシマス御霊、ソノ中ニビゴノ国奴可郡何村ノ御霊ヲ、何寺之御ソウニ道ビカレタル霊、ベシテ何迫ノ甲子歳木姓大ノ霊ナンノ小霊、神ヨニ生レシトリチンハナシ、キセガヱマイラセンガ為、コレハ八幡ノカン主ナンノ大夫、六道サンヤノ道アケ、十三仏之門ヲヒラキテ道ビキ申ゾ、ハヤ〳〵メノトノヨフコヱニマカセ、タヨリマシマセ御霊タチ、

そのうえで、二十五年から初七日に至るまでをこれまでとは逆に修めてゆき、最終的に「フルサト」へと回帰させて、神子への憑依を通じ死霊語りをなし、舞を舞わせることで浄化してゆくのである。

イニシヱノワカフルサトニキテ見〔レ〕ハ、カワ〔ラ〕ンモノワ石ト火ノ色、ミノカサヲハウスノ上ニヌキヲキテ、ハンゾウダライニ足フリス、ギテ、アズサノマヱニ参ガ、本ハヅハ五大土公ノヲリイマシマス、ウ

ラハズハ諸天諸仏ノヲリイマシマス、ウチダケサユウニヲシワケテ、中ノイツベニ手ヲカケテ、メノトノワキヲトヲリ、イハイリヤウグニウリ、ユミノチヤウモンメサレ玉フ、アキヤウズル寅卯ノイツテンニワ、メノトホウシヤニノリウツリ、メイドノモノカタリナミダノケンゾウメサレゾウラヱ、

以上のような形式は、対馬国の迎六道・送六道では、より分かりやすいかたちで現れる。文化五年（一八〇八）同国下県郡「四十九願」では、法者は、死者を冥界に送る送六道に際し、行程の複雑さについて「宵に道をさやかに教へ申さねば、あか時娑婆へ迎の六道の時、三途に迷ふは程もなし」と述べ、導き手となる。そうして、初七日の死出の山へ赴くまでに、鳥辺の山、がうはらいの関、賽の河原、渡せの石、はるけ山、花園山、おいの峠、ざんげ石といった関門を列挙してゆき、前記「カン文」と同じく初七日から三十三年忌までを進み修めて、「奥の浄土」へと入る。ここで迎六道に転じて逆修がなされてゆき、「古里」に辿り着いた死者が祭場に戻ると、「御身今生の御心にまかせ、即身成仏の位にならせ給はば」と讃えられ、口寄せが実践されるのである。(23) 井上隆弘氏も注目するように、「即身成仏」の詞章は死者の浄化＝救済、霊格の上昇を端的に示しており、(24) 先に触れた水谷類氏のラントウ儀礼とも結びつく。「即身成仏」は密教的ではあるが、浄土真宗の開祖親鸞のいう、現生正定聚・便同弥勒の思想（臨終一念ののちに大般涅槃を証する念仏者を、次世の成仏が決定した一生補処の弥勒菩薩と同じとみる）とも通底しており、増尾伸一郎氏が明らかにした、平安期の列島各地で現身往生の流行したこととも関連すると考えられる。(25)

また浄土神楽のうちには、柱松《はしらまつ》に六道を象徴する白布を引いて神殿を繋ぎ能を行う、「松神楽」「八注連」「八関」などと呼ばれる行事があった。寛文四年（一六六四）備後国奴可郡「松ノ能ノ本」によると、「カヨウ□ジゴクニヲツル衆生ヲハ、シヤカノヲキテノコトクニ、六道ヲヒキテ松ヲユイタテ、三方へミツナヲハヱ、コノヒカリヲモツテキヤウロンシヤウシヤウヲト、ノヱ玉へ」とあり、柱松は松明のように点火されることがあったと

知れる。中世後期に遡る同郡「松供養」にも、「抑此柱松立奉る意、九魔の罪障おのふして五濁のあかをはらひ、八苦の鈴をふり六根のあかをはらひ、一切衆生もろともに、現世にては六根の病のなんをのそき、寿福円満のさかへをかうふり、後生にては六億恒河の罪を滅んか為の燈火にて候なり、抑柱松の光りにあたる人は、一切の罪をめっして六道のちまたを離て、一切衆生を引導し給ふ志の燈火にて候なり、此火一本とほせは一山はくとうしてよる不明光を礼す」とあり、柱松の火焔が一切衆生の罪障を滅尽するものと位置づけられている。岩田勝氏によればこの松供養の目的は、死霊の浄化・再生を図るものから所願の成就を達成するものへ変質していたが、形式・構造は変わらず、願主たちが法者の導きで六道の象徴＝六本の柱松を経《へ》巡る行法がなされたという[26]。すなわち、地獄巡りを演じることで死を疑似体験し、再生を果たす意味があったのである。このときに誦まれた「六道ノ有様」には、地獄道・餓鬼道・畜生道・修羅道・人道・天道の六道について、それぞれ、(a)方角と分かれ道、(b)距離、(c)罪障ゆえの道行きの困難さ、(d)管理者としての仏と通過するための文が列挙された（さらにその後には、剣の山・三途の河の道行きが説かれる）。例えば、地獄道は以下のようである。

　第一地獄道と云て、(a)北の方へ別れたるみちなり、(b)遠さ八万余里なり、(c)此みちのありさま、かうへを以てあしとす、足をもって頭とし、さかさまにおち行みちなり、よべともさけへとものどふさかりてこゑいてす、尋る人も更になし、無量億劫をふるとも日月の光りにあたる事もなし、これ則ぢやけんほういちの罪故なり、(d)此みちに仏おはします、御名をは大光不生観世音菩薩と申奉る、文に云、南無心身両足尊　唯願大悲観世音決定遠離引導極楽世界と申てとをるへし、

主に(c)を語ることに重点が置かれているが、ここでは頭／足の上下方向が逆となり、助けを求める人もなく声も出ず、無限に光の当たらない道行きであると述べられる。これを文の読誦で克服し、天道へと階梯を上昇させてゆく構造となっているのだろう。明応七年（一四九八）安芸国山県郡「六道開ノ本」は、各六道の様相を物語

り的に説明することはないものの、法者の引導と管理者としての仏菩薩への帰依、経呪の読誦によって次々と門が開かれ、最終的には「浄土開」に至り、極楽の美しく霊妙な世界が開示される。これも構成としては、前掲の「カン文」や送六道など、死者の冥界への導きと共通しているとみてよかろう。かかる死霊鎮めの祭文・神楽自体が一種のシャーマニズムに属するものであるから当然だが、これらにも、〈導き手による牽引〉が浄化・昇華の重要なモチーフとして存在することが分かる。

二　「指路経」における〈道行き〉の意義——浄化と移動——

ところで、一で述べた浄土神楽・祭文がいわば十王経系仏教的送り祭儀の変奏であり、松の能などで物語的主題とされた目連救母、蛇神済度などが、中国起源の汎東アジア的モチーフであったことからすると、やはり中国の類似祭儀との比較は急務であろう(27)。かつて井上隆弘氏が、韓国の死霊祭儀との比較を試みているが(28)、中国民間信仰とのそれについては、野村伸一氏が井上氏著書の書評で宋代以降の伝来と推測している(29)以外、あまり先例をみない。三村泰臣氏は、前掲の柱松について、「藁蛇を巻きつけた祭場中央の柱（「真柱」という）を、若連が暴れ狂って引き回しなぎ倒すようなものだったらしい」としているが(30)、例えばやはり死霊の鎮送にも関わりがあるミャオ（苗）族の芦笙柱《ろしょうちゅう》には、蛇が巻きついている。宇宙樹・世界樹と蛇との関係は一種のアーキタイプであり（『旧約聖書』創世記の智慧の木から、北欧神話のユグドラシル、中国四川省三星堆遺跡出土の青銅神樹まで、広汎に確認できる）、柱松と藁蛇との関係は、浄土神楽の背景としてのヤマタノヲロチ神話、蛇＝死霊説などからだけでは説明しきれない要素を持っている。柱松が点火されることと、イ族の火把節《かはせつ》（松明祭り）との類似も気にかかる。紙幅に限りがあるので不充分ではあるが、最後にこの点に言及しておきたい。

中国西南部の少数民族には、時折、「指路経《しろきょう》」と呼ばれる経典が伝わっている（単に葬送歌と表現される場合もある）。少数民族の祭儀を担う巫師たちが、民族の成員の喪葬に際して唱える祭文である。具体的内容としては、巫師が故人の魂を、生者との関係を注意深く断ち切りつつ、他界へと案内してゆく形式を採る。悪霊や供犠された動物霊などを対象とする場合もある。[31] 小涼山《しょうりょうざん》（雲南省寧蒗《ねいろう》県）イ（彝）族の葬儀を調査・分析した遠藤耕太郎氏によれば、「指路経」を含む喪庭の言説表現は、招魂系のジク・イチヒェ、指路系のモファ・グマガマ・ヘビラゴゴ・ニホ（前半）、悪霊祓い系のニホ（前半）・クケ・ナコ、神話系のジク・ヴォヅリに大別される。それらに通底する特徴的要素は、(a) 呪者・呪具の正統性保証の様式、(b) 道行き（地名列挙）様式、(c) 否否可の様式、(d) 手渡しの様式、(e) 逆さ表現の様式、(f) 別れの口実の様式、(g) 神話・説話の挿入などであり、これらは他の民族の葬送歌にもほぼ共通する。[32] (a)では、葬儀を主催する巫師とその使用する呪具が、いかに権威があり、正統なものであるかが示される。(b)は、冥界へ至るルートの説明で、抽象的に表現される場合と、実在の地名を伴って記述される場合がある。(c)は、道行きの過程に伴う困難（道に迷いやすい）で、例えば分かれ道など三つの選択肢が示され、そのうちの一つを選ぶのがよいとされるもの。(b)(c)とも、(a)と同じく、巫師の知の正当性、有効性を示すものであろう。(d)は、供犠する家畜にこの世の罪・病・悪霊などをつけて冥界へ持参し、そこに囚われていた生者の魂と交換するという詞章で、(e)は、冥界が現実世界とはすべて逆であるとの神話的世界観を示し、生者の魂を捕らえておく牢獄があるが、死者にとっては安楽で素晴らしい場所と説く。(f)は、死者の生者に対する、現実世界に対する未練を断ち切る詞章。送っていった巫師のみが対象になる場合と、冥界の入り口までともに連れてきた遺族の霊が対象になる場合もあるが、現実世界でのさまざまな義務を列挙して一緒に行けないことを諭す。遠藤氏が紹介した事例で、イ族の巫師ビモは「死者の霊が生者の霊を連れて行ってしまうことを防ぐ」とするが、一方でこれは逆に、生者が死者に対する未練を断ち切る表現でもあろう。(g)では、民族の創世神話や氏族の来歴といった神話・伝承群が引用される。[33] 例えば、遠藤氏がイ語で書かれたシャマ＝アコ本

『魂教経書是《モフア》』より翻刻した詞章には、次のような記述がみられる。

めでたく逝った（天寿をまっとうした）人は、[b]家を旅立ち、ヴチ（衛城）ルクに着く。ヴチ（衛城）ルクを旅立ち、ヴチ（衛城）の峠に着く。ヴチ（衛城）の峠を旅立ち……グルガグに着く。グルガグを旅立ち、あなたは銀の甕の飯を食べに行く。金の甕の水を飲みに行く。[c]左側の太陽の道は青い。右側の月の道は赤い。真ん中の白い、死者の世界への道を行きなさい。あなたは祖父について行きなさい。あなたは祖母について行きなさい。白い、死者の世界への道を行きなさい。[c]道は三本ある。黒・白・赤をはっきり区別しなさい。[e]死者の世界に日が出ると、日の下は暖かい。死者の世界に月が出ると、月の下はさやかである。[c]左側は死神の門だ。右側は災厄神の門だ。真ん中が死者の世界の門だ。左手で門を遮り、右手で門を開ける。真ん中が死者の世界の門だ。頭を上げて前へ向かう。前へ向かうのは賢明なことだ。あなたの父があなたを迎える。あなたの母があなたを迎える。こういうわけである。[f]これで終わりだ。これ以上は送らない。戻る、ビモは戻る。戻る、主人は戻る。死者について行かない。死者は行きなさい。生者の魂を誘惑してはならない。人間界にはビモがいる。……[34]

この「指路経」は、列島文化との関連でいえば、これまで、古代日本の喪葬儀礼や歌謡との比較、その〈原型探し〉において注目されてきた。例えば工藤隆氏は、やはり「指路経」というべきリス（傈僳）族の葬送歌（同氏の聞取）を採り上げ、「一緒に行こう」と誘う死者に巫師が様々な理由を挙げて拒絶する詞句を、生者／死者を断絶させる呪術と位置づけている。具体的には、一緒に死のうという死者に対し「死者の行く道には、大きな刺のある葉が多いから」と断り、「一緒に行かないと、瓜や豆を栽培しても実がつかない」と脅迫されれば、「実がなければ葉を食べる」と拒絶する。かかる形式は、『古事記』中巻／景行天皇段で、飛び去る白鳥＝ヤマトタケルの魂へその妻子が追いすがっては、しかし「浅小竹原腰渋む空は行かず足よ行くな」「海処行けば腰渋む大河原の植ゑ草海処はいさよふ」「浜つ千鳥浜よは行かず磯伝ふ」と、〈困難が生じて一緒に行きたいが行けない〉旨を繰り返し詠う形式に似ている。これらについては、「是四歌者、皆歌二其御葬一也。故、至レ今、其歌者、歌二天皇之大御葬一也」とも明記されており、工藤氏の指摘のとおり古代日本に、「指路経」の指し示す中国西南少数民族のそれと同様の喪葬観が存在した可能性は高い。『古事記』黄泉国神話の終盤には、イザナキ／イザナミが千引石を介し呪いの言葉を投げ合う〈事戸度〉が描かれ、死者と生者を分かつ古墳の閉塞儀礼を反映したものと推測されているが、やはり同種の習俗であろう[35]。

なお右に挙げた「指路経」の特徴のうち、とくに本稿の観点から注目すべきことは、すでに明らかにされているとおり、道行きの過程で列挙される実在の地名が、同民族の故地から現在の居住地に至る移動経路を逆に辿っている、すなわち冥界への道行きが故地への回帰を表しているとみられる点である[36]。中国西南の少数民族には、揚子江の中・下流域から移動してきたとの伝承を持つものが多い。近年、サルからヒトへの進化を問う〈ホモ・モビリタス〉の議論から、近現代国際政治情況下の移民・植民問題に至るまで、人類の移動に関する研究が注目を集めている[37]。少数民族が故地を離れて移動を繰り返すのには、(イ)焼畑などの生業に伴う必然的移動、(ロ)在地社会におけるトラブル、(ハ)戦乱や災害などの圧力、(ニ)広域権力による強制的移住、(ホ)広域権力の支配を回避するため、などの理由が想定できよう。(イ)は植生の再生などを待って循環すると考えられるので、従来の居住地を遠く離れる契機にはなりえない。その場合は、(ロ)〜(ホ)のいくつかが複合的に関連した結果となろう。長大な中国の前近代史においては、幾度かに及ぶ大規模な社会の流動化が生じているが、秦漢交替期の広域的な戦争情況と、魏晋南北朝の大民族移動期が大きなものだろう。古代日本への渡来人の流入も、おおむねこの事象と関連して生じている。後者では、塢堡《うぼ》と呼ばれる、単数または複数の村落がまるごと移動してゆく事例も確認されている[38]。単に騒乱を避けるための移動ではなく、何百万人という単位の徙民政策が頻繁に採られ、社会全体が大きく流動化したことも注意される(39)。前稿で扱ったヤオ族は、湖南から貴州・四川の辺りへ展開し、中華王朝との軋轢、反乱・弾圧を経てさらに東南アジアへと移動している(40)。中国各地の社会内部を微細にみてゆけば、それ以降も、移動の契機となるような種々の要因があったろうことは想像に難くない。例えば黄建明氏は、イ族について、雲南省昆明市石林彝族自治県の撒尼《さんに》彝族各村に伝わる複数の『指路経』を比較検討し、これまで叙事詩『阿《あ》詩瑪《しま》』から大理地区と考えられていた撒尼彝族の発祥の地が、ほとんどの『指路経』が共通して示す烏蒙山《うもうざん》一帯に比定できると述べている(41)。石林自治県のほぼ中央を、北から南へ遷徙していることになり、その理由は不詳だが、やはり(ロ)〜(ホ)のいずれかであろう。イ族の起源については諸説あるが、牧畜を生業とした氐羌《ていきょう》の後裔で、北方から西南地域へ移動してきたとの見方が一般的である(42)。創世神話である六祖神話では、雲南省が四川・貴州両省と接する昭通のロイ（洛宜）山が、父祖の故地とされる。大理が故地のひとつとされるのは、やはりイ族の先民とされる烏蛮《うばん》が、八世紀に同地を中心とした南詔国を興したためでもあろう。いずれにしろ、複数の民族が持つ各種「指路経」は、民族全体から下位の支系に至る諸集団が移動してきた多様な記憶を、歴史的な事実と集合記憶的な虚構の交錯のうちに留めていると思われる。

しかしそもそも、彼らはなぜ故地の記憶を「指路経」のうちに保存したのだろうか。あくまで一般論ではあるが、創唱宗教以前の前近代社会・民族社会においては、他界は生活領域の周辺に、日常的な感覚と密接に結びつきつつ配置されることが多い。したがって、民族集団の移動により生活領域が遷移すれば、他界の位置は、原郷意識の濃淡に基づき移動したりしなかったりするはずである。憶測に過ぎないが、「指路経」に残る多様な遷移の記憶は、そうしてかつての他界（移動前）／新しい他界（移動後）が繋がれることで、生み出されていったものだろう。いずれにしろ、「指路経」において死霊が冥界に入ることは故地に戻ることを意味し、民族の遷移を逆に辿ることで蓄積した罪業を消尽する、再生へ向けてリセットするとの観念があったのかもしれない。この点を考えるうえで興味深い逸話が、唐・道世撰『法苑珠林』巻五　六道篇第四／諸天部第一／感応縁所引『冥祥記』逸文に収められている。

[A]晋史世光者、襄陽人也。咸和八年、於武昌死。七日、沙門支法山転二小品一、疲而微臥、聞三霊座上如レ有二人声一。史家有レ婢、字張信、見下世光在二座上一、著二衣帢一、具如中平生上。語レ信云、「我本応レ墮二龍中一。支和尚為レ我転レ経、曇護・曇堅迎レ我上二第七梵天快楽処一矣。」護・堅並是山之沙弥、已亡者也。

[B]後支法山復往為転二大品一、又来在レ座。世光生時以二一旛一供養、時在二寺中一。乃呼二張信一持レ旛送レ我。信曰、「諾。」便絶死、将レ信持レ旛倶西北、飛上二一青山上一、如二瑠璃色一。到二山頂一、望二見天門一。光乃自提レ旛、遣レ信令レ還、与三一青香如二巴豆一。曰、「以上二支和尚一。」信未レ還、便遥見三世光直入二天門一。信復レ道而還、倏忽醒活、亦不三復見二手中香一也。旛亦故在二寺中一。世光与レ信於家去時、其六歳児見レ之、指語二祖母一曰、「阿郎飛上レ天、婆為レ見不。」

[C]世光後復与二天人十余一、倶還二其家一、徘徊而去。毎レ来必見二簪帢一、去必露レ髻。信問レ之。答曰、「天上有レ冠、不レ著レ此也。」後乃著二天冠一、与二群天人一鼓レ琴行歌、徑上二母堂一。信問、「何用屢来。」曰、「我来、欲レ使三汝輩知二罪福一也。亦兼娯二楽阿母一。」琴音清妙、不レ類二世声一。家人小大、悉得レ聞レ之。然聞二其声一、如レ隔二壁障一、不レ得二親察一也。唯信聞レ之、独分明焉。有レ頃去。信目送、見三光入二一黒門一。有レ頃来出、謂レ信曰、「舅在レ此、日見二榜撻一、楚痛難レ勝。省視還也。舅生犯二殺罪一、故受二此報一。可下告二舅母一、会レ僧転上レ経、当二稍免脱一。」舅即軽車将軍、報終也[43]。

『冥祥記』は南斉・王琰《おうえん》撰の仏教説話集で、原本は散逸したが、『法苑珠林』や北宋・李昉ら撰『太平広記』から、多くの逸文を見出せる。仏教と在来信仰、道教などとの、生々しい交渉・融合を示す点が特徴といえる。右の説話は、東晋の咸和八年（三三三）に亡くなった史世光の死霊について、[A]初七日に史家の婢の張信が世光の死霊をみ、話を聞く、Ｂのちに世光の死霊は張信を伴いある青山の頂へ登り、天門へ入る、Ｃ天人を連れた世光の死霊が史家に出没、琴歌で母を楽しませる一方舅の苦難を伝え、罪福の応報が実在することを知らせる、といった三つのエピソードを載せる。一見して、張信がシャーマン的な役割を果たしているのは明らかであろう。彼女のみが世光の死霊を目視でき、その声も分明に聴き分けられる。本稿の観点から注目すべきはＢで、『大品般若経』の転読を受けた世光の死霊が、現住の武昌から西北方向へ飛び、一青山から天門へと上がってゆく。説話の語り口としては、張信はこれに従っているのみだが、Ａ〜Ｃのすべての現象に彼女が関わっていることを考えると、世光の死霊が言動を表すためには張信の存在が必要であり、それは、「指路経」で巫師が死者を導く形式の相似形なのだとみることができる。さらに、世光が目指した西北は、死没した武昌からみた故郷襄陽の方角であって、天門へ昇る一青山は同地にあったものと推測できる。やはり、世光の死霊は故地にまで戻ってから、他界へ回帰しているのである。

他界の入り口である天門も、多くの「指路経」に現れる。漢籍語彙としての「天門」は、すでに辰巳正明氏が指摘しているとおり、まずは中華王朝の史書において、天文的な言説で初出する[44]。前漢・司馬遷撰『史記』巻二七　書／天官書第五によると、天門とは二十八宿のうち東方青龍の角の間を指し、また王が春令を行う際、これに応えて天門が開かれ、万物を開発する徳化が行き渡るとの理解がある。辰巳氏は、柿本人麻呂の天皇即神表現が描き出した高天の原へ出入りする天の門（天から降り、地上での役割を終えたオホキミは、再び高天の原へ「神上がる」）、それを受けて成り立つ『古事記』『書紀』の天孫降臨神話も、中国的「天門」の概念に基づくものとする。しかし、「指路経」の天門や列島古代の天門が死を前提とした再生の装置であることを考えると、死を内包しない中国史書の天門が冥界の門と解釈されるためには、もう一段階、何らかの契機を必要としたはずである。これについて、現時点では明瞭な回答を見出しえないが、荊州武陵郡の松梁山に「天門」と呼ばれる地の存在したことは、ひとつの手がかりとして注意される。西晋・司馬彪『続漢書』志第二二／郡国四／荊州／武陵郡には、「沅陵先有二壺頭山一、馬援軍度処。有二松梁山一、山有レ石、開処数十丈、其上名曰二天門一」、南梁・沈約撰『宋書』巻三七　志第二七／州郡三／荊州には、「天門　太守、呉孫休永安六年、分二武陵一立。充県有二松梁山一、山有レ石、石開処数十丈、其高以レ努仰射不レ至、其上名二天門一、因レ此名レ郡」との記事がある。[45] 場所としては、史世光の説話にある武昌、襄陽に遠くない。これは単に、石が数十丈にわたり門のように開いていたことを喩えただけではなく、死霊が天に昇る場所との思想をもって、「天門」という地名の分布していた可能性を示唆する。六朝の志怪小説には神仙世界の入口が山中に開けるなどの物語が複数あり、行者を迎え入れ不老不死を授ける阿修羅窟の伝承が将来されるに至って、かかる山中の神仙世界が僧伝にも組み込まれ、最終的には複数の洞窟聖地を連結した洞天福地を形成してゆくことになる。[46] 各地に展開した天門も、そうした複雑かつ多様な他界観の一端を示すものと考えられる。なお阿修羅屈については、玄奘が弥勒信仰の喧伝のために用いたらしく、『大唐西域記』巻第一〇　十七国／駄那羯磔迦国／清弁故事のように、入窟を弥勒下生に見えるためとし、兜率天願生と等価に捉える事例もある。同話は『今昔物語集』にも収録されており（巻四―二七）、天門解釈との関係とともに、列島文化における弥勒信仰の土着化の点でも注意されよう。

おわりに——移動／定住を問う——

以上、一で列島中・近世の浄土神楽の祭文、二で中国少数民族の「指路経」について、主に死霊の浄化手段としての牽引を中心に考えてきた。両者を比較してみると、その類似は明らかであろう。法者／巫師が死霊を導く前提はもちろん、遠藤耕太郎氏の指摘したイ族の喪庭言説の特徴(a)～(g)のうち、供犠に基づく(d)を除いたすべてが、浄土神楽の祭文にも確認できる点は大きい。冥界の門の問題など、いくつかの印象的な字句・詞章の共通性もみられる。「指路経」は主に死霊を冥界へ送るもので、送りと迎えを内包する浄土神楽とは異なるかにみえるが、ともに冥界の門へ赴く生者の霊を連れ帰る詞章が連続することを考えると、やはり同一の形式・構造を持つといっても過言ではなかろう。その多くは、恐らく両言説の起源のひとつである、仏教の十王経系経典に基づくものと考えられる。同経典は、唐代中〜後期における仏教の民衆化に伴い、その需要と期待に応える形で、『閻羅王受記四衆預修生七往生浄土経』を生じ、逆修（預修）祭儀の展開とともに、盛んに書写され広がっていった。列島ではこれに基づき、平安末〜鎌倉初期、さらに『仏説地蔵菩薩発心因縁十王経』が偽作されるに至った。これらにおいては、初七日から七七日、百日、一年、三年の計一〇回、それぞれの十王のもとで亡者が審判を受ける構成となっている。浄土神楽の祭文がそのヴァリアントであることはいうまでもないが、恐らくは「指路経」もその影響を受けているように思われる。もちろん、死霊が故地へ回帰し冥界へ上る信仰が十王経以前に存在したことは、前掲の『冥祥記』史世光の記事から明らかである。しかし、例えば辰巳正明氏の紹介されたミャオ族「焚巾曲」では、故地に辿り着いた母親の霊が、十二層の階梯を上って天宮の芦笙祭に参加する。この辺りはより厳密な考察を要するが、中原で発した十王経がそれぞれ在地の信仰と融合し、極東の日本列島では十三仏信仰となり、西南少数民族においては「指路経」となって（道教系の十王経を媒介した可能性もある）、定着・展開していったのではないか[47]（今回は紙幅に余裕もないため、この問題については後稿を期したい）。

なお、「指路経」の道行きが民族・枝族の遷移の現実的記憶を反映しているのに対し、浄土神楽のそれが祭場と地獄との往来という観念的なものでしかないのは、両者を支える移動／定住のメンタリティーの相違に由来するものといえようか。いや、たとえ観念的なものに過ぎなくとも、浄土神楽が移動によって死霊の浄化・昇華を図ろうとするのは、やはり列島社会にも移動のメンタリティーが潜在している証左である、と考えられるかもしれない。この点は西田正規氏が、定住化の弊害のひとつとして日常生活や環境認識のルーティン化、それに伴う個々人の脳内活動の停滞を挙げ、そうした自体を是正するために宗教や芸術が複雑化していった、と指摘していることを想起すると興味深い(48)。「定住社会に蓄積した澱のようなものを浄化するには、移動するしかない」という逆説は、人類史の真理をいい当てているようでもある。

（1）総務省統計局編『日本の統計　二〇一六』、第二章掲載の表二―一七「出生・死亡数と婚姻・離婚件数」に基づく(http://www.stat.go.jp/data/nihon/02.htm、二〇一六年九月二一日最終アクセス)。
（2）みみらくの島をめぐる学説史については、吉野瑞恵「なつかしい死者・恐ろしい死者――『蜻蛉日記』みみらくの島の伝承をめぐって――」(『国文学　解釈と鑑賞』七三―三、二〇〇八年)、六三～六五頁に簡明に整理されている。
（3）水谷類『廟墓ラントウと現生浄土の思想――中近世移行期の墓制と先祖祭祀――』(雄山閣、二〇〇九年)・『墓前祭祀と聖所のトポロジー――モガリから祀り墓へ――』(雄山閣、二〇〇九年)参照。
（4）拙稿「死者表象をめぐる想像力の臨界――祭祀を求める者は誰か――」(『物語研究』九、二〇〇九年)・「鎮魂という人々の営み――死者の主体を語れるか――」(中路正恒編『地域学への招待　改訂新版』角川学芸出版、二〇一〇年)・「禁忌を生み出す心性」(上杉和彦編『経世の信仰・呪術』竹林舎、二〇一二年)参照。
（5）引用は、新釈漢文選(中村璋八訳注、明治書院、一九九八年)より行った。
（6）工藤元男「睡虎地秦簡『日書』における病因論と鬼神の関係について」(『東方学』八八、一九九四年)参照。
（7）井上隆弘「神楽と死者のまつり――比婆荒神神楽における「祖霊加入説」の再検討――」(『仏教大学総合研究所紀要』二三、二〇一六年)。
（8）引用は、新編日本古典文学全集(山口佳紀・神野志隆光訳注、小学館、一九九七年)より行った。
（9）斎藤英喜「「日本神話」というパースペクティヴ」(方法論懇話会編『日本史の脱領域――多様性へのアプローチ――』森話社、二〇〇三年、一六五～一六九頁)。
（10）拙稿「樹霊はどこへゆくのか――御柱になること、神になること――」(『アジア民族文化研究』一〇、二〇一一年)。
（11）瀬川拓郎『アイヌ学入門』(講談社現代新書、二〇一五年)。視角は重要と思えるが、個々の論証のあり方には問題も多い。

(12) イヨマンテの次第については、財団法人アイヌ民族博物館編、伝承事業報告書二『イヨマンテ』（同館、二〇〇二年）に拠った。その歴史や意義については、中沢新一『熊から王へ』（講談社選書メチエ、二〇〇二年）、天野哲也『クマ祭りの起源』（雄山閣、二〇〇三年）・「ユーラシアを結ぶヒグマの文化ベルト」（林良博ほか編『ヒトと動物の関係学』四、岩波書店、二〇〇八年）、煎本孝『アイヌの熊祭り』（雄山閣、二〇一〇年）などを参照。

(13) イヨマンテに際して唱えられる神謡のなかにも、仔熊の死を喜悦ではなく哀しみをもって語るものがあることは、以前に触れた（拙稿「人外の〈喪〉――動植物の〈送り〉儀礼から列島的生命観を考える――」『キリスト教文化研究所紀要』三二、二〇一三年、三二頁）。また、イレギュラーな事例ではあるが、外部からアイヌの共同体へ入っていったB氏のイヨマンテに関する経験（「解体して熊汁みたいなの作るじゃない、そうすると呼ばれて、「お前が育てたんだから、食え」って言われたんだよ。でも「食え」って言われてもなぁって思ってたら、じじに怒られて、「お前、しっかり食べないと成仏しないいんだから、一口でもいいから食べな」って言われて、それで泣く泣く食べて、祭壇に祀ってあるやつを見ながら食べてね」）は、同祭儀の認識の重層性を浮かび上がらせる（関口由彦『首都圏に生きるアイヌ民族――「対話」の地平から――』草風館、二〇〇七年、四七頁）。

(14) 拙稿「礼拝威力、自然造仏――『三宝絵』所収「長谷寺縁起」の生成と東アジア的言説空間――」（早島有毅編『親鸞門流の世界――絵画と文献からの再検討――』法藏館、二〇〇八年）参照。

(15) 中村誠「樹木信仰と文芸――「三十三間堂棟木由来」を中心に――」（『國學院大学大学院文学研究科論集』一、一九七四年）、前田久子「木霊婚姻譚――その成立背景――」（『梅花日文論叢』三、一九九五年）、拙稿註(14)論文参照。

(16) 拙稿註(14)論文参照。

(17) 引用は、新日本古典文学大系（信多純一・阪口弘之ほか校注『古浄瑠璃　説経集』岩波書店、一九九九年、説教集は信多氏校注）より行った。

(18) 神田典城「日本神話における出雲――出雲風土記と中央神話体系――」（『国文学　解釈と鑑賞』四四―一、一九七九年）。

(19) とりあえず、井上寛司「中世の出雲神話と中世日本紀」（大阪大学文学部日本史研究室編『古代中世の社会と国家』

清文堂、一九九八年）・「『出雲神話』における古代と中世」（『出雲古代史研究』一〇、二〇〇〇年）、斎藤英喜『荒ぶるスサノヲ、七変化』（吉川弘文館、二〇一二年）、出雲弥生の森博物館編『もう一つの出雲神話――中世の鰐淵寺と出雲大社――』（同館、二〇一三年）、拙稿「浮動する山／〈孔〉をめぐる想像力――鰐淵寺浮浪山説話の形成にみる東アジア的交流――」（『現代思想』四一―一六、二〇一三年）参照。

(20) 岩田勝『神楽源流考』（名著出版、一九八三年）、第三部「神子と法者　死霊の鎮め」、同編、伝承文学資料集成一六『中国地方神楽祭文集』（三弥井書店、一九九〇年）、第四部「死霊のしずめの祭文と再生の祭文」参照。

(21) 三村泰臣「備後の浄土神楽」「生と死の思想を秘めた中国地方の民間神楽祭祀」（ともに同『中国地方民間神楽祭祀の研究』岩田書院、二〇一〇年。初出はそれぞれ、二〇〇五年、二〇〇四年）参照。

(22) 引用は、岩田編前掲註(20)書（『祭文集』）より行った（以下とくに断らない限り、祭文については同じ）。また、鈴木昂太「杤木家文書「六道十三仏之カン文」（一）」（『儀礼文化学会紀要』二、二〇一四年）も参照。

(23) 引用は、鈴木棠三校注『神道大系』神社編／壱岐・対馬国（神道大系編纂会、一九八四年）より行った。

(24) 井上隆弘「神楽研究の地平――岩田勝著『神楽源流考』の方法をめぐって――」（同『霜月神楽の祝祭学』岩田書院、二〇〇四年）、三八六頁。

(25) 増尾伸一郎「我、現身にして補陀洛山へ帰参せん――〈補陀洛渡海〉のシンクレティズム――」（金永晃編『仏教の死生観と基層信仰』勉誠出版、二〇〇八年）。

(26) 岩田編前掲註(20)書（『祭文集』）、三三三～三三四頁。

(27) 目連救母については、野村伸一『東アジアの祭祀伝承と女性救済――目連救母と芸能の諸相――』（風響社、二〇〇七年）、神身離脱については、拙稿「東晋期中国江南における〈神仏習合〉言説の成立」（根本誠二・宮城洋一郎編『奈良仏教の地方的展開』岩田書院、二〇〇二年、初刊二〇〇一年）・「〈神身離脱〉の内的世界――救済論としての神仏習合――」（『上代文学』一〇四、二〇一〇年）・（河野訓・矢野秀武・菅野覚明・多田実道と共著）「東アジア及び東南アジアにおける神仏習合・神仏関係」（『皇学館大学研究開発推進センター紀要』一、二〇一五年）・「初期神仏習合と自然環境――〈神身離脱〉形式の中・日比較から――」（水島司編『環境に挑む歴史学』勉誠出版、二〇一六年）参照。

(28) 前掲註(24)に同じ。

(29) 野村伸一「東アジアの死者供養からみた浄土神楽――井上隆弘『霜月神楽の祝祭学』を読んで――」(『芸能』四三〇、二〇〇七年、一二三頁)。
(30) 三村前掲註(21)書、三四六頁。
(31) 欠端実「葬送参列記」(同『聖樹と稲魂』近代文芸社、一九九六年)、遠藤耕太郎「イ族葬儀における歌・唱えごと分析編・資料編」(同『古代の歌』瑞木書房、二〇〇九年)など。
(32) 欠端実氏が訳出したハニ族の「指路経」(欠端前掲註31書、一五九～一七六頁)、辰巳正明氏によるミャオ族の喪葬歌や「焚巾曲」(辰巳正明「死者の旅――天上楽土と指路経について――」『万葉古代学研究所年報』九、二〇一一年、一五二～一五九頁) にも、同様の特徴が表れている。
(33) 遠藤前掲註(31)書の全編にわたり、資料の翻刻と詳しい解説がある。
(34) 遠藤前掲註(31)書、四九三～五二〇頁より部分引用。
(35) 工藤隆『古事記の起源』(中公新書、二〇〇六年、一六〇～一六四頁)。
(36) 樊秀麗「中国彝族の死生観と民族アイデンティティの形成」(『民族学研究』六五―二、二〇〇〇年)・「中国彝族指路経における送霊・招魂／祖先移住経路言説に関する研究――民族アイデンティティ形成との関連について――」(『国際協力研究誌』八―一、二〇〇一年)、遠藤前掲註(31)論文、辰巳前掲註(32)論文など。この問題は、最近の黄建明『彝文経籍《指路経》研究』(民族出版社、二〇一一年) でも集中的に検討されている。
(37) 印東道子編『人類の移動誌』(臨川書店、二〇一三年)。その他、カレン・カプラン／村山淳彦訳『移動の時代――旅からディアスポラへ――』(未来社、二〇〇三年)、伊豫谷登士翁編『移動から場所を問う――現代移民研究の課題――』(有信堂、二〇〇七年)、伊豫谷登士翁・平田由美編『「帰郷」の物語／「移動」の語り』(平凡社、二〇一四年) などを参照。
(38) 侯旭東『北朝村民的生活世界――朝廷、州県与村里――』(商務印書館、二〇〇五年) 参照。
(39) 三﨑良章『五胡十六国――中国史上の民族大移動――新訂版』(東方書店、二〇一二年、一七七～一九八頁)。
(40) 拙稿「民族表象における記録／記憶／忘却――ヤオ族の神話＝歴史観と『評皇券牒』をめぐって――」(『日本文学』六五―五、二〇一六年) 参照。

(41)　黄前掲註(36)書、二七九～二八六頁。

(42)　清水享「イ――涼山イ族を中心に――」（綾部恒雄監修／末成道男・曾士才編『講座　世界の先住民族――ファースト・ピープルズの現在――』一　東アジア（明石書店、二〇〇五年、二六二～二六四頁）。なおイ族の宗教・習俗については、とりあえず、覃光広等編／伊藤清司監訳／王汝瀾訳『中国少数民族の信仰と習俗』上（第一書房、一九九三年）、張純徳・龍倮貴・朱琚元『彝族原始宗教研究』（雲南民族出版社、二〇〇八年）などを参照。

(43)　引用は、周叔迦・蘇晋仁校注、中国仏教典籍選刊『法苑珠林校注』（中華書局、二〇〇三年）を底本に、大正新脩大蔵経本・同校訂諸本（『大正新脩大蔵経』五三　事彙部）、寛文九年倭刻本、張国風会校『太平広記会校』（北京燕山出版社、二〇一一年）、王国良『冥祥記研究』（文史哲出版社、一九九九年）で対校した。なお、法苑珠林研究会編「『法苑珠林』感応縁訳注稿（二）」（『上智史学』六一、二〇一六年）も参照（当該記事の担当は松浦晶子氏）。

(44)　辰巳前掲註(32)論文、一五二頁。

(45)　二十五史からの引用は、中華書局標点本より行った。

(46)　穴をめぐる想像力の問題については、拙稿「ヒトを引き寄せる〈穴〉――東アジアにおける聖地の形式とその構築――」（『古代文学』四九、二〇〇九年）・「浮動する山／〈孔〉をめぐる想像力――鰐淵寺浮浪山説話の形成にみる東アジア的交流――」（『現代思想』四一―一六、二〇一三年）参照。

(47)　辰巳前掲註(32)論文、一五八頁。なお十王経系経典については、とりあえず、小南一郎「十王経をめぐる信仰と儀礼――生七斎から七七斎へ――」（吉川忠夫編『唐代の宗教』朋友書店、二〇〇〇年）・「『十王経』の形成と隋唐の民衆信仰」（『東方学報』七四、二〇〇二年）、本井牧子「十王経とその享受――逆修・追善仏事における唱導を中心に――」上・下（『国語国文』六七―六・七、一九九八年）、田中文雄「追善と預修――道蔵内『十王経』の再検討――」（『アジア遊学』三八、二〇〇二年）などを参照。

(48)　西田正規『人類史のなかの定住革命』（講談社学術文庫、二〇〇七年、初刊一九八六年）参照。

II　生成する祭文の世界

第5章　神祇講式を招し祈らん
——藺牟田神舞「忉利の法者、忉利の小神子」をめぐって——

星　優也

はじめに

藺牟田《いむた》神舞《かんめ》とは、その名称が示す通り、鹿児島県薩摩川内市祁答院《けどういん》町藺牟田の日枝神社で、かつて行われていた神舞である。

神舞とは、旧薩摩藩領の鹿児島県及び宮崎県の一部で、祈願ないし願果しを目的に行われた神楽の大祭のことである[1]。有名なものとしては、宮崎県では西諸県《にしもろかた》郡高原《たかはる》町祓川《はらえかわ》の神舞（祓川神舞・高原神舞）が知られ、鹿児島県では、藺牟田の隣郷に当たる、薩摩川内市入来《いりき》町の大宮神社の神舞（入来神舞）や、志布志《しぶし》市有明町蓬原《ふつはら》の熊野神社の神舞（蓬原神舞）などが知られている。藺牟田神舞もまた、以上あげた神舞の一つであるが、昭和五一年（一九七六）を最後に途絶しており、実見できない。

ところが藺牟田神舞は、数多くある神舞のなかでも注目されることが多かった。とくに熱い眼差しを受けたのが、「聖教《しょうぎょう》」と呼ばれる祭文群である。後述するように、藺牟田神舞では、税所《さいしょ》家が伝えた『神舞一庭之事』という、神舞の次第や聖教を収めた文書群があり、昭和五一年、所崎平と牧山望によって紹介されている[2]。以降、石塚尊俊や岩田勝、山本ひろ子を始め神楽・祭文の研究でしばしば言及され(3)、近年は井上隆弘が藺牟田神舞「三笠舞」の詞章から、中世荒神信仰との深い関わりを明らかにした(4)。

井上論文の意義は、藺牟田神舞と中世神仏信仰の世界が密接な関係であることを明らかにしたことである。さらに、藺牟田神舞の聖教を〈中世神話〉として読み直す視座を提唱したことは、藺牟田神舞研究や神楽・祭文研究のみならず、中世神仏信仰研究においても、大きな意義を持つものといえる。

ここで言う〈中世神話〉とは、山本ひろ子が提唱した、『古事記』『日本書紀』（以下、『記』『紀』）の古代神話や、南島の歌謡に見られる神話と別に、「第三の神話」として提唱された概念で、とくに中世の注釈、神道書、縁起・本地物語に見られる起源叙述を読み解く方法論である(5)。

この視座の背景には、伊藤正義が提唱した〈中世日本紀〉論(6)の成果が大きい。中世では、歌論書や古今注、神道書などの注釈に、「日本紀（記）云」としながらも『日本書紀』原典とはかけ離れた言説が登場する。こうした注釈は、「荒唐無稽」なものとして、まともに研究対象とされることはなかったが、伊藤はこの「日本紀」言説を〈中世日本紀〉として捉えることで、「日本紀」に仮託した中世固有の学知や、『日本書紀』解釈を明らかにしたのである。

伊藤論文以降は、中世的に変貌した「日本紀」を始め、これまで「荒唐無稽」とされてきたテキスト群の再評価が展開し、既存の「神道史」「神仏習合」の枠組みでは捉え切れなかった、中世神仏信仰の豊かな世界が明らかにされた(7)。山本の〈中世神話〉論は、以上の〈中世日本紀〉研究の成果を踏まえたものである。

井上が唱えた「中世神話としての神楽祭文」は、山本ひろ子と斎藤英喜の研究を受けたものである(8)。神楽の祭文を中世神話として読むとき、祭文がいかなる起源を語り、力を有しているのかを、あくまでも神楽の文脈に即して位置づけねばならないのである。

本稿は、以上の研究史と方法論に基づき、藺牟田神舞の「切利の法者、切利の小神子」で読まれる『神祇講式』を取り上げる。後述するように『神祇講式』とは、鎌倉期の中世神道説が展開するなかで登場し、いくつかの諸本の奥書に、「解脱上人（＝貞慶）御作」とあるように、貞慶作が暗示される講式である。

論者は前稿で、鎌倉期以降に『神祇講式』本文の引用と、読まれる儀礼の変化から、全国的な流布と展開を明らかにしており、法会から神楽へ至る見取り図を示した。[9]本稿は、前稿の成果に基づき、藺牟田神舞において『神祇講式』はいかに読まれたのかを、「切利の法者、切利の小神子」における「神祇講式を招し祈らん」という一文に注目し論ずる。

本稿の簡単な構成を示そう。まず第一節では、本稿のフィールドと言える藺牟田神舞と、その次第書である『神舞一庭之事』を中心に基本情報をまとめる。そのうえで視点を一旦読まれる『神祇講式』に移し、第二節で前稿の成果に基づき『神祇講式』の歴史的変遷を押さえる。これは藺牟田神舞の『神祇講式』がいかなる系譜にあるのかを明らかにする重要な作業である。そして第三節で、藺牟田神舞における『神祇講式』読誦についての分析を行うこととする。

極めて中世神仏信仰が濃厚である藺牟田神舞と、全国的に流布し薩摩にまでたどり着いた『神祇講式』。本稿は藺牟田神舞における『神祇講式』読誦から、神楽と祭文における中世とは何かを問うこととなろう。

では早速、次節から藺牟田神舞の世界へと分け入ろう。

一　藺牟田神舞をめぐって

（1）藺牟田神舞について

所崎・牧山の『藺牟田神舞』には、九八頁から「7　藺牟田神舞のプログラム」として、藺牟田神舞の流れが詳述されている。本稿もそれに従い、藺牟田神舞の次第を見てみよう。

まず、三、四日前に「注連下げの儀」が宮司宅で行われ、神舞が行われる広場が祓い清められる。そして二日前になると、御神屋《みこうや》（岩戸）が作られ、大宝《でほ》で荘厳される。そして五色幣と五色幡が立てられ、忌竹、注連縄、造花で飾られて舞庭《めにわ》を完成させる。

当日、社司と伶人《れいじん》の二人で「山行き」が行われる。草履をはき、山に入って柴垣《しがき》を作る。そこで「神様このシガキに天降ってたもれ」といって神を招き、御酒、粢《しとぎ》、肴を供え、二礼・二拍・一礼をして祭る。「この山の柴（榊）を一束づつ、たもんせ」と願い、御滴《おしたり》を二人一緒に飲食すると、柴を一束ずつ貰い受け、担いで帰ってくる。

図１　入来神舞「四方鬼神」
神田竜浩氏撮影

この間、「宮入り」と「門取り」の儀礼が日枝神社で行われる。宮司が警蹕《けいひつ》をして神迎えをしたのち、「社人の古老」と「内侍」による問答が繰り広げられる。そして「外の伶人」と「内の伶人」による問答の「門取り」の儀礼が終わると、楽屋から「山々」の声がかかり、待機していた山行の二人が柴を持って現れ、御神屋の両側の杭に柴を括り付けて退出する。

この一連の儀式が終わると、いよいよ舞が始まる。『神舞一庭之事』から、演目を抜き出してみよう。まず「一番舞」「剣舞」「長刀舞」「鉾の舞」「杵舞」「天神矢房」「幣舞」「手恵」「半通」「岩通」「恵良」「花舞」までが舞われる。

この後に「夜中の御神楽」が行われる。『神舞一庭之事』によれば、四、五人の神主が略式で行うようである。「夜中の御神楽」のあと後半に入り、「三笠舞」「地割」「十二人剣」「飛矢」「清山神楽」「沖得之舞」「切利の法者、切利の小神子」、「重山之舞」「陰陽之舞」「龍蔵之舞」「住吉之舞」「手力男之舞」「氏柴之問答」「六道舞」「グウ神楽」「神賀」「将軍舞」「三崎舞」と続き、終わると「神送りの儀」がある。この頃日の出を過ぎているようである。そして舞庭が取り壊され、「直会」で終わる構成である。

藺牟田神舞は、大きく「大神舞」と「小神舞」の二つに分かれていた。大神舞とは、近代以降では、天皇の即位御大典や皇太子の誕生、立太子御大典、戦勝祝賀など、国家的行事で行われる一方、遷宮式や郷土祝典、記念行事などの際、社家の子弟が古老に指導を受けて奉納していたという。一方で小神舞は、招魂社の夏祭りや、日枝神社の例祭などで、二、三の舞を奉納する小規模なものであるという。所崎・牧山の『藺牟田神舞』には、神舞を伝えてきた税所家と押領《おうりょう》司《じ》家の文書記録に基づく明治以降の記録が紹介されている。確認してみると次の通りである。

まず明治三一年（一八九八）旧暦一一月六日の「招魂社大神舞」である。このときは、宮入／門取／花舞／三笠／幣舞／杵舞／岩通／夜中の御神楽／手恵／天神矢房／半通／通り（切利）の法者／振剣／長刀／飛矢／神賀／十二人剣／御崎舞の順序で行われた。

この次は、明治四三年（一九一〇）一一月一二日の「遷座祭大神舞」である。演目は次の通り、宮入／門取／一番舞／地割／花舞／三笠／幣舞／岩通／手恵／夜中の御神楽／杵舞／半通／振剣／恵良／長刀／飛矢／切利の法者／天神矢房／神賀／十二人剣／御崎舞であった。

次は大正三年（一九一四）一一月の「御大典奉祝大神舞」である。このときは、明治四三年のときと同じ演目が舞われている。次の大正一五年（一九二六）一一月一日は「丁丑の後五十年記念神舞」という、「丁丑の役」（西南戦争）から五十年を記念して行われており、このときも従来とほぼ同じと伝わる。

昭和三年（一九二八）一一月一四日の「即位御大典奉祝大神舞」は、なかなか大規模である。このとき、一一月一〇日に行われた、昭和天皇の即位の大礼に合わせて小学校で遥拝式を挙行し、大嘗祭の当日には日枝神社でも大嘗祭を行い、その夜に大神舞が日夜かけて奉納されたという。このときも基本的に同じだが、「杵舞」が「杵鉞」と名称が異なっている。

この次は昭和一二年（一九三七）一一月二八日「日枝神社改築竣工奉納大神舞」である。ここまでは順調に行われているが、以降記録がなくなり、次に行われたのは昭和四五年（一九七〇）八月一五日の「継承のための神舞」となっている。どうやら昭和一二年以降、蘭牟田神舞は途絶したようであり、牧山望が「祖先伝承の神舞が絶滅することを憂え、蘭牟田池畔の社家の幼児、小学児童、中学生等六名を集めて神舞を指導し、日枝神社裏の広場に於てその発表会を開催した」（四二頁）ようだ。このときは、まず日枝神社に一番舞を奉納し、花舞／三笠舞／剣舞／長刀舞／沖得の舞／御崎舞が奉納された。明治以降、登場していない沖得の舞が、牧山望によって舞われている点を除き、少なくとも二一番舞われていた蘭牟田神舞は明らかに衰退していたことが窺える。

以上の近代鹿児島における神舞の実修については、また別に検討する必要があるだろう。本稿で対象とするのは、近世の蘭牟田神舞である。しかし近代以前の蘭牟田神舞については、今のところ不明な点が多い。

図2　蘭牟田池
かつて山王大権現社は池の畔にあった。星優也撮影

なお、蘭牟田神舞が行われた日枝神社については、地誌『三国名勝図会』巻一八「蘭牟田」に記載がある。当時は日吉山王大権現社と呼ばれていたらしく、次のように記される（一部、新字に改めた）。

日吉山王大權現社領主館より酉の方、一里許、蘭牟田村、古里にあり、祭神神体鏡に神像あり江州日吉社に同じ、毎歳正月朔日・十一月初申の日を以て、祭りを爲す、當邑の宗廟にて、古廟なりと云、勸請の年月詳ならず、昔しは醫王寺と號せる別當寺ありしとて、今に其址を存す、社司押領使某、

『三国名勝図会』の記載によると、祭神が江州日吉社と同じであることから、山王神が祭られ、正月一日と一一月の初申の日に祭りが行われていたらしい。いつから大神舞と小神舞に分かれたのかは不明であるが、藺牟田神舞が行われるとしたら、正月一日、一一月の初申の日である可能性は高いだろう。

近世薩摩では、藺牟田神舞はどのように行われていたのか。その手掛かりとなるのが、所崎・牧山の『藺牟田神舞』に翻刻された次第書『神舞一庭之事』である。

（2）『神舞一庭之事』の序文と聖教

『神舞一庭之事』とは、税所家が旧蔵していた藺牟田神舞の次第書及び、聖教群を収めたものである。現在は散逸しており、唯一『藺牟田神舞』に翻刻されたものを、現在みることができる。では、『神舞一庭之事』とはいかなる資料なのだろうか。華厳寺第八代の住持である三峰呑悦が記した序文をみてみよう（なお、一部漢字を私に改めている）。

> 夫レ神舞トハ何ゾヤ。山ヲ迎ヘテ荘厳《ショウゴン》ニ四方圍《メグ》ラシ、神目《シメ》ノ下《モト》楽ヲ調べ、妓、舞衣《ブイ》ノ袂《タモト》ヲ庭上ニ翻シテ以テ上《カミ》ハ梵天帝釈《ボンテンタイシャク》、下《シモ》ハ四大天王、別《ベツ》シテ本朝ノ鎮守伊勢ノ天照皇大神《アマテラススメオオカミ》六十余州《シュウ》ノ大小ノ神祇《ジンギ》、殊ニ当所宗廟《ソウビョウ》所在ノ末社ヲ勧請《カンジョウ》シ奉《マツ》リ、而シテ社頭ニ幣帛ヲ捧ゲ、大床《オオトコ》ニ賽礼《サイレイ》ヲ奠《テン》シテ以テ祈リ奉ル信心大檀那、武運永保、国家安寧《アンネイ》、所ノ繁栄、五穀豊熟、厳重大願ノ意趣《イシュ》ナリ。豈《アニ》、神冥《シンメイ》ノ感応《カンノウ》莫《ナ》カランヤ。爰《ココ》ニ税所《サイショ》肥膳《ヒゼン》ナル者アリ、予ニ告ゲテ曰ク、斯《コ》ノ書ノ伝ハルヤ久シ。之ヲ書写シテ以テ子孫ニ伝ヘンコトヲ予ニ請フ、辞スルコトヲ獲ズ。

まず「序」の前半を見てみよう。冒頭「夫レ神舞トハ何ゾヤ」と始まり、神舞の手順が述べられる。ちなみにこの「山ヲ迎ヘテ」は、先に見た「山行き」と対応するものと思われ、記述されるように神舞では、四方を荘厳し、楽を奏して舞を奉納する。

上は梵天帝釈、下は四大天王、別に天照皇大神を始めとする日本国中にいる大小の神々、そして「当所宗廟所在ノ末社」を勧請する。先に見た『三国名勝図会』で、日吉山王大権現社が「當邑の宗廟」と呼ばれていたことから、ここは日吉山王大権現社（日枝神社）の神々が該当しよう。そして大檀那により「武運永保、国家安寧、所ノ繁栄、五穀豊熟、厳重大願」が祈られるという。

次の傍線部によると、「税所肥膳」という人物が呑悦のもとを訪れ、久しく伝わる『神舞一庭之事』を子孫に伝えるため、呑悦に書写することを求めたという。呑悦は断ることができず、『神舞一庭之事』を写すことになったようである。「序」の続きを見てみよう。

其ノ中間ニ至リテ解脱上人《ゲダツシヨウニン》ノ佳作アリ、之ヲ吟閲《ギンエツ》スレバ、文約《ブンツヅマヤカ》ニシテ義豊《ギユタカ》ニ、辞顕《ジアラワ》ニシテ理奥《リオクブカ》シ、野菊金ヲ含ミ、山川玉ヲ咄《クツ》ムガゴトク、実ニ甚深《ジンシン》、不可思議ノ神徳ヲ為スナリ。然リト雖、烏焉馬《ウエンバ》ノ誤リ多ク、未ダ善《ヨ》カラザル者ハ之ヲ正シ、繁《シゲ》キ者ハ之ヲ芟《ケズ》リ、略ナル者ハ之ヲ詳《ツマビラカ》ニスルモ、数百言亦誤リテ、其ノ性ヲ易《カ》ユル者アリ。数十字、字毎ニ筆ヲ駐《トド》メ、眉頭《ビトウ》ニ攅《サン》シ或《アルイ》ハ之ヲ模様シ、或ハ精明ニスルモ、卒《ツ》ヒニ文ノ略多クシテ分明《ブンミヨウ》ナラズ。読ム者憾《ウラ》ミトス。予モ亦然リ。之ヲ正サント欲スルニ暇アラズ、後ノ人、之ヲ詳ニセバ幸甚《コウジン》ナルモノトイツベキカ。遂ニ其ノ概《オオムネ》ヲ述ベテ簡首《カンシュ》ノ弁《ベン》ト為ス。

後半部分が説明するように、税所肥膳から受けた『神舞一庭之事』は、「烏焉馬ノ誤リ多ク」とあるように文字に誤りが多かったようで、呑悦によってかなり訂正が加えられたようであるが、ついに全体的な訂正はできなかったらしい。「読ム者憾ミトス。予モ亦然リ」と結ぶところからも、呑悦は相当『神舞一庭之事』の改訂作業に苦労したようである。

このあとに、「元文二丁己年　仲夏ノ日　弓木山華厳寺ノ寓居ニ峰呑悦叙シ奉ル」と書かれており、『神舞一庭之事』の序文が書かれたのは元文二年（一七三七）のことであったようである。では、呑悦が税所肥膳から託された『神舞一庭之事』は、いつのものであったのだろうか。呑悦は、いくつか書写した聖教の末尾に書き残してくれている。該当する例を挙げておこう。

A本書は延宝八庚申二月彼岸に平兼次六十五歳に而書写
今元文二丁己卯月中旬に税所氏依情望華岩《ママ》現住呑悦書之
（一番舞）

B于時延宝八庚申六月五日書之行年六十五押領司氏兼次其年大雨降り大水かきりなく御座候年苦くして田植有之。
今元文二丁己五月十一日税所氏依強望不得罷華厳寓居呑悦書写之、此年若而早稲之分相済候、当年茂正月より五月まで三ケ二（三分の二）は雨天而諸事不仕迫に御座候米價春時分は一石に付銀三十六匁当分は四十五匁に成候、銭一貫は十二匁替に御座候爲後代記之也
（花舞）

C本書延宝八年七月三日押領司氏兼次書写其年五月六日より大雨に而七月三日迄降り続き畠作仕付難為候故大飢饉と相見候
今元文二丁己五月七日税所氏依請益寓華厳見住呑悦書之也
（三笠舞）

D于時延宝八庚申六月十日押領司氏兼次書之今元文二丁己五月二十四日税所肥膳仍深情之頼華厳寺見住呑悦不得罷事乍廉筆為後代書写之此年は苦く而田方は中手物夏中にて入梅十四日に入候而今日迠天氣能御座候。
（沖得之舞）

E于時延宝八庚申年六月拾五日押領司氏兼次書之。
今元文第二丁己六月初四日依税所氏之深望而寓花岩《ママ》見住呑悦[10]為後世書写之。
（氏柴之問答）

AからEの事例が示すように、延宝八年（一六八〇）に押領司兼次によって書かれたものを、元文二年に呑悦

が写したことが分かる。どうやら二月に「一番舞」が写され、六月五日に「花舞」が、同月一〇日に「沖得之舞」、一五日に「氏柴之問答」、七月三日に「三笠舞」が写されたことが分かる。

興味深いのは、兼次が記録した延宝八年五月六日から七月三日にかけては、「大雨」になったうえ「大水」も発生し、挙句の果てに「大飢饉」になったという。この頃発生した「延宝の大飢饉」の影響が垣間見える。二月の段階では「大雨」の情報が記載されていないが、以降「氏柴之問答」以外にはすべて記述がある。Ｂの「花舞」とＤの「沖得之舞」からは、呑悦が書写した元文二年の正月から五月まで、一年の「三ケ二」（三分の二）は「雨天」で物価は高騰していると、兼次の時代同様、当時の混乱ぶりが窺える。

呑悦が『神舞一庭之事』の書写に腐心したのは、元文二年の現実と、押領司兼次が『神舞一庭之事』を記した延宝八年を重ねていたのではなかろうか。井上隆弘が言うように、確かにこの年に神舞が実修されたとは断言できないが、自然災害という現実が、兼次や呑悦の聖教書写を後押ししたことは推察できよう。

以上の奥書から、呑悦による『神舞一庭之事』の書写作業の背景を、元文二年の現実から考えることができるが、見逃せない一文が「序」にある。それは「解脱上人ノ佳作」というテキストである。

あらためて、呑悦の序を見てみよう。

其ノ中間ニ至リテ解脱上人《ゲダツショウニン》ノ佳作アリ、之ヲ吟閲《ギンエツ》スレバ、文約《ブンツヅマヤカ》ニシテ義豊《ギユタカ》ニ、辞顕《ジアラワ》ニシテ理奥《リオクブカ》シ、野菊金ヲ含ミ、山川玉ヲ咄《クツ》ムガゴトク、実ニ甚深《ジンシン》、不可思議ノ神徳ヲ為スナリ。

『神舞一庭之事』の中間に、解脱上人の佳作があるという。解脱上人、すなわち解脱房貞慶（一一五五～一二一三）のことである。呑悦によれば、この「解脱上人ノ佳作」は、吟ずれば文は手短ながらも豊かな内容で、言葉は明らかでもその意味は奥深い。例えるなら、野菊は金を、山川は玉を含むようである。実に甚だしく深く、不可思議の神徳をなすという。

呑悦はこの「解脱上人ノ佳作」をかなり評価していることが分かる。ではこの「佳作」とは何を指しているのだろうか。『神舞一庭之事』を読むと、まさに「解脱上人」が作ったとするテキストが出てくる。『神祇講式』である。

『神舞一庭之事』の「忉利の法者、忉利の小神子」と「重山之舞」の間に、『神祇講式』が全文掲載され、確かに「解脱上人ノ御作ナリ」と書かれている。呑悦は「序」で触れねばならないほど、「解脱上人ノ佳作」「解脱上人ノ御作」であり、「不可思議ノ神徳」をなす『神祇講式』を読むことを重視しているのである。

では、その『神祇講式』とはいかなるテキストであるのか。藺牟田神舞における『神祇講式』を考える前に、このテキストについて押さえねばならない。次節からは、視点を『神祇講式』へ移し、藺牟田神舞の『神祇講式』がいかなる系譜にあるのかを確認してみよう。

二　変貌する『神祇講式』

(1)『神祇講式』について

あらためて『神祇講式』とは、その書名が示す通り、神祇を〈本尊〉とする講式である。そもそも講式は、経典を講読、論義する法会「講経法会」に源流を持ち、平安中期の伝源信『二十五三昧式』以降確立した、法会次第と読み上げられる式文と伽陀が記された、簡易な法会次第書として展開した。

筑土鈴寛、山田昭全、ニールス・グュルベルク、舩田淳一を始めとする研究[11]が明らかにしているように、講式は平安中期以降、主に平安浄土教の展開と密接に作られ、平安後期には、浄土信仰を密教側に受容した覚鑁《かくばん》により、高野山で明王や天部の講式が作られている。鎌倉期には、貞慶や明恵によって『舎利講式』『地蔵講式』『観音講式』といった、釈迦信仰、地蔵信仰、観音信仰を背景とした講式が作られるとともに、『熱田明神講式』や

『春日権現講式』など、神々の講式が登場する。

『神祇講式』も、以上のような神々の講式に含まれるが、熱田、春日、山王といった個別の神ではなく、「神祇」（天神地祇）といった普遍的な神存在そのものが対象である点に、大きな特徴がある。

『神祇講式』の構成そのものは、基本的に惣礼／三礼／表白／神分／六種廻向となっており、おもに「表白」がメインの法会である。表白では、啓白文に始まり、三段に分かれた式文と、その段落ごとに唱えられる伽陀が記されており、法会では導師が式文を読み上げ、職衆が伽陀を読誦することになる。

表白《ひょうびゃく》で展開される『神祇講式』の内容を簡単にまとめてみよう。啓白文《けいびゃくもん》では、「東土」で神（神冥）が衆生を救済する起源（天地開闢）が、この国の大海に沈む「仏法流布の瑞相」である「大日如来印文《いんもん》」と、障碍《しょうげ》をなそうとした第六天魔王、そして魔王から天照太神が「神璽」を請い受けたことに求められる。

そして第一段「讃諸神本地」では、神は「往古如来、深位大士」であるとし、「或経曰」として「諸仏所居者、皆是浄土也」、「諸社瑞籬者則厳浄仏土也」と説く。すなわち神社は浄土であると言うのである。

第二段「述垂迹利益」では、神々が「神通力」を発揮して衆生を救済していることを説き、さらに空海や最澄、熊野や蔵王権現の故事を引くことで、いかに神が仏法を護っているかを説く。その上で「殊当社権現」は「慈悲万行之名称、朝家無双之霊神」であるとする。

第三段「廻向発願」では、仏法僧の三宝を始め、二十二社を中心とする天神地祇と当社権現、梵天帝釈天以下の仏教神、冥道諸神に至り「奉献」し、「七世父母」から「貴賤霊」に至るまで「廻向」する。そして衆生擁護と仏法擁護、「金輪聖主宝祚延長」、「文武百僚栄運」を「発願」する。父母、霊から衆生全般、さらに国家へも神を供養することで功徳を巡らそうという、極めてスケールの大きい講式である。

『神祇講式』については、岡田莊司と佐藤眞人の両氏による近年の研究(12)が明らかにしたように、そのもっとも古い写本は醍醐寺三宝院が所蔵する弘安九年（一二八六）写本である。また、岡田と佐藤により、作者は解脱房貞慶であると指摘されており、その根拠となる奥書が、西大寺所蔵本と天理図書館本にある。佐藤論文よりまず天理図書館本を引用しよう。

　　右此式者南都興福寺学侶解脱上人之御作也
　　　　但後笠置寺上人
　于時永正十二年乙亥八月十五日□□□
　　　　繼願□之
　永正十五年　　□□

つぎに西大寺本を見てみると以下の通りである。

右此式者笠置寺解脱上人貞慶之製作也
始興福寺住居之時爲二春日大明神法樂一有二製作一云々

この「解脱上人之御作也」と「解脱上人貞慶之製作也」とする説は、たしかに解脱上人（貞慶）の作であることを伝えており、先に見た『神舞一庭之事』の「解脱上人ノ御作ナリ」と通じるものである。ところがいずれも室町後期以降のものであり、実は鎌倉時代に遡る貞慶を作者とする諸本は、今のところ見つかっていない。

先述したように、筆者は前稿で、膨大に残る『神祇講式』諸写本と『神祇講式』本文の引用を追い、全国的な流布と展開を明らかにしている。[13]

次にその成果に基づき、とくに神楽への展開を追ってみよう。

（2）高野山の「神祇講」と『神祇講式』

弘安九年（一二八六）の最古写本である、醍醐寺三宝院所蔵本の奥書には、次のように書かれている[14]。

私云、以二所次一講二此式一、所レ禱二天下静謐、国土安穏一也、次祈二方々諸壇越一者也、

弘安九年正月三日　権長吏法眼晴弥（花押）

「私云」と注釈した晴弥が説くところに拠れば、『神祇講式』は「天下静謐」「国土安穏」を祈る公的な法会で読まれるとともに、「方々諸壇越」という個人を祈る講式として、認識されていたようである。

この弘安九年の醍醐寺三宝院本以外では、真福寺大須文庫本と宮内庁書陵部伏見宮本が鎌倉末期のものとされており、この次に見つかっている諸本は、応永二一年（一四一四）の温泉寺蔵『神祇式』にまで時代が下る。この間、『神祇講式』がどのように読まれていたかは定かでないが、春瑜『日本書紀私見聞』（応永三一年〔一四二四〕）には、大日如来の印文について触れた際、「神祇講式云」として次のように書かれる。

然ニ此文ヲ書キ入タルニ依テ神祇講式ヲハ秘スル也。

どうやら『神祇講式』は応永年間頃まで、〈秘書〉とされていたことが想像される。ところが応永年間以降、『神祇講式』は読まれ方が変化する。高野山に室町期以降の諸写本が膨大に残されているのである。

高野山には、文明一九年（一四八七）を始め、延徳二年（一四九〇）本、享禄四年（一五三一）本、永禄一三年（一五七〇）本、貞享五年（一六八八）本、延享四年（一七四七）本、天保一〇年（一八三九）本、文政元年（一八一八）がある。ほかにも年代不詳を含めて一七本の写本が確認できている。

これらがどのように使われたのかは不明な点が多いが、のちに高野山の法会をまとめた霊瑞南龍『密宗諸法会儀則』（安永二年〔一七七三〕）によれば、「神祇講」が行われていたようだ。翻刻すると次の通りである。

△十八　神祇講　密立 潤月

先伝供　四智梵語 署梵語　心 佛讃　別禮　式師
云何唄　散華　中段 大日　○羯《ママ》諦羯諦波羅羯諦波羅僧羯諦菩提娑婆訶　二十一遍

『神祇講式』の「惣礼」「三礼」が、「別禮」と対応することが想定される。次に『神祇講式』の式文・伽陀の読誦である「表白」が「式師」である。最後の「羯諦羯諦波羅羯諦波羅僧羯諦菩提娑婆訶」は、明らかに『般若心経』の一節と分かる。『神祇講式』は「表白」のあとに「神分」という、『般若心経』が読まれる個所があり、ここも対応する。しかし、最初の「伝供」は密教儀礼の作法であり、仏讃を唱える個所も『神祇講式』の式次第に見えない。「神祇講」の割注に「密立」とあるように、密教形式の法会として行われていたようである。行われる時期は、「潤月」（＝閏月）であったようだ。

この「神祇講」そのものの記録は、『高野春秋編年録』などにも見えず不明な点が多い。秘儀であった可能性もある。一方で、もう一つ「神祇講」の痕跡がある。高野山大学所蔵の『神祇講法則』である。これは三輪流神道の「神道灌頂」で使用されていたらしい。

以上のことから『神祇講式』は、中世末から近世にかけて、「神祇講」の実修や三輪流神道の儀礼で展開していたことが明らかである。だが『神祇講式』は高野山に留まらず、地域的な広がりを見せているのである。

（3）　神前法楽から神楽へ

かつて宮家準が論及したように、『神祇講式』は当山派修験道の神祭で使用されている[15]。観弘『修験常用集』（文政八年〔一八二五〕）という、当山派修験道の集大成に『神祇講式』は収録されており、同じく神祭の次第書である、行存『修験道諸神勧請通用』（元禄四年〔一六九一〕）にも、「神前読経ノ法楽」で『神祇講式』が読誦されたとある。

前稿で触れたが、『修験道諸神勧請通用』では次のようにある。

神前読経ノ法楽

錫杖一巻　心経三巻　普門品一巻　神祇講式一巻　諸真言

この記述からは、『神祇講式』は「神祇講」という法会の次第という独立したテキストではなく、『錫杖経』『般若心経』『法華経』（普門品）など経典とならべて読まれている。これがいつからかは不明であるが、萩原龍夫が発見した全文カタカナの『神祇講式』（天正一八年〔一五九〇〕写）[16]が静岡県日向観音堂に残されており、奥書には「カモノ助」が「サルワカ」へ譲ったとあるように、戦国期には高野山の学侶などとは異なる身分の人々へと渡っていたようだ。当山派を形成する真言系修験者が媒介した可能性は十分考えられよう。

修験道の神祭と類似するのが、奥三河花祭の「天の祭り」の次第である。時代は下るが、寛政九年（一七九七）の次第によれば、

次ニ払心経、観音経、ヂンミヤウチヤウ、ヂンギコウシキ、コマノヒヤウ、サンチウバヂン、クワヂンキヤウ、諸祭文諸キヤウ真言一切の咒、各々観上スベシ。

とある。さらに事例をあげると、花祭の「源流」ともいえる奥三河大神楽でも、『神祇講式』は読まれていた。早川孝太郎が紹介した古戸の口伝書によれば[17]、次の通りである。

先護身法九字十字、次三礼色（式）作法、次作法ヲワツテ　次仏現之法大事　次神楽之法　次願上ヲワツテエカウ神祇講式エカウ旦誦スヘシ　次当所神祇一切諸仏諸神願上申レ奉右年入祈念心ノマ、ヨク〳〵申入也

これは「大行事勧請」と呼ばれる儀礼の次第で、大神楽で「浄土入り」を行う「白山」を立てる直前に行われる。ここで『神祇講式』「エカウ旦」（廻向段）が読まれていたようだ。

これらの事例から、『神祇講式』は講経法会、神前法楽、神楽において読まれていたことが窺える。『神祇講

式』は儀礼の実践において、その位置づけを変えながら近世にまで至っていたのである。

以上見てきたように、『神祇講式』は同一写本でありつつも、実践される儀礼に即して常に変貌していることが分かる。講経法会から神楽に至り、おそらく修験者に媒介されて流布したと思われる『神祇講式』は、薗牟田神舞ではいかに読まれているのだろうか。次節から、いよいよ薗牟田神舞における『神祇講式』を読み解こう。

三　薗牟田神舞における『神祇講式』

（１）切利の法者、切利の小神子

「切利の法者、切利の小神子」は、文字通り「切利の法者」と「切利の小神子」の二人によって進行される。この「切利」は明らかに切利天のことである。またこの「法者」「小神子」は、かつて岩田勝が論じた、中国地方や九州においてセットで神楽を舞う、「法者」と「神子」の事例[18]との関連が窺える。薗牟田を始めとする薩摩の神舞も、その一つに位置づけられよう。

極めて特徴的な「切利の法者」と「切利の小神子」が展開するこの演目は、いかなる内容であるのか。『神舞一庭之事』の詞章を引用し、確認してゆきたい。

まず、「切利の法者」と「切利の小神子」が、白装束に笠と鈴と五色の幣を持って登場する。この白装束とは、白い着物に袴をはいた姿らしい。舞が終わると、「広目」に入り、聖教が唱えられる。まず「只今是に現して候は切利の法者にて候」と紹介される。

扨も天照大神は日月を取り、天岩戸に閉籠らせ給えば、天下は定夜の闇と成り、地は滄溟海の如く有りし時日本六十余州の神祇冥道は駿河国宇多の長浜と云う所に国の神達集まり給いて歌を読み、舞を舞い、舞衣の袖をひるかえし候得共更に神冥詠覧も座さす有とは乍申、今一調子御はやし候得、唯今の神楽を増せはやと存候。

切利の法者が述べる詞章によれば、アマテラスが日と月を取り、天岩戸に籠ったので世界は闇になってしまった。神々（神祇冥道）は「駿河国宇多の長浜」に集まり、歌を詠み、舞を舞ったが今一調子が良くない。そこで「唯今の神楽を増せはや」といって神楽を増やすことを求める。そこで登場するのが「切利の小神子」である。「唯今是に現して候は切利のみことにて候」と紹介され、「切利の小神子」が詞章を読む。

抑神舞と者昔天照大神と蛭子、素戔嗚尊の悪心をやめ給わんがため也。天ノ岩戸に閉籠り給う其時一天世界闇と成り日月の光も失ひ山草万木も生定をえかたし、人間も忽ちに常闇と成候間八万世の神達岩戸の前に参り、しかも庭に火を焚き悦ひの御神楽を申し奉り天照大神の御心を和け給う。亦思金尊と申す御神は天照大神の御姿を鏡に移し奉りし所の鏡は紀伊国なんくさの郡日前の神と申し奉る。亦諸の神達鼓を打ち、笛を吹き、舞を舞給う。しかも其時天照大神を手力出し奉りしかは、其時諸神達同音にあら面白やと申し奉りしより以来此詞を和けて面白やと申すなり。其時、天下本の如くに成、人々も悉く思心安楽の思ひをなす。如此の儀式を伝え置き今更に御幣をふり、鈴をふり神の御心を和け給うも今日の信心の大檀那、心中所望所願成就皆令円満給う。

唯今岩戸の前にて舞遊仕給えとも更に神冥御詠覧も座さす候　神祇講式を招し祈らんと存し候

神舞の起源について、アマテラスとヒルコがスサノヲの悪心をやめさせようとしたことに求めている。『記』『紀』以来のスサノヲのみならず、ここにヒルコがあるのも興味深いが、以降、「天岩戸」神話が展開する。ここでアマテラスが岩戸を出たときに際して「面白や」の語源が説かれるのは、『記』『紀』に見られず、平安前期の『古語拾遺』が初見であり、中世では、天岩戸が「面白や」の起源として知られていた。(19)

聖教の詞章によれば、「如此の儀式を伝え置き今更に御幣をふり、鈴をふり神の御心を和け給うも今日の信心の大檀那、心中所望所願成就皆令円満給う。」とするように、この天岩戸神話の儀礼を伝えるために行っているようである。

詞章によれば、神々が歌を詠み、神楽を舞えども、アマテラスが岩戸から現れないようである。そこで「神祇講式」が読誦されるのである。こうして見ると、一つのストーリーを構成している。「切利の法者」によってアマテラスの岩戸籠りと世界が闇になった起源が語られ、神々が歌い、舞ったが効果がなかった。そこで神楽を増やすために「切利の小神子」が呼ばれて岩戸が開かれた神話を語りかけるが、それでもアマテラスは現れない。そこで『神祇講式』を読むという構成である。

『神祇講式』を「招し祈らん」という、きわめて聞きなれない表現が見られるが、ここでいかなる『神祇講式』が読まれるのかを見てみよう。

（2）　藺牟田神舞の『神祇講式』

では、ここで読まれる『神祇講式』を確認してみよう。所崎・牧山の『藺牟田神舞』に収録される『神祇講式』は、読み下されている点を除き、ほかに諸本と相違は少ない。基本構成はほぼ変わらないが、第三段「廻向発願」に注目すべき箇所がある。

先述したように、第三段「廻向発願」は、仏法僧の三宝から始まり、天神七代・地神五代と二十二社を中心とした日本の神々から、梵天、帝釈天などの天部神、冥道諸神に「奉献」し、そこで積んだ功徳を「七世父母」から「貴賤霊」に至るまで「廻向」する箇所である。『神祇講式』のクライマックスと言ってもよい。注目すべきは、藺牟田では少し神名が異なっているのである。「関東鎮守」である「三島」の次に、「諏訪」と「山王七社」が記述されている。

まず「諏訪」であるが、実は「諏訪」は諸本によって記述される場合がある。とくに高野山系の諸本（文明一九年〔一四八七〕本「諏訪上下大明神」、年代不詳・行教仮託本「諏訪大明神」、貞享五年〔一六八八〕本）において記述が確認でき、東京大学史料編纂所蔵・島津家文書本「神祇講式」にも「諏訪上下大明神」が確認できる。蘭牟田の『神祇講式』が高野山系との関わりを窺わせる。さらに『三国名勝図会』巻十八「蘭牟田」を見ると、日吉山王大権現社と並ぶ神社として「諏方大明神社」が登場している。

次に「山王七社」である。山王七社とは、日吉・日枝・山王神社の総本社である近江国日吉大社の、とくに上七社（大宮、二宮、聖真子、八王子、客人、十禅師、三宮）を指す。ここに山王七社が記述される理由は、おそらく蘭牟田神舞が舞われる場が日枝神社（日吉山王大権現社）であるためであろう。なお、現段階で、「山王七社」が第三段「廻向発願」に書かれる諸本は見つかっておらず、蘭牟田独自のものである可能性も考えられる。

以上のことから、蘭牟田神舞における『神祇講式』は、高野山系の「諏訪」が記述されるものが選ばれ、さらに日吉山王大権現と関わる「山王七社」が追加されたのではなかろうか。

注目すべきは神名のみではない。蘭牟田の『神祇講式』では、二段と三段で「当社権現」に触れる際、「当社」の下に「其宮、神名」（二段）、「其宮、其神」と注釈されている。

この「当社」の下に「其宮、神名」などを祀る神や場所を注釈する記述は、実は多くの『神祇講式』においても見ることができる。

例えば永禄一三年本を見ると、第三段で「殊ニハ當社随所」とあり、また享禄四年本では、同じく第三段「普天卒土有勢大小神祇殊當社勧請」とある。またこの延徳二年本は、二段の「当社」にも割注で「殊當社任心廣《イコウ》大慈悲之内性鎮護《チンゴ》国家《コッケ》之霊神也」としており、春日神の菩薩号「慈悲万行菩薩」を彷彿とさせる「慈悲万行之名称」から、「廣大慈悲之内性」とより普遍化させている。高野山以外でも、金沢文庫所蔵の延享三年（一七四六）本と延享五年（一七四八）本では、同じ第三段で「普天卒土有勢無勢大小神祇殊ニハ當社某甲権現大明神」とある。

これら「随所」「当社勧請」「当社任心」「某甲権現大明神」という割注は、『神祇講式』を読み上げる法会において、まさに随所に〈本尊〉である自社の権現を入れ替えることができる、きわめて実践的な表現といえよう。たとえば文政元年に寛光が書写した『神祇講式』には、第二段の「当社」に朱で「異本ニ可レ随レ所」と書き、割注で「両大明神者／王道變化ノ尊神」とする。なお寛光は、また朱で「両大明神」に「此ハ當山権現」と書いている。高野明神、丹生明神が当てられたことが窺えるのである。おそらく『神祇講式』は、「当社権化」部分を法会の場に即して変更可能なテキストであったようだ。この割注にみえる〈随所〉は、定まった文言ではなく、その儀礼の場に応じて導師によって発せられたため、ほとんど記述として残らなかったのだろうが、偶然、もしくは写本を作成する際に書き記されたのだろう。[20]

藺牟田神舞が行われる場において、『神祇講式』の「其宮、其神（神名）」とは、まさに日枝神社の日吉山王大権現のことであり、まず本社から山王七社を勧請したうえで、「殊ニ」藺牟田在地の日吉山王大権現を位置づける仕組みになっている。おそらく「忉利の法者、忉利の小神子」では、「日吉山王大権現」の名が読み上げられたのであろう。

天照大神を岩戸から出すべく、『神祇講式』を読むことで、日枝神社の神を始めとする日本国中の神々を召喚する。では、この『神祇講式』読誦は、藺牟田神舞でいかなる意味を持つのか。舞の演目を進めてみよう。

（3）日月の復活と『神祇講式』

「忉利の法者、忉利の小神子」で『神祇講式』が読まれて以降は、「重山之舞」「陰陽之舞」「龍蔵之舞」「住吉之舞」「手力男之舞」へと進行する。これらの舞では、それぞれ重山、陰陽、龍蔵権現、住吉、手力男大明神といった神々が現れ、聖教を岩戸に向かって唱えてゆく構成である。なかでも注目すべきは「陰陽之舞」である。「陰陽之舞」では、登場人物である陰陽が、極めて異色の中世岩戸神話を語る。

以て神には天照大神の方便のぎぎを見て吾朝に渡し給う。天の御鉾の滴島と成り天竺正体都卒天のぎぎを見て四方に四門を立て、五体五智の如来、五体五竜王十六禅神王の大戸を立て、国を守護せんと思召さるる所に俄に日本暗と成り、闇夜開きをして国を鎮めんとし給う。闇夜開きは都卒天のぎぎを見て手には錫杖を取り、五色の幣帛を捧げ、梵天帝釈と祈られけり。其時、日光菩薩月光菩薩と成りて出てさせ給う。

「都卒天（兜率天）のぎぎ（儀軌？）」に従い、錫杖と五色の幣を捧げ、梵天帝釈天に祈願すると、日光菩薩と月光菩薩となって現れたという。「陰陽之舞」の後は、最終的に手力男大明神によって岩戸が開けられる。『神舞一庭之事』の次第によると、その時、次の行為をする。

爰にて大神出給う也。左右に日光月光に火をとぼし亦内侍二人扇開きて御面を陰す也。

どうやら大神（天照）が現れたとき、「日光」「月光」に火を灯す儀礼が行われるようだ。藺牟田神舞は夜通し舞われ、ちょうどこの時夜明けに近い。まとめると、日月を取って天岩戸に籠り闇となってしまった世界で、神々が神楽を奏したが効果はなく、『神祇講式』を読み上げた。すると、重山、陰陽、龍蔵権現、住吉といった特定の神が招かれ、手力男大明神によって光が取り戻される。

この時「日光」と「月光」に火が灯されるのは、日光菩薩、月光菩薩

図３　祓川神舞「大神祝詞」
岩戸に籠もった天照大神に祝詞を奏状する。『神祇講式』読誦の場面と対応する。井上隆弘氏撮影

が現れた神話の再現であり、夜明け頃に演出されることで、藺牟田の村落社会そのものを更新する効果を発揮したと考えられる。すべては『神祇講式』が読まれることによって展開したと読めよう。それゆえに「忉利の法者、忉利の小神子」で、「神祇講式を招し祈らん」と表現されたと考えられるのだ。

おわりに

以上のことから、本稿では、藺牟田神舞の『神祇講式』を、鎌倉期以降における『神祇講式』の展開に位置づけ、藺牟田神舞「忉利の法者、忉利の小神子」において、いかなるテキストへと変貌したのかを明らかにした。藺牟田神舞において『神祇講式』は、日光菩薩と月光菩薩である日と月を、天岩戸から復活させられる神々を召喚するための、〈神楽祭文〉として読まれていたと位置づけられる。

では、天岩戸が開かれたあと、一体何が行われるのだろうか。この「手力男之舞」が終わったあと、「とい」と「鬼形」による「氏柴之問答」がある。そしてそれが終わると、藺牟田神舞にクライマックスともいえる演目がある。その名も「六道舞」、またの名を「浄土問答」という。「六道舞」も「とい」と「鬼形」による問答形式であるが、三途の川と思しき所で六道輪廻や地獄、そして極楽について問答があり、最終的に「鬼形」によって「神の浄土へ舞い渡らんと申事神妙なほどに浄土の道をゆるすべし、何そさいらいきに依て通るべし」といって通される。

この「神の浄土」という表現も興味深いが、ここで先に見たように、奥三河では「浄土入り」を行う「白山」を立てる大行事勧請で『神祇講式』が読まれることが連想されよう。いわゆる〈浄土神楽〉との関連については今後の課題であるが、多くの演目が他の神舞と共通するなか、『神祇講式』が確かに読まれていた藺牟田神舞のみ、「浄土問答」があることは興味深い。藺牟田神舞において『神祇講式』を読む「忉利の法者、忉利の小神子」

は、神舞の世界に即して、さらに深く読み込まねばならない。

〔付記〕　本稿は、コロンビア大学主催、国際大学院生発表会「東アジア宗教の交流と変遷」（平成二八年〔二〇一六〕六月一九日　於、佛教大学）における口頭発表に基づく。御教示を賜りました先生方に深く感謝致します。また本稿執筆にあたり、井上隆弘氏、神田竜浩氏から御教示を得た。この場を借りて感謝致します。

（1）渡辺伸夫「神楽と神舞について」（『高原町祓川・狭野の神舞（神事）――本文編――』高原町文化財調査報告書・第七集、二〇〇〇年）一九六頁参照。

（2）所崎平編・牧山望著『躑牟田神舞』（私家版、一九七六年）。本稿では、躑牟田神舞に関する基本的な情報は所崎・牧山『躑牟田神舞』に拠り、また『神舞一庭之事』も『躑牟田神舞』所収の表記に従った。

（3）石塚尊俊『西日本諸神楽の研究』（慶友社、一九七九年）三一〇頁・三三一頁、岩田勝『神楽源流考』（名著出版、一九八三年）二二七頁・四五七頁・四九一頁、山本ひろ子「浄土神楽祭文――死の国へのギャンビット」（『ユリイカ』二六巻一三号、一九九四年一二月）。

（4）井上隆弘「南九州の神楽における荒神――躑牟田神舞の三笠舞と胞衣荒神をめぐって――」（『民俗芸能研究』五六号、二〇一四年三月）。

（5）山本ひろ子『中世神話』〈岩波新書〉（岩波書店、一九九八年）。

（6）伊藤正義「中世日本紀の輪郭――太平記における卜部兼員説をめぐって――」（『文学』四〇号、一九七二年一〇月）。

（7）〈中世日本紀〉論の成果として、阿部泰郎「中世王権と中世日本紀――即位法と三種神器説をめぐりて――」（『日本文学』第三四巻五号、一九八五年五月）、桜井好朗『祭儀と注釈――中世における古代神話』（吉川弘文館、一九九三年）、「神話テキストとしての〝中世日本紀〟」（『儀礼国家の解体――中世文化史論集』吉川弘文館、一九九六年・初出は一九九四年五月）、小峯和明「中世日本紀をめぐって――言説としての日本紀から未来記まで――」（『民衆史研究』

五九号、二〇〇〇年五月）、原克昭『中世日本紀論考――註釈の思想史』（法藏館、二〇一二年）が代表的な成果である。

（8）山本ひろ子「神話と歴史の間で」（上村忠男ほか編『神話と歴史の間で』〈歴史を問う1〉岩波書店、二〇〇二年）は、「中世神話としての祭文」を提唱し、「大土公祭文」を分析しているが、斎藤英喜「祭文研究の「中世」へ」（中世文学会編『中世文学は日本文化を解明できるか』笠間書院、二〇〇六年）が批判しているように、山本は祭文を実際に読まれる儀礼の場と切り離して論じている。山本をもってしても、「中世神話としての神楽祭文」を論ずる難しさが窺えよう。なお、〈中世日本紀〉・〈中世神話〉の議論と関わり展開された斎藤の祭文・儀礼研究の成果として、斎藤英喜『いざなぎ流　祭文と儀礼』（法藏館、二〇〇二年）、「呪詛神の祭文と儀礼――「呪詛祭」の系譜といざなぎ流「すその祭文」をめぐって」（ルチア・ドルチェ＋松本郁代編『儀礼の力――中世宗教の実践世界』法藏館、二〇一〇年）、「いざなぎ流祭文と中世神話――中尾計佐清太夫本「金神方位の神祭文」をめぐって――」（佛教大学『歴史学部論集』第四号、二〇一四年三月）などが挙げられる。

（9）星優也「『神祇講式』の流布と展開」（『鷹陵史学』第四二号、二〇一六年一〇月）。

（10）渡辺伸夫「鹿児島県入来神舞資料」（『演劇研究』第一四号、一九九一年）によれば、押領司兼次は、日吉山王大権現社の二代目社司で、渡辺が発見した入来神舞の資料である『神道拾六番之神楽』（万治元年〔一六五八〕）と『神道神楽ヲキヘノヒロメ』（同）の奥書にその名があり、兼次が入来神舞と藺牟田神舞の両方に関わっていたことが分かる。『三国名勝図会』巻十八「藺牟田」の日枝山王大権現社の項にも、「社司押領使《ママ》某」と記述される。

（11）筑土鈴寛「講式の歴史的考察」（『現代仏教』第二七号〔一九二六年〕のち『宗教芸文の研究』〈中央公論社、一九四九年〉所収）、山田昭全「講式とは何か」（『大法輪』第五〇巻一二号、第五一巻一号、二号〔一九八三年一二月、一九八四年一、二月〕のち『講会の文学』〈山田昭全著作集第一巻〉〔おうふう、二〇一二年〕所収）、ニールス・グュルベルク「講式とは何か」（二松学舎大学『声明資料集』〈日本漢文資料・楽書篇〉二〇〇六年）、舩田淳一『神仏と儀礼の中世』（法藏館、二〇一一年）。

（12）岡田莊司「『神祇講式』の基礎的考察」（『大倉山論集』第四七輯、二〇〇一年）、佐藤眞人「貞慶『神祇講式』と中世神道説」（『東洋の宗教と思想』第一八號、二〇〇一年）。

(13)　前掲註(9)星論文。

(14)　醍醐寺三宝院本の出典は、前掲註(12)岡田論文である。なお、筆者は東京大学史料編纂所のマイクロフィルムで醍醐寺三宝院本を閲覧している。

(15)　宮家準「修験道における神祭の論理」(『神道宗教』四三号、一九六五年）のち『修験道儀礼の研究』(春秋社、一九七一年）所収。

(16)　萩原龍夫「山村にとどまる神祇講式と田遊び詞章」(『神々と村落──歴史学と民俗学との接点──』弘文堂、一九七八年)。

(17)　早川孝太郎『花祭』下（岡書院、一九三〇年)。

(18)　岩田勝「神子と法者──近世前期における郷村祭祀の祭司層──」(『神楽源流考』第七章、名著出版、一九八三年。初出は『山陰民俗』第三五号、一九八〇年)。また鈴木正崇「荒神神楽にみる現世と他界」(『神と仏の民俗学』〈日本歴史民俗叢書〉吉川弘文館、二〇〇一年、第三章）も参照。

(19)　例えば、無住『沙石集』巻一「太神宮御事」(弘安六年〔一二八三〕)、『類聚既験抄』「天照大神御事」、『神道集』「神道由来事」、『金玉要集』第九「一、天照大神御事」、良遍・頼舜『日本書紀巻第一聞書』(応永二六年〔一四一九〕)、良遍述『神代巻私見聞』(応永三一年〔一四二四〕）などに見られる。なお、中世的岩戸神話については、舩田淳一「中世的天岩戸神話に関する覚書──中世宗教思想史における仏教と神祇についての素描──」(『寺社と民衆』創刊号、二〇〇五年）を参照。

(20)　『神祇講式』の〈随所〉について示唆を与える事例が、高知県物部のいざなぎ流である。いざなぎ流では、祭文を用いて儀礼を行う際、儀礼に合わせて、臨機応変に言葉を祭文に付け足す「りかん」と呼ばれる儀礼行為を行っている。「りかん」の言葉も、儀礼とともに一回性のものであり、残されることが少ないが、偶然記述されている場合がある。「りかん」の問題については、斎藤英喜『いざなぎ流　祭文と儀礼』(法藏館、二〇〇二年)、梅野光興「いざなぎ流祭文と呪術テクスト」(阿部泰郎編『日本における宗教テクストの諸位相と統辞法』「テクスト布置の解釈学的研究と教育」第4回国際研究会報告書、名古屋大学大学院文学研究科、二〇〇八年）を参照。

【引用原典】

『神祇講式』（『神道大系・真言神道・下』一九九二年）
『日本書紀私見聞』（神道資料叢刊一〇、二〇〇四年）
『密宗諸法会儀則』（稲谷祐宣編『真言宗諸法会儀則集成』常楽寺文庫・四、一九七五年）
『神祇講法則』（『大神神社史料』第六巻・三輪流神道篇坤、一九七九年）
『修験道諸神勧請通用』（増補改訂『日本大蔵経』第九二巻・修験道章疏一、一九七六年）
『北設楽郡史』（民俗資料編、一九六七年）
『神舞一庭之事』（所崎平・牧山望編『藺牟田神舞』一九七六年）
『三国名勝図会』（五代秀尧・橋口兼柄編纂、青潮社、一九八二年）
高野山系『神祇講式』は、『高野山講式集』所収本を翻刻した。

第6章　奥三河の宗教文化と祭文

松山由布子

はじめに

祭文とは、神楽をはじめとする芸能や宗教儀礼の中で読み唱えられる詞章のことをいう。愛知県奥三河地域の花祭りや大神楽[1]、中国地方の神楽[2]、高知県香美《かみ》郡物部町のいざなぎ流の神事[3]など、全国各地に伝えられる祭文は、芸能や宗教儀礼の信仰の主軸をなすものである。祭文の内容の中心は、祭儀の対象となる尊格の宗教世界を説く物語である。この祭文の中の物語は、これまでとくに中世の説話集や寺社縁起、お伽草子、中世神話との関係を視野に入れながら、それぞれの信仰世界との関わりの中で論じられてきた[4]。

図1　山内の花祭り「釜祓い」（昭和63年）
豊根村教育委員会提供

一方で全国各地に伝えられる祭文は、それぞれの伝承地域における独自の宗教文化の産物でもあり、太夫や法者、禰宜などと呼ばれる司祭者などによって、地域の祭儀の場で読み唱えられてきた。祭文の物語分析においては、この二つの側面に注目する必要があるだろう。

本稿では、祭文の物語について、中世以来の物語の伝統をふまえながら、祭文を伝承する地域の宗教文化との関わりを考えてみたい。とくに、愛知県奥三河地域の花太夫の元に伝えられた病人祈禱の祭文について取り上げる。

一　奥三河の花太夫と病人祈禱の祭文

奥三河は三遠南信地域の一つである。三遠南信地域は、奥三河・南信州・遠州地域の総称であり、豊かな民俗文化が伝えられることで広く知られている。奥三河の花祭りはその代表的な事例であり、天竜川支流の大入《おおにゅう》川・大千瀬《おおちせ》川・奈根《なね》川沿いに、昭和五年（一九三〇）の段階で二〇地区[5]、平成二八年現在は一五地区で伝承されている神楽芸能である。花祭りでは、湯釜を中心に据えた舞庭《まいど》に全国の神仏を勧請し、子どもや若者の舞、鬼や翁などの面形を付けた舞が一昼夜をかけて行われる。またこの地域では、中世末期頃より安政三年（一八五六）に至るまで、大神楽と通称される大規模な神楽が、数年から数十年に一度、七日七夜ないし三日三夜をかけて行われていた。[6]花祭りや大神楽は、花太夫[7]とみょうどと呼ばれる役割の人々を中心に行われる。とくに花太夫は、舞庭に神仏を勧請し、人々の立願を成就させるための神事を執り行う。花太夫の役を代々継承してきた家々には、先の世代より教えられた花祭りや大神楽の口伝記録をはじめ、奥三河に土着化した修験者（里修験）より相伝された祭文・法則・儀礼の修法次第、病気を治すための祈禱の詞章、生活に役立つうらないやまじないの書付け、暦の刊本など、様々な文献が伝えられている。こうした多様な種類の文献は、花太夫の宗教者としての役割が花祭り神事に留まらないこと、幅広い宗教知識によって集落の人々の生活を支えてきたことを伝えており、[8]奥三河の宗教文化の基盤を成す重要な資料であると言える。[9]

こうした花太夫の家に伝えられた文献のうち、本稿では、豊根村山内の榊原家に伝えられた祭文について取り上げる。山内は三沢地区の集落の一つであり、奥三河の民俗文化についての研究がはじめられた昭和初期以来、花祭りの次第や日常の信仰習俗に古い様式が残されていることが注目されてきた地域である。(10)山内の花太夫は、鍵取《かぎとり》の榊原家と幣取《へいとり》の林家から成る。榊原家の戸主は「若太夫」、林家の戸主は「宮太夫」の名前を代々名乗り、集落の信仰や祭祀において中心的な役割を果たしてきた。また両家には大神楽についての最古の次第記録類が残されていることから、(11)奥三河の神楽の歴史の中でもその役割が注目されてきた。(12)

このうち榊原家には、中世末期から近代にかけて書写された、祭文をはじめとする宗教文献一七六点が伝えられている。(13)その中の一点、天明二年（一七八二）書写の「釜祓之伝・わたり立祭文・咒文」(14)には、次のような注記が見られる。

病人祈禱ニハ、天王嶋渡り才文ヲ読。又ハ六ケ敷時ニハ、歳神才文読。

「病人祈禱」とは、祭文やまじない詞を読み唱えて病気平癒を祈願する祈禱のことである。一つ目の傍線部にある「天王嶋渡り才文」とは、奥三河の多くの花太夫の家に伝えられる『牛頭天王嶋渡り祭文』という標題の祭文である。このことから最初の一文は、「病人祈禱の際には『牛頭天王嶋渡り祭文』を読む」という意味であると分かる。また、続く「六ケ敷時」は「むつかしきとき」と読み、回復しにくいほど病気が重い状態を指す。そして二つ目の傍線部にある「歳神才文」は、榊原家に伝えられる『御歳徳神祭文《としとくじん》』という祭文のことと考えられる。このことから二つ目の一文は、「病状の重いときには『御歳徳神祭文』を読む」という意味になる。つまりこの「釜祓之伝・わたり立祭文・咒文」の注記からは、榊原家の花太夫が病人祈禱の際に『牛頭天王嶋渡り祭文』と『御歳徳神祭文』という二つの祭文を読み唱えていたことが分かるのである。

以下、花太夫によって読み唱えられたこの二つの祭文の内容について具体的に取り上げ、奥三河の宗教文化と、祭文の物語との関わりについて考察する。

二　『牛頭天王嶋渡り祭文』と津島社

はじめに、『牛頭天王嶋渡り祭文』について取り上げる。

牛頭天王は、疫病を蔓延させる恐ろしい疫神として、中世以来広く信仰されている。牛頭天王の祭文は、牛頭天王を祀り鎮めることで疫病の難を免れようとする儀礼の中で用いられてきた。この牛頭天王祭文の物語は、一般的に蘇民将来の話として知られている。蘇民将来の話は、古くは鎌倉時代末期に卜部《うらべ》兼方《かねかた》が著した『釈日本紀』に備後国の疫隅《えのくま》国社の由来譚として引用されており、その後は京都の感神院祇園社（現、京都市八坂神社）の縁起に取り込まれて、祇園信仰と共に全国に伝えられている。

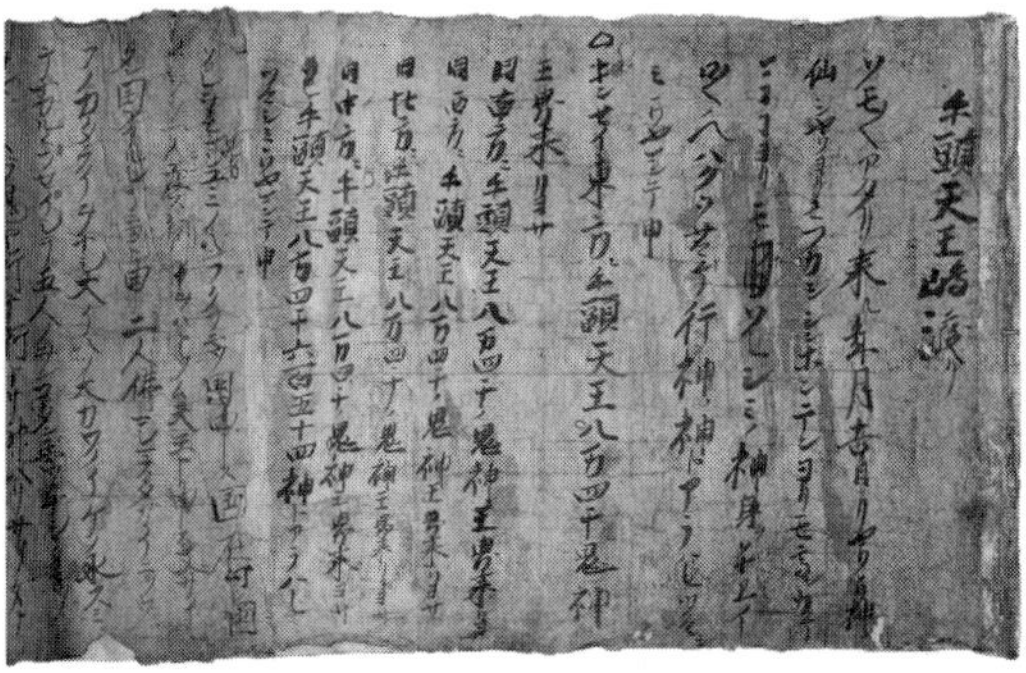

図２　大入地区花山家伝来『牛頭天王嶋渡り祭文』
東栄町教育委員会提供　＊第１紙は後補

奥三河の牛頭天王信仰は、尾張国津島社（現、津島市津島神社）を介して伝えられた。津島社は、一二世紀には尾張国の中でも有力な大社であったことが知られ[15]、中世から近世にかけて、東海や関東における牛頭天王信仰の拠点であった。奥三河は津島社の信仰圏であり、とくに榊原家には江戸時代後期頃に津島社の社家堀田右馬太夫より渡された切紙「厄神齋祝詞」[16]が伝えられていることから、津島社の御使の立ち寄る旦那場であったことが知られる。

『牛頭天王嶋渡り祭文』は、牛頭天王の津島社への来臨を説いていることから、津島社に由来する祭文であると考えられる。この祭文は多くの花太夫の家に伝えられている。これらは一七世紀頃より、奥三河に土着化した修験道の修行者（里修験）を介して花太夫の元へ伝えられたと考えられる。(17)『豊根村古文書目録』に記載される榊原家伝来の文献の中には見られないが、先の「釜祓之伝・わたり立祭文・咒文」の注記にあるように、かつては榊原家にも伝えられていたのであろう。

この祭文の内容は、以下の通りである（東栄町大入地区花山家伝来寛永一一年書写本による(18)）。

① フニウ国の王トウム天王とサイタン国の主フニヨという二人の仏の子として生まれた牛頭天王は、龍宮のチサンガイケを見ようと一時の悪風となって龍宮に赴く。牛頭天王はシヤカラ龍王の七歳の娘ビバカニヨ（シヤカツダ女）を娶り、龍宮に七年留まる間に七人の王子（相光天王、魔王天王、グモラ天王、徳タツ神天王、良ジ天王、タニカン天王、地神相光天王）が生まれる。

② 牛頭天王がシヤカツダ女・七人の王子・八万四〇〇〇人の眷属と共に日本の地へ渡ろうとすると、七人の王子の生まれた産後の「後のもの」から生まれた毒蛇が牛頭天王一行を追いかけてきて、自らも牛頭天王の子であると告げる。毒蛇は八番目の王子（タク相神天王または蛇毒気神）として一行に加わる。一行は日本の地へ渡る。

③ 一行はハコザキノウラに船をつけ、牛頭天王は尾張国海西之郡海道勝摩庄津嶋の大石に身を隠す。八人の王子はハコザキノウラに留まって新年を迎え、正月一六日にそれぞれが病（当病・ウン病・疫神・カイ病・赤腹・太病・水病・イモハシカ）を生み出す。八人の王子は生み出した病を上品の櫃一六合に入れて津嶋の牛頭天王を訪ねる。牛頭天王の一行は一時の悪風となり、天竺へと渡る。

④ 一行は大六山の麓で古端《こたん》長者に宿を求めるが、古端長者は五百人の羅漢たちの宿であることを理由に一行の頼みを断る。一方、貧しい蘇民将来は一行に宿を貸す。牛頭天王が百鬼夜行に古端長者の屋敷の様子を見

に行かせると、古端長者は牛頭天王の災いを避けるために羅漢たちに紺紙金泥の大般若経一万五〇〇〇部を転読させている。しかし羅漢の中の一人が居眠りをして経文の文字を読み落としたところに綻びが生じ、疫神たちは古端長者の屋敷へ入り乱れる。

⑤蘇民将来は牛頭天王に古端長者の嫁となっている自分の娘を助けて欲しいと申し出る。牛頭天王は、「長者夫妻ノ者ノ湯取リ水取リ」に定めることを条件に娘を助ける。

⑥その時、釈迦仏が現れて牛頭天王と対峙し、「仏の弟子を悩ますのはいかなる魔王鬼神であるか」と問う。牛頭天王は釈迦仏に、「仏であるならばその身を一〇〇〇人の檀那の命に代えよ」と告げて、釈迦仏の左の指に取り憑く。一〇の指を病み、五臓六腑をせめられた釈迦仏は、すべての衆生を救済するために入滅する。牛頭天王は「仏の御命を取る迄なり」と言って、眷属と共に日本に帰ることにする。

⑦蘇民将来はチシユガノまで牛頭天王一行の御供をし、牛頭天王より、子孫を疫病から守ることのできる柳の御判を賜る。牛頭天王は蘇民将来に、「たとえ蘇民将来の子孫であっても、先の世で親を殺し、子を害し、七堂伽藍に火を掛けて神や仏を焼き払い、十悪五逆の者が生まれきたならば助けることはできない。神田香田を作って仏神三宝を供養しない者も同様である。古端長者の子孫はいくら善根功徳を積んでも罪せられる」と告げ、眷属を引き連れて日本の地へ帰っていく。

『牛頭天王嶋渡り祭文』の物語は、行疫神である牛頭天王の南海への妻訪いの旅、そして旅の途上で一行に宿を貸す蘇民将来と宿を貸さずに疫病で滅ぼされてしまう古端長者の話を中心に構成されている。この物語展開は、祇園縁起をはじめとする中世の牛頭天王信仰の流れを汲むものである。しかし、山本ひろ子が詳しく検討する通り、この『牛頭天王嶋渡り祭文』の内容には祇園縁起にはない様々な宗教知識が取り込まれている。とくに②の蛇毒気神が牛頭天王一行の後を追いかけてきて八王子の最後の一神となる話は、『簠簋内伝《ほきないでん》』の注釈書『簠簠簋抄』に引用される陰陽道の秘説である。[19]また③において八王子が病を生み出す話には、津島社とは伊勢湾を挟んで対岸に位置する三重県伊勢志摩地域を中心に展開した八王子信仰との関係が見出される。[20]『牛頭天王嶋渡り祭文』のこうした特徴は、同じく奥三河で流布した牛頭天王信仰の詞章で、中世後期の津島社で用いられた『牛頭天王講式』[21]を漢字片仮名交じり文で読み下した『牛頭天王五段式』という詞章にも見出される。

以上より、『牛頭天王嶋渡り祭文』は、中世後期の津島社の信仰を基に、祇園縁起や、『簠簋抄』に引用される陰陽道の秘説、伊勢志摩地域の八王子信仰などが取り込まれて構成された牛頭天王信仰の産物であることが分かった。近世の奥三河には、こうした中世の津島社の信仰が祭文を通して伝えられ、病人祈禱や疫神祭祀に際して読み唱えられていたのである。

三　『御歳徳神祭文』と奥三河の疫神信仰

次に、『御歳徳神祭文』の内容について取り上げる。

この祭文もまた牛頭天王信仰に関わるものであり、武井正弘によって奥三河の牛頭天王祭文の一点として紹介されている。[22]『豊根村古文書目録』の中では、榊原家にのみ二点の写本が確認される。一点目は目録の中で「摩利支天経／土公神大事／御歳徳神祭文ほか」[23]という標題が付された祭文の集成である。共紙表紙、線装の冊子本であり、外題はない。様々な大事（重要な修法や作法）やまじないなどが記され、最末尾に『御歳徳神祭文』が記されるが、後欠である（以下A本とする）。二点目は、後補の表紙・裏表紙が付された線綴の冊子本である。表紙に「御歳神祭文《ヲントシカミサイモン》」[24]と打付け書きされた外題を持つ（以下B本とする）。A本とB本は、固有名詞や言葉遣いなどは異なるが、共通した内容を持つ。その内容は以下の通りである（①〜⑦はA本、⑧はB本による）。

① 住梵天キタノ半地古京カ岩屋ミ当カ里に大王天王という者がいる。大王天王の元に白い山鳩が何羽かやっ

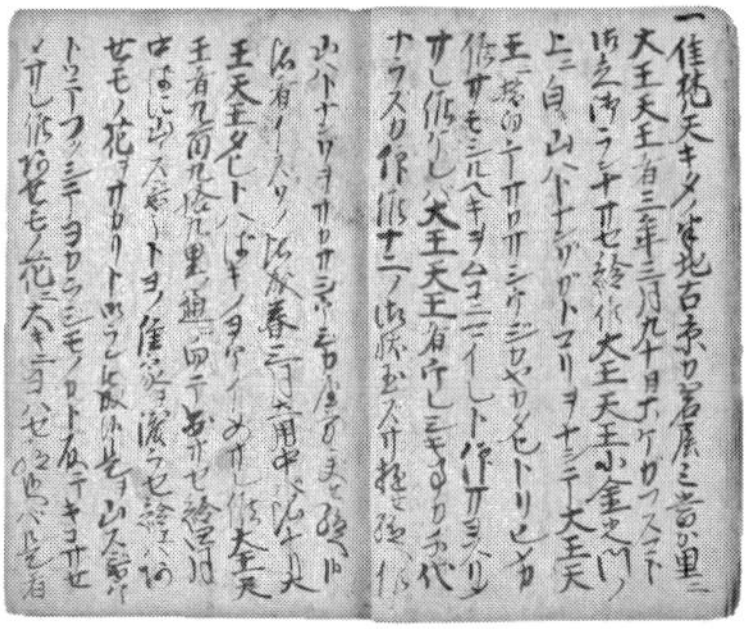
A本

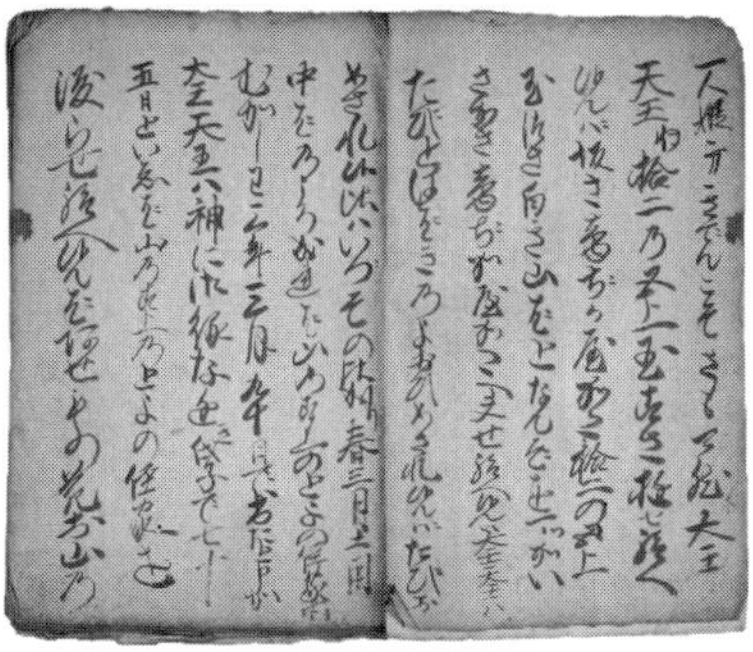
B本

図3　『御歳徳神祭文』
豊根村教育委員会提供

てきて、サカサシウジカヤカタの一人娘を娶り、聟となるように告げる。大王天王はサカサシウジカヤカタへ妻訪いの旅に出る。

②旅の途上の師走二九日の夜、大王天王は小丹長者に宿を乞うが、小丹長者はその頼みを断わる。旅を続ける大王天王は、一七、八歳位の若い娘が小金のひしゃくで水を汲む所に行き会う。大王天王が娘に宿を貸してくれる家を尋ねると、娘は柴の折家折まぜの家に住む蘇民のおきなの家を教える。娘は小丹長者に嫁した蘇民の娘であった。大王天王は蘇民の家を訪ねて宿を貸りる。

③蘇民は大王天王をもてなすために太郎息子を小丹長者の元へ遣わし、親一〇代の白見の鏡三枚を質入れして瓶子の酒三合と米一〇俵を借りようとするが、小丹長者の太郎息子はその頼みを断わる。大王天王はその話を聞き、左の袂より「ゑんふ談金」を取り出して蘇民に与える。蘇民はゑんふ談金を持って小丹長者の屋敷へ行き、小丹長者はゑんふ談金を得られなかったことを歎きながら、蘇民に米と酒を与える。

④蘇民は米や酒を入れる器や盆がないことを大王天王に告げると、大王天王は藁を結ってその代りとするように指示する。これが「歳神のやす」のはじまりである。

⑤大王天王は蘇民の元に正月の七日間留まる。七日目に蘇民は御座舟三艘を用意して、大王天王や眷属と共

に箱崎山今地ヶ浦にたどり着き、そこでさらに七日七夜逗留する。大王天王は蘇民にこの場に御殿を建てて待つように言い、サカサシウジカヤカタへ赴く。

⑥大王天王は海龍王の娘を妻とし、七年留まるうちに七人の天王（相光天王、魔王天王、倶魔羅天王、良待天王、徳達神天王、達尼漢天王、待神相光天王）が生まれる。大王天王が蘇民の待つ箱先山今地ヶ浦へ戻ろうとすると、毒蛇気神が牛頭天王一行を追いかけてきて、自分も牛頭天王の子だと告げる。毒蛇気神は大王天王の八番目の天王（宅相神天王）となる。

⑦大王天王は八王神を一度勘当し、小丹長者を滅ぼすための四百四病の病を作らせる。八王神の災いを知った小丹長者は三国一の物知りたちに霧と霞で館を守らせるが、片目の法師が文字を読みはずし、片指を切った法師が印を結び外したところより侵入を許してしまう。

⑧大王天王は恩を得た氏子の見分け方を教える。小丹長者の子孫は、社参寺参をせず「ずいこんだらり」の守りを持たず、門に金剛界・胎蔵界の梵字を記した御札はなく、二年の境に若松を立てた証拠がなく、昔、五人の王神たちが争った御世の時にこの国を祓鎮めた天の逆鉾を逆さにさした証拠もない。一方で、これらすべて持つ者が「もんぜの流れ・蘇民の子孫・七社の神の氏子所」の旦那たちであり、その子孫は疫病を患わされることはなくなる。

この『御歳徳神祭文』もまた、『牛頭天王嶋渡り祭文』と同様に主人公が南海への妻訪いの旅の途上で蘇民将来に宿を借りる話を中心に構成されており、武井が示した通り牛頭天王祭文の一つであると言える。全体では、⑥の大王天王と海龍王の娘の間に生まれた七人の天王に蛇毒気神が加わって八王神となる展開や、⑦の八王神が四百四病の病を生み出す展開には、『牛頭天王嶋渡り祭文』の②や③が引用されている。③のゑんふ談金（閻浮檀金か）という宝をめぐる話には、成功者の蘇民と失敗者の小丹長者の対比が明確に描かれている。大王天王から蘇民へ宝物が与えられる話は、牛頭天王信仰の基幹をなす祇園社の縁起『祇園牛頭天王縁起』に見える牛頭天王から蘇民将来へ「牛玉」が授けられる話にも通じるだろう。

一方で、『御歳徳神祭文』には、牛頭天王信仰に限らない多様な信仰の要素が取り込まれている。以下、この祭文の本文の中で注目される点として、（1）主人公の「大王天王」、（2）蘇民の娘に与えられる「文選か流蘇民か子孫」という呪文、（3）主人公が赴く「サカササシウジカヤカタ」という龍宮について考察する。

（1）主人公「大王天王」

『御歳徳神祭文』の本文の中で最初に目を引くのは、「大王天王」という主人公の名前である。この大王天王は、②で小丹長者に自らの名前を名乗る場面で、次のように述べている（A本による）。

> 我はヘンゲマナワリ物テナシ。天チクデバン五王（盤古王）、国ニ下レバ年徳神トハ我カ事ニテ候。サカササシウヂカ家方ノ一人娘コイ取申御聟ニ参、牛頭天王たと仰候。

この場面において、大王天王は「盤古王（バン五王）」「年徳神」「牛頭天王」という三つの名前を名乗っている。これは大王天王に三つの正体があることを意味する。この盤古王と年徳神は、中世の信仰において牛頭天王と近しい関係にある。

「盤古」は中国の古代神話に登場する天地を創造したとされる神格であり、陰陽道では大地を司る五龍王の父親ともされている。観応元年（一三五〇）の奥書を持つ妙法院所蔵の神像絵巻や[25]『簠簋内伝』などに記される宿曜道や陰陽道の信仰の中では、牛頭天王と共に取り上げられている。一方、「年徳神」は一年の福徳を司る神で、「トシガミサマ・ショウガツサマ」などとも呼ばれる正月祭祀の主祭神である。年徳神は、『簠簋内伝』巻一では牛頭天王の后である頗梨采女《はりさいじょ》の別の姿であるとされている。また全国的に見れば、蘇民将来の話のように客人を歓待する昔話には客人が訪れる時を大歳の晩とする話は多くあり[26]、大歳の晩に疫神を歓待する「疫神の宿」という習俗もある[27]。『御歳徳神祭文』は、その標題にも見える通り、正月の年徳神祭祀が牛頭天王信仰と共に祭文の信仰の主軸をなしている。②では大王天王が小丹長者の元を訪れた時を「師走二九日の夜」（大歳・大晦日）としており、④では大王天王に酒食を供するための器として、奥三河の正月祭祀で大黒柱や門松に付けられる「やす」の由来が説かれている。

このように『御歳徳神祭文』では、「盤古王」「年徳神」「牛頭天王」が一体となった大王天王という主人公を通して、それぞれの尊格に由来する信仰の要素が取り込まれているのである。

（2）「文選か流蘇民か子孫」の呪文

『御歳徳神祭文』の②において、大王天王が水を汲む娘を蘇民の娘と知る場面には、次のように記される（A本による）。

大王天王ハ、ナンジ《（汝）》蘇民将来子孫か仰候、左のたもとより黒すり《（墨）》出シ、カミノ生きわに「モンセ《（文選）》か流蘇民か子孫ボ字《（梵字）》」ヲひねらせ給候。

大王天王は、娘が蘇民の子孫であると知ると、髪の生え際に、「文選か流蘇民か子孫」という梵字の呪文を記す。「蘇民の娘」ではなく、「蘇民将来子孫」となっているのは、祭文の物語が「蘇民将来之子孫也」などの疫病除けの護符を前提に作られていることによるだろう。そして呪文の中の「文選か流」は、「文選博士の流れ（子孫）」という意味である。文選博士は、陰陽道で盤古王の子とされる五龍王が所領を争う説話（五龍王説話）において、龍王たちの争いを仲裁する人物として登場する。五龍王説話は、一二世紀初頭の説話集『注好選』巻上・八六話[28]や『簠簋内伝』巻二に収録される中世より語られてきた物語であり、全国の神楽祭文などに取り入れられて独自の展開を見せている。[29] とくに奥三河では、土公神を鎮める『大土公神祭文』として広く流布している。[30]「文選か流蘇民か子孫」の呪文には、牛頭天王信仰における蘇民将来譚と『大土公神祭文』における五龍王説話という異なる祭文の要素が並べられているのである。

この蘇民将来と文選博士の混交は、『御歳徳神祭文』にのみ見られる特徴ではない。⑧の「もんぜの流れ・蘇民の子孫・七社の神の氏子所」という一節は、山本ひろ子が紹介した榊原家に伝えられる天明三年（一七八三）書写の題目未詳「牛頭天王祭文」[31] にも見られ、その内容が引用されたものと考えられる。[32] また、中設楽《なかしたら》地区岡田家に伝来する『大土公神祭文』には「日本衆生はみなこれ蘇民将来の子文ぜんなり」という一文があり、[33]『大土公神祭文』の中に蘇民将来が取り入れられる事例もまた見出される。小池淳一は、このように奥三河の祭文の中で文選博士と蘇民将来が並び立つことを、陰陽道の信仰の重層的な流入と解しており、[34] 首肯される。その上で、本稿ではさらに、こうした重層的な内容を記す祭文が、地域の信仰を担う花太夫の元に集積されたテクストであったことに注目したい。

そもそも牛頭天王祭文は、人々を「蘇民将来子孫」と見立てることによって疫病の難を免れようとする祭文である。また『大土公神祭文』は、祭文を読み唱える花太夫に五龍王の争いを鎮める文選博士を投影することで、土公神を鎮めようとする祭文である。花太夫や奥三河の人々は、それぞれの祭文や祭文が読み唱えられる儀礼の場において、蘇民将来や文選博士に繋がる者として位置付けられているのである。牛頭天王祭文が用いられる儀礼と『大土公神祭文』が用いられる儀礼はそれぞれ異なると思われるが、共に奥三河の宗教文化の中で享受され、花太夫によって読み唱えられてきた。こうした地域における祭文の受容の有り様が、『御歳徳神祭文』の中で、文選博士と蘇民将来が混交する呪文を生み出したのではないだろうか。

（3）「サカサシウジカヤカタ」という龍宮

『御歳徳神祭文』と奥三河の宗教文化との繋がりを考える上でもう一つ注目されるのが、祭文の中で大王天王が赴く「サカサシウジカヤカタ」という場所である。『御歳徳神祭文』の中では、「サカサシウジカヤカタ」は海龍王の治める龍宮を指している。奥三河に伝えられる祭文の中には、「サカサシウジカヤカタ」という龍宮が登場する祭文がもう一点ある。それが『山の神祭文』である。

『山の神祭文』は、柳田国男が著した『山の神とヲコゼ』(35)以来、民俗学を中心に研究されてきた祭文である。(36)『山の神祭文』の物語は、山の神と海の神がその間を仲介する者の働きによって結ばれる前半部と、御子神の出産に立ち会った二人の猟師のうち出産を助けた猟師が山の神の祝福を受ける後半部によって構成されている。この祭文の物語は中世の本地物語と深い関わりを持っていることが知られており、大島建彦はお伽草子『をこぜ』との関わりについて、(37)福田晃は『諏訪本地』の甲賀三郎伝承との関わりについて検討を加えている。(38)

奥三河に伝えられた『山の神祭文』としては、早川孝太郎が紹介した三沢地区粟世《あわよ》の熊谷武雄家に伝えられた祭文が良く知られているが、榊原家にも紙縒で仮綴じされた冊子体の写本一点が伝えられている。(39)奥三河の『山の神祭文』の物語の前半部では、天竺檀徳山の奥山太郎という山の神が、召使いの山鳥三女の仲介によって龍宮の龍女の元に通い結ばれる。この龍女のいる龍宮が「さかさしうじが屋かた」と呼ばれており、『御歳徳神祭文』の龍宮である「サカサシウジカヤカタ」と呼称が共通しているのである。

さらに、榊原家本『山の神祭文』には熊谷家本にはない独自記事がある。この独自記事と類似した場面が『御歳徳神祭文』の中にも見出される。

・『御歳徳神祭文』（A本による）

①海龍王ハ門へ参上出させ給へ候へは、我は男子体か女子の体かへんケマナワリモのかト仰候。②我男子ノ

体ニ而候、女子の体テナシへんけマナワリモのデ候ワス、天ちくでハ大王天王、国ニ下れハ歳徳神トワ我か事ニテ候、③サカサシウヂカ家方一人娘ホウキゼンコクサモ□（罷カ）御聟ニ参ル仰候

・榊原家伝来『山の神祭文』

①かいりうわうハ、我ハとうどのなんじか、にほんぢんがへんけまなわり物と仰候。②我ハとうとなんじてなければ日本人てない、をく山太郎とのとハわれか事ニ而候。③さかさしうじが屋かたのひとりひめ、ぢひニこいとり申御むこにまいらんと仰候

引用箇所は、『御歳徳神祭文』では大王天王が、『山の神祭文』では奥山太郎が、「サカサシウジカヤカタ（さかさしうじが屋かた）」に辿り着いて名乗る場面である。両者は、まったくの同文ではないが、「①海龍王の問いかけ」「②大王天王および奥山太郎の名乗り」「③龍女を娶る旨の申し入れ」という類似の表現の三文によって構成されている。

この奥三河の『山の神祭文』については今後さらなる検討を加える必要があるが、二つの異なる祭文にこうした共通した世界観が見出されることは、先に文選博士と蘇民将来が習合した事例に見たように、同じ花太夫の家に伝えられて読み唱えられてきたことと関係があるのではないだろうか。

以上、（1）から（3）で見たように、榊原家に伝えられる『御歳徳神祭文』は、蘇民将来の話を元としながら、中世以来の縁起をはじめとする牛頭天王信仰、『牛頭天王嶋渡り祭文』や榊原家の題目未詳「牛頭天王祭文」などの奥三河の牛頭天王祭文の内容を引用しており、奥三河に根ざした独自の牛頭天王祭文となっている。またこの祭文の物語には、「盤古王」「年徳神」「牛頭天王」が一体となった主人公の大王天王や、『大土公神祭文』の文選博士と蘇民将来が一体となった「文選か流蘇民か子孫」という呪文、『山の神祭文』と世界観を共有する「サカサシウジカヤカタ」という龍宮など、様々な信仰の要素が取り入れられている。『御歳徳神祭文』の物語のこ

うした独自性は、祭文を読み唱える花太夫の家に集積された多様な宗教知識や、それらを用いた儀礼の実践など、奥三河の宗教文化の広がりが反映されたものと考えられるのである。

おわりに

本稿では、奥三河に伝えられた祭文のうち、花太夫が病人祈禱に際して読み唱えていた『牛頭天王嶋渡り祭文』と『御歳徳神祭文』を中心に、祭文の物語と地域の宗教文化との関わりについて論じた。

『牛頭天王嶋渡り祭文』は、一七世紀頃に奥三河に土着化した修験道の修行者（里修験）を介して、多くの花太夫の家に伝えられた牛頭天王祭文である。この祭文は、中世後期に尾張国津島社を中心に展開した東海地域独自の牛頭天王信仰を源としており、近世の奥三河において広く受容されていた。

一方の『御歳神祭文』は、蘇民将来の話を主軸とする牛頭天王祭文の一つではあるが、その物語には、牛頭天王信仰に関わる内容の他にも、様々な信仰や習俗が読み込まれていた。とくに、「盤古王」「年徳神」「牛頭天王」が一体となった主人公の大王天王や、『大土公神祭文』の文選博士と蘇民将来が混交した「文選か流蘇民か子孫」という呪文、『山の神祭文』と世界観を共有する「サカサシウジカヤカタ」という龍宮などには、『御歳徳神祭文』と共に花太夫の家に集積された別の祭文や多様な信仰との関わりが見出され、奥三河独自の宗教文化の広がりが窺われる。奥三河に伝えられた祭文の物語は、中世以来の信仰の系譜を引きながら、伝承地である奥三河の宗教文化の中に根付いて、今日に伝えられているのである。

（1）　武井正弘編『奥三河　花祭り祭文集』（岩田書院、二〇一〇年）、山本ひろ子『異神――中世日本の秘教的世界――』（平凡社、一九九八年）ほか。

（2）岩田勝『神楽源流考』（名著出版、一九八三年）、同編『中国地方神楽祭文集』（伝承文学資料集成第一六輯、三弥井書店、一九九〇年）ほか。

（3）斎藤英喜『いざなぎ流祭文と儀礼』（法藏館、二〇〇二年）、小松和彦『いざなぎ流の研究——歴史のなかのいざなぎ流太夫』（角川学芸出版、二〇一一年）ほか。

（4）本稿で取りあげる奥三河の祭文については、とくに山本ひろ子が、中世の神話や信仰世界との関わりから祭文を読み説いている（山本ひろ子『異神——中世日本の秘教的世界——』前掲注1、『中世神話』岩波書店、一九九八年、『変成譜——中世神仏習合の世界』春秋社、二〇〇〇年）ほか。

（5）早川孝太郎『花祭』（岡書院、一九三〇年）。早川は、北設楽郡内の二〇地区の花祭りを「振草系（古戸・小林・下粟代・布川・月・中設楽・足込・中在家・奈根（河内）」と「大入系（御園・東薗目・大入・三沢（山内）・間黒・上黒川・下黒川・坂宇場・古真立・大立・下津具）」に分類している。

（6）早川孝太郎『花祭』（前掲註5）、本田安次『霜月神楽之研究』（明善堂書店、一九五四年）ほか。

（7）花禰宜、宮太夫とも言う。二人で務められる場合は、鍵取り／幣取り、大禰宜／副禰宜、禰宜／祝なども言われる。

（8）『愛知県史　別編　民俗3　三河』第三節「三河山村の信仰」（愛知県、二〇〇五年、七五九～六〇頁）。

（9）説話・伝承学会二〇一四年春季大会において、シンポジウム「アジアの中の「花祭」——奥三河の民俗伝承を捉え直す」が開催された。その成果報告は『説話・伝承学』第二三号（二〇一五年）に収録されている。

（10）早川孝太郎は、「祭りをはじめことある時は、すべて鍵取りの指図で働いていたことは今も昔のままである」と記録している（『早川孝太郎全集』第一巻、未来社、一九七一年、三二八～九頁）。また山﨑一司は榊原家や林家を土着化した修験者の系譜に連なるものとしている（山﨑一司『花祭りの起源——死・地獄・再生の大神楽——』岩田書院、二〇一二年、二〇～一頁）。

（11）榊原家には天正期（一五七三～九二）書写の『御神楽日記』、林家には慶長一二年（一六〇七）、明暦二年（一六五六）、正徳二年（一七一二）の書写とされる三冊の『神楽事』が伝えられている（『新訂増補史籍集覧』三二、一九七二年。本田安次『霜月神楽之研究』前掲註6）。

(12)　このことから、三沢地区は大神楽の初期の中心地の一つとも目されている（山本ひろ子『変成譜――中世神仏習合の世界』前掲註4）。
(13)　『豊根村古文書目録』（豊根村教育委員会、一九九六年）。
(14)　豊根村教育委員会管理。古文書番号：「祭文関係」榊原大六家七三。標題は『豊根村古文書目録』による。
(15)　愛知県名古屋市七寺に所蔵される承安五年（一一七五）書写の『大般若経』巻末摺写勧請文に社名が見える。
(16)　豊根村教育委員会管理。古文書番号：「祭文関係」榊原大六家九二。
(17)　松山由布子「花太夫所蔵文献に見る奥三河の宗教文化――宗教テクストの特徴と普遍性をめぐって――」（『説話・伝承学』第二三号、二〇一五年）。
(18)　祭文の中の固有名詞については原則底本のままに記載し、一部早川孝太郎『花祭』（前掲註6）所収『牛頭天王嶋渡り』にて補った。
(19)　山本ひろ子『異神――中世日本の秘教的世界――』（前掲註1、五二一～五頁）。
(20)　山本ひろ子『異神――中世日本の秘教的世界――』（前掲註1、五三〇～六頁）。
(21)　「興禅寺住持秀峯」によって天文九年（一五四〇）と天文一四年（一五四五）に書写された『牛頭天王講式』が津島に現存する（『愛知県史料叢刊　津島市内所在史料：附市外所在史料・亡失史料』愛知県史料叢書刊行会、一九七一年）。
(22)　武井正弘「花祭・大神楽についての若干の考察」（鈴木昭英編『仏教芸能と美術』仏教民俗学大系五、名著出版、一九九三年）。
(23)　豊根村教育委員会管理。古文書番号：「祭文関係」榊原大六家一二〇。
(24)　豊根村教育委員会管理。古文書番号：「祭文関係」榊原大六家八三。
(25)　『妙法院史料』第六巻　古記録・古文書（吉川弘文館、一九八一年）。
(26)　関敬吾『本格昔話』四（日本昔話大成　第五、角川書店、一九七八年）。『日本昔話大成』の昔話分類では、蘇民将来の話は「大歳の客」の中に分類されている。
(27)　丹野正「厄神の宿」（『民間傳承』第一六巻第一二号、一九五二年）、三崎一夫「正月行事における疫神鎮送について」

（『東北民俗』第五輯、一九七〇年）、大島建彦『疫神とその周辺』（岩崎美術社、一九八五年）ほか。
(28)『注好選』巻上・八六話「文選は諍を止めき」。
(29)萩原龍夫『神々と村落――歴史学と民俗学との接点――』（弘文堂、一九七八年）、岩田勝『神楽源流考』（前掲註2）ほか。
(30)『大土公神祭文』は、花祭りに先行する大神楽の主要な祭文であったと考えられている（山本ひろ子『変成譜――中世神仏習合の世界』前掲註4）、同『大荒神頌』（岩波書店、一九九三年）。現在の花祭りでは読まれていないが、花祭りの最後には舞庭と湯釜を鎮める「土公鎮め」が行われている。
(31)豊根村教育委員会管理。古文書番号：「祭文関係」榊原大六家五八。標題は『豊根村古文書目録』による。
(32)山本ひろ子『異神――中世日本の秘教的世界――』（前掲註21、六一六～六二三頁）。
(33)『早川孝太郎全集』第二巻（未來社、一九七二年、四四九～五五頁）。
(34)小池淳一「龍王たちの行方――陰陽道「神話」の唱導性――」（『唱導文化の比較研究』人間文化叢書　ユーラシアと日本――交流と表象――、岩田書院、二〇一一年、一六九～七〇頁）。
(35)柳田国男『山の神とヲコゼ』（寧楽書院、一九三六年）。
(36)堀田吉雄『山の神信仰の研究』（増補改訂版、光書房、一九八〇年）、千葉徳爾『狩猟伝承研究』（風間書房、一九六九年）、同『続狩猟伝承研究』（風間書房、一九七一年）、同『狩猟伝承』（法政大学出版局、一九七五年）ほか。
(37)大島建彦「お伽草子『をこぜ』の背景」（『日本文学の伝統と歴史』桜楓社、一九七五年）。
(38)福田晃「諏訪縁起の成立と展開（上）――甲賀三郎譚の成長――」（『立命館文学』第四六〇・四六一・四六二合併号、一九八三年）。
(39)豊根村教育委員会管理。古文書番号：「祭文関係」榊原大六家一二三。

第7章　物語化する祭文——日向琵琶盲僧の釈文「五郎王子」の事例から——

神田　竜浩

はじめに

祭文とは、五来重の言を借りれば、「本来、祭文とは法会修法にあたって祈禱願意をのべたもので、神道における祝詞・寿詞に相当するもの」[1]であり、中世には修験者などの民間宗教者がおこなった祭祀において祭文が読誦されていたことが、史料から確認できる。[2]祭文はこのように儀礼の中で読誦される願文であったが、民間祭祀において様々な宗教者が関与することで、仏教、神道、陰陽道などの影響を受け、内容も複雑化した。

一方、祭文は読誦することでその威力を期待される呪言であり、神仏に向かって発せられたものであるが、それと同時に、儀礼に参列する衆生を唱導する言葉でもあった。そして、時代を経るにつれて、祭文は神仏に向かう言葉でありながら、聞き手を意識し、衆生に対してもわかりやすく説くものが現れるようになる。これは祭文の物語化とも言えよう。そして、これが近世に入ると次第に娯楽化され、歌祭文、チョンガレ、歌説経などの語り芸の源流ともいうべき芸能となった。例えば、安永九年（一七八〇）大坂豊竹座で初演された人形浄瑠璃『新版歌祭文』（近松半二作）では、野崎村の段の冒頭に祭文売りが登場し、以下のような浄瑠璃を語る。

〽あづまからげのかいしょなきこんな形でも五里十里。

「通らしゃれ。嗅様の煩ひで三味線耳へは入ぬ。手の隙がない通って下され」

〽清十郎涙ぐみお夏が手を取顔打ながめ。同じ恋とは言ながら。お主の娘を連て退。是より上の罪もなし。(3)

当時、巷間で流行したお夏・清十郎の道行を題材にした歌祭文を語るというものだが、宗教性は完全に抜け落ち、娯楽性だけとなる。おそらく祭文の節を用いて、そこに当時流行した物語を乗せて語ったものと思われる。五来重は「近世の歌説経や歌祭文のように、猥雑にくずれてしまっては、説経・祭文の本質から逸脱することになる。それは唱導のもつ宗教性・娯楽性の二面のうち、娯楽性だけを極限まで追求したにすぎないと言える」(4)というように、これを「説経・祭文の本質から逸脱」したものと捉えている。このように祭文の中には儀礼の場を離れ、物語を語る芸能へと変化を遂げるものもあった。

これは極端な事例だが、語り芸までは変貌せずとも儀礼で読誦される祭文も聞き手を意識して物語化するものが現れる。ここでは、土公《どくう》祭文に端を発し、五郎王子の長大な物語へと変貌を遂げた一例として日向琵琶盲僧《もうそう》の釈文（盲僧琵琶における祭文）を取り上げ、祭文の物語化について考えてみることにしたい。

一　九州の琵琶盲僧と永田法順

次に琵琶盲僧について簡単に触れておきたい。盲僧は地神《じしん》盲僧などとも呼ばれ、近世には地神経を読誦し、琵琶を弾きながら釈文を唱え、祈禱をおこなう民間宗教者のことで、主に九州や中国地方などで活動していた。近世後期の京都の医者橘南谿が九州の巡遊記として記した『西遊記』巻之一「琵琶の好手」では、琵琶盲僧について次のように述べている。

九州には琵琶法師といふもの夥《おびただしく》敷有《あり》て、琵琶を弾じ、路々に立《たち》て米をもろふ。其《その》うた、律にかまはずして、聞《きく》に堪へず。又、琵琶に地神経といふものを合《がっ》して弾く。是は天台の有難き経文なり。三味線法師などのいやしき者によはひすべきものにあらずなど、、おこがましくいひの、しりて、竈祓するも有り。薩摩、大隅の二国もつとも多し。されば此《この》二州なるは他国とは大《おほい》に異なり。其形《そのかたち》も平家琵琶などよりはちひさく、撥は黄楊木にて作り、甚《はなはだ》大にして扇をひらけるがごとし。年若キ武士皆琵琶をもて遊ぶ。彼《かの》二州は名だゝる勇猛の風あるに、裾高くかゝげ、長き刀十文字に横たへたる荒おのこの、夜な〳〵琵琶をひきありく其風情おもひやるべし。(5)

ここでは橘南谿が旅先で見かけた薩摩の琵琶盲僧の様子を記している。琵琶盲僧は道に立ち、地神経を唱えながら琵琶を弾いて米を貰っていた。また、盲僧の中には竈祓いをするものもあったという。

九州の盲僧には、玄清を祖とする筑前の成就院系と宝山を祖とする薩摩の常楽院系という二系統がある。近世には徳川幕府の庇護を受け、全国の盲人の支配を目指した京の当道派とたびたび訴訟を起こし、江戸中期に青蓮院支配となることで一応の決着を見るが、袈裟衣の着用の禁止、検校《けんぎょう》・勾当《こうとう》などの官位の使用禁止、三味線・箏などの座頭芸の演奏の禁止、さらには平家琵琶と荒神《こうじん》琵琶の区別を図るために弦の絹糸使用の禁止など厳しい規則が設けられた。盲僧も明治維新の神仏分離などの政策の影響を受け、天台宗の所管となり、盲僧の高齢化や後継者不足という問題はあるが、現在も活動を続けている。上記のような琵琶盲僧の変遷については末永和孝の研究に詳しい。(6)

『常楽院沿革史』(7)に書かれた縁起によれば、盲僧の祖を欽明天皇の御代に来朝した唐土あるいは百済の盲目の王子ユウキョウレイシ（遊教霊師、成就院系では祐教礼子）とし、王子は日向鵜戸《うど》の岩窟に流れつき、そこに堂を建立して堅牢地神や荒神を祭り、祈禱をおこなったという。平城京遷都の際には、その教えを受けた日向、薩摩、筑前、筑後、豊前の八人の盲僧たちに地鎮祭をおこなう命が下り、盲僧たちは無事に大役を勤め、元明天皇より地神盲僧の名を賜ったという。これは盲僧の神話的起源においても、その機能が地鎮にあったことを物語っている。また、日向国には能の『景清』に名高い景清伝説が伝えられており、源頼朝暗殺に失敗して両目を抉った悪七兵衛景清が余生を送った地とされ、宮崎市内には景清廟や生目《いきめ》神社など景清伝説ゆかりの地が残され、日向国と盲僧伝承との深い関係が窺える。

　ここでは、宮崎県延岡市長久山浄満寺の住職永田法順が唱える釈文を題材として取り上げる。永田は最後の琵琶盲僧と呼ばれ、常楽院系に属し、毎年一〇〇〇軒近い檀家廻りや人々の求めに応じて地鎮祭、竈祓い、水神祭などの祈禱をおこなっていたが、平成二二年（二〇一〇）一月に急逝した。永田は盲僧琵琶の演奏家として、檀家廻りで鍛えた濁声の語りと琵琶の演奏で注目を集めたが、これまで彼が語った釈文に対する言及はあまりなかった。そして、口承という性格上、永田が亡くなった今となっては、彼が伝承してきた釈文の深遠な世界に分け入ることは非常に困難になってしまった。しかし、生前に永田が伝承していた釈文全段の記録録音がおこなわれており、平成一七年（二〇〇五）にCDとして刊行されたことで[8]、永田が生前に語った釈文を耳にすることができる。また、永田の釈文の伝承について、釈文の全段録音に携わった川野楠己が生前に聞き取りをおこなっている[9]。

　琵琶盲僧の釈文とは、五来重氏によれば「釈文は地神経の文言を解釈することで、講式あるいは表白からきたきわめて古い形の説経・祭文[10]」のことで、檀家廻りや竈祓いなどの祈禱の場において語られてきた。永田が伝承していた釈文は、「神名帳」「琵琶の釈」「王子の釈」「文撰段」「四方立」「装束立」「釈迦の段」である。ただし、「王子の釈」「文撰段」「四方立」「装束立」は「五郎王子」と呼ばれる一連のもので、すべての段を語ると二時間以上を要する壮大な物語である。

　次に永田の檀家廻りの祈禱の作法を、川野の記述を参考にしながら見ておくことにする[11]。

①仏壇の前で数珠を揉み三礼、印を結び、柏手、弾指をおこない、儀礼の場を浄める。
②「六根の祓い」「五方の祓い」「三宝荒神の祓い」という三種の祓をおこなう。
③釈文を読誦する。
④三宝荒神をはじめ関連の諸仏諸天の真言を唱え、最後に数珠を揉み、柏手、弾指、合掌、三礼をする。

ここでの釈文は一段、あるいは法要の時間に合わせてその一部分を唱えていたという。

このように、釈文とは琵琶を伴奏として読誦する極めて音楽的な語り物で、ほとんどの祭文が実際に唱える場を失ったのに対し、琵琶盲僧の釈文は実際の儀礼の場において読誦されていた。釈文とは、文字による史料ではなく、琵琶の音に乗せられて儀礼の場で語られた実践的なテキストであり、祭文研究をするうえで非常に有益なものだと言えよう。

二　五郎王子とは何か？

「五郎王子」は、古くは「土公祭文」と呼ばれ、民間儀礼において読誦された祭文で、北は東北から南は九州まで広く伝わっており、文明九年（一四七七）の安芸国佐伯郡の「五龍王祭文」が現存するもっとも古いものとされている。盲僧の釈文「五郎王子」も同内容を持つ。土公祭文の主な先行研究としては岩田勝[12]、山本ひろ子[13]、鈴木正崇[14]のものが挙げられる。

まずは、「五郎王子（土公祭文）」の物語の内容から見ておきたい。


盤古《ばんこ》大王には、青龍王（太郎王子）、赤龍王（次郎王子）、白龍王（三郎王子）、黒龍王（四郎王子）という四人の王子がいた。大王は四人の王子にそれぞれ春（東）、夏（南）、秋（西）、冬（北）の三ヶ月を所務として配分した。

父の死後に生まれた乙子（末子）の黄龍王（五郎王子）には相続する所務がなかったため、四人の兄のもとを訪れ、所務の配分を求めるが拒まれる。そこで、黄龍王は所務を奪い取るために四人の兄たちに戦いを挑み、激しい戦いとなる。

戦いの最中に文撰博士が現れ、争いの仲裁に入り、四人の王子からそれぞれ一八日づつを提供させ、土用（中央）の七二日を五郎の所務とし平等に分配したので、兄弟たちは和解する。

五郎王子とは、陰陽道に由来する土を司る神・土公神が人格化された名称であり、儀礼においてこの土公神を祭るために読誦する祭文が土公祭文である。この土公神は、春の三月は竈に、夏の三月は門に、秋の三月は井戸に、冬の三月は庭にいるので、土公神の居所や遊行の方角を知らずに犯土すると祟るため、平安時代以降、陰陽師が土公神祭をおこなったという記録が残されている。

一方、五人の王子の父とされる盤古大王とは、鎌倉時代に安倍清明に仮託して書かれた陰陽道の聖典『簠簋内《ほきない》伝《でん》』に登場する巨人王・盤牛王のことで、『簠簋内伝』巻二では、左目は日光、右目は月光となり、まぶたを開くと世界は昼となり、閉じると夜になり、息を吐くと暑くなり、息を吸うと寒くなるというように、この世界はすべて盤牛王の体から生じたとされ、世界の創世が語られている。また、その正体は龍であり、五方（東・南・西・北・中央）の五宮を構え、五宮の采女を妻とし、五帝龍王（青帝青龍王・赤帝赤龍王・白帝白龍王・黒帝黒龍王・黄帝黄龍王）を成したという。そして、盤牛王は五帝龍王に、春・夏・秋・冬と四季の土用を七二日づつ所領として与えたとされる。この『簠簋内伝』に語られた盤牛王の世界創世神話と五帝龍王の相続の物語が、盤古大王と五人の王子の壮大な物語の原型であることは言うまでもない。ちなみに陰陽道研究では、盤牛王とは暦の根源的な神であり、暦を支配する陰陽道の神々の誕生の物語だと考えられている。そして、この陰陽道の五帝龍王のうち、土用を司る黄帝黄龍王が、陰陽道の別の神格である土公神と習合し、中世には独特な物語縁起を作られるようになった。これが「土公祭文」である。

土公祭文は民間の陰陽師や修験者の手によって各地で作られた。民間宗教者は土公祭文を民間儀礼の中で読誦することにより、地霊である五帝龍王を鎮め、元の座に戻し、大地の秩序を回復させた。これは五帝龍王がそれぞれ司る四季と土用という一年の時の運行を安定させ、人々の生活の平安、五穀豊穣などを願ったものと考えられている。

その後、土公祭文は、盤古大王が次第にその存在が薄れてゆき、五帝龍王が五人の王子へと人格化し、長大な五郎王子の物語が誕生する。この人格化の過程について、岩田勝は、それまで民間祭祀の中で誦まれていた土公祭文が、祭祀の中で舞われるようになり、五帝龍王が五人の王子へと人格化し、それが定着するようになったのではないか、と述べている。[15] これと同時期から土公神とも習合し、近世に入ると、土公神は次第に高位神格へと変わっていく。また、土公祭文は儀礼の中で舞を伴って演じられるなど、様々な変化を遂げる。神楽の演目に、乙子の五郎王子が兄四人の王子に所務を求めて戦いを挑み、文撰博士の仲裁によって兄弟が和解するという「五郎王子」（王子舞、五龍王、五神、五行、所務分）という舞がある。これも土公祭文と同様に全国の神楽に広く伝わっている演目で、とりわけ中国地方各地では大切な舞として現在も保持され、神楽のハイライトとして舞われている。

一方、琵琶盲僧の釈文を見ると、成就院系には『仏説地神大陀羅尼王子経』（『地神経』、上下二巻構成）があり、[16] 常楽院系には『はんごん釈』『しょうぶわけ』という二巻構成の釈文が伝えられている。[17] 荒木博之氏の研究によれば、成就院系の『地神経』は、韓国の読経師が伝承していた『地心経』の内容と構成がほぼ同一であることが判明し、『地神経』が大陸との交渉から日本にもたらされたと考えられている。[18]

三　琵琶盲僧の釈文「五郎王子」

それでは、永田が語った釈文「五郎王子」を実際に見ていくことにする。この「五郎王子」は先ほど述べたように「王子の釈」「文撰段」「四方立」「装束立」の四段に分かれ、すべてを語ると二時間以上を要する長大な物語である。そのため、ここではあらすじに沿って物語を辿りながら、永田の「五郎王子」の特徴について考えていきたいと思う。なお、盲僧の釈文は本来は文字史料ではなく、盲僧が実際の儀礼の場で語り、師匠から弟子へと口承で伝えられてきたテキストである。その一部は文字化されて記録されているが、大抵はひらがなで書かれていることが多い。「五郎王子」の内容を理解しやすいように、ここでは釈文のテキストに引用者が便宜的に漢字を当て、句読点や会話文にはカギ括弧を付して表記することにする。

物語はまず最初に盤古大王の死の時を迎え、太郎王子から四郎王子までの四人の王子に四季を所務として譲り渡すところから始まる。その時、后の宮は懐妊しており、そのことを知った大王はこれから生まれてくる我が子（後の五郎王子）に大トウレン、小トウレン、ソバツ王という三振りの剣を形見として残す。この大トウレン、小トウレンとは、幸若舞『大職冠』をはじめ奥浄瑠璃『田村の草子』などの文芸に登場する伝説の名剣で、一振りすれば一〇〇〇人の首を、二振りすれば二〇〇〇人の首を斬り落とすという名剣とされ、近世以降の土公祭文では、盤古大王の形見として五郎王子が母后の宮からこの剣をいただく場面が物語のひとつの山場となっている。

そして、盤古大王の死から二〇〇日を経て五郎王子が誕生する。五郎王子が七歳の時に自分には父親がいないことを不思議に思い、母后の宮に問い掛ける。后の宮は父親の名を告げようとしないが、五郎王子は、

そもそも天人の方にわたらざらんには、仮相の身とては世には候まじもの。それ天なくしては雨降らず、地

　なくしては草生うらず、父なくしては種下りず、母なくしては産まれこず、山なくしては河流れず、河流れずしては八海とては世には候まじもの。

と母に訴えかける。この部分は多くの土公祭文や神楽台本で語られる名文句として知られている。そして、后の宮はとうとう父の名を告げ、形見の剣を渡す。すべてを聞いた五郎王子は、自らも所務を譲り受けるために四人の王子の元へと旅立とうとする。しかし、四人の王子たちのいる場所は盤古大王でも片道六年掛かる道のりで、子どもの足では到底辿り着けるものではないと諭されるが、沙伽羅《さがら》龍王の妹を妻に迎えることが決まっていた五郎王子は、龍王から般若の飛車を賜り、それに乗って一気に王子たちの元へと向かう。

　兄の王子たちの元を順に訪れた五郎王子は、兄たちに所務分けを断られて決戦となる。兄たちはそれぞれ一万二〇〇〇騎、合わせて四万八〇〇〇騎の軍勢を率いるが、五郎王子は一人で迎え撃つことになる。兄たちの軍勢は五郎王子に襲い掛かるが、五郎王子は軍勢を難なく押し返してしまう。五郎王子の強さに驚いた四人の王子は、竜の姿に変じて五郎王子を飲み込もうとする。ここで永田の語りから太郎王子の容貌を見てみよう。

　太郎王子は節丈が二丈九尺、流れて七十五尋の青き大蛇と変じて、青きフチマキには、青き剣を咥えて、青き角が百八生うりて、バッダ川ミニチガ池にぞはめている。

同様に、次郎王子、三郎王子、四郎王子がそれぞれ赤龍（二丈八尺）、白龍（二丈七尺）、黒龍（二丈六尺）の姿となる。それを見た五郎王子は自らも龍の姿に変じて迎え撃つ。

　節丈が七十二丈、流れて七百尋の面が八つ、眼は十六、角は二百五千生うたる金なる大蛇と変じて、口には金なる剣を咥え、この川の水神を二社かたらい、弓手馬手にぞため並べ、ゴンガ川ミニチガ池の端にひろりはらりと馳せ参ず。

ここで注目したいのは五郎王子の変じた黄龍の姿の圧倒的な巨大さである。一番大きな太郎王子が二丈九尺で約三尺としても、五郎王子は約二四倍もの大きさということになる。さらに、四人の王子と五郎王子は七日七夜の死闘を繰り広げるが、その様子を聞いた沙伽羅龍王は、妹聟のために薬師十二神と八万四〇〇〇の夜叉を応援として派遣する。これにより、軍勢の数においても兄たちよりも優位な立場となった五郎王子は、大トウレンの剣を抜いて兄たちの軍勢を一気に壊滅させてしまう。このように、永田の釈文の五郎王子はどこまでも強大であり、兄たちに対して常に優位性を示し続けるところに特徴がある。例えば、備中神楽の「五行神楽」や備後神楽の「五行祭」では、兄の王子たちと五郎王子が問答の勝負をしたり、兄の王子と五郎王子の取り組みがおこなわれ、見る者は声援を送りながら五郎王子を見守り、劣勢ながらも兄の王子たちにどこまでも立ち向かう五郎王子の姿が神楽演目の見どころとなっている。しかし、永田の釈文にはこのような五郎王子の惨めな姿は微塵もない。これについては後ほど検討をおこなうことにし、物語を先に進めることにする。

兄の軍勢を壊滅させた五郎王子は、兄たちに向かい大トウレンの剣を振り上げる。永田の釈文では、そこに母后の宮が駆け付ける。

その時、母妃の宮はかのよしをご覧じ召され候て、「あら無残や、兄四人の王子は五郎の王子一人より討たれ応ずることの無残さよ。思えばみな五人ともわが子なり。さらば助けてとらせん」と七条が河原に馳せ戻らせ給い、乳房を搾り、四方に向かって降らせ給えば、五人の王子の御眼には霧となりて四方も見えず、しばしが間は兄弟の合戦も止まらせ給えそうらえけんなる。その御時に母妃の宮は、「われを親と思しめざる公達は、みな五人ともに合掌して、抜き奉れ」と仰せける。その時、五人の王子は母の仰せを聞こし召され候て、みな五人ともに、「合掌して抜き奉る」と仰せける。梓の迷いの弦を外し、弓をばアイトウの袋に入れ、矢をば黄金の箱に納め、抜いたる剣は鞘に納め、兜を脱ぎ、高紐に掛けさせ給えて、みな五人ともに合掌して脱ぎ奉る。

この釈文では、母后の宮が兄弟の争いの仲裁にまず入るが、これは他の土公祭文や神楽演目などには見られない特徴である。母后の宮が乳房を搾るという話は『簠簋内伝』の注釈書『簠簋抄』にも見られる。

蛇毒鬼ト者、龍宮ニテ七人ノ王子ヲ生シ給フ時、衣那ト月水ヲ血逆ノ池へ捨給フ、彼レガ集テ蛇毒気神ト成給フ。而ルニ七王子ヲ召ツレテ閻浮ニ帰給時、海上ニテ舟不動ニ依テ珍財ヲ海底ニ沈ドモ其験無シ。其ノ七王子ノ裳ヲ切テ沈給時、第三ノ王子ヲ直ニ海中ニ入給時、彼蛇毒鬼、大陰神ヲ戴キ上テ、蛇毒ガ曰、「我モ是王子タリ。何ゾ捨給乎」天王曰「我子ニアラズ」ト有リ、重テ蛇毒ガ曰「血逆ノ池ニ捨給フ衣那ト月水ト集テ我ト成也」ト云。サテハ其シルシヲ見ントテ、頗梨女乳水ヲシボリ出給時、七人ノ王子ト同ク蛇毒ノ口ニモ入ル。其時蛇毒モ王子タリト有テ舟ニ乗テ帰朝有ト云云。

牛頭天王が七人の王子を連れて日本に向けて船を出そうとした時に、牛頭天王の后・頗梨女《はりめ》の衣那《えな》と月水を捨てた血逆の池から生まれた蛇毒気神が船を追いかけ、自分も天王の子であると主張する。天王は聞き入れないが、頗梨女が乳を搾ると七人の王子と蛇毒気神の口の中に入り、蛇毒気神は八人目の王子と認められるという内容である。『簠簋抄』のこの記述では、兄弟の血を確認するために頗梨女が乳を搾るが、釈文でも母后の宮は乳を搾ることで争いを止めさせると同時に兄弟の血を確認させたとも言えよう。ここではあまり深く立ち入らないが、沙伽羅龍王の援軍の八万四〇〇〇騎――ここでは薬師神将に仕える夜叉の数とされている――が、中世に薬師如来と牛頭天王が習合した結果、牛頭天王の八万四〇〇〇の眷属へと変化する。このように、「五郎王子」から牛頭天王の姿が垣間見えてくる。これについては岩田勝が「『簠簋内伝』において、巻一の巻頭に牛頭天王の祭文による説話を掲げ、巻一の冒頭に盤古王とその五人の妻が生んだ五帝龍王の説話が掲げられているように、天刑星・牛頭天王の縁起譚と盤古王に五帝龍王の説話とは密接なつながりがあったらしく、後者もまた台密に習合した祇園社系の陰陽道あたりがその成立に関与していたのではないかと思われる(19)」というように『簠簋内伝』

成立時より牛頭天王縁起と五帝龍王説話の密接な関係性を指摘していることを挙げておきたい。

母后の宮が兄弟の戦いを納め、「王子の釈」は終わり「文撰段」となる。舞台は変わり、ゴンガ川の川下にある国。ここには盤古大王の祈りの師匠とされる文撰大王が住んでいる。この部分を見ていこう。

しかるに文撰大王は盤古大王の御為にとては、祈りの師匠に参じてそうらいけんなるが、盤古大王の御為にとて、五部の大乗経を説かせ給いそうたいけんなるを、御時に、硯の水にはことたえて、一の御み弟子には、黄金の銚子を持たせて、ごんが川におり下らせ給いて、閼伽の水を結び上げさせて、ご覧じそうらえば、「げにも日頃は流水黄金の色となって流れ下る水の色が怪しくも存知そうろうぞ、文撰、占い給え」とのたまえば、文撰大王はさ承りそうろうて、大麻にざしょうを引き合わせ、だいさんおいて、ご覧じ召されそうらえば、「そもそもこの川上には何の仔細もそうらわぬが、父盤古大王のご存命の御時に、五人の王子には所務がなき由来で、僻みのご合戦がきょうづめて七日七夜が間は、いあい戦いし給う。その矢目切り目の血水血むらが、かのごんが川に流れ下る」と占い奉る。

これを注意深く読んでいくと、川の水の変化を怪しんで「文撰、占い給え」と命じる人物がおり、文撰がそれを受けて原因を占っているところから、文撰に対して命令を下している人物が本来の王と考えられ、文撰はもともと国王の臣下とされていたものを、のちに王という立場へと改変した形跡が窺える。これについては後ほど考察することにして先へと進みたい。

文撰が弟子に硯の水として川水を汲ませると水が濁っている。これを不審に思って文撰が占うと、五人の王子が川上で七日七夜の戦いをおこなっており、そこから流れた血によって水が濁ったことが判明する。そこで文撰は戦いを鎮めるために川上へと旅立つ。

そのとき文撰大王は、さ承り候て、シュダン車と申す車に召され、ジャクマクと申す法を掛けさせ、されば

剣を履き、白金の琵琶を肩に掛け、その峰十六頂を訪ね登りて

ここで注目したいのはこの時の文撰の装いで、文撰は白銀の琵琶を肩に掛けて旅立っている。そして三日三夜駆け登り、戦場に到着する。文撰の到着の場面を見てみよう。

「そもそも世の中に理ある沙汰をもわきまえもせず、しばしが間は兄弟ご合戦をも止まらせ給えそうらいけんなるを、御時に、五人の王子は兵乱を鎮めて参らする。所務を細かに割って奉る」とのたまえば、その時、五人の王子は、かのよしを聞こし召され候て、「そもそも五人は如何なる御神にても、我を従えんとは、御状候やらん」とのたまえば、文撰大王は白金の琵琶を高々に弾じ奉りて、「よにも伝えが候ぞ。先々の四十天王にもお祈り申す、キシャク王にもお祈り申す。カイシャク王にもお祈り申す。盤古大王にもお祈り申す。皆方々は、五人の王子の公達には七代までもお祈り申す。五人の王子のごさんえい御時に文撰一人ばかりぞ、祈りの師匠に参じて候ものなるが、如何では従うなりとは御状候やらん」とのたまえば、

文撰は戦いを仲裁するため、白銀の琵琶を高々と弾じて名乗りを上げ、自らが盤古大王、五人の王子までの七代の祈りの師匠であることを明かし、戦いを鎮めることに成功する。常楽院系の「はんごん釈・しょうぶわけ」では、[20]

もんぜん大王はこがねの琵琶をもち、かんこう城にわたりみたまえば、まことに地神兄弟五人、大地月日のしょうぶをとろうとらずのなかにしかも分け入って東西南北、四方へむかってものの道理をわけて聞かせまえらする。

というように、こがねの琵琶を持った文撰が戦場へと赴き、

そもそも、あんろんしゅうといえる岩の上に荒こも七枚敷きふみ、かのふみのふの巻物を解いて押し開く、てんしょう地神はちおう経といえるかのお経を琵琶を弾じてのべときたまえば、兄よったいの王は弓のもと

ずるをはずし、かぶとをぬいでたかほおにかくれば、弟五郎の王もぬいだ剣を鞘に納め置く。

同様に、文撰が「てんしょう地神はちおう経」を琵琶で弾いて戦いを鎮める。釈文「五郎王子」では、この琵琶を弾いて戦いを鎮める文撰大王の姿が象徴的だが、これは文撰を盲僧の神話的形象として描いたものと言えよう。これについては後ほど詳しく検討したい。こうして、文撰はめでたく戦いを鎮め、兄弟の調停をおこなう。ここからが「四方立」となる。「四方立」は次のように語り出す。

その時、文撰大王は、「めでたしめでたし。まずこの程のいくさの疲れには、兵糧を使わさんなり」とて、大豆、小豆、大麦、小麦、米、五つのものを取り揃え、五穀の粥を炊き上げて、新しき所にも古き所にも、戌亥の隅には、どうぐどうと祀りて鎮める。

これは盲僧の竈祓いが語りに反映されたものと思われる。戌亥の隅の「どうぐどう」とは土公堂であろうか。戌亥の隅については三谷栄一の詳細な研究があり[21]、戌亥の方角は神聖な方向とされ、福徳をもたらす場所として信仰された。薩摩では地神のことを「ヂガンサア」と呼び、屋敷の一隅、多くは戌亥の隅の木の根元などに祭る場合が多かったという[22]。また、五穀の粥とは土公神への供物であり、岩田勝によれば、平安期には土公の四時の所在を犯した場合、陰陽師による土公祭で、五穀の粥を煮て鎮める行法をおこなったという[23]。また、近世の土公祭文では、文撰博士は五穀の粥の神通で五人の王子の争いを鎮めている。山本ひろ子はこの五穀の粥に注目し、五穀の粥とは土公神の特殊神饌であり、いざなぎ流の「大土公祭文」でも最後に博士が粥を炊いて和解させるという同様のモチーフがみられると指摘する[24]。

そして、いよいよ文撰の所務分け（所務割）となる。

まず兄四人の王子をば、四方に立てて参らせて、五郎王子をば中央に立たせ給い、文撰、中に立たせ給う。黄金の八尺の杖を持って、天の高さと大地の深さと厚さを割り合わせて、四方に四節の所務割をこそ始めける。

「まず太郎王子は東、春三月、九十日を領じ給うことならば、上七十二日を領じ給え。残る十八日は春の大土用と退かせ給え、五郎の王子に奉る」

同様に、次郎王子、三郎王子、四郎王子よりそれぞれ一八日の四季土用を五郎王子に譲り渡し、そして五人の王子が平等に七二日づつを治めることで決着をつけようとする。しかし、五郎王子は納得しない。

「いわれなき文撰の神の所務の分けようかな。兄四人も成人ましたるほうには、続いたる所地を割ってまいらせながら、我らが様なる幼き者には、かしこの地のきれぎれ端々、ここの月日のかげかげがかりを取り集めて、たたんで賜る。思えば知行も少なや。文撰ともに討ち取りて抗せんなり」と兜の緒をぞ、締められける。

五郎王子はこれを不服としてさらなる所務を求める。ここには強大な力を誇る五郎王子の優位性も窺える。

文撰大王は、「こと悪しからん」と思し召されそうろうて、「もっとも加うり候ぞ。土用の他に加うる不足はどこどこぞ。まずは、さそうらば、日の所務を請うてまいらせん」とて、「だいしゃく日、きこにち、ちゅうどう、ぜつみょう日、滅日、没日、ふえかん日、いち日、ひめぐり、六庚申、三年に一度の閏月、じょげつ、ともに百二十五日に相当たるをば、そしの五郎の王子に所地に割って奉る」とのたまえば、「善哉善哉、えりょうおんなるかな。いかでか父盤古大王の恩あたらせ給えそうろうとも、百二十五日の所地を割っては、たたんで賜るまじくそうろうものかな。」

文撰はさらに五郎王子の所務を増やし、一二五日を相続させることで五郎王子を満足させる。そして、五郎王子は文撰のこれまでの働きに感謝し、「文撰の神の御深甚、帰りの引き出物には何をかし奉らん」と言い、文撰に褒美を与えるという展開になる。

「それいかに」と申し奉るに「かしこは地神の眼、ここは荒神の眼とて、一切の四方の衆生が恐れをなさば、ふぶちあらちを休めおかせまいらせんがために、大地の表を少し割って授けて賜り候えや、五郎の王子」と仰せける。五郎の王子は、かのよしを聞こし召され候て、「されば一切の四方の衆生が恐れをなさば、ふぶちあらちを休めまいらせじがために、大地の表を少し割って授けてまいらせん」とて、「大地の表の厚さが三尺、すきざけ一尺、おののけが七反、海のけ七反、川のけ七反、山のけ七反、やかげ七尺、柱つぼ三尺、炭たば八尺、これを除いて使い給うものなれば、土用八専の祟りとては、よには候まじものを、威徳の本地を悪くさせ給うなや。大将軍の神は父盤古大王の御本地なり。母后の宮は葉山のみさきとなって、日別につていてまわらせ給うが、五郎の王子は三月世の神、土用の御神、御身このゆえ、今日は丑未寅申辰戌巳亥、みなこの八方は五郎の王子の領地のうちなりや」

文撰は宝物の授与を断り、五郎王子から「大地の表を少し割って」譲り受ける。そして、この五郎王子と文撰の契約に基づき、土公神の禁忌を避けて竈祓いをおこなうことができるという意味と思われる。そして、「装束立」となり、

その時、文撰の神は頭に木の冠を召されて、寅卯の方には甲乙の方と呼応して定まり給えば、まず太郎の王子は青き龍には青色の鞍を敷き、青色のご装束に靴、冠、青羽の弓矢なぐり、馬鞍あじにまた、幣七十三分が境の印を差し立てて、これよりはこうはちにち東にましまして、九万八千領が境に、足には金の靴を奉る。木神龍王、木の神と現じ給えける。

文撰の調停により、五人の王子はそれぞれが治める五方の装束に身を包み、五方の守護神となることで長大な物語は幕となる。そして、最後に「法楽」が唱えられる。

これによって南無堅牢地神、土公神、三宝大荒神、大荒神、小荒神、だいどう荒神、しょうど荒神、八臂六

臂三宝大荒神、龍宮宿神、妙音菩薩、弁財天、宇賀神社、十五童子、十六善神、屋敷の荒神に回向法楽、荘厳守護をせしめ奉る。

冒頭に「これによって」と語られているように、文撰が琵琶を弾いて五人の王子の争いを鎮め、五郎王子と契約を結んだため、盲僧はこれを祭ることができる存在としてその正当性が主張されているわけである。また、常楽院文書「琵琶由来記」には、(25)

堅牢土荒神トナラヌトスル誓願ノトキ大地月日ノ勝負分ケノ為メ軍ニ成ル妙音菩薩変身ノ聞全大王ト云人厳ノ上ニ立上リ東西南北鎮ヒ給ヘト大音ヲ揚ケ事々ノ次第ヲ説テ聞セ参ラセラネヌト天生地神八様経ト云ヘル経ヲ琵琶ヲ弾シテ演説シ給ヘハ四方四人ノ王モ弓ノ元ヲ弦ヲ外シ兜ヲ脱キテ高ヒモニ掛ケ給フ中央ノ乙子ノ五良ノ王モ抜タル剣モ鞘ニ収メ五方萬事鎮ツテ琵琶ヲ聴聞仕ル其時聞全大王ハ黄金ノ錫杖ヲ以テ其地ヲ四方ニ分ケ大地月日ノ守護勝負ヲ分ケサセ給フト云々其時ノ五人兄弟カ今ノ家屋敷守護シ給フ堅牢地神土荒神ナリ于今琵琶ヲ弾キテ土荒神ヲ祭ルハ右ノ次第因念ナリ

というにように、「右ノ次第因念」によって琵琶盲僧が荒神（土公神）を祭るとはっきりと説かれている。(26)

四　釈文「五郎王子」についての考察

これまで、釈文の語りに沿って、その特徴を取り上げてみた。次に釈文「五郎王子」の特徴について検討をしてみたい。

まず第一に注目すべきは、強大な力を持つ五郎王子の存在であろう。この釈文での五郎王子は、盤古大王から大トウレン、小トウレン、ソバツ王という名剣を譲り受け、沙伽羅龍王の妹婿として強大な軍事力を手中に収め、自らも巨大な黄龍に変化することができる強大な力を持つ神として描かれている。そして、神楽では兄の王子たちとの死闘が見どころとなっている四人の王子たちとの戦いも、挫折を味わうことなく優位に進めている。母后の宮の制止は、五郎王子の身を按じるというより、むしろ兄たちの命を救うための行動と言えるだろう。この物語には、圧倒的な力を持つ五郎王子と、威勢は良いが無力な兄たちという対立構造を読み取ることができる。これまで見たように、この釈文は土公祭文の物語に沿って展開しているが、五郎王子の造形については独自の意図を窺うことができる。

次に文撰にも注目していきたい。通常、土公祭文では文撰は文撰博士と呼ばれるが、この釈文では文撰大王とされている。しかし、「文撰段」には、本来の王の姿を削除し、文撰を大王へと昇格させる改変の痕跡が見受けられた。また、旅立ちの姿に目を移すと、文撰は白銀の琵琶を背負っており、これは他の土公祭文には見られない特徴だと言える。そして、文撰は決戦の地で琵琶を奏でて戦いを鎮め、五人の王子の仲裁をし、地鎮祭を執り行う権利を獲得する。琵琶を弾き大地を鎮める文撰とは、まさしく盲僧の神話的始祖であり、常楽院文書「琵琶由来記」にも語られているように、この釈文は荒神（土公神）を祭る由来について語る琵琶盲僧縁起として、土公祭文を巧みに改変したものと考えられる。

近世に入ると、儀礼において読誦されてきた土公祭文の物語は、神楽で舞われるようになる。そして次第に、本来の主役である五郎王子より戦いを仲裁する文撰博士の役割に重きを置かれるようになり、次第に文撰博士が物語の主役へと変化していく。これは文撰博士は法者、神楽太夫など神楽における司霊者が務める役とされたためで、舞の中での司霊者は、単に文撰博士を演じているのではなく、文撰博士と一体となり、舞によって土公神（五人の王子）を鎮めた。神楽台本の中には、文撰博士が争いの調停をした返礼として、文撰の子孫は犯土をしても許される権利を与えられるという話もあり、司霊者は文撰の子孫（後継者）と位置付けられたものと考えられる。盲僧においても同様に、文撰を盲僧の神話的始祖とし、自らの正統性を釈文の中に盛り込んでいったのであろう。また、文撰博士の地位が向上するとともに、文撰王、さらには文撰大王というように尊称を高めることになる。そして、兄の王子たちを凌ぐ圧倒的な力を持つ五郎王子を鎮める力を持つ文撰とは、五郎王子と対峙する能力を持つ強力な司霊者ということになるのであろう。

これまで見てきたように、釈文「五郎王子」とは地鎮祭の儀礼としての祭文という性格を持ちながら、さらに、文撰大王の後継者である盲僧が竈払いをおこなう正統性を示す縁起として改変され、語られているものであると結論づけられる。

おわりに

古代の五帝龍王は、時を経るに連れて人格へと変化し、黄帝黄龍王は五郎王子となる。それとともに土公祭文は、暦を支配する神々の物語へと次第に変化した。そして、祭文は神仏に対して読誦されるだけでなく、儀礼に参列する人々を聴衆として意識するようになり、壮大な物語を紡ぎ出す。大地の秩序を回復する祭文という機能だけでなく、聞き手が理解しやすいように詳細に語り込み、極めて人間的な神々を活躍させ、民間宗教者たちはこの暦の根源を表す物語を人々に語って聞かせていたのであろう。

ここでは、この長大な物語と化した祭文の事例として、日向の琵琶盲僧・永田法順の釈文「五郎王子」を取り上げ、その物語の検討をおこない、祭文は聞き手にわかりやすく語るだけでなく、自らの由緒を盛り込むなど、読誦する民間宗教者の立場に合わせて戦略的に改変されていくことを詳細に見てきた。

冒頭に祭文の芸能化について触れたが、永田法順の釈文は、永田の生前は生きた祭文の事例としてではなく、琵琶盲僧の語りという芸能として高く評価された。この論考を書くにあたり、永田の音源を何度も聞いたり、自分で釈文の文章を音読してみたが、最初に釈文を誦んだ時はすらすらと滑らかに発音できることに驚いたものだった。こういった体験から、盲僧の釈文とは、文字史料として残されているのではなく、読誦されるべきものとしてしっかりと「生きている」ように感じられた。永田はすでにこの世になく、もはや釈文の読誦を実際に聞くことができないが、永田の釈文は儀礼としての祭文が芸能化された稀有な事例と思えてならない。

(1) 五来重「説経・祭文〈解題〉」(『五来重著作集第七巻 民間芸能史』法藏館、二〇〇八年)。
(2) 例えば、藝能史研究會編『日本庶民文化史料集成』第一巻　神楽・舞楽（三一書房、一九七四年）、岩田勝編『中国地方神楽祭文集』（三弥井書店、一九九〇年）などには、中国地方の祭文で中世に遡るものが取り上げられている。
(3) 日本古典文学大系『浄瑠璃集』下（岩波書店、一九五九年）。ここは『新版歌祭文』野崎村の段の冒頭の場面。野崎の片辺に住むおみつの家の門口に祭文売りがやってきて、お夏と清十郎の道行を題材にした歌祭文を語る。おみつは家に病の母がいるため、祭文売りを追い払おうとするが、祭文売りはそれを聞かずに三味線を奏でながら、歌祭文を語り続けるという場面。引用部分は歌祭文の間におみつの詞を挟む。おみつの詞には引用者が便宜的にカギ括弧を付した。
(4) 前掲書(1)。
(5) 新日本古典文学大系九八『東路記　己巳紀行　西遊記』（岩波書店、一九九一年）。
(6) 末永和孝『日向国における盲僧の成立と変遷　盲僧史への一視座として』（鉱脈社、二〇〇三年）。
(7) 江田俊了『常楽院沿革史』（常楽院事務所、一九三一年）。
(8) 琵琶盲僧・永田法順を記録する会編『日向の琵琶盲僧　永田法順』（アド・ポポロ、二〇〇五年）。
(9) 川野楠己『琵琶盲僧永田法順』（日本放送出版協会、二〇〇一年）、川野楠己『最後の琵琶盲僧永田法順　その祈りの世界と生涯』（鉱脈社、二〇一二年）。
(10) 五来重「盲僧琵琶」解説（『日本庶民生活史料集成』第一七巻　民間芸能、三一書房、一九七二年）。
(11) 前掲書(9)。
(12) 岩田勝『神楽源流考』（名著出版、一九八三年）。
(13) 山本ひろ子「土公祭文の神話世界——盤古大王と五龍王の物語」（山本ひろ子編『シリーズ歴史を問う一　神話と歴

史の間で」岩波書店、二〇〇二年）。
(14)鈴木正崇『神と仏の民俗』（吉川弘文館、二〇〇一年）。
(15)前掲書(12)。
(16)『日本庶民生活史料集成』第一七巻　民間芸能（前掲註10）。
(17)国立劇場第三回中世芸能公演『荒神琵琶』プログラム（国立劇場、一九七〇年）。
(18)荒木博之「盲僧の伝承文芸」（『講座・日本の民俗宗教七　民間宗教文芸』弘文堂、一九七九年）。
(19)前掲書(12)、一〇四頁。
(20)前掲書(17)。
(21)三谷栄一『日本文学の民俗学的研究』（有精堂出版、一九六〇年）。
(22)村田熙『村田熙選集一　盲僧と民間信仰』（第一書房、一九九四年）。
(23)前掲書(12)。
(24)前掲書(13)。
(25)鹿児島民俗学会編「琵琶由来記と諸書に見る盲僧関係の記事抄」（『鹿児島民俗』一一〇号、鹿児島民俗学会、一九九六年）。
(26)平安末期の東寺文書『注好選』所収の「文選《もんぜん》は諍《あらそひ》を止めき第八十六」には、

五郎の王子博士に語《かた》りて言はく、「吾等、将来に人有りて博士の末孫《まつそん》といはば、縦《たと》ひ眼《まなこ》を穿《うが》ち頭《かうべ》を打つとも、其の過《とが》を免《ゆる》すべし。敢へて祟《たた》り無からむ者か」と。（新日本古典文学大系三一『三宝絵注好選』岩波書店、一九九七年）

とあり、五郎王子が所務分けの礼として、文撰博士の子孫への保証を約すという表現がすでに見られる。

III　中世神楽の現場へ

第8章　静岡県水窪町草木霜月神楽に見る湯立ての儀礼構造
——「玉取り」と「神清め」——

池原　真

解題

本稿は、平成二四年六月三〇日に急逝された故池原真氏の論稿「「玉取り」と「神清め」——静岡県水窪《みさくぼ》町草《くさ》木《ぎ》霜月神楽に見る湯立ての儀礼構造——」（『神語り研究』第四号、春秋社、一九九四年）をご遺族の許可を得て再録するものである。

本書所収にあたって理解のため原題の主題と副題を入れ替えた。また紙幅の関係で原文を半分ほどに圧縮、適宜調整し、写真を新しいものと差換えた。以上は井上隆弘の責任で行なったものである。なお池原氏による関連論文としては、以下の二つがある。

「調査報告・草木霜月神楽——静岡県磐田郡水窪町草木——」『神語り研究』第三号、春秋社、一九八九年。

「草木霜月神楽の祭祀組織と祭祀形態」『神語り研究』第五号、岩田書院、一九九九年。

三信遠地域に分布する湯立を行う神楽は、本田安次の研究によって「霜月神楽」と通称されるようになった。こうした「湯立神楽」は、本田によって「伊勢流の神楽」とされるにいたった。すなわち「これは湯立を主とするところから、湯立神楽、特に霜月に行はれてきたところにより霜月神楽などとも呼ばれる。今、伊勢流と呼んだのは、明治維新前まで、伊勢の外宮の神楽役たちが演じてゐた神楽が規範をなしたと思はれるからである」（『日本の伝統芸能・本田安次著作集』第一巻、錦政社、一九九三年、一〇三頁）というのである。

『霜月神楽之研究』において、本田は保呂羽山《ほろはさん》神楽など東北で霜月に執行される湯立の神楽が「霜月神楽」と呼ばれることから、同様の湯立神楽――三信遠の神楽、伊勢の御師《おんし》神楽など――にこれを当てはめ「霜月神楽」の名でそれらを呼んだのである。しかしこれは、霜月に執行される東北の湯立神楽や三信遠の神楽のみならず、立願によって随時執行される伊勢の御師神楽もふくむものである。また東北の湯立神楽と伊勢の御師神楽が巫女舞と湯立の神楽であるのにたいして、三信遠の神楽における舞は男性の奉仕者によって舞われるものである。ここにも見られるように、そもそも「霜月神楽」と「伊勢流の神楽」の概念規定はきわめてあいまいなものである。

また湯立の祭儀構造についてみると、これらの間には本質的な違いがあるというべきである。湯立は古代以来の神楽祭儀であるが、その旧態は東北の湯立の神楽によく残されていた。そこにおいては、「湯立」によって清浄な空間を準備して神を招き、神子が舞って神がかりとなって託宣する。今日でも秋田県の保呂羽山神楽などにその形式だけは残されている。ここでは、神楽祭儀の本体は湯立ではなく神子舞にある。これにたいして三信遠の神楽においては、本稿の考察からも明らかなとおり、各種の儀礼や「湯ばやしの舞」などと呼ばれる採り物舞によって、魔障を払い清浄な祭場を準備して神を招き、湯立祭儀によって神を清めて送り返すのである。ここでは神楽祭儀の本体は舞ではなく湯立にある。

ここには、「伊勢流の神楽」といった芸態の外見にもとづく神楽の分類の限界がよく示されている。「玉取り」と呼ばれる湯立祭儀の考察については本文を参照していただきたいが、それはこの「神楽祭儀の本体」たる湯立儀礼における神々と人々との交渉に立ち入って明らかにしたものである。

草木における「百八口《ひゃくはっく》の玉取り」という湯立の形態は、きわめて神仏習合的な神楽祭儀のあり方を示している。「なぜこれほどまで執拗に湯立て＝〈玉取り〉が繰り返されたのだろうか」と池原氏は問うているが、それは本稿において富士信仰に由来する「滝場のつとめ」との関連で説かれているように、「行」としての神楽祭儀のあり方を表すものであろう。

この「行」が「単に神々からの聖なる力の人々への一方的な授与に留まらず、人々と神々のきわめてダイナミックな交渉を物語るものであった」ことは、氏が正しく指摘しているとおりである。

こうした三信遠における湯立祭儀の本質にせまった氏の考察は、今日的に高く評価されるべきであろう。なお池原氏と編者の斎藤、井上は、かつて神語り研究会の同人であり、ともに花祭などの調査研究を行なった間柄である。それぞれ違う道を歩み、今日幽明界を異にすることになってしまったが、今回の企図が故人のなにがしかの供養になれば幸いである。

（井上隆弘）

はじめに

静岡県磐田郡水窪町（現浜松市）は、静岡県の西北の山間に位置する。町の東には南アルプス南端に連なる二〇〇〇メートル級の山並みが走り、これより発する幾筋もの谷川は、水窪川および気田《けた》川に導かれて、天龍川中流域に流れ込む。山塊を深く刻む谷間に抱かれるように多くの集落が点在する。いずれも南面する日当りのよい斜面に切り開かれているが、空をかぎる稜線や谷の深さ、周囲の森の植相などによって多様に集落の表情を変えている。かつてはそのそれぞれで霜月神楽が催されていた。しかし、現在では廃絶されたものも少なくない。旧稿・「調査報告・草木霜月神楽」では、その中でも以前の姿をよく残していると思われる水窪町草木・綾村《あやむら》神社の祭を報告した（1）。

祭は、天龍川を挟んで愛知・長野・静岡三県が隣接するいわゆる三信遠地方の霜月神楽（三河の花祭、坂部《さかんべ》の冬祭、遠山《とおやま》の霜月祭など）と比較すれば、面形の舞を持たない湯立てに徹したシンプルなものといえる。湯立て儀礼は、三信遠地方の霜月神楽において中心的な儀礼となっておりながら、今ではその内容は捉えにくくなっている。その点で草木の湯立て儀礼を考察することは、これらの霜月神楽を考察する上できわめて重要な意味をもつと考えられる。

草木の湯立て儀礼のクライマックスが〈玉取り〉である。この時、神役の舞子（神子《かみこ》）や氏子たちが、「玉取り通るよ　袖に玉取るやな」「湯伏せが通るよ　袖に玉取るやな」と歌い交わしながら、御幣を一〇八回釜の湯に浸す。通常祭事に携わることのない氏子たちも参加し、不思議な囃し言葉と、速められた太鼓のリズムによって祭場は昂揚した雰囲気に包まれる。〈玉取り〉はまさに草木の湯立て儀礼の中心を成している。

このような形態の儀礼は同じ水窪町のいくつかの地区を除けば、三信遠地方の霜月神楽には現在見られない。しかし、実はここにこそ、霜月神楽の湯立て儀礼の本質を探る手がかりが隠されているのである。

本稿では、草木霜月神楽のハイライトというべき〈玉取り〉を分析し、草木の祭の本質に迫るとともに、霜月神楽の中心を成す湯立て儀礼とは何かというきわめて大きな問題を考察してゆきたい。

一　草木霜月神楽の概要

草木・綾村神社の霜月神楽は、一二月一三日の「宵祭り」、一四日の「本祭り」、一五日の「しずめ」の三日間にわたって催される。そのうち〈湯の口開き〉〈玉取り〉などを執行する湯立ては、「宵祭り」と「本祭り」にほぼ同じ要領で行われる。本節では本祭の次第によって湯立て儀礼の構成を紹介しておこう。

祭場は間口四間奥行三間半の拝殿に半畳ほどの炉が切られており、ここに湯立ての釜が据えられる。炉の四隅には二メートルほどの忌竹が立てられ、四方には注連が張られる。きわめて簡素な作りであり、花祭の「白蓋《びゃっけ》」、遠山祭の「湯の上」といった天蓋状の飾付けをいっさい持たないことが目を引く。

祭りに携わるのは「太夫」「釜洗い」「舞子」である。太夫は「禰宜」「祭主」とも呼ばれ、祭の中心となり、神事を執行する。釜洗いは「釜の役」「副祭主」とも言い、湯立ての釜回り一切をとり仕切る。また、太夫の女房役として祭の進行を助ける。舞子は「小禰宜」とも呼ばれ、太夫に従い、神事、舞を行い、祭に奉仕する。中でももっとも経験の多いものは「座頭《ざがしら》」または「先達」と呼ばれ、〈湯の口開き〉〈玉取り〉の舞手を勤める。

表１に見られるように、本祭の次第は、まず綾村神社の神前①（図１参照）での開扉・祝詞・祓・玉串奉献などの式典により始められる。

次に祭場に神々を勧請する《神降ろしの行事》となる。太夫は太鼓の前②に座を移し、祭での使用に先立ち太鼓を打ち始める儀礼、〈楽清め〉を行う。

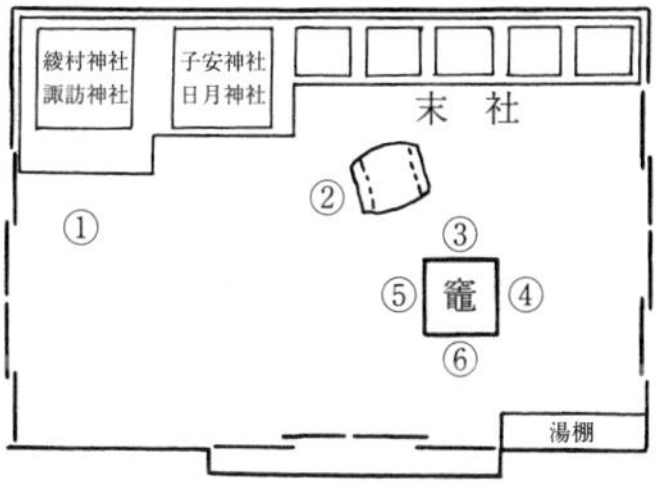

図１　綾村神社拝殿

表１　草木霜月神楽本祭（一二月一四日）の次第

行事	儀礼
神前の行事	綾村神社の開扉・祝詞・祓・玉串奉献
神降ろしの行事	楽清め（戦前は続いて、釜ばやし・年号開き・神名帳神寄せ・四節ばやしが執行された）
湯立ての行事	湯ばやし[2]・釜洗いが湯桁を外す・湯火のおこない・湯の口開き・玉取り
湯によるはらいの行事	ぶたい・はらい・倉入れ・ごじんご上げ・オンベイ納め
神送りの行事	もろ湯・湯伏せ・火伏せ・剣の舞・神送り

現在は続いて〈湯ばやし〉の舞となるが、戦前はその前に次の行事が行われていた。竈の材料、湯立ての祭具の一つ一つの由緒を歌いことほぎ、竈が築かれたことをはやす〈釜ばやし〉、神に新たな年が始まることを奏上する〈年号開き〉、神名帳によって神々の名を読み上げ祭場に神を勧請する〈神名帳神寄せ〉、神の来臨と祭を迎えた祭場の様を歌う〈四節ばやし〉である。本来、これらの行事の終了した後、《湯立ての行事》の最初の儀礼として、その名のごとく湯をはやすための〈湯ばやし〉の舞が神前①で舞われていた。

〈湯ばやし〉が終わると、一同は釜の周囲（太夫③、釜洗い④、舞子⑤）に座を移して太夫を中心に〈湯火のおこない〉を行うが、その前に釜洗いが湯釜の口を封じた湯桁《ゆげた》（X字に掛け渡された六〇センチメートルの棒）をはずす。〈湯火のおこない〉が始められ、舞子によって「中臣の祓」など諸祓が読み上げられる中で、太夫は竈に向かい湯立てに関わる様々な呪的所作をなす。神名を読み上げることで神々を湯立ての場に勧請する「勧請祝詞」の読誦をはじめ、竈の土公神《どくうじん》の勧請、湯立ての火の招請、沸き立つ湯の操作などの修法をなす。すでに準備されていた竈、火、湯なども、こうした太夫の修法などによってはじめて湯立てにふさわしい祭具としてのいわば聖性を具備するのである。

次いで、座頭の舞によって神々をさらに湯釜へと招く〈湯の口開き〉を行った後、間を置かず、舞子・氏子も参加して〈玉取り〉となる。

これらの《湯立ての行事》が終わると、《湯によるはらいの行事》となる。湯立ての湯によって氏子入りする乳児をはらい清める〈ぶたい〉、神社と祭神を清める〈はらい〉、綾村神社に縁の深い現在の高氏《たかうじ》本家・別家の屋敷をはらい清める〈倉入れ〉、綾村神社の祭神に御神供《ごじんご》（供物）を差し上げる〈ごじんご上げ〉[3]などの行事である。引き続いて祭礼中祀ってきた綾村神社をはじめとする各祭神の御幣（オンベイ）をそれぞれの祠の内陣に納める〈オンベイ納め〉が行われる。

最後が《神送りの行事》である。まず、最後の湯立てがあり、これまで湯の饗応を受けなかった神を含め、あらゆる神々に湯を差し上げる〈もろ湯〉を行う。そして、続く〈湯伏せ〉〈火伏せ〉によって、湯立ての湯と火が落とされると、ここに湯立てに関わるすべての儀礼が終了する。祭場に残る外道を祓う〈剣の舞〉、勧請された神々を返す〈神送り〉によって本祭は締めくくられる。

以上の概観からも、草木の霜月神楽は《神降ろしの行事》の〈釜ばやし〉に始まり、《湯立ての行事》、そして《湯によるはらいの行事》を経て、《神送り》の〈もろ湯〉〈火伏せ〉に至るまで、湯立てに関わる儀礼を中心に組み立てられていることがわかるだろう。

そして、これらの湯立ての儀礼のクライマックスとなっているのが、〈玉取り〉なのである。

二　玉取り

〈湯の口開き〉によって神の宮が建てられ、神道が開かれ、さらに湯釜が湯の父・湯の母に導かれた神々のために用意されると、いよいよ〈玉取り〉となる。過疎化に苦しむ現在でも祭の中でもっとも昂揚した雰囲気を残す〈玉取り〉だが、以前はどれほど活気あふれるものだったのだろうか。

儀礼は執行者により〈座頭による玉取り〉と〈舞子・氏子による玉取り〉に分かれる。

（1）　座頭による玉取り＝五方の玉取り

〈玉取り〉の次第に入ると、座頭の後方に玉取りの御幣を二本ずつ手にした舞子・氏子らが一列に並ぶ（図3）。座頭は東方に向かって、玉取りの御幣を手にして左右にゆっくりと体を揺らして舞い、モト歌を歌う。

（モト）玉取り通る（取る）よ　袖に玉取るやな

図２　水窪町上村の「五色」（五方の玉取り）
上村では小禰宜が行う。井上隆弘撮影。

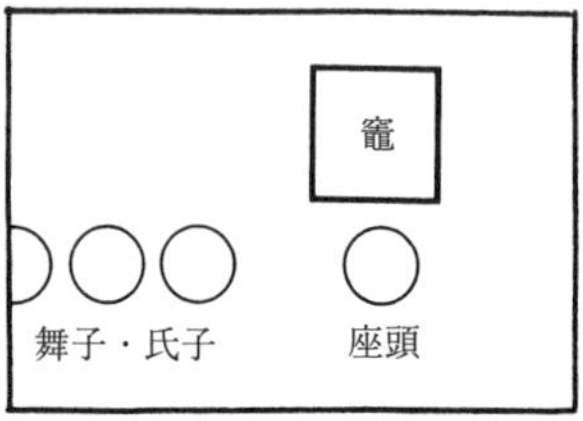

図３　座頭による玉取り

（ウラ）湯ぶせが通るよ　袖に玉取るやな

舞子がウラ歌を返すとき、座頭は湯釜に向きを変え、玉取りを行う。二本の御幣を右手に持ち、柄で釜の湯を二、三度かき回し、湯を掬うように引き上げて御幣を拝する。

続けて、南方、北方、中央の各方位ごとに、モト歌に合わせて舞い、湯釜になおって玉取りを行う。五方一口ずつ計五口の玉取りを行うわけである。北の座の釜洗いは数珠玉をくり、玉取りの数を数える。

草木では、一応〈座頭による玉取り〉と〈舞子・氏子による玉取り〉という形式上の分類はあるものの、全体が一つの〈玉取り〉儀礼として〈湯の口開き〉に続いて行われる。これに対して、同じ水窪町の上村、塩沢、大《おお》栗平《ぐりだいら》では神名を読み上げて神々に湯を饗応する儀礼が行われる。多くの三信遠の湯立て神楽においてもそうであるように、いわば湯立てに必須の儀礼であるのだが、草木の霜月神楽はあたかもその儀礼を欠落させているかのように見える。

(2)　舞子・氏子による玉取り

続いて、うしろに立つ舞子・氏子らも加わって玉取りが行われる。

玉取り通るよ　袖に玉取るやな

と全員で囃しながら玉取りが一〇八口続けられる。

〈座頭による玉取り〉に続く六口目はそのまま座頭が行い、その後順番に舞子・氏子と玉取りは続けられる（図５）。時に太鼓は速められ、祭場は昂揚した雰囲気に包まれる。一〇八口目に釜洗いは数珠を揉みならして玉取りの終了を告げる。

一〇八口目に、釜洗いが数珠を揉みならす様子は、草木の〈玉取り〉の意義を象徴しているようで印象的である。

ここでは執行者から〈舞子・氏子による玉取り〉と名付けたが、一九六七年当時の報告には氏子の参加については触れられていない[4]。水窪町上村では、現在も小禰宜（＝舞子）によって執行されていることから、草木でも本来は舞子によって担われるべきものが、舞子の減少にともない、氏子らの参加が認められるようになっていったものと思われる。

図４　水窪町神原の玉取り
形態は草木に類似する。井上隆弘撮影。

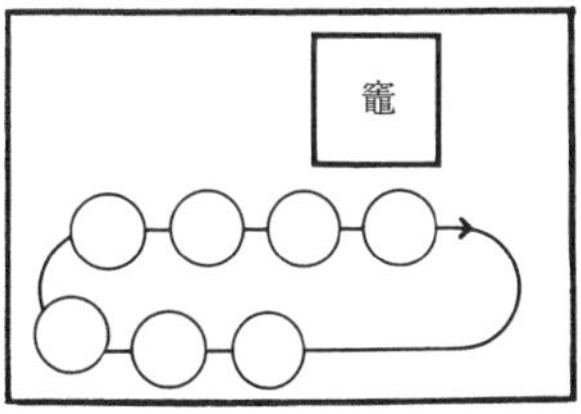

図５　舞子・氏子による玉取り

舞子とは、大病平癒などの祈願により草木の氏神である綾村神社の神子《かみこ》となり、一生を神への奉仕に捧げる者を言い、ここでは草木地区を代表する神人として〈玉取り〉を執行しているのであろう。

〈玉取り〉儀礼は、草木および水窪町の各地区の例から見て、次の二つの要素から成り立っていると考えられよう。すなわち、禰宜ないしそれに準ずる者が神の名を読み上げ湯を饗応する儀礼と、舞子などの神子および氏子が参加して行う御幣を湯に浸す儀礼である。

両者は、一連の儀礼としてなされているものと見ることができる。だが、この儀礼の大きな特徴は、多数の人間によって御幣を湯に浸す儀礼だということである。なぜ、神への湯の饗応に伴ってこのような儀礼がなされなければならないのだろうか。ここに〈玉取り〉儀礼を解く重要な鍵が隠されていると思われる。

三　玉取り儀礼の意義

(1)　三信遠地方の霜月神楽にみる〈玉取り〉

さて、草木をはじめ水窪町に残る〈玉取り〉とは、湯立てという祭儀にとっていかなる位置を占めるのだろうか。ここであらためて見直すと、玉取りの詞章は次のように三信遠地方の霜月神楽に驚くほど広く見出すことができる。(5)

〔南信濃村和田・遠山の霜月祭〕

（モト）ゆどのこそ神がよろこぶ

（ウラ）アンヤーハー　おがむには　ゆらりさらりとわきるお湯は

　　　もりさへよれば　とろりとろり　たまとるらんよ　火ぶせもさかえて　たまもほろろ

〔天龍村坂部・冬祭〕

一、玉取りこよ　そでが玉とるな

一、火防が釜　釜におるなにやら

〔天龍村向方《むかがた》・お潔め祭〕

たまとりこうわそでがたま　ゆぶせの玉よ　玉にこそあれ（二タタビ）

〔富山村大谷・御神楽〕

ゆととんとやれ〱いじや　みと(御戸)ひらき　神のみとひらき

〔東栄町御園《みその》・花祭〕

玉とん寅や、湯のとん寅や、日頃の汚を笹の葉で清める

〔豊根村上黒川《かみくろかわ》・花祭〕

湯の人とやる玉　とんとやる　いくしが玉とる　袖が玉とる

〔東栄町月・花祭〕

いくせがたんばそれがたんば拝も

花祭の源流とされる奥三河の大神楽の中にも、〈玉取り〉の神歌を歌う〈社護神《しゃごじ》の舞〉があったとされる。

(a)とおんと　とやれと　ゆとんと　とやれと　びぶせが玉とる　それが玉よ

(b)さゝの葉　さゝの葉　せんするげちは　ざんぶりたや　日頃のげちは　笹できよまる

(c)やんらごうや　しやごじ大菩薩　おりゐて湯めす時の　湯かげは湯本も見へず　あそぶきみ

(d)しやごうじの舞やら　あつたの宮の　こうするらよ　さする夜さぞ　なかよかれ(6)　〔傍線は原文のまま〕

これについて、早川孝太郎は、「舞の手について何ら知ることはできぬ」と記しているが、(c)の詞句は、神への湯の饗応の際の神歌であり、「笹」は湯立てに使われる湯たぶさであろう。

この〈社護神の舞〉とよく似た詞章を歌うものに、豊根村下黒川の〈湯立て〉がある。この様子を示そう。釜を囲んだ多数の宮人と氏子は、おのおの一メートルほどの長さの笹竹を釜の上に捧げて、次の神歌を歌う。

(a)湯とんとやる玉とんとやるいくせが　とやる　いくせが玉取るそれが玉取る

(b)たかの羽わとよたかの羽わ　剣の刃にさも依(似)たり

図6　豊根村山内の花祭の湯立て
花祭における集団的な湯立ては玉取りに類似する。井上隆弘撮影。

笹の葉わとよ笹の葉わ　日頃の汚れを笹の葉で清める
(c)あらとんとうや大上ほんのう打いて湯召す時の湯かげは湯本も見えず
かすみとわなる[7]

神歌の内容は、(a)〈玉取り〉の詞章、(b)笹の葉による清め、(c)神への湯の饗応である。この神歌に合わせ、全員一斉に笹の葉を湯に浸し引き上げる。続いて、神名が次々と読み上げられるが、同じ所作を何度も繰り返して、勧請された神々に湯が饗応されるのである。

この所作は、笹と御幣とで採物は異なるが、全員で湯釜を囲み、〈玉取り〉の神歌を歌い、一斉に笹の葉を引き上げており、水窪町上村〈五色〉、塩沢の〈百釜の舞〉と類似している。すなわち、現在も下黒川の花祭では、〈玉取り〉儀礼が実修されているものと見ることができる。

こうした祭儀をもつ祭には、下黒川と相似た〈玉取り〉の詞章を持つ豊根村上黒川、東栄町御園、月の花祭も加えられよう。おそらくは、多くの花祭でも、〈玉取り〉儀礼は執行されていたのではないだろうか。

ただし、現状においては、花祭の〈玉取り〉儀礼はほとんど顧みられていないように思われる。花祭全体から見ても、むしろ影の薄い印象を与えるのは、湯たぶさによって祭場と見物人たちに湯を浴びせかける〈湯ばやし〉の行事があまりに強烈で、突出した印象を与えているためであろうか。本稿では触れないが、〈玉取り〉儀礼を考察することは、花祭の成立を考える上にもあらたな視点を提供するものと思う。

いずれにせよ、〈玉取り〉の詞章が大神楽、花祭、遠山の霜月祭、坂部の冬祭、大谷の御神楽、向方のお潔め祭、そして水窪町の霜月神楽という三信遠地方の霜月神楽のきわめて広い範囲で歌われていたことは注目される。このことは〈玉取り〉儀礼が三信遠地方の霜月神楽にとって不可欠であったことを示していよう。

さて、草木では〈玉取り〉を「神から授けられた宝の玉を丁寧に受け、その玉を授けられたことによって幸福を得る」[8]と説明している。

これは、神の浴びた湯を袖で取ることによって、神聖な呪力を身に受けるという理解といえよう。このような思想は、花祭の〈湯ばやし〉の舞で祭場のすべての人々に湯が浴びせられ、清められるという形態に顕著に窺われる。また、湯立ての湯で宮や家あるいは神子入りの幼児をはらい清める儀礼の場合も、その解釈で正しいように見える。

たとえば、板谷徹はそれらの儀礼を「湯遊び」と分類し、「神の召した湯を人々が享受することであろう」としている[9]。確かに、神々の名を読み上げ湯を差し上げる儀礼と、その湯を振りまく儀礼との二つだけからはこのような解釈しか生まれてこないかもしれない。

しかし、二つの儀礼を支える祭儀の構造が問題であり、ここで塩沢の「神諸共に受けて参らす」という言葉が重要な意味を持つ。そこには、神と神を招き湯を饗応したものが同時に湯を浴びる、すなわち、湯を受けるという構造がほの見えるからである。この構造は、〈玉取り〉儀礼を分析することによって浮かび上がってくるであろうし、それによって湯立てそのものの構造がまったく違った様相を持つものとして見直されるのではないだろうか。

まず、〈玉取り〉の玉とは何かを考えてみよう。

《湯立ての行事》において〈玉取り〉に先立つ〈湯火のおこない〉の中の〈大正大神行《たいしょうだいじん》〉において、太夫は湯立ての火を〈玉取り〉の火として竈に招き、炬《たいまつ》に向かって「玉かけにとぼす火は」と唱えている[10]。「玉かけ」とは玉取りの玉から取られた言葉であり、湯立ての火を〈玉取り〉の火として招いている。さらに、同じ〈湯火のおこない〉の〈湯玉の大事〉では、「守護春はる山の里」と、太夫は湯玉に向かって人々を守護し幸わう呪を唱え、次に日輪、月輪の印を結び、「湯の玉水の玉」と口中でつぶやく。これこそ玉取りの玉であろう。すなわち、太夫は湯玉の加持を行うのであり、ここから見るかぎり玉とは神から授けられる玉ではなく、湯立ての湯の玉ではないだろうか。

そもそも湯立ての信仰とはどういうことであろうか。一般に神に湯を饗応する、湯を差し上げるといわれるが、その説明からはいっこうにその内実があきらかにならない。また、神に湯を召してもらい、その湯の呪力によって利益を授かるという先の説明からは、あくまで平板な神から人への交流しか見えてこず、そこにはなにより「立願」と言う湯立て神楽の根本を成す要素が見落とされている。ここでこの立願という点からいくつかの事例を考察してみたい。

(2)　立願と〈玉取り〉儀礼

上記〈玉取り〉詞章の分布の中から、長野県天龍村坂部の冬祭を取り上げてみよう。一月四日に坂部・諏訪神社において催される冬祭では、八度の湯立てが行われるが、そのうち特に異風なものとして知られる津島神社の湯立ては、禰宜による神々の招請と湯の饗応の儀礼が、立願の儀礼と密接に結び付いており、しかも、この時、いわゆる〈玉取り〉の詞章が囃されているからである。その様子を記そう。

釜の正面には湯たぶさ二束と湯立ての御幣を持った禰宜が立つ。津島神社の湯立ての時のみ禰宜の左手に、村全体の願の御幣を持つ者を先頭にして、個人の立願の御幣を持つ「御幣持ち」たちが立願者の数だけ並ぶ。後方にはさらに湯たぶさを持つ「笹持ち」八名が付く（「御幣持ち」「笹持ち」は神役が勤める）。

最初に津島神に湯が饗応される。神役たちが

かきたてる　志でのはごとにおりる神　神現れて御行《げぎよう》めさる、
津島ハすさのをの命おりいて花の玉の御《み》ごく

と歌うのに合わせて、禰宜は釜の湯を御幣の柄で三度かきまわして目通りに持ち上げ、御幣を拝する。津島神社に湯を差し上げる所作であろう。

続けて、津島神の眷属神にも湯が振る舞われる。神役が「津島へ依てハ居森大神　弥吾郎大神……」と眷属神の名を次々に読み上げては、「湯召す時の見るかけハ見るかけハ湯元で見へるかすみとぞなる」と歌う。歌は神々が勧請され、湯を受ける様子を表すが、これに合わせて、禰宜は先ほどの湯を差し上げる所作を繰り返す。

禰宜の所作からは、草木の〈玉取り〉が彷彿としよう。また、塩沢と同じく坂部では、禰宜の持つ湯立ての御幣は「かきたてる　志でのはごとにおりる神」という歌にみられるとおり神の依代に見立てられ、御幣の柄で湯をかき回すことによって、湯殿に招ぜられた神が湯を所望する姿を表すのである。

図７　坂部の津島神社の湯立て
井上隆弘撮影。

次に、「新ら湯をハ　もりこそ志ずめるあら湯をば　夜中ノ清水をこをりとる」と沸き立つ新湯《あらゆ》を鎮め、清水とすることを歌い終わると、禰宜に代わり「笹持ち」が釜正面に立つ。

笹（＝湯たぶさ）を持つ最初の者が釜正で釜に進み出、「玉取りこよ　そでが玉とるな」と歌ひながらしばらく釜の湯をかきまはし、「火防が釜釜におるなんやら」と笹を上げては湯を切るやうに、これを左右に振る。[11]

これを三度ずつ八人の「笹持ち」が行い、最後の「笹持ち」はすべての湯たぶさをまとめてざんぶと湯に浸し、立願の御幣を持つ者に湯を浴びせ掛ける。ただちに「御幣持ち」は、「松明持ち」を先に立て素足のまま境内下に駆け下り、大杉の根本に松明と一緒に御幣を突きさして拝殿に戻る。津島神の神送りだという。あっという間の出来事である。

〈玉取り〉の神歌が歌われる場面において、立願の御幣に湯が振る舞われる。この役を受け持つのが禰宜ではなく、神子（舞子にあたる）が勤める「笹持ち」であるところにも注意される。神を招き湯を饗応する〈座頭による玉取り〉と、舞子、氏子らも加わった〈舞子・氏子による玉取り〉という二つの儀礼のあり方をここにもあてはめられよう。

しかも、二つの儀礼は切り離せない形態で行われ、人々は神々に饗応した湯に与ることによって立願をかなえるものである。人々が湯に浴するには、その前に津島神を招き、湯を饗応しなければならず、立願者が湯に浴することと、津島神に湯を饗応することとは一体の事柄となっている。これを単に神が召した湯を人々が享受する儀礼として解釈するにはあまりに緊迫した場面になっている。

こうした湯立ての構造は、八度の湯立ての中でも津島神社の湯立てに特に色濃い立願という契機によって浮かび上がってきているものと考えられる。同じような構造は、遠山の霜月祭の〈玉取り〉儀礼にも見出すことができる。しかも、遠山では草木の玉取りの御幣にあたる湯木《ゆぼく》が用いられていることに注意したい。

南信濃村和田の例を示そう。

〈火ぶせ〉

（モト）ゆどのこそ神がよろこぶ

（ウラ）アンヤーハー　おがむには　ゆらりさらりとわきくる

お湯はもりさへよれば　とろりとろり　たまとるらんよ

火ぶせもさかえて　たまもほろろ(12)

図８　湯木（牧内武志・中島繁男「遠山の霜月祭り」章末註13参照）

モト歌の際、全員で湯木（御幣）を左右に振り、ウラ歌で柄を湯に入れ引き上げる。この後、同様の所作で、神名帳に従い読み上げられる神々に次々と湯を饗応するのである。

この〈火ぶせ〉の神歌は、モト歌とウラ歌として禰宜と祭場に集まったものたちの間で歌い交わされるのだが、その神歌と言い、所作や祭場の雰囲気と言い、まさに草木の〈玉取り〉が思い浮かぼう。そしてここで注意しなければならないことは、用いられる湯木である。湯木は湯立ての御幣であり、神の依代であることはもちろんのことであるが、遠山では加えて、立願者によって奉納され、その柄には立願の主旨をしたためた奉願帳が巻き付けられている（図８）。南信濃村木沢では次のように説明している。

> 氏子の内より祈願の筋ある者が、御立願を籠めた奉願帳を、長い竹の幣の中央に観世よりにて結び付けたのを神殿に捧げるが、これを湯木と称し、禰宜が湯を合わせるのに用いるこの祭りに重要な品である。湯立開始前に「湯木渡し」なる役目を禰宜の中より一人定めて置いて、神前より捧げて来て湯合わせする者に渡す事になっていた[13]。

湯木を使うことによって、神に直接願意を伝え、神の納受を確実なものにしようとするのであろう。すなわち、湯木は湯を召すために神が依代として宿るものであり、また、人々の願意を神に伝えるものであった。〈火ぶせ〉は神が湯を召すと同時に願意が神に達するという構造を示している。

（３）神清めと玉取り儀礼

では、立願の御幣に湯がふるまわれること、神が湯を召すと同時に願意が納受されるという構造、そこにはどのような信仰思惟が働いているのだろうか。

ここで注目されるのが、豊根村山内の花祭、富山村大谷の御神楽、そして、坂部の冬祭で、神に湯を差し上げる際に、神を清める言葉が奏上されていることである。

まず、山内の花祭では、「をりゐて《下りいて》湯げす《召す》時ハ湯もと、見ゑる　かすみなるらん」と神々に湯を差し上げる時に、太夫は「をんまい《おん前》とはみとしゆげんじ《湯献じ》おはらいきよめ申す」(14)と唱えるという。これには注として「此れハ太夫がはら《腹＝（心中）》でとなゑる《唱える》こと」とあり、太夫だけに許される秘事であった。山内では、湯を献ずることは神々をはらい清め、浄化することを意味していよう。

大谷の御神楽でも、「声をかえて、ほそごえ」と注記の上、「おりてはなのきよめ　をゆめすときの　みるかげは　ゆもとでみへる　あそびとゞまる」(15)と唱えるという。声を細めて唱える様子など山内と同じ趣向である。ここにも神に湯を差し上げることが神を清めることであるという思惟がはっきりと見て取れる。

坂部では、特に神清めが立願と深く結び付いて執行されている。立願がかけられる場合は、神の名が読み上げられて後、「清めの湯を差上ゲ申シ参せ候半《そうらわん》」(16)と奏上するという。単に神に湯を差し上げ清めるだけではなく、そのことによって立願がかなえられるのである。神に湯を饗応し浄化することは、立願の成就にとって必須の事柄になっている。

神を清めるとは驚くべき内容であるが、湯立てにおいて神は清められるべき存在であり、人々に一方的に利益を施す存在なのではない。湯立ての湯によってこの神を清めることこそ、切実な立願に基づく湯立て儀礼の核心であった。これを鮮やかに現出させた儀礼こそ〈玉取り〉であろう。立願者は御幣に降りた神を次々と湯に浸して清め、その神を清めるという功徳によって立願の成就を願う——そのような湯立ての核になる儀礼として〈玉取り〉は行われたのではなかっただろうか。

草木をはじめとする水窪町の霜月神楽は、この清めとしての湯立ての根源的な姿を、どこよりもはっきりと保持しているように思われる。これを語るものに祭の名称がある。なぜなら、水窪町の霜月神楽は「清め」あるいは「お清め祭」と呼ばれていたからである。草木においても、表２に掲げる以前の次第は「お清め之大事」[17]と呼ばれており、霜月神楽がその名の如く、清めの祭として執行されていたことは疑いない。

以上のように、〈はらい〉〈ごじんごう上げ〉〈倉入れ〉〈ぶたい〉などの儀礼のたびに、〈玉取り〉は繰り返されていた。宵祭においても最初の〈はらい〉の後に、〈神前はらい〉と呼ばれる立願の湯立てが立願の数だけ行われていたという。草木では、このような形態でごく近年まで祭が行われていたのである[18]。

これらの行事は神社、供物、倉、氏子入りの幼児という具合に祈願の対象に湯を掛け、はらい清めることによって成立する。〈神前はらい〉では、まさに立願者がはらい清められる。つまり、立願、祈願のつど〈湯の口開き〉〈玉取り〉が行われ、神を招き、清める功力を積まなければならなかったのである。もし、神の呪力を持った湯を必要とするだけならば、なぜこれほどまで執拗に湯立て＝〈玉取り〉が繰り返されたのだろうか。

表２　草木霜月神楽の構造

湯立ての回数	「お清め之大事」
（神前の行事）	一御つとめ
一回目の湯立て	一ゆばや志　一ゆ火のおこない　一ゆの口開き　（玉取り）　一はらい
二回目の湯立て	一御かぐら　一申込み事　一ゆばやし　（湯の口開き）　玉取　一御じんごう上げの事
三回目の湯立て	（湯ばやし　湯の口開き）　一玉取　はらいに出る（＝倉入れ）　一御かぐら　一ぶたいの事　一御じんこう下げ
（神送り）	一もろゆみかぐら　一ほうべい納め　一つるぎの舞　一拝殿神送り　一ごぜ〱神送り

注：（　）内は、省略された次第を引用に際し適宜補ったものである。

（4）一〇八口の玉取り

草木では、玉取りは一〇八口繰り返される。一回また一回と一〇八口まで丁寧に玉取りを行うことによって、一〇八の煩悩と穢れがひとつひとつ取り除かれるのである。一〇八の煩悩を清めるというあり方は、特定の立願のために神々を迎え〈玉取り〉を行うという祭とは大きくその形態を変えており、それは同時に、新たな意義を獲得していった結果と考えられる。

そこにはどのような経緯があったのだろうか。注目されるのは、かつて、草木霜月神楽には、祭の開始に先だって「滝場のをつとめ」なる、みそぎの儀礼が存在していた。これは「百八をらい拝《礼拝》」と呼ばれ、文字通り一〇八回の礼拝を基本とする儀礼であった。

　切る目の浅間。みたけも浅間三浅間大菩薩　八ツがたけ《八つが岳》に大日如来
　防十郎防大　せきそん大権現富士浅間大日如来ぎよば《行場》〳〵の浅間
　今日百八の　をらい拝をあけ奉ル　一二三四五六　七八九十百二つ《に》
　みヌ《又》一二三四五六七八　百八のをらい拝ニ而伊豆ハそヲいち
　そうと《走湯》権現箱根ハざいちさを本権　三嶋ニ三戸の大明神わ浅間大菩薩南無浅間大菩薩八ツ《八つ》つゝ上ル也
　　是八《は》滝場のをつとめ又ハ　神前に而百八をら拝(19)

「切る目の浅間」をはじめ、富士浅間の岳々の仏菩薩や、行場ごとの浅間などの神仏に一〇八回の礼拝を繰り返すものである。これが「滝場のをつとめ」の際に念ぜられたのである。ここで「百八をらい拝」が富士浅間を対象とした儀礼であることが決定的に重要となろう。

「百八をらい拝」のように富士浅間を礼拝する儀礼は、草木ばかりか広く三信遠地方において実修されていたものらしい。岩科小一郎は、富士村山修験の手になるものとして三州設楽郡山内村門原（現在の愛知県豊根村山

内門原）と、三沢（同三沢）の二例を紹介している。[20]

前者は「富士山祝詞乃大事」と呼ばれ、富士浅間の神仏を御幣に勧請し、これに礼拝することを勧めている。というのも、「せいじやう《（清浄）》しやうじん《（精進）》のきんそく《（禁足）》を　まつたく《（全く）》山のさんけい《（参詣）》したまう」と、これが富士参詣と同等の御利益があり、罪障の浄化と精進潔斎を約束したからであろう。

後者の「富士浅間大神　拝《おがみ》」とある文書については、残念ながら原文をあげず、次のように説明している。

はじめに「富士浅間大勤大事　大峰役行者勤大事　富士さん勤め大事」と三行ある、ついで呪文に「とうぼうのみえのため、かんこんそりこんだけん、はらへたまへきよめてたまへ。百八ぺん」とあり、その次の呪文は尻切れになっている。中間に読み上げる神名が並び、東方降三世夜叉明王、南方軍荼利夜叉明王と四方固めの明王の名号があって「いちいちらいはい、きみやうちやうらい、さんげさんげ六こんしやうじやう、をしめにははつだいこんかうどうじ、りやうぶの大日大りやうごんげん、ふじはせんげんだいぼさつ」と結んでいる。筆写は大鏡院御門人柳沢菊弥・道円坊とある。[21]

最初に三種の祓（「とうぼうのみえのため……」）があり、次に多数の富士浅間の神仏が唱えられたという。神々の最後に五大明王があって、ついで「一々礼拝、帰命頂礼、懺悔々々六根清浄、をしめには八大金剛童子、両部の大日大りやう権現、富士浅間大菩薩」と結ぶものという。ここでも富士浅間の神仏に一々礼拝することが勧められている。こうして礼拝することは、「富士山祝詞乃大事」と同じく、富士登山と等しいものと考えられ、帰依者の懺悔と、六根清浄がかなうものと教えられたのであろう。

草木の「百八をらい拝」も、やはり、富士浅間の岳々や修験の行場に祀られた神仏を観想し礼拝するものであり、したがって、「百八をらい拝」とは、浄化の機能を強く孕む富士浅間の神仏の名号を唱えることで一〇八の煩悩や罪障を洒ぎ清める儀礼であったと考えられよう。しかも、「一二三四五六七八百八のをらい拝」と一〇八を数え上げる形態をとっているのは、草木の人々が一〇八の煩悩を清めるところに、この儀礼の意義を期待し、さらに強調していったからではないだろうか。

草木では、「百八をらい拝」は、祭の前の「滝場のをつとめ」のみならず、綾村神社の「神前に而百八をら拝」が行われていたように、単に帰依者個人のみそぎの行法に留まらず、共同体の祭としての霜月神楽の中に取り込まれ、儀礼の中に深く浸透していたものと推測される。

とすれば、一〇八口の玉取りは、「百八をらい拝」を背景にして生まれたものではなかっただろうか。二つの儀礼の形態上の類似は動かしがたい。すなわち、玉取りを一〇八口繰り返すことによって、神仏に湯を献上して清め、この功力によって〈玉取り〉を勤める舞子・氏子自身の一〇八の煩悩をも清めるのである。ここに人々の強い期待があればこそ、三信遠地方の霜月神楽の中にあって際立つほどに、〈玉取り〉が草木霜月神楽の中心的な儀礼としてこれまで実修され続けてきたように思える。

繰り返すようだが、やがて、一〇八の煩悩を清めるという〈玉取り〉本来の意義が薄らぐにつれて、「宝の玉」を受けるという〈玉取り〉の説明が生み出されていったのではなかっただろうか。

以上のように見てくると、五方の玉取りという水窪地区に顕著な湯立て儀礼の型の上に、富士浅間信仰を中核とする「滝場のをつとめ」が取り込まれ、一〇八口の玉取りという草木独自の湯立てが成立したものと推察されよう。

ちなみに富士浅間信仰の草木霜月神楽への強い影響は、このほかにも、伊豆神社を祀る家筋のもの以外は、太夫と並んでこの祭の重要な神役である「釜洗い」を勤められないことにも見ることができる。伊豆神社は、先の「百八をらい拝」に「伊豆ハそをいちそうと権現」（伊豆走湯権現）と登場している。すなわち、富士浅間の神仏とともに祀られており、本来富士浅間信仰の伝播とともに草木に取り入れられた神と考えられるからである。

以上、本稿では草木の湯立て儀礼の分析を通じて「湯立て」そのものの内実に迫ってみた。全国より来臨して湯を召す神々の姿を、祭場の装置や神歌・舞、さらに御幣によって鮮やかに映し出す草木をはじめとする水窪町の霜月神楽は、湯立てが神々と人間との非常に具体的な交流の祭儀であったことを私たちに教えている。〈玉取り〉から明らかになった、「神清め」と「立願」を核に両者を一体とした湯立てという祭儀の構造は、湯立てが単に神々からの聖なる力の人々への一方的な授与に留まらず、人々と神々のきわめてダイナミックな交渉を物語るものであった。

（1）池原真「調査報告・草木霜月神楽――静岡県磐田郡水窪町草木――」（『神語り研究』第三号、春秋社、一九八九年）。

（2）前掲註（1）拙稿では、〈湯ばやし〉を《神降ろしの行事》の中に加えた（九七頁）が、本稿では湯立てに先立つ舞として《湯立ての行事》に含めた。

（3）前掲註（1）拙稿、一二八頁参照。〈ごじんご上げ〉に湯ではらう場面はないが、献饌の際に新穀を湯立ての湯と水で清め神に奉ることが唱えられており、《湯によるはらいの行事》の一つと考えられる。

（4）渡辺伸夫「遠州水窪の霜月神楽」（『演劇研究』第三号、早稲田大学演劇博物館、一九六八年、一五一頁）。

（5）南信濃村和田――『南信濃村史　遠山』（一九七六年、六〇一頁）。天龍村坂部――芸能史研究会編『日本庶民文化史料集成』第一巻（三一書房、一九七四年、四一一頁）。同向方――同、四四二頁。富山村大谷――本田安次『霜月神楽之研究』（明善堂書店、一九五四年、二三三頁）。東栄町御園――同、三六八頁。豊根村上黒川――仲沢利治『上黒川の花祭り』私家版、一九八〇年）。須藤功「『花祭』等記録資料」（『研究所紀要』三、日本観光文化研究所、一九八三年、一〇一頁）。

（6）『早川孝太郎全集』第二巻　民俗芸能二（未来社、一九七二年、七三頁）。ただしこれは『神楽手引順達之次第』の中に見られるのみで、実際の次第書には見えず、近世の付加と思われる。

（7）『北設楽民俗資料調査報告』一（愛知県教育委員会、一九七〇年、一〇〇頁）。

(c)に見える「大上」とは『梁塵秘抄』に見えた天蓋を表すもので、(c)は神々が白蓋（天蓋）より湯釜に降臨される姿を描いたものと考えられる。

(8) 茂木栄『草木の霜月神楽』（水窪町教育委員会、一九八六年、一五頁）。水窪町小畑の諏訪神社や、現在は廃絶しているが同じく根の八坂神社でも〈舞子・氏子による玉取り〉がなされ、特に八坂神社では右袖で、湯玉（湯のしずく）を受けるように玉取りが行われたという。

(9) 板谷徹「霜月祭りの湯立――天龍村・富山村の事例から――」（『民俗芸能研究』第九号、一九八九年、五〇頁）。

(10) 前掲註(1)拙稿、一一六頁。

(11) 本田『霜月神楽之研究』（前掲註5、二五二頁）。

(12) 『南信濃村史　遠山』（前掲註5、六〇一、六三六頁）。

(13) 牧内武司・中島繁男「遠山の霜月祭り」（『日本祭祀研究集成』四、名著出版、一九七六年、九五頁）。

(14) 『日本庶民文化史料集成』（前掲註5、四五六頁）。

(15) 板谷「霜月祭りの湯立」（前掲註9、四七頁）参照。

(16) 同右。

(17) 茂木『草木の霜月神楽』（前掲註8、三一頁）。

(18) 渡辺「遠州水窪の霜月神楽」（前掲註4、一四七～八頁）。

(19) 茂木『草木の霜月神楽』（前掲註8、三一頁）。

(20) 岩科小一郎『富士講の歴史――江戸庶民の山岳信仰――』（名著出版、一九八四年、三三五～七頁）。

(21) 同右。

第9章　「浄土神楽」論の再検討
――『六道十三佛之カン文』の位置づけをめぐって――

鈴木　昂太

はじめに

広島県庄原市東城町・西城町の神職と明治以降に村人たちが結成した神楽社が伝承する比婆荒神神楽《ひばこうじん》は、先行研究者の牛尾三千夫、西田啓一、岩田勝、三村泰臣などにより、歌舞によって死霊を鎮め浄化する（鎮魂する）「浄土神楽」としてかつて行われていたと指摘されてきた。こうした研究者の学説は、地元の神楽理解に大きな影響を与え、現在行われている神楽の意義として「三十三年に一度の鎮魂の式年大神楽において死霊を祖霊に昇華させるのが目的である」と、一般向けの広報誌（1）でも説明されるようになった。しかし、現在伝承される比婆荒神神楽の姿から死霊に関わる要素を見出すことは難しく、神楽を執行する地元の神職からも、祖霊信仰と比婆荒神神楽を結びつけることに対して疑問の声が出されている。そうした状況を踏まえ筆者は、かつての「浄土神楽」と現在の「比婆荒神神楽」との間に連続性を見出すことには慎重であるべきだと考え、こうした視座より「浄土神楽」と「比婆荒神神楽」の関係を再考していかなければいけないと考えている。

本稿ではその第一歩として、「浄土神楽」の重要な根拠として言及される、広島県庄原市東城町の戸宇《とう》栃木《とちぎ》家

図１　比婆荒神神楽の「龍押し」

に蔵される『六道十三佛之カン文』の再検討を行いたい。この資料は、庄原市重要文化財に指定されている一四〇点を超える歴史資料のうちの一つで、近世期の朽木家の宗教活動を内容としている。朽木家は、現在も地域の神職の一人として比婆荒神神楽を伝承しており、神楽を担っていた社家の朽木家文書は、近世初期以降の神楽の様子を知ることができる貴重な資料として評価されてきた。

しかし、神楽を伝承する社家の文書だからといって、すべての資料が神楽と関係するとは限らない。岩田勝は、『六道十三佛之カン文』を神楽と関連づけ、死者の魂を鎮めるために行われた「浄土神楽」の実態を明らかにする重要な資料と評価したが、本資料の中には「荒神」や「神楽」という語句は見出すことができない。そうした点からも、本資料が近世期の神楽を伝える記録であると考えることには再考の余地があると言えるだろう。荒神を祀る神楽と死霊祭祀とは分けて考えるべきではないだろうか。

こうした問題設定を設け、もう一度『六道十三佛之カン文』を検討することで、これまで自明とされていた、神楽の文書としての位置づけを再考することを本稿の目的としたい。

一　『六道十三佛之カン文』の所蔵元朽木家について

広島県庄原市東城町戸宇（旧奴可《ぬか》郡戸宇村）の朽木家は、昭和四一年（一九六六）に東城町重要文化財（現在は庄原市重要文化財）に指定された文書群を所蔵している。朽木家文書は、朽木家歴代によって収集または書写されたもので、江戸初期から近代にわたっており、その内容も荒神神楽や神社祭祀に関連するもののほか、呪術書、土地・貢租関連文書、説話・文学関係の資料など多様である。これらは、芸能史、民俗関係の重要な資料として評価されてきた。特に、当地に伝わる比婆荒神神楽の歴史を考えるうえでも、中世～近世初期の古い様態を伝えるとされる資料も多くあり注目を集めてきた。

杤木家の社人たちの系譜については、岩田勝の大きな仕事がある。(2)これにより、近世初期に至るまでの杤木家の活動を確認しておきたい。正徳元年（一七一一）頃に作られた「先祖霊名記」の記述に従うと、杤木家の備後における初代の杤木藤左衛門は、天文七年（一五三八）に伊勢国桑名で出生し、備後国の豪族久代《くしろ》氏の家臣岡周防守が、永禄一一年（一五六八）に奴可郡亀石郷《かめいしごう》（現庄原市東城町戸宇）の稲荷城へ移城した際に、岡家の出自の由縁を頼って備後に来往したとされている。また、現存最古の棟札より、八幡宮が天正六年（一五七八）に我居山《あれいさん》と呼ばれる現在地に移祠されて以降、杤木家は戸宇の八幡神社・一宮神社の社人として活動してきたと考えられている。

その後、寛永一九年（一六四二）に生まれたこの資料の書写者である杤木佐兵衛は、幕府が諸社禰宜神主法度を発した寛文五年から三年後の寛文八年（一六六八）に吉田官位を得、杤木山城掾藤原秀久と名乗るようになった。山城掾は爾後五〇年間を戸宇村の八幡宮・一宮宮の神主として生涯を送ったが、この時代は、吉田の三元十八神道の浸透とともに氏神祭祀と村方祭祀が大きく変貌していく時代でもあった。

吉田官位を得る前の佐兵衛は、寛文四年（一六六四）の神楽能本や寛文六年（一六六六）の「玉泉流五目録」、寛文七年（一六六七）の「伍大土公神祭文本」などを書写しているが、いずれも両部神道の色が濃く、様々な系統の知識が含まれている。佐兵衛は、山城掾という吉田官位を得た後も多くの文書を書写し、寛文九年（一六六九）の「業識図」や元禄四年（一六九一）の「塵滴問答集」など、吉田神道以外に関する文書も多く写していた。そうした姿から、岩田勝は、山城掾と呼ぶよりも、中世後期からの色合いを濃厚に保つ法者《ほうしゃ》としての生涯だったというのがふさわしいと評している。[3]

彼が残した資料の一つが、今回検討する『六道十三佛之カン文』である。本書の書誌であるが、楮紙に墨書された袋綴じ装で、縦二六・五センチ×横一九・五センチ、墨付き二六丁である。外題に本文と同筆で、「六道十三佛之カン文」とあり、奥書に「主杤木山城掾　藤原秀久　于時貞享五年辰ノ正月吉日敬白」と記されている（貞享五年＝一六八八）。

この資料は、多くの研究者の注目を集め、数度にわたって翻刻されてきた。まず、昭和五三年（一九七八）に西田啓一により「備後神楽の亡霊供養」（『尋源』三〇、大谷大学国史学会）の中で初めてその一部が紹介された。その後、「備後霊祭神楽と山岳芸能」（五来重編『修験道の美術・芸能・文学（二）』名著出版、一九八一年）においても使用され、昭和五九年（一九八四）には「六道十三仏の勧文」（五来重編『修験道史料集　西日本編』名著出版）として全文が翻刻紹介されている。

しかし、西田の翻刻には読み誤りや脱漏が多いとして、岩田勝により、東城町教育委員会編『比婆荒神神楽：重要無形民俗文化財』（東城町文化財協会、一九八二年）に翻刻され、のちに岩田勝編『中国地方神楽祭文集』（三弥井書店、一九九〇年）にも収載された。

筆者は、これらの西田や岩田の翻刻が原文のカナ表記に漢字をあてたり、句読点を付したりしている点を問題視し、できる限り原文に忠実に翻刻を行い、写真とあわせて掲載することが必要と考え、本資料の一〇丁までを「杤木家文書「六道十三佛之カン文」（一）」（『儀礼文化学会紀要：儀礼文化』（二）儀礼文化学会、二〇一四年）にて翻刻、紹介を行った。[4]

ところで、本資料に関する先行研究では、この資料が誦まれ使用された儀礼の場とその目的は三通りに解釈されている。

まず、西田啓一は、亡魂供養の趣旨を祭文化した『六道十三佛之カン文』は、死者の霊魂を祀る「葬送霊祭神楽」において、宗教者の「勧進」を目的とした「唱導」のために誦まれたと考えた[5]。

岩田勝は、「法者」が梓の弓を叩き『六道十三佛之カン文』を誦んで冥土にさまよっている死霊をこの世に呼び戻し、「神子」にその死霊をのり移らせることで「冥土の物語」（荒口《あらくち》・口寄せ）をさせ、これに続いて、鎮魂の「神楽の能」を舞い、死霊を浄化して舞い浮かべたのだと考えた。この一連の儀礼を「神楽」の文脈で捉え、「浄土神楽」として理解している[6]。また、山本ひろ子は、岩田の浄土神楽論を受け継ぎ、法者と神子が弓神楽として『六道十三佛之カン文』を誦み、中有にさまよう死霊を唱導し、浄化したと指摘した。そして、神楽のなかで行われる浄土に関わる儀礼という共通点より、鹿児島県の藺牟田神舞《いむたかんめ》における「六道舞（浄土問答）」と奥三河の大神楽における「浄土入り」儀礼との比較を行った[7]。

その後岩田は、資料中に見られる「取神離し《とりじんばなし》」の語に注目し、近年まで中国地方の巫者が行っていた「トリジンバナシ・ミサキバナシ」という儀礼との類似を指摘した。それは、祟り霊として現世に浮遊している死者の魂を鎮めるために、着せ替えや剣刀の行儀により取神（死体に取り憑き、死霊を悪霊と化そうとする邪霊）を離した後、口寄せ（荒口）を行う儀礼である。さらに、こうした儀礼の原型を古代の資料に現れる遊部の行儀（殯《もがり》）に求め、「取神離し」を神遊びの歌舞（神楽）の源流につらなるものであると捉えた[8]。

このように、さまざまな解釈が付されてきたこの資料を、いかに読むべきだろうか。まずは、資料を丁寧に読み、儀礼の全体像を把握したうえで、資料が用いられた文脈を考えていきたい。

二　『六道十三佛之カン文』の儀礼構造

本節では、『六道十三佛之カン文』から読み取れる儀礼のプロセスを、儀礼構造から六つのパート（Ⅰ～Ⅵ）

に分けて確認していく。

紙幅の都合上、資料のすべてを紹介することは難しいため、適宜引用して議論を進めていきたい。論文内の引用には、読解を容易にするため、筆者が句読点を挿入し、括弧でルビを付した。なお本資料の原文は、筆者が影印とともに翻刻しているので[9]、そちらを参照していただきたい。

パートⅠ：前段（自らの法の由緒を述べる）【一丁表～二丁裏】

冒頭は、「宵は叡山、夜中は熊野、明時は三世の菩薩唱えをぞする」という、中国地方や東北地方に伝承された死霊祭祀の中で頻出する歌[10]で語り起こされる。

続いて、涅槃経に所載の諸行無常偈「諸行無常」「是生滅法」「生滅滅已」「寂滅爲樂」の句文が、それぞれ「阿含教」「大般若経」「華厳経」「法華経」の「カン文」であり、「天上へ参る知恵の橋」「生死の海を渡る般若の船」「剣の山を越える千尋の飛車」「浄土へ導く正覚（悟り）を実現する文」であることが示される[11]。

さらに、三国（天竺・大唐・日本）で亡き人に会うための方法を示し、自身が行う儀礼の系譜を語ることで、権威づけを行う。特に注目したいのは日本の習いで、これから行う自らの魂寄せの手法について言挙げされている。それは、釈迦のコミコ（僧）が先に召しとった御霊《みたま》をミコホウシヤが受け取り、梓の弓を叩いて六道サンヤノ道を開け、十三仏の門を開き、諸経文の功力によって、ミコホウシヤに乗り移らせ、冥土の物語涙の見参を行わせるというものである。これにより、弓を叩くミコホウシヤは、三国伝来の由緒正しい方法で儀礼を行っていることが宣言された。

パートⅡ：往路（ミコホウシヤが御霊を探すため地獄の底まで赴く）【二丁裏〜八丁裏】

サテ六道ト申ハ此土《(此土)》トメイ土《(冥土)》ノサカヱ《(境)》ニヱリヤウジユ《(衣領樹)》ト云大《ユウヲウキ》ナリウヱ《ル(植木)》本アリ……

このように六道語りが始まり、此土（この世）から冥土（あの世）へと奥深く進んでいく様子が語られていく。ここではまず、衣領樹《えりようじゆ》の下を通ること、御霊を導く八木鳥《はちぼくちよう》のこと、八人の鬼のことなどが語られる。

続いて、初七日から三十三回忌までの追善供養の忌日に配当された十王、十三仏とその種字、それぞれに対応した「カン文」が示される。初七日と三十三回忌の例を挙げる。

一　初七日ハ石山《イシ》ヲ趣《コ》ユル秦廣王《シングワ》

本地不動明王

一持秘密咒《ジヒミッシュ》　生々而加護《ニカゴ》

奉仕《ブモ》修行者猶《シャユ》如薄伽梵《バカボン》云々

一　三十三年　慈恩王《ヂヲン》

本地虚空蔵《コクウゾウ》

若人求佛惠《ヂクグヘン》。通達菩提心《ツウタツフダイシン》

父母所生身《フモチヤウシン》。即證大覚位《ソクシヤウカクイ》

こうした形式で、十三仏それぞれから授けられる「カン文」が列挙されている。

それでは、『六道十三佛之カン文』という外題にもなっている「カン文（本文中では「勘文」とも表記される）」とは何を指すのだろうか。これを理解する手掛かりとなるのは、冒頭に示された諸行無常偈に対する説明である。「諸行無常」「是生滅法」「生滅滅已」「寂滅爲樂」の句文が、阿含教などの経典に由来する「カン文」で

あり、「知恵の橋」「般若の船」「千尋の飛車」「浄土へ導く正覚」であるとの記述に従うと、「カン文」とは、この文を唱える者を苦しみから逃れさせ浄土へと運ぶ呪言であり、地獄の世界を通り抜けるための通行手形（文書＝勘文）であると解することができる(12)。

以上を踏まえてこのパートを理解すると、この祭文を誦み儀礼を行っている「ミコホウシャ」が、それぞれの本地仏から与えられる「カン文」の功力により、初七日↓二七日↓三七日↓四七日↓五七日↓六七日↓七七日↓百か日↓一周忌↓第三年↓第七年↓一三年↓三三年というように、地獄の世界に設けられた十三仏の門を通り、地獄の奥底（三三年の世界・本地虚空蔵菩薩）に居る御霊の所へ辿りついたことを示していると考えられる。これは、「ミコホウシヤ」が死者の魂を探すためにこの世からあの世へ赴く往路の道のりであった。

こうして地獄の底まで辿り着いた「ミコホウシヤ」は、この儀礼の趣旨を言挙げる。

夫一百六十六地獄ニマシマス御霊、ソノ中ニ備後ノ国奴可郡何村御霊ヲ何寺之御僧ニ導ビカレタル霊、ベシテ《（別して）》何迫ノ甲子歳木姓大ノ霊ナンノ小霊、神世ニ生シトリチンハナシ《（取神離し）》キセガヱ《（着せ替え）》マイラセンガ為、コレハ八幡ノ神主ナンノ太夫、六道サンヤノ道アケ《（開け）》十三佛之門ヲ開キテ導ビキ申ゾ。ハヤ〳〵メノトノ呼フ声ニ任セ、頼リマシマセ御霊タチ。

弓を叩く八幡の神主（ミコホウシヤ）が、先に何々寺の僧により引導を渡された（導かれた）御霊を、トリチンハナシキセガヱ（取神離し着せ替え）するために現世へ導くという儀礼の趣旨を語る。そして、「ハヤハヤメノトの呼ぶ声に任せ、頼りましませ御霊たち」と呼びかけて、先ほどとは反対に、地獄の底から死者の魂をこの世へ呼び寄せていく。

パートⅢ：復路（地獄の底で見つけ出した御霊をこの世へ連れ戻す）【八丁裏〜一二四丁裏】

ここから死者の魂を迎えるあの世からこの世への復路となるが、この旅路では往路と異なり、それぞれの忌日に配当された地獄の有様（六道）が詳しく語られる。しかし、本地仏から授けられる「一句のカン文」の功力により、次の世界へとつながる門（十三仏の門）を通るという形式は変わらない。三三年↓二五年↓一三年↓第七年↓第三年↓一周忌↓百か日↓七七日↓六七日↓五七日↓四七日↓三七日↓二七日と来た道を戻り、初七日の世界まで到達した。

初七日地獄道の世界での苦しみは、手足に触れるところがすべて剣でできている険しい死死ツノ山を登るものである。御霊には本地仏の不動明王から「極重悪人　無他方便　唯称弥陀　得生極楽」という「一句のカン文」が与えられ、次の世界へ導かれていく。

初七日の世界を抜け、現世に戻るまであと僅かの道のりとなった。あの世とこの世の境には、この世の全存在（五大）の罪が込められた梅檀《せんだん》の木を焚いた煙が流れ込む黒谷地獄がある。無明常夜の闇に満たされた黒谷地獄は、「ソレ般若第一ノ風吹ケバ、無明長夜ノ闇晴レテ、真如仏道モ明ラカナリ」という「カン文」により明かされ、死者の魂はこの世へ近づいていく。

地獄の底から連れ戻した死者の魂を、現世に一番近い黒谷地獄から、祈禱を行っているこの場に招きだすには、もう一つ特別な作法が必要だった。黄泉と娑婆の間にある大きな懸隔を越える術、それが五輪砕《ごりんくだき》である。

ヲヲゴガタハムゾハカドコロ《（墓所）》ゴリントウバ《（五輪塔婆）》ノ前ニテコリンクタキ《（五輪砕）》トテ

〇一《ウタ》地リン《（輪）》トハ皆人ハアジ《（阿字）》ノサト《（里）》ヨリ生キテアジ《（阿字）》ノホトリニコシカケ《（腰掛）》テマタコソ参アジ《（阿字）》ノフルサト《（故郷）》

〇水リン《（輪）》トワユ《（湯）》ノツヾ《（続）》カン水ノアワレサヨウワノソラ《（上の空）》ナル水ニナカレ《（流）》テ

〇一《ウタ》火リン《（輪）》トハタギ《（薪）》、ツキ《（尽）》ケムリ《（煙）》ワソラ《（空）》ニタヱハテ《（絶え果て）》、イマ《（今）》ワクマナキ《（隈無）》月ヲコソ見

一風リン《（輪）》トハイロ《（色）》モナキカタチ《（形）》モ見ヱン風ノナノ佛《ホトケ》トナツテノリ《（法）》ヲトク《（説）》ナリ
一空リン《（輪）》トハモトリモ《（もとよりも）》。モナヂクソラ《（同じく空）》ニアリナカラ。クモ《（雲）》トナヅケ《（名付）》シヒト《（人）》ハトレタソ

岩田勝が、「ヲウゴガ峠は、死霊を鎮め、けがれをきよめる祭地であって、神楽を舞う神殿は、現世とあの世との両義的な境界に立てられている」(13)と指摘するように、墓所という境界空間に置かれた五輪塔婆の前で、五輪砕という五輪の歌が歌われる。死者供養の場で唱えられたと考えられる呪歌（五輪砕）の事例の一つとして『六道十三佛之カン文』を扱った小田和弘が、「五輪塔婆に向かって五輪砕をとなえることによって、それは死者にひとときの甦りをもたらすための人形《ひとがた》へと呪的に変容させることとなる」(14)と指摘するように、五輪の歌を歌うことは、地獄の底から招いた死者の魂を、仮そめではあれ、この場に再生させるために必要な手続きであった。地水火風空に関する呪的な歌を歌うこと（五輪砕）は、人間の身体（五輪五大）が生成することをアナロジカルに示すことなのである。

パートⅣ：口寄せ（冥土の物語涙の見参）【二四丁裏～二五丁表】（図2）

一　イニシヱ《（古）》ノワカフルサト《（故郷）》ニキ《（来）》テ見ハ、カワラン《（変）》モノワ石ト火ノ色。ミノカサ《（蓑笠）》ヲハウス《（臼）》ノ上《ウヱ》ニヌキヲキ《（脱ぎ置き）》テ、ハンゾウダライ《（半挿盥）》ニ足《アシ》フリス、ギテ、アズサ《（梓）》ノマヱニ参ガ、本《モト》ハヅ《（弭）》ハ五大土公ノヲリイ《（降居）》マシマス、ウラハズ《（末弭）》ハ諸天諸仏ノヲリイ《（降居）》マシマス。ウチダケ《（打竹）》サユウ《（左右）》ニヲシ《（押し）》ワケ《（分け）》テ、中ノイツベ《（厳瓮）》ニ手《テ》ヲカケテ、メノトノワキ《（脇）》ヲトヲリ《（通）》、イハイ《（位牌）》リヤウグ《（霊供）》ニウツリ《（移）》、ユミ《（弓）》ノチヤウモン《（聴聞）》メサレ玉フ。アキヤウズル刀卯《（寅卯）》ノイツテン《（一点）》ニワ、メノトホウシヤニノリウツリ《（乗り移り）》、メイド《（冥土）》ノモノカタリナミタノケンゾウ《（物語涙の見参）》メサレソウラヱ。

地獄からこの世に呼び寄せられた御霊は、ようやく「いにしえのわが故郷」に帰ってきた。弓を叩く「メノト」の脇を通り、位牌へ移り、「メノトホウシヤ」に乗り移って冥土の物語涙の見参（口寄せ）が行われる。

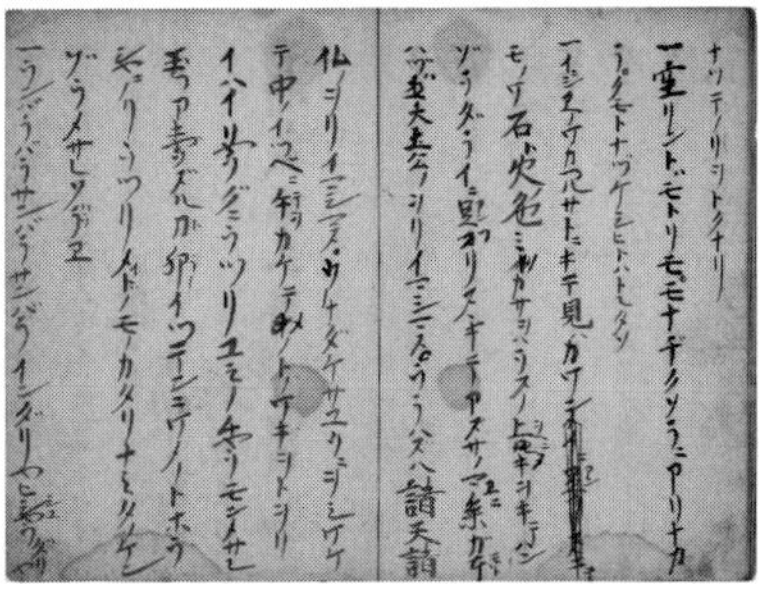
図２　『六道十三佛之カン文』（24丁裏～25丁表）

ここで注目したいのは、「アキヤウズル刀卯《（寅卯）》ノイッテン」との表現である。例えば、御伽草子「もくれんのそうし」（天理図書館蔵）享禄四年（一五三一）写本では、母親が地獄で苦しんでいることを神通力で知った目連尊者が、一度死んで地獄に赴く時は、「そのあかつきの、とらのときほとに、ついに、この世をはかなく、なりたまふ[15]」、つまり、寅の時（午前四時ごろ）とされる。さらに、目連尊者が閻魔王に暇を請い、母を助けるために生き返る時も、「卯月一日の、とらのときに、いきかへらせたまふ[16]」とあるように、寅の時であった。夜が白々と明けるか明けないかという時（寅卯の時）に、死霊や神霊が降りてくるという思想は、御伽草子ばかりでなく、神楽歌からも見出すことができ[17]、中近世において一般的な観念であった。『六道十三佛之カン文』も、全国に広まった中近世の死霊・神霊観を共有しているといえよう。

パートV：結願・回向【二五丁表～二五丁裏】

本文では、「ウンバラバラサンバラサンバラインダリヤヒシヤウダリヤウンヲンヂヤレイソワカ」と記されているが、これは、大随求陀羅尼「オンバラバラサンバラサンバラインヂリヤビシュダニウンウンロロシャレイソワカ」の訛伝であろう。

続いて、「願以此功徳　普及於一切　我等與衆生　皆共成仏道」という回向文を唱え、「南無阿弥陀仏」と結ぶ。

パートⅥ：死者供養を題材にした能（「松の能」や「目連の能」などを演じた）【二五丁裏】（図3）

本文末には、「能クテン《口伝》アルベシ」との記載がある。ここに岩田勝は着目し、「法者」が五輪塔婆の前で祭文を舞う「神子」に御霊を乗り移らせ、死者供養を題材にした鎮魂の神楽能を舞わせたと指摘した。

これまで見てきたものをまとめると、以下のようになる。

パートⅠ：前段（自らの法の由緒を述べる）
パートⅡ：往路（ミコホウシヤが御霊を探すため地獄の底まで赴く）
パートⅢ：復路（地獄の底で見つけ出した御霊をこの世へ連れ戻す）
パートⅣ：口寄せ（冥土の物語涙の見参）
パートⅤ：結願・回向
パートⅥ：死者供養を題材にした能（「松の能」や「目連の能」などを演じる）

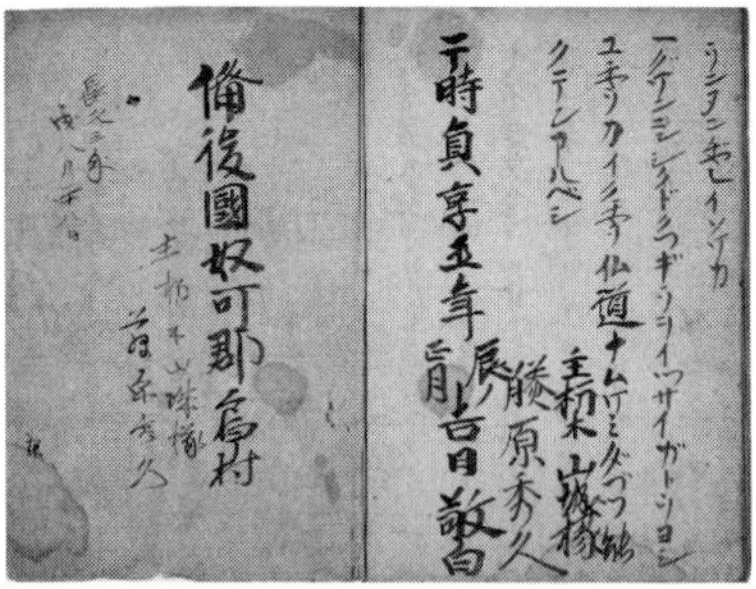

図3　『六道十三佛之カン文』（25丁裏）

このなかで、神楽に関係するという根拠となってきたのが、パートⅥで能が演じられた可能性があるところである。筆者も、能が舞われる機会があったことは、想定して良いように考えている[18]が、そこで舞われたと考えられた杤木家に伝わる古い能本に対する意義づけには、注意しなければならない。

現在、この地域において能が舞われるのは、比婆荒神神楽社が執り行う「神楽」においてであり、また、能本が伝承された杤木家も比婆荒神神楽の伝承者である。そうした点より、杤木家の能本は、「備後東城神楽能本」として世に紹介され[19]、岩田勝も、「寛文四年神楽能本」と命名し紹介した。しかし、「寛文四年能本」は表紙が欠けており、外題・内題ともに不明である。杤木家には、

「延宝八年能本」もあるが、これも外題・内題ともにない。ほかには、残存する第一葉目に後筆で「ノウノ本」と書かれた資料と、外題に「義経之能本」と書かれた資料が残されている。このように、杤木家に残された「能本」に「神楽能」との文脈を付けたのは、研究者の行為であった。

しかし、法者であり太夫であり神主は、神楽だけではないさまざまな宗教活動を行っていた。それ故、神楽ではない死霊祭祀の場でも、能が舞われた可能性もあろう。そうした点を顧みると、「神楽能本」と名付けたのは、この「能本」が使用された場を限定するものなのではないだろうか[20]。

また、岩田は、「祭文を舞う」[21]という独自なキーワードを用い、祭文（『六道十三佛之カン文』）が歌舞（浄土神楽）として昇華されることを想定した。死霊を鎮めるという祭文の意図・内容が、身体表現された「能」（「態」）[22]として、法者の囃しにあわせ死者の魂が乗り移った神子により舞われることで、歌舞（神楽）の力により死霊は鎮められると説かれる。こうなると、『六道十三佛之カン文』も、「能」（「態」）として扱われてしまう。しかし、確認してきた通り、この資料からは、死者の魂をこの世に呼び寄せることまでしか読み取れない。こうした「口寄せ」の儀礼を、「神楽」で補うことで、死霊を浄土へ送る死者供養の儀礼として完成させたのが、「浄土神楽」論であったといえる。そこに岩田の議論の鋭さと魅力があるが、その反面大きな飛躍があることを指摘しておきたい。

以上より、『六道十三佛之カン文』を理解するにあたっては、パートⅥの記述だけに注目し、強引に神楽と結びつけるのではなく、パートⅠからⅣまでの、弓を叩いて出した音によって、死者の魂をあの世から呼び戻し、口寄せを行う儀礼の姿を素直に受け止めるべきだと提言する。

三　梓巫女の口寄せ儀礼との比較

本節では、「神楽」とは違う文脈から『六道十三佛之カン文』を捉え直すため、近世初期の御伽草子に記された梓巫女の口寄せの様子との比較を行っていきたい。

ここで注目したいのが、御伽草子の「さたそ」系『鼠の草子』に記された「古塚のいしもりこ」と呼ばれる梓巫女の口寄せの様子である。『鼠の草子』には、巫女の口寄せの様子が具体的に記されていることが知られており、酒向伸行は、天理図書館本を取りあげ、巫女の口寄せ詞章の比較研究を行った(23)。今回扱うのは、沢井耐三が新しく紹介した資料で、従来知られていた本とはまったく異なった口寄せの詞章が記されている(24)。

本資料では、主人公の鼠の名が「さたそ」であり、「権頭」や「ほこ太郎」という名であった従来の本とは違う系統にある。年号は記されていない。この本となんらかの関連があると考えられる天理本は、室町末期の書写であるが、この本は江戸前期から中期頃の作品かと考えられている。

物語のあらましを述べる。鼠の「さたそ」は、人間の姫君に逃亡され、悲しみのあまり死に瀕する有様であった。そこで家臣たちは、まず、「おはな命婦」に口寄せを行わせ、姫君の行方を探ることを進言する。次に「しい（ゐ）やま権大夫」という算置《さんおき》が呼ばれて姫君の行方を占う。しかし、双方の結果に納得できない「さたそ」は、「古塚のいしもりこ」という巫女を呼び、姫君との復縁について占わせている。以下がその様子である。

数珠さら〳〵と押し揉みて、梓の弓をうち鳴らし、神供養をぞ始めける。

摩訶般若波羅蜜多心経、さてくちの主なる、大日大悲大りやう権現、有りとあらゆる神仏、請じ参らせ候ふぞや。

それ天竺のならいには、駅路の鈴を振るなれば、恋しき人の声を聞く。大唐のならいには、反魂香を焚くなれば、恋しき人の姿を見る。日本のならいには、夜の衣を返して寝て、恋しき人を夢に見る。我が朝のならいには、黄金盆に梓を置き、□ろかねの矢じりにて打ち鳴らして奉り、神や仏を供養し申せば、すなはち感応ましく〳〵□、もりの仮り声仮り姿にて、恋しき人の行方を聞く[25]。

まずは、自らが行う口寄せ方法のいわれを語る部分に注目したい。「古塚のいしもりこ」は、祈禱を始めるにあたり梓の弓を打ち鳴らしてありとあらゆる神仏を勧請する。そして、恋しき人の行方を聞く方法として、天竺・大唐・日本のやり方があると述べ、自らの方法（我が朝の習い）として、「もりの仮り声仮り姿」、つまり「もり」＝巫女自身に乗り移らせて口寄せを行うことを宣言した。

ここで『六道十三佛之カン文』のパートⅠ：冒頭の前段部分（二丁表〜二丁裏）と比べてみる。

夫《ソレ》三國ニテナキ人《(亡)》ニアワン《(会)》トテハ、天竺ニテハ、セイ石山ニ上《アカリ》、ヱキロ《(駅路)》ノス《(鈴)》、ヲモチ《(持)》、岩ノカド《(角)》ヲ七日夕、イ《(叩)》テ、レイ《(霊)》ス《(鈴)》、ノコヱ《(声)》ニヲトズレ《(訪)》テ、コイシキ《(恋)》人ノヲモカケ《(面影)》ヲ見ルト云。夫タイトウ《(大唐)》ノナライ《(習)》ニハ、ヒロキ《(広)》ノ《(野)》ニニシキ《(錦)》ノ幡《ハタ》ヲ十三本立《ボンタテ》、幡ノ本ニハンゴン《(反魂)》香《コウ》ヲタキ《(焚)》、七日タキ《(焚)》テ香《コウ》ケムリ《(煙)》ニタワムレテナキ《(亡)》人ニアウ《(会)》ト云カ。夫日本ノナライ《(習)》ニハ、釋迦ノコミコ《(小神子)》ノメサレ《(召)》初メシヲ、ミコボウシヤウケ《(受)》取、ハン《(般)》若《ニャ》アズサ《(梓)》ヲフセ《(伏)》、六道三ヤ《(夜)》ノ道ヲアケ《(開)》、十三仏ノモン《(門)》ヲ開《ヒラ》キ、諸経文ノクリキ《(功力)》ニヨツテミコホウシヤニノリウツリ《(乗り移り)》、メイド《(冥土)》ノモノガ《(物)》タリ《(語)》ナミダノゲンゾウ《(涙の見参)》ト申ナリ。

『鼠の草子』の記述と『六道十三佛之カン文』の表現を比べてみると、天竺・唐土・日本の三段構成で自らの口寄せの手法を権威づけるやり方に共通性が見られる。それぞれの段においても「駅路の鈴」「反魂香」と同じフレーズを用いて説明を行っていた。また、日本（我が朝）での表現は、それぞれ今自らが行っている口寄せ祈禱の手法を述べている段にあたる。比べてみると、細かい表現で違いはあるが、梓弓を叩き、自身に乗り移らせて声を聞く口寄せが行われることは共通していることがわかる。

それでは、『鼠の草紙』の続きを見てみよう。

本弭に浮かみて水の見えけるは、ただ今の寄り人の浮かびの水とおぼえたり。末弭に金の米の見えけるは、只今の寄り人の、道の砂子と見え候ふ。向かいの山になく鹿の、親恋か、妻恋か。親恋は七十五日、百十日。妻恋は命を限り。古里を掻き分け行けば三つ瀬川、ただ今の寄り人の渡らんとすれば、ひの波、水波立ち合いて、広さ深さも一万町、渡るべき様さらになし。浄土の鳥と聞くなれば、□して給んべやほととぎす、い□□□□□□。

□□□□□□への草踏み分けて訪ふこそ、恥づかしけれ。さんまれ、たかえぼしは、梓の弓にへりとりを載せて、行方を聞かんとの心ざし（後略）[26]

図4　神弓祭（広島県庄原市西城町）

弓の本弭《もとはず》・末弭《うらはず》に、寄り人（呼び寄せたい姫君）を呼び寄せるための装置（浮かびの水・道の砂子）を設置し、そこへ呼び寄せる姫君の魂を、ホトトギスの力を借りて三つ瀬川（三途の川）を渡らせる。たかえぼし（巫語で夫を示す）は、梓の弓にへりとり（巫語で妻・女を示す）を呼んで行方を聞くことが目的だと言挙げされる。この後、弓を叩く巫女に行方不明の姫君（へりとり）が乗り移り、口寄せが始まる。

ここで、先に引用した『六道十三佛之カン文』パートⅣ：口寄せの部分（二四丁裏〜二五丁表）と比べてみたい。此土と冥土の境を五輪の歌によって越え、いにしえの故郷に帰ってきた御霊は、蓑笠（旅装）を脱ぎ、盥で足を洗って梓弓の前に参る。諸天諸仏が宿る本弭・末弭、弓の弦を打つ打竹、供物を供える容器である厳瓮《いっべ》、メノトの脇を通り、位牌へ移り、最終的にメノトホウシヤに乗り移って冥土の物語涙の見参（口寄せ）が行われる。

共通していることは、死者の魂が、梓弓の弦を叩いて出す音に誘われ、弓の本弭・末弭を経由し、巫女の体に降りてくることである。その後、巫女に乗り移った御霊が口を開き、口寄せが行われた。この時弓は、弦を叩いて生ずる音とともに、それ自体が御霊を招き降ろす祭具となっていた。

このように、『六道十三佛之カン文』の詞章と「さたそ」系『鼠の草子』における梓巫女の口寄せ詞章の間には深い共通点がある。京都の吉田家から「神道裁許状」を受け「神職」となる以前の備後の「法者」は、こうした梓巫女の知識・方法を利用して、口寄せ・死霊祭祀に携わっていたと推測される。

おわりに

『六道十三佛之カン文』の資料から見えてきたのは、弓を叩いて死者の魂をあの世からこの世へと導き降ろす行為であり、その結果口寄せが行われることである。口寄せの後、死者供養を題材とした能が舞われることもあっただろうが、神楽として能が舞われたという見解を鵜呑みにすることはできない。「神楽能」という定義は、研究者が作りだしたものであったからである。また、『六道十三佛之カン文』の詞章と御伽草子に記された梓巫女の祈禱（口寄せ）の様子には、知識と方法の面で大きな共通点が見出せた。

以上より、『六道十三佛之カン文』を神楽と結びつけて、現在伝承されている比婆荒神神楽の意義の根拠として用いたり、その祖型が「浄土神楽」であると論じたりすることには問題があることを指摘したい。死霊祭祀と関わる「浄土神楽」が歴史上存在したことは筆者も認めるが、そもそも、「浄土神楽」と「荒神舞（荒神神楽）」は別箇に記載されている。名田《みょうでん》という土地を介したつながりである「名《みょう》（名田中《みょうでんちゅう》）」が祀る本山三宝荒神への神楽と、死者の魂をあの世へと送ることを求める「願主」に応える死霊祭祀の神楽とが同じレベルにあったとは考え難い。三三年に一度行われる鎮魂の式年大神楽において死霊を祖霊に昇華させるという見方は、牛尾三千夫、西田啓一、岩田勝、三村泰臣らが、一九六七年以降中国地方の神楽を集中的に研究した結果生まれた新たな解釈である。その主張の裏に、史料に立脚した「浄土神楽」論が上手く据えられることで、多くの研究者の関心を呼ぶとともに、そこで創り出された学説が地元へと浸透していったのだ。(27)

朽木家文書『六道十三佛之カン文』の検討からわかったのは、この地域の宗教者が、「法者」「神主」「太夫」として、地域の人々の必要に応じ、本山三宝荒神に対する神楽のほか、口寄せや取神離しなどの特殊な死霊祭祀なども執り行っていたことである。朽木家文書には、近世期の神葬祭についての資料も含まれており、(28)当時朽木家が葬送儀礼を行っていたことはほぼ間違いない。そうした関連より、『六道十三佛之カン文』は、この地域の太夫が神楽を行う一方、死霊祭祀を行っていたことを示す資料と考えるべきではないだろうか。今後は、朽木家歴代の宗教的な活動のなかから、神楽だけを取り上げるのではなく、葬送・卜占・祈禱などさまざまな活動を考慮に入れて考察していきたい。(29)

〔追記〕「六道十三佛之カン文」を所蔵する戸宇神社朽木孝一宮司には、資料調査のほか、比婆荒神神楽調査の際に多大なご配慮をいただいた。心からの御礼を申し上げる。また、比婆荒神神楽保存会会長であり神楽社社長である横山邦和氏、八鳥白山神社佐々木奉文宮司のほか、東城町・西城町の多くの方々にお世話になった。そして、松尾恒一氏には、氏が調査する朽木家文書目録を提供していただいた。記して皆様に心から深謝申し上げる。

（1）「特集　農村の心『比婆荒神神楽』」（『広報しょうばら』一一月号№104、庄原市情報政策課、二〇一三年）。
（2）「神子と法者――近世前期における郷村祭祀の祭司層――」（『神楽源流考』名著出版、一九八三年、二七二～二七七

頁）。「戸宇杤木家蔵神楽関係文書　解説」（『比婆荒神神楽：重要無形民俗文化財』東城町文化財協会、一九八二年、五二九～五三二頁）。

（3）岩田勝『神楽源流考』（名著出版、一九八三年、二七六頁）。

（4）後半部は、「杤木家文書「六道十三佛之カン文」（二）」として、『儀礼文化学会紀要：儀礼文化』に報告予定である。

（5）西田啓一「備後神楽の亡霊供養」（『尋源』〈三〇〉大谷大学国史学会、一九七八年）、後に加筆修正を加え、「備後霊祭神楽と山岳芸能」（五来重編『修験道の美術・芸能・文学（二）』名著出版、一九八一年）に再録。西田啓一「六道十三仏の勧文」（五来重編『修験道史料集　西日本編』名著出版、一九八四年）。

（6）岩田勝「神子と法者――近世前期における郷村祭祀の祭司層――」「神楽による死霊の鎮め――近世前期における備後の浄土神楽の能――」（『神楽源流考』名著出版、一九八三年）。

（7）山本ひろ子「浄土神楽祭文――死の国へのギャンビット――」（『ユリイカ』二六〈一三〉、青土社、一九九四年）。

（8）「取神離し」（『岡山民俗　柳田賞受賞記念特集号』岡山民俗学会、一九八三年）、後に加筆され「第二章　取神離しと鎮凶癘魂」として『神楽新考』（名著出版、一九九二年）に再録。

（9）鈴木昂太「杤木家文書「六道十三佛之カン文」（一）」（『儀礼文化学会紀要：儀礼文化』二、二〇一四年）。

（10）例えば、広島県庄原市小用八谷家に伝わる『鳴弦神事式』の「後遊ノ遊ノ歌」には、「ヨイハシユヘ（比叡）夜中ハ熊野明時《アカトキ》ハ　サンヤノ御前ノ唱《トナヘ》ヲゾスル」（岩田勝編著『中国地方神楽祭文集』三弥井書店、一九九〇年、二八五頁）との歌が伝わっている。また、陸中下閉伊郡和野に伝わる権現舞「後夜の遊び」では、「ヨイヤグシヨ中ハフケンヨアカトキノ　イゴモル神ニクヨウ申スゾ」（本田安次『山伏神楽・番楽』復刻版、井場書店、一九七一年、五〇九頁）という歌が伝わっており、神楽も行う地域の宗教者が、死者供養の祭祀において類歌を歌っていたことがわかる。

（11）諸行無常偈を、浄土へ渡す（六道を逃れさせる）功力がある文であると注釈することは、他地域の資料にも見出せる。例えば、長野県御嶽神社滝家文書『嶽由來記』（天正一九年＝一五九一）には、以下のような記述がある。

シヨギヤウムジヤウ《（諸行無常）》ト一ツハ《（言っぱ）》テンジヤウ《（天上）》ヱノボル《（上る）》チヱ《（知恵）》ノハシ《（橋）》ナリ、ゼシヤウメツホウ《（是生滅法）》ト一ツハ《（言っぱ）》シヤウジ《（生死）》ノアイガ《（愛河）》ヲ
ワタルフ子《（渡る船）》ナリ、シヤウメツメツイ《（生滅滅已）》ト一ツハ《（言っぱ）》ツルギ《（剣）》ノヤマ《（山）》ヲコユル《（越える）》トブクルマ《（飛車）》ナリ、ジヤクメツイラク《（寂滅為樂）》ト一ツハ《（言っぱ）》
ジヤウド《（浄土）》ヱマイルミチ《（参る道）》ナリ、コノ三ン《（讃）》ヲキカン《（聞）》ガタメ《（為）》ニコソシンジン《（信心）》ヲマウス《（申）》ナリ、ギヲンシヤウジヤ《（祇園精舎）》ノカ子《（鐘）》ノ

コヱ《（声）》ニモコノモン《（文）》ヲコソトノウルナリ《（唱える）》、ハヤク《（早く）》コノモン《（文）》ヲチヤウモン《（聴聞）》シテコソトノウルナリ《（唱える）》、ミサカキ《（御榊）》ノウヱ《（上）》ニハマイル《（参る）》ナリ、コノモン《（文）》ノコヱ《（声）》ニコソ六ドウ《（六道）》ヲバハナレ《（離）》タマウ《（給）》ナリ、（括弧で引用者が漢字を当てた。吉岡勲、西垣晴次編『神道大系　神社編二四　美濃・飛騨・信濃國』神道大系編纂会、一九八三年、三四〇頁）

その他、対馬の法者頭蔵瀬家文書「四十九願」（文化五年〈一八〇八〉）の冒頭には、十王経に由来する名文として諸行無常偈が紹介され、同様な注釈がなされている。この資料に関しては、岩田勝による先行研究がある（「対馬の迎六道・送六道をめぐって」『山陰民俗』四六、山陰民俗学会、一九八六年）。

（12）仏から「一句の文（偈）」を授与され、それを唱えて地獄の門を通る形式（構想）は、秋田県に伝承される霊祭神楽の『菩提湯立神楽式』の「浄土問答」や、諏訪神楽『御七五三之事』『神楽之謠歌』中の一二番目の行事、広島県山県郡千代田町壬生の井上家蔵『六道開ノ本』、広島県庄原市西城町大佐御崎家の『六道之有様』など、全国各地の資料に見出せる。その中から、「新羅神供養《さらかみくよう》」と呼ばれた死霊祭祀で、魂寄せに用いられたと考えられている対馬の法者頭蔵瀬家文書「迎六道」（文化八年＝一八一一）を紹介する（なお、対馬の法者の活動に関しては、渡辺伸夫「対馬の命婦と法者――神楽と祭文の世界――」（『東西南北』和光大学総合文化研究所、二〇〇一年）を参照した）。

今世しやば《（娑婆）》らして●あかでわかれし●末の松山●一門けんそく《（眷属）》●集りて●一日一夜の●しやうよふ《（逍遥）》請て●とふる《（通）》靈にて候ぞや●情をしりてましまさハ●おしへの礼木《御簡》を●かし《（借）》給ハれと●有けれハ●大日如来の●金の判木《ミフタ》を給ハりて●しゆうり●ぜんだんのいとまと御定有●（括弧で引用者が漢字を当てた。鈴木棠三校注「六道・その他」神道大系編纂会編『神道大系　神社編四六　壱岐・対馬国』神道大系編纂会、一九八四年、七六四頁）

ここで示した全国各地の資料には、「一句の文」を与えられて地獄の世界を通るという共通性があった。しかし、儀礼の文脈を考えながら資料を読むと、同じプロットを持っていても、死者の魂を浄土へ導くものと、儀礼を行っているこの世へ連れ戻すものという二通りの目的があることがわかる。この違いは、祭文・儀礼の理解に大きな違いをもたらす。

（13）岩田勝『神楽源流考』（名著出版、一九八三年、三三九頁）。

（14）小田和弘「死者供養の呪歌」（福田晃・常光徹・真鍋昌弘編『講座日本の伝承文学　第九巻　口頭伝承〈トナエ・ウタ・コトワザ〉の世界』三弥井書店、二〇〇三年、一六二頁）。

(15) 横山重・松本隆信編『室町時代物語大成』第一三（角川書店、一九八五年、一五四頁）。

(16) 横山重・松本隆信編、前掲書、一六四頁。

(17) 例えば、岩手県下閉伊郡普代村の鵜鳥神社の権現様を奉ずる鵜鳥神楽では、「ゴヤノアソビ・ゴヤダテ」という死者供養の儀礼が行われていた。当地に残る最古の台本である田野畑本（安政二年・天保一二年・天保一五年の栄福院本とそれを整理した大正一二年の田野畑永治本を本田安次がまとめたもの）には、「ゴヤノアソビ」の歌として、「アカトキノ　寅卯ノ時ハ　トキモヨシ　イノリモカノウ　サユワイモヨシ」「アカトキノ　寅卯ガトキノカケ馬ハ　ヒツメモヒロシ　ノリモトオトシ」（宮古市教育委員会編『陸中沿岸地方の廻り神楽』報告書』宮古市、一九九九年、一八九頁）という歌が報告されている。

(18) 杤木家蔵『能本（寛文四年銘）』に収載の「松の能」は、「トリチンハナシ」を上手く行えなかったため浮かばれない母を、宇佐の神主と諸国一見の僧が、八間の神殿と柱松を建て、三日三夜の「経論唱行」をして忉利天に舞い浮かべるという内容である。その他『能本（寛文四年銘）』には、「目連の能」「身ウリ能」「文殊菩薩能」など、死霊祭祀において舞われたと考えられる能が収載されている。

(19) 藝能史研究會編「備後東城荒神神楽能本集」（『日本庶民文化史料集成　第一巻　神楽・舞楽』三一書房、一九七四年）。また、この資料紹介では、隣の恵蘇郡（現在庄原市高野町、比和町）に伝承されている「比婆斎庭神楽」の資料を、「備後比婆荒神神楽本」「備後比婆荒神神楽執行諸記録」として紹介している。先駆的な資料紹介であるが、文化財指定の影響で、神楽社や神楽自体の名称が変化していった時代の産物であるため、誤解を招く危険性を持っていることを指摘しておきたい。

(20) 他の地域でも、杤木家と同様な民間で活動する宗教者が能に携わっていた例がある。例えば、本田安次が翻刻して紹介した岐阜県本巣市根尾能郷に伝承される「能郷の能・狂言」の台本末尾には、「慶長三年三月　日　神主　溝尻孫太夫　改置」（慶長三年＝一五九八）と記されている（本田安次『本田安次著作集　日本の傳統藝能　第一七巻――能・狂言　人形芝居ほか――』錦正社、一九九八年、三六九頁）。戦国時代末期に、能郷白山神社に関係するであろう「神主」と自称する者が、舞いを舞っていたのかは定かではないが、少なくとも台本の筆者という形で「能・狂言」に関わっていた。現在能郷では、能郷白山神社の四月の祭礼で「能・狂言」が奉納されている。

(21)「祭文を舞う」は、代表作『神楽源流考』『神楽新考』の索引で項目が立てられているように、岩田勝の神楽・祭文研究において非常に重要な概念であった。「祭文を舞う」に関して、岩田は以下のように述べている。「土佐のいざなぎ流では、太夫が祭文を誦むにつれて巫者が舞い、祭文の意図するところを身躰動作で示すのを〝祭文を舞う〟といった。(中略)神楽による祭儀の場では、祭文はたんに誦まれるだけでなく、それを誦むにつれて弓や太鼓などのはやしにのって巫者の棹や神子が舞い出すことがあったのである」(岩田勝編著『中国地方神楽祭文集』三弥井書店、一九九〇年、五二頁)。

こうした祭文理解は、「はやす法者」と「神がかる神子」のセットで祭文の読誦および神楽が行われるという指摘や、座して神霊を操るために誦まれる祭文(五行祭文)から、文学性を持つ芸能(中国地方の神楽で行われる「五行祭(王子舞)」)が生まれたとする祭文の変遷論など、岩田勝が残した大きな業績を支えている。

岩田は、吉村淑甫の記述(『土佐民俗』一一、土佐民俗学会、一九六六年、表紙写真の解説)を、「祭文を舞う」ことをの大きな根拠としている。しかし、高知県香美市物部を中心に伝承されるいざなぎ流の世界における独特な「祭文」「神楽」の概念、使われ方が、どこまで中国地方の事例において妥当性を持つのかを、その後のいざなぎ流研究の進展を踏まえたうえで、改めて検証しなければいけないだろう。

(22)岩田勝は、『六道十三佛之カン文』、橋経、身売の能、松の能などのことを、「これらで能というのは人間の身躰動作でその態《わざ》を示すという「態」の原義に近い用い方であって、祭文を舞うということとほぼ同義に近い語であった」(『中国地方神楽祭文集』五三頁)と指摘している。

(23)酒向伸行「口寄せ巫女の詞章――中世における口寄せの世界を中心として――」(『民俗の歴史的世界』御影史学研究会、一九九四年)。

(24)今回引用する詞章は、国学院大学名誉教授の徳江元正が、サントリー美術館にて展覧されていた絵巻を、展示終了の後、展示者の了解のもと短期間で翻字を試みた原稿に、沢井が漢字、句読点などを加え整えたものである。沢井は、徳江が残した原稿と古書店文学堂の図録に載った『鼠の草子』の写真をつきあわせ、「さたそ」系『鼠の草子』の物語の復元を行った。なお沢井は、「さたそ」系『鼠の草子』が研究史上きわめて重要な意味を持つ作品であると考え、実物を見ていない調査の不十分さを承知しながらも紹介を試みたと記している(沢井耐三「幻の『鼠の草子』――巫女の口寄せ詞章を中心に――」『室町物語研究 絵巻・絵本への文学的アプローチ』三弥井書店、二〇一二年）。

（25）沢井、前掲書、二一二頁。

（26）沢井、前掲書、二一三～二一四頁。

（27）しかしながら、こうした見解が地元で広まり、名や組を単位とする荒神祭祀の意義として、祭りを続ける新たな支えとなっていることは事実である。ただ、牛尾三千夫が提示した柳田国男を踏まえた「祖霊」という概念と、現地の人々が受け取った「祖霊・先祖」という概念には、大きな懸隔があるように思われる。この地域も、農業から離れ会社員として生計を立てるという生業の変化や、都会への転居・人口流出という地域の社会構造の変化、人々の神仏に対する感覚の変化（低下）を経験してきた。こうした状況下で、荒神祭祀の意義として、柳田国男が言う個性を失った透明な総体である「祖霊」ではなく、現代人にとって理解しやすい身近な直接的「先祖」とのつながりを訴える（というよりも理解される）ことは、地元の人々にとって受け入れ易いものとなった。そうした意味で、祖霊信仰の意味づけは、比婆荒神神楽の現代的展開といえよう。

（28）杤木家文書の中には、「神葬祭式　全」文化四年四月、「神葬祭礼式」文政四年、「神葬祭礼式」文久三年など、近世後期の年号が見出せる資料がある。本資料については、戸宇神社杤木宮司の許可により、松尾恒一作成途中の『杤木家文書目録』（仮）を披見し、確認した。

（29）今後、広島県備北地方の「法者」「太夫」のさまざまな活動を考える上では、地域に残された歴史資料に基づいて厳密に議論を進めていく姿勢が必要である。そうしたアプローチとは別に、高知県香美市物部を中心に伝承されるいざなぎ流の太夫の活動を参照することも有益であろう。例えば、いざなぎ流の太夫は、『六道十三佛之カン文』と共通するモチーフを持つ「地獄ざらえ」の祭文を、死霊祭祀である「御子神取りあげ神楽」だけでなく、病人祈禱の場でも、病人を悩ませている「きゅうせん亡者」との縁を切らせる「霊《りょう》気《げ》はずし」として誦んでいる。こうした儀礼の場で用いられる知識においては、「神楽」、「祈禱」という区別は明確でなく、両者は密接に関係している。そうした儀礼の諸相は、高木啓夫『いざなぎ流御祈禱の研究』（高知県文化財団、一九九六年）、山本ひろ子「呪術と神楽――日本文化論再構築のために」一～七（『みすず』四〇〈二〉～四一〈一〇〉、みすず書房、一九九八年～一九九九年にかけて連載）、斎藤英喜『いざなぎ流　祭文と儀礼』（法藏館、二〇〇二年）、松尾恒一『物部の民俗といざなぎ流』（吉川弘文館、二〇一一年）などに詳しい。

その一方、いざなぎ流の太夫たちは、自らが行う儀礼の性格を、「神楽」と「病人祈禱」とで厳密に区別していた。この区別は、註(21)で指摘した問題とも関連する。

〝いざなぎ流御祈禱〟では、祭文を唱え祈ることを〝神楽〟と称し、その神楽の中での舞う所作を、〝舞神楽〟と呼称して、神楽と舞神楽とを区別している。（中略）いざなぎ流御祈禱では、神を弓弦や幣に宿り憑かせることをクラエルという。（中略）神をクラエルことを、いざなぎ流ではクラエル、クラエをする、神楽をするなどと表現する。病人祈禱の場合は、祈念祈禱をすると表現し、神楽をするとは表現しない。しかし、内容的には、その祭式次第は、神をクラエル作法がなされる。（高木啓夫、前掲書、二八三〜二八四頁）

多様な知識を保持した「太夫」、「法者」、「神主」のさまざまな宗教活動を捉えていく上では、彼等が「神楽」や「祈禱」という言葉をいかなる意味で使用しているのか、資料に基づいて細かく確認することが必要とされるだろう。

第10章　いざなぎ流「神楽」考――米とバッカイを中心に――

梅野　光興

はじめに

高知県香美市物部町に伝わるいざなぎ流から神楽について考えてみたい。

「神楽」といえば、太鼓や笛、鉦などのリズムにのって、手に御幣や鈴、刀などの採り物を持ち、時には仮面を付けた演者が舞う民俗芸能が思い浮かぶ。いざなぎ流にもそのような芸能はあるが、いざなぎ流の太夫は、それは舞神楽（あるいは単に「舞」と呼ぶ）と言って、カグラと区別する。では、いざなぎ流の神楽とはどのようなものなのだろうか。

いざなぎ流は、神道・陰陽道・修験道などが混交した民間信仰で、太夫と呼ばれる民間宗教者が、家や村の神の祭り、病人祈禱、大山鎮め、虫祈禱、託宣など多様な祭儀に携わってきた(1)。だが、この中で「カグラ」が見られるのは数年から数十年に一度開催されてきた家の神や氏神の大祭の中だけで、そのほかの儀礼は基本的に「イノリ」（祈禱）である。カグラとイノリは、内容にも違いがあるが、発声が異なる。イノリは早口でボソボソ人にも聞こえない程度の声で唱えるのに対し、カグラは神を喜ばせるように、長めに節をつけて大きな声で唱え

図1　いざなぎ流の神楽
笠をかぶり神楽幣を持った太夫たちが円座になっておこなう。四方に注連縄、天井にバッカイが見える（2008年１月28日、香美市物部町別役）。

る。イノリが基本的に一人でおこなうもので、二、三人でやる場合もそれぞれの太夫は異なる内容を唱えるのに対し、カグラは複数の太夫が集まり、本役というリーダー役の太夫が唱えるのにあわせて他の太夫は一部唱和する。[2]

神楽の場所は家の中なら座敷、神社では拝殿などで、注連縄《しめなわ》を四方に張り巡らせた中で太夫たちは円座になって、一メートル近くある御幣（神楽幣と呼ばれる）を手に持って体を前後左右にゆらしながら、カグラ調子で唱文する（図1）。一二人が正式とされるが、近年それほど太夫がいないため、四〜六人の太夫でおこなうことが多い。おおよそ二時間ほどこれが続いたかと思うと、最後に突然立ち上がって舞を舞う。だが、舞の時間は一五分から長くても三〇分ほどで、神楽全体の中での舞の比重は小さい。[3]

いざなぎ流には豊富な祭文《さいもん》が伝えられているが[4]、祭文を使うのはイノリの場合が多い。たとえば「取り分け」では、恵比寿の祭文、地神祭文、荒神祭文、大土公《だいどっくう》祭文、山の神祭文、水神祭文、いざなぎ祭文、呪詛《すそ》の祭文などが読誦されるが、カグラでは、主役の神であるオンザキや大将軍、恵比寿祭文を読む程度で、いずれもそれほど長いものではない。

一般的な神楽と比べると、いざなぎ流の神楽は異例づくめである。だが、それだけに神楽というものを考えるために参考になる部分が多いと思われる。本稿では、いざなぎ流の神楽の成り立ちを考えるが、けっして実証的な証拠があるわけではない。日本各地の神楽を参照しながら、その意味を想像しようという、ひとつの思考実験の試みであることを最初にお断りしておきたい。

一　神楽の章

（1）いざなぎ流の神楽とは？

いざなぎ流の神楽は、主に家の神々に対しておこなわれるところに大きな特徴がある。香美市物部町《かみしものべちょう》とその周辺では、家の天井裏に、オンザキ様、天《てん》の神、ミコ神などと呼ばれる神々を祭る家が多い。家によって、これらの神をすべて祭る家もあれば、その中のいくつかを祭る家があり、まったく祭らない家もある。神々の正体については不明な点が多く、オンザキ様は星の神とされたり、天の神は三神如来・本大如来・天台如来のことだと言われたり、隠れキリシタンの祭る神ではないかという憶測さえ出ている。(5) ミコ神は、亡くなった家の先祖を墓から迎えて神にしたもので、オンザキ様の右脇に祭る神とされる。いずれもサンノヤナカと呼ばれる屋根裏の一角に、神の依り代となる複数の御幣が並び、その下に供物を並べる棚が設けられている。御幣も、オンザキ様ならオンザキの幣だけを祭る家もあるが、他に大八幡・小八幡・矢喰い八幡・摩利支天・式王子・ミコ神幣など一〇～二〇本をあわせ祭る家もあり、山本ひろ子氏の言うグループソウル（集団魂）の様相を呈している。(6)

数日から一週間がかりの祭り（宅神祭とか家祈禱と呼ばれる）では、これらの神を中心に、家のすべての神霊に対する祭儀が執行される。(7) 台所近くの恵比寿、屋内の小さな棚で祭る庚申、家の水の取水口や水源地の水神、大黒柱で祭る荒神などで、それぞれに対する神楽や礼拝や祈禱がプログラムには組み込まれている。三日月様、お十七夜《じゅうしちや》、二十三夜《にじゅうさんや》様などを祭る家ではさらに一日かけて日月祭《にちげつさい》（テントウショウジ）がおこなわれ、死者霊をミコ神にする荒《あら》（新）ミコ神取り上げ神楽をおこなう場合はまた一日は要する。いざなぎ流の大祭はこれら追加オプションによって複雑化・長期化していく。

だが、長大な祭りも、その骨子はシンプルである。まず、神祭りの準備として家の中を儀礼的に清める。この清めにはいくつかの種類があって、「取り分け」という最初におこなう儀礼では、呪詛をはじめとする穢れを屋外へ追い出す。「湯立て」「湯神楽」では、熊野の新宮本宮の清めの湯を沸かして、神々や祭壇、氏子たちを清める。こうして舞台も神も役者も清められたところで、神楽がおこなわれる。

神楽は「礼神楽」と「本神楽」の二つのパートに分けられる。「礼神楽」は「前神楽」とも呼ばれるように、続く本神楽の準備にあたる神楽である。主役以外の神仏に対して「御礼《おんれい》ヤソーの神楽」を差し上げることと、榊・注連《しめ》・笠・太鼓・弓などの道具の本地を唱えて、神楽の舞台を整えることが目的である。「礼神楽」はあくまで準備のための神楽なので、次の「本神楽」こそ、いざなぎ流の神楽の核心と言えるだろう。

まず、太夫自身の身を清める「けがらい消し」、これまでの祭儀の次第を語る「引き継ぎ」、神迎えの「神道《しんとう》」を経て、中核となる「水ぐらえ」に入っていく。「水ぐらえ」は、「天竺十三川、百三川の清めの水」を、「神楽の役者」（太夫）が神に注ぐもので、「ひとやしゃくりしゃくらせ給う」と　神は「一万ざいと清まりへあがり」、安座の位、本座の位について、天げの位に上がると言う。同じ文句を一二回繰り返すと、神は十二万ざいの位へ上がっていく。天竺の水で清められた神は、「三階お棚、にかにか嬉しゅ、おんぼしゅめすろう」というように、大変ご機嫌である。「水ぐらえ」がすむと「神の育ち」を、続いてオンザキ様の場合は「オンザキの祭文」で神の由来を語り、「ごとう」で花や酒、食べ物のことを並べて神を喜ばせる。ご満悦の神に対して今度は「願開《がんびら》き」で人間側の願いをかけていく。「災難や悪魔外道にあわないように千里万里の外に蹴飛ばしてください」とか、「作物が豊作になるように」とか、「家内安全五穀成就安穏息災延命長久心おだやか夢見んごとく守りを叶えてください」などと考えるだけの願い事を並べていく。「願いを叶えて下さるなら、また機会が巡ってくればこのようなお祭りをしてあげますよ」と交換条件も忘れない。最後は舞上げで、神は喜びながら舞い、戻っていくという流れである。その後、扇の舞やへぎの舞などいくつかの舞が奉納される。

そして休憩をはさんだ後、いよいよ祭儀もこれで終わりという頃になって「ノトを打つ」(「ノトを広める」)という行事がおこなわれる。本役の太夫が、三尺一歩《さんじゃくいちぶ》のノト幣という幣を抱いて「この三尺一歩の玉の御幣を持って、天に向かって申せば天固《かた》もる、地に向かって申せば地も固もる、ここへ繁盛ふり広める、旦那繁盛主《しゅ》繁盛所も繁盛　鶴は千年亀は万年とごうはつは九万九千年と守ってとらしょ」などと唱え、幣を振る。それだけの儀式だが、氏子たちは太夫の前に集まって神妙にしている。このノトこそ、神楽で清められて喜び、「人間の願いを叶え、守ってやろうぞ」という神の言葉を太夫が代弁するものに他ならない。

以上が神楽のあらすじだが、神を清め、位を上げて喜ばせ、その見返りに人間に対する加護を頼む、という流れは明快であろう。大きな筋書きは、清め、供物を捧げ、祝詞で氏子の守護を頼むといった現在の神道の祭式と大きく異なるものではない。だが、実際のいざなぎ流の神楽は、さまざまな異質な要素で満ちている。

(2)「しょもつ」(法《ほう》の枕)の意味

舞台飾りを見てみよう。先述したように四方に注連縄が巡らされ、それぞれの方角に十二のヒナゴと呼ばれる御幣が飾られている。ヒナゴには一つに三つの顔があり、四方にあるので、あわせて十二のヒナゴと呼ばれている。注連縄の中に邪霊や呪詛が侵入しないように見張っているのである。太夫たちが円座になって座る中央には、「しょもつ」と呼ばれる米袋が、本役の太夫の前には「弓」が据えられ、太夫は二本のぶち竹を持って、叩く真似をしながら唱文する。天井からは「バッカイ」と呼ばれる飾りが下がる。隅には太鼓があって、神楽の間小さいリズムで打ち鳴らされる。

本稿では、この中から「しょもつ」と「バッカイ」について取り上げてみたい(図2)。

図2　天井に下がるバッカイ
本役の太夫の前に「しょもつ」が見える（2001年2月5日、香美郡物部村別府）。

図3　昭和40年の神楽の様子
中央の俵には1斗2升のトウキビ（トウモロコシ）が入っている（1965年1月、香美郡物部村別府中尾）。

図4　同じく昭和40年の神楽
俵に御幣が2本挿されている（1965年1月、香美郡物部村別府中尾）。

最初に注目するのは、円座になって座る太夫たちの中央に置かれている「しょもつ（諸物）」である。一斗二升の米袋で、赤い布と一二の倍数のお金が添えられている。神への供えの一種で、これがなければ神楽はできないとされている。だが、神への供えであれば、餅や果物、お菓子、コンブなどさまざまな食べ物をモロブタ（長方形の浅い箱）に入れて天井裏に上げてある。「しょもつ」には何か別の意味があったのではないだろうか。そう考えて古い神楽の写真を見てみると、今は販売用の紙袋に入った状態で置かれている米は、藁で編んだ俵に納められていた（図3）。しかも、俵に御幣を挿してある（図4）。どうやら、この米俵は単なるお供えと言うより、もっと神聖な存在であったようである。

「しょもつ」が「法の枕」と呼ばれることもひとつの手がかりになる。「取り分け」儀礼でも「法の枕」と呼ばれる祭祀装置があるからだ。取り分けの法の枕は丸い桶に米を入れ、大荒神、山の神、水神、天下正《てんげしょう》、四足《しそく》、すそなど祈禱の対象となる神霊の御幣を挿したものである。法の枕という呼称には、太夫の法力の源泉といった意味も含まれているようだ。[8] 神楽の「しょもつ」も、米俵に御幣を挿しているところをみると、米に御幣を挿した取り分けの法の枕と同じ考え方によるものと思われる。また、いざなぎ流では米占《ふま》いを重視し、米には神霊が宿るという考え方がある。法力の源泉か、神の依り代か判然としないが、いずれにせよ「しょもつ」はただの供えではない。[9]

(3)　仏おろしと神がかりと米と

東北地方の巫女の儀礼でも米は重要な役割を果たしている。

福島県会津若松市のワカと呼ばれる巫女は口寄せに際し、ハヤシと呼ばれる一種の依り代を用いる。これはコネバチに米三升を入れ、その中央に一升瓶を立て、エコボヤナギ三本・ススキ三本・シノダケ三本を挿し、麻糸三カケを垂らしたもので、「ホトケはこのハヤシを依り代にしてワカに憑依してくると考えられている」[10]。青森県南津軽郡平賀町のイタコは同様のものをヤマと呼んでいる。ヤマとは三升三合三勺のオサゴ（米）に、春は柳、秋はもみじなどの枝振りの良い木を立てて、それに麻糸と半紙一丁を下げたもので、ホトケ様はこのヤマにかくれて話をするという。イタコはその横で弓を打って口寄せをおこなうという。[11] 米に何かアンテナのような物を挿すというのは、いざなぎ流の法の枕とも共通する。

さらに興味深いのは、巫女の成巫式のしつらえである。

岩手県花巻市では、新しく巫女になる者は、米三斗五升入りの俵七俵を積んでござをかけて座り、足下に脚のない膳に米を入れて置き、紙ぞうりをはいて、米をこぼさないようにその中に足を入れた。いわば米に体を一体化させたような状態である。その上で、両手に御幣を持ち、両足の指の間にも二本の幣束を立てた。法の枕やヤマやハヤシに人間を組み込んだのである。そして「神つけ」の式は、すぐ前に師匠、姉妹弟子が両側に座り、まわりをほかのイタコが取り囲んで、神アゲ・神降ろしの経文を唱え、男は後ろで般若心経を読んだ。二時間ぐらいすると、ゴナイシン（神のお告げ）を頂き、幣束に震えが来て俵から落ちて、神が憑いたと言う。(12)

米俵に座ったり、まわりを米俵で囲んで、その中で巫女になるというのは、青森、秋田、福島、山形など東北地方では広く報告されている。(13)島根県隠岐の巫女も俵に腰を下ろして神がかりすることを考えると、このスタイルはかなり一般的だったようだ。(14)

また、憑依させようとする者を取り囲んだり、側で大きな声で唱えたり、激しく楽器を鳴らすというのは、日本の神がかりの常套手段だった。

福島県飯舘村大倉・金沢の葉山の祭りでは、ノリワラはノリ幣を手に正座し、僧侶が「般若心経」や「御祝詞」を唱える内に神がかりする。神が憑くとノリワラは座ったままピョンと跳んで籠もり人の方を向き、「葉山（まれに地蔵）」が憑いたと答え、火つるぎ（火渡りのこと）や託宣がおこなわれる。(15)

岡山県久米郡の護法祭では、護法実《ごほうざね》に護法神が憑依する。太鼓や法螺貝の音が響く中、ケイゴの少年たちが「ギャーティ、ギャーティ」と唱えながら右回りに旋回する内に、護法実の手にした榊葉が震え出し、腰取り役を振りきって両手を広げ、羽ばたくように境内へ飛び出していく。護法実は不浄の者をつかまえ、つかまえられた者は三年以内に死ぬと信じられているため、人々は逃げ惑う。(16)

いざなぎ流の神楽も、託宣する人間の代わりに米が据えられているという違いがあるが、神がかりの作法が芸能化したものと考えられる。(17)

（4）　いざなぎ流の託宣舞い降ろし

いや、いざなぎ流においても、かつては「託宣舞い降ろし」という神がかりの神楽が伝えられていた。昭和の前半でその作法は失われてしまったために詳細は不明だが、それはまさに「しょもつ」の代わりに人間が神楽の舞台にいるような作法であったらしい(18)。

日月祭に際して託宣がおこなわれる場合は、三階の棚の前に本役の太夫が座り、大小神祇に対し、神がかりと託宣を依頼する。他の太夫は神楽幣を持って、本役の後ろに半円形に座って神楽調子で唱文する。ある時、本役の太夫は、米を盛ったへぎと数珠と祓い幣を左手に、右手に錫杖を持って立ち上がり、「覡乗鞍《キネのりくら》は、右の腕滝《かいなリウ》の駒、左の腕が唐車《トオグルマ》、中成頭首《ナカナルコウベ》がシャラが林、両眼ん眼《マナコ》が金眼《カナマナコ》、三十三茎《クキ》、白粛《シラハ》の大神、三コがむな板、五津《ゴツ》如来、神道神途《シント》と招じる神成れば、乗鞍きらうな乗り移れ」と一人で唱え、東を向いて「東方浄土から集り来い」というように五方に繰り返し、「五方五体十二ヶ方から集りこい」と唱え、激しく、くるくる舞いを始め憑依する。神がかかると、他の役者が素早く本役の太夫を抱き留める。「相取り日の釈」という役の太夫が、本役の太夫に問いかける。神がかりした太夫は、火事や水難があるか、起きるとすれば何月頃でどの方角か、山鎮めや川瀬祭りの可能性があるか、日照りや悪病の流行はどうかなどを、それまでおこなってきた湯立てや米占いの結果に基づいて託宣をおこなう。

一般的な神楽のイメージとは異なるいざなぎ流の神楽だが、米を使った神がかりの作法がその根底にあったのである。近年では「託宣舞い降ろし」はおこなわれていなかったが、それがなくとも、神を清めて喜ばせ、その加護を期待できれば神楽の趣旨としては十分だったということだろう。では、神楽で祭られる神とはどのような神なのだろう。次章では、祭文を読み解きながら、そのことを考えてみたい。

二　神育ての章

いざなぎ流ではさまざまな神霊を祭り、その中には祭文という由来の物語を有する神とそうでない神が存在する。研究者の関心を引いてきたのは、物語性豊かな祭文で、「山の神祭文」「地神祭文」「いざなぎ祭文」「大土公祭文」「まくらぎ祭文」などがよく取り上げられてきた。(19)先述したように、神楽の主役になるような神々の祭文にはあまり長いものがなく、したがって物語性も希薄である。まずは、天の神祭祀で用いられる「大将軍の本地」を見てみよう。

（1）赤子神を育てる神楽――天の神祭り「大将軍の本地」から――

万方剣の将軍殿の父は竹生島の明神、母はおまきのにょうごん殿と言う。将軍殿の生まれ育ちを尋ねれば、日本でも唐土でも天竺でもない、壱岐と対馬寅の小島から出来始まった。生まれた年は甲寅の御年、寅の日、寅の時、三刻あわせて三刻大師と生まれ御誕生幣や上がらせ給うた。産湯が無くてはいけないと探してみたが、日本の水は蝶や小鳥のあかの水、唐土の水はむらい（無礼）、天竺の水は恐れだとしてやめておいた。結局、奥嶋川の川上から清き水を乞い取り、目や口、手足を洗うと、目ばやか、口ばやか、手ばやか、足ばやかになられた。五体五色に白き水とも流しかけ、頭《こうべ》に引かせば七丈豊かになられた。産湯の次は産着が無くてはいけないと言って、天竺から七夕乙姫を雇い下して、苧《お》をこき、つむぎを染めるなどして産着を織り上げてもらった。大将軍殿の召す絹はち色や桃色で、御身に九尋三尺、襟と袖とに七尋三尺裁ち縫い申された。着せてみると幅が狭かったので背入れをして、産着を召された。切りさいにょうごん殿や針さいにょうごん殿など一二人のかしゃく人がついて「東方九十九送り歩ませ給えば、後やごんぜにさこやさこやと七宝蓮華の花が咲く（五方同じ）。生まれ育ちのその御時には万方剣の将軍殿と申す。一日二日初大将軍、中十日中大将軍、上十日は天大将軍、三十日は地大将軍と幣や上がらせ給う。波立つ風は、福天大将軍降り遊ぶ。腰につけたる唾刀のつまつき荒《あら》神堅め、いやりやとんと。大将軍様への御本地これまで説きや納め参らする。安座の位につき給え、本座の位につき給え[20]」

以上のように大将軍の本地は、大将軍が誕生し、産湯をつかい着物を着て歩き始める、ただそれだけの内容である。じつは恵比寿の祭文もほぼ同様の展開である。テキストによっては本地の前に「此家赤子様は、日本で出で来始らん。唐土でも出でき始まらん。天竺天にて松田半田が釜より始まらせ。（中略）育ちはいづくに、こけがしら山、たきが本《もと》より育ちあるろう。いやらどん。育を迎える。迎へて育てて、世をしてかくして、祝い初めしょう、祭り初めしょう。イヤラドン」と唱えるものもあり[21]、赤子神を迎えて育てるイメージは明快である。ただ、大将軍がどのような神なのか、その性格はほとんど語られていない。御伽草子や室町物語的なストーリー性豊かな祭文と比べると物足りないような気もする。だが、歩いた後に七宝蓮華の花が咲くという記述からは、この神の仏教的な性格が感じられる。そのような神を育て、人間を守ってもらうことが神楽の眼目のひとつだったようだ。

（2）神を作り出す神楽——広島県の将軍舞——

将軍という演目は西日本各地の神楽に広がっている[22]。いざなぎ流の神楽が「神を育てる」というテーマをもっているとしたら、「神を作り出す」としか言い様のない神楽が広島県に伝えられている。安芸十二神祇における将軍舞である。三村泰臣氏の研究から紹介しよう[23]。

廿日市市原《はら》地区にある伊勢神社の「天臺将軍」は、一連の演目の一番最後に演じられる。西日本各地の将軍舞は、将軍だけが舞うことが多いが、ここでは「太夫」役が将軍と一緒に舞うところに特徴がある。二人は向き合ったり背中合わせになったり、すれ違ったりして舞い続けるが、舞いながら、将軍に鎧が着せられ、背中に幣や五色の房が結びつけられていく。あらかじめ舞台の袖で衣装を着て舞台に登場するのではなく、観客の目の前で衣装が整えられていくのだ。これは、「太夫」が「将軍」という神を作り上げていることを見せる演出だと思う。そして終わりの方で、将軍は弓を持って激しく舞い、五個ある天蓋の御久米《みくま》袋を一つずつ突きさしていく。最後に中央の御久米を突き刺すと、将軍は神がかりして倒れる。将軍を倒すことは良くないとされているので、腰抱き役が覆いかぶさり、将軍を抱きかかえ太鼓の上に座らせる。将軍は、神がかりが解けると、神主が東、南、西、北の順番で差し出す日の丸扇に対し弓を射る仕草をし、最後に「是より亥子に当たり、悪魔祓いのはなしける」と唱え、亥子の方に向かって弓矢を放ち、一時間以上かけた「天臺将軍」は終わる。

最後の弓のくだりは、広島市安佐南区沼田町阿戸の阿刀神楽の「将軍」の演出がわかりやすい。四方や上下へ弓を射ろうとする将軍を、太夫は「青てい青りゅう王の御座所にて弓々かないません」などと言って制止する。最後に「これより北に当たって一寸四方の穴があり、それにデツイツという鬼がいる。将軍大王には、それに弓を放し給え」と太夫が促すと、将軍はその方向に矢を放ち、その瞬間、将軍は神がかりする。将軍の動きは太夫によってコントロールされているのだ。

つまり、将軍は太夫が神楽の舞台に人工的に作り出した「神」であり、太夫の指令によって敵に攻撃を加える武器なのだということがわかる。

(3)　外部からの乱入者「荒平」

神楽の舞台で作り出される神という概念は、外部から神楽の舞台へ迷い込んでくる神の演目と対比させるとその特徴がより明確になる。やはり、広島県の安芸十二神祇を代表するもう一つの演目「荒平《あらひら》」を見てみよう。(24)

「荒平」は山の榊を守る鬼神である。原神楽では、黒い大きな仮面で、左手に大きな棒、右手に日の丸扇を持つという出で立ちで現れる。「荒平」でも「将軍」同様に太夫役が登場する。太夫は刀を持って、突然現れた荒平に対し、なぜこの神楽の場に来たかを問いただす。荒平は、我が国の王院様から榊の守護神を命ぜられたが、木の元でしばしまどろんだ間に盗人に榊を奪われてしまったこと、東西南北の五天の空まで尋ねたがどこにもなかったこと、元の住処に戻ってみると神楽の場に誘う文句が聞こえてきたので、それに釣られてこの場に現れたのだと語る。荒平は男子繁盛（死反生）の杖という、老人を若返らせることができる命の杖を授け、村の守護神になることを宣言、太夫から渡された刀を持って舞う。

荒平は、将軍のように太夫が作り出した神ではない。山の神のような性格の荒ぶる神で、神楽の場に迷い込んできた存在である。そのような外部の力＝カミをも、太夫はその呪力で従え、コントロールできるというのが、この演目のテーマであろう。「将軍」も「荒平」も太夫の力を誇示する演目だが、その対象を太夫が生み出したのか、それとも外部から侵入してきた既存の存在なのかに違いがある。

（4）言葉が世界を作る――祭文のはたらき――

あらためていざなぎ流に戻ると、いざなぎ流では、将軍を演じる役者が登場するわけではなく、大将軍は、あくまで太夫の唱える祭文という言葉の中で語られるに過ぎない。だが、いざなぎ流には言葉によって世界を構築していこうという考え方がある。(25) たとえば礼神楽で唱えられる道具の本地がその良い見本である。太夫たちは「笠の本地」を唱えてから笠を頭につける。「太鼓の本地」では、太鼓が完成し、打ち鳴らし始める場面で初めて太鼓を叩き始める。つまり、笠も太鼓も物理的には存在しているのだが、祭文を読むことによって初めて神聖な物として命を吹き込まれると考えられていたようなのだ。すると、大将軍についても、祭文によって、神楽の舞台でその都度誕生させられる神ということも言えるのではないだろうか。それが、丁寧な産湯や産着の語りとなって現れているように思われる。

それにしても、神楽の舞台で神を誕生させるという発想は、どこから来たものだろうか。日本各地の神がかりは、あくまで既存の神仏が降りてくる、憑依する、のであって、その場で神を誕生させるわけではない。神楽によって、自分たちに都合の良い神を作り出す、神の孵化装置としての神楽という方法は、当時の宗教者たちの新しいテクノロジーだったのかもしれない。

三　バッカイの章

(1)　バッカイ仕立ての謎

いざなぎ流の神楽の舞台装置には謎が多いが、中でもその存在理由がわからないものに、天井からつり下げる「ばっかい」がある。三本の木や竹を＊の形に組み合わせ、五つの色紙の幣を飾り、シキビを上に取り付ける。中央から錦、赤い布、鏡、丸扇、麻、黒髪を下げたものである（図2）。オンザキ様や天の神の神楽では飾るが、恵比寿神楽では用いられない[26]。

いざなぎ流のバッカイと同様の飾りは日本各地の神楽に見られる。愛知県花祭りのびゃっけ、中国地方の白蓋《びゃっかい》や天蓋、宮崎県銀鏡《しろみ》神楽のアマ……[27]。これらの装置は神の降臨のためのものと考えられている。『日本民俗大辞典』[28]下の「天蓋」の項では鈴木正崇氏が「神楽に際して神殿《こうどの》や舞殿の天井につけて神を招き降ろす作り物」と定義し、石見の大元神楽や愛知県の花祭りでは、天蓋やびゃっけ（白蓋）の下で神がかりに入ったこともふれられている。研究者の頭の中では、天蓋（白蓋）は神楽と不可分の存在として強く印象づけられている。

だが、すべての神楽に天蓋があるわけではない。いざなぎ流のバッカイについて、天蓋と神楽の関係を考えさせられる、次のような伝説が伝えられている。

別府にアマウバのミコ神とソウカンのミコ神というのがあります。アマウバのミコが京の都へミコの位をもらいにいく時、ソウカンのミコに荷物を持たせていきました。京でアマウバが師匠から秘伝をうける時、ソウカンは階下にかくれてひそかにそのようすをうかがっていました。「たしかに許す」という声が聞こえた時、秘法に使った米が一粒こぼれ落ちてきました。ソウカンはそれを拾って食べ、法力を得て帰りました。／或時、ソウカンがカミヤヂで大豆をこなし、大豆たばでバッカイジタテという天の神の祭壇をつくっていました。丁度そこへアマウバが通りかかりました。アマウバは「わしは京で本式を習うてきておるが、お前が何を知ろう。一つあした法くらべをして、どちらが勝つか争うてみよう」といいました。／その翌日アマウバは落合の法の石に、ソウカンはシキダイラにそれぞれ祭壇を設けて祈念し、両方から歩みよって川のまん中にさしかかった時、二人の法力によって川の水がさかさまに流れて勝負が決まりませんでした。それで今でもその場所を「ショウブの瀬」というようになりました。／その後二人は仲なおりをしましたが、亡くなってからミコ神として祭られたといいます。[29]

米による法力の伝授や呪術合戦など、いざなぎ流の核心が入った貴重な伝承だが、ここで注目したいのは、「バッカイ」仕立てをアマウバとソウカンが京都から学んで来たという部分である。実際、恵比寿神楽や氏神への神楽ではバッカイを用いないので、神楽にバッカイは必須のアイテムではない。この伝説を信じるなら「バッカイ」は後から神楽に導入されたということになる。

ここから「バッカイ以前／以後」あるいは「天蓋以前／以後」という仮の時間軸を想定することが可能となる。天蓋のなかった時代の神楽にも神を招き降ろす装置や仕掛けは何かあったはずだから、天蓋の「神を招き降ろす装置」という機能は本来のものではなかったということになる。[30] では、天蓋の持つ機能とは何だろう。天蓋

（バッカイ）導入以後、神楽の何が変わったのだろう。

（2）　バッカイとオンザキ神

いざなぎ流のバッカイをめぐる伝説と実際の祭儀との間には矛盾がある。伝説通りなら、バッカイと天の神祭祀には密接な関係があるはずだが、槇山川流域では、岡ノ内土居の天の神祭りでこそバッカイが前面に出ているものの、他の天の神祭式文書ではバッカイはそれほど顕著ではない(31)。天の神祭りの中心祭文と言うべき「大将軍の本地」にもバッカイという言葉は一言も出てこない。その一方で「オンザキの祭文」には、どのバージョンにも必ずバッカイが登場する(32)と言うより、オンザキ祭文はバッカイの本地と言っても過言でないほど、バッカイにウェイトを置いた祭文なのである。たとえば、オンザキ祭文のバージョンの一つである、別府に住んでいた中尾貞義太夫所持の「御崎様の本ぢ」を見てみよう(33)。

天の大御崎様の御本ぢくわしくときや納め参らすれば、安芸郡大屋の国寅国島御潮のあわいにおわします。父の御名があく吉をーごん如来の王と申すなり。母の御名は福吉如来の王と申すなり。父の体座に大三年、母のひ腹え渡りて九月宿らせ給ふてござれば、十月御待ちあれども御産のひぼがとけまいらして、生れ御誕生へいや待ちあれども御産のひぼがとけ参らせん。十三月半中頃に御産のひぼがとけ参らせん。十二月御上らせ給ふておはします。天の大御崎様の生まれたえと日の年号くわしく尋ぬれば、あい方元年寅の三月廿五日に生れ御誕生へいや上らせ給ふておわします。父母わうぶちにしもり、をうちにをぼれ、をぼれしもらせ、御潮のあわいにならく〳〵でをわします。天の大御崎様わ、ゆ方の強いゆがらも強い神の事なれば、蝉やこーはね、蝶や小鳥に変形《へんぎよう》ないて、天ぢくこーどが社へ舞うて上らせ給ふてをわします。昔、百三柳王かなまく動子（童子）のみこ殿が申されよーには、是こそ、ひろむつこばむつ十二八つぶさ付けた、ばっかい仕立で引きやをろいて、もんぶす上の氏子のうしろ神に祝いもつのが良かろうものよと申してござる。ばっかい仕立の骨組が天の大御崎様のあばらの骨をまねばせ給ふてをわします。七尋三尺みどりの尾が天の大御崎様のほそのをまねばせ給ふてをわします。ひらむつえわ三神如来がをり遊ぶ、こばむつへは本だい如来がをり遊ぶ、十二八つ房へわ、と一所氏神様がをり遊ぶ。しだい〳〵に巫様《みこ》がをり遊ぶ。

いざなぎ流祭文のパターンに則って、オンザキの父母、そして誕生が語られる。だが、先述の大将軍や恵比寿と異なるのは、オンザキが、一三ヶ月半もかかって産まれた異常誕生の赤子だったことだろう。父や母は産血に溺れて奈落へ落ちるが、オンザキは蝶や小鳥に変身して天竺へ舞い上がる。その神を氏子の後ろ神（守り神）としてバッカイ仕立てで引き下ろして祭ったのが、オンザキ様である。「ひらむつ」や「こばむつ」「十二八つ房」はバッカイの部分名称と思われ、そこに三神如来や本だい如来すなわち天の神や、地元の氏神が降り遊ぶと語られる。バッカイが神降ろしの祭具として考えられていたことは明らかである。だが、このテキストが他のオンザキ祭文と異なるユニークな点は、バッカイがオンザキ様のあばらの骨やへその緒をかたどって作られたという語りである[34]。つまり、バッカイはじつはオンザキ様だというのである。このように語るのはこのバージョンだけだが、バッカイはどのオンザキ祭文にも登場する。なぜ、オンザキ祭祀にバッカイは必要だったのだろうか。

（3）修行するミコ神

もうひとつ、バッカイが印象的な使われ方をする神楽を紹介しよう。荒（新）ミコ神の取り上げ神楽である。ミコ神は先述したとおり、死者の霊を墓から呼び戻し、神楽によって位を高め、神に転化したものである。神になった後は家の天井裏でオンザキ様の右脇に祀られる。ミコ神は、オンザキ様と大変密接な関係をもつ神格である。

死者霊を神に取り上げる行程は極めて魅惑的である。(35)

太夫は「地獄ざらえ」などと呼ばれる歌を歌いかけながら、死者霊を地獄から呼び戻す。そして斉幣《さいへい》という御幣につけて、そっと抱きながら家へ連れて帰る。その時「赤子を抱いているような気持ちだ」と太夫が感想を述べているのが暗示的である。(36)先に述べたように、赤子神のイメージは大将軍の本地でも語られていた。神楽の舞台の四方の注連縄から「注連道」「神（紙）道」と呼ばれる藁の注連縄と紙注連が家の外へ伸びており、太夫は手にした斉幣を注連道・神（紙）道を伝わせて屋内へ導き入れる。そして舞台の内側に入ると、今度はバッカイを伝わせて、弓の上、本役の太夫の手元に運ぶ。バッカイが神の誘導路となっているのである。本役の太夫は斉幣を両手で抱きかかえるように持って、神楽をおこなう。

取り上げ神楽では、まず行文行体《ぎょうもんぎょうたい》によって、霊を修行させる。最初の水の行文の文句を記してみよう。

> 東《ひがし》東方《とうぼう》大川と中《なか》へ参りて、水の行文なされて、行文行体なされて、行文行体たけだでなれば東方浄土の注連道伝うて神道伝うて注連内越えて、このおんだらしゅの本筈《もとはず》伝うて、末筈《うれはず》伝うて、弦のあわいで、向こう神楽のきんくのみ米《ふま》へ、かかりて影向、かかりて正覚、かかりて本覚ならしゅめせ。

修行した霊は、浜の行文、川の行文、潮の行文、まなごの行文、山の行文など長い修行を経て、神に近づいていく。行文行体の文句は最初の「〇〇の行文」が異なるだけであとは同じである。修行した霊に対し、注連道を伝って、「おんだらしゅ」すなわち弓に、続いて本役の向かい側に座る「向こう神楽」と呼ばれる太夫が膳に盛る米にかかって、正覚・本覚せよという文句が何度も繰り返し唱えられる。「正覚」「本覚」は仏に近づく真の悟りのことである。斎藤英喜氏は、ミコ神の行文行体は、修験の「峰入」修行のアナロジーであるとし、「「峰入」修行とは、まさしく「本覚」「正覚」――即身成仏するための実践行であった」と述べている。(37)

（4）天蓋のはたらき

バッカイと密なる関係をもつオンザキ様とその右脇に寄りそうミコ神様に共通するのは、どちらも誕生や死にともなう穢れ(38)を有する神霊だということであろう。そのような穢れた存在が神楽の場で浄化され、新たなステージへ転化するというのが、これらの神楽のテーマである。ただ、バッカイに穢れを除く機能があるかどうかは、いざなぎ流の儀礼を見るだけではもうひとつ釈然としない。だが、天蓋の下で、「擬死再生」や「神の浄化」儀礼がおこなわれてきたことについては、これまで数多くの研究がある(39)。

たとえば五来重氏は、神楽や修験道儀礼に用いられる天蓋のルーツは、仏教の灌頂《かんじょう》儀礼に用いられる灌頂幡《かんじょうばん》だとする(40)。

「灌頂」とは、「頭頂に水を灌ぎ、その人物がある位に進んだことを証する儀式のこと」で、「大乗仏教では最後の修行を終えた菩薩が悟りを開いて仏になるとき、諸仏から智水の灌頂を受けて成仏するものとされた(41)」というのが一般的な理解である。

だが、五来氏は日本における灌頂の最大の目的は、死者の滅罪にあると言う。異常死者の供養におこなわれる流れ灌頂は、道端に四本の柱を立て白い布を張って、通行人に水をかけてもらう習俗だが、これも聖なる水によって死者の罪業を浄める意味があるのだと指摘する(42)。民俗的な葬送儀礼に天蓋という作り物が登場するのも、死者の滅罪と成仏のためである。神楽に天蓋が飾られるのも、その下に来る者が神であろうと人間だろうと、罪や穢れを除き、即身成仏させる儀礼をおこなったからではないかと考えられる。

実際、いざなぎ流の神楽のいくつかの要素——十二万ざいの水を神にそそぎ、神の位を上げる「水ぐらえ」、死者霊を修行させ、その穢れを除き、神の位に上げる「ミコ神取り上げ神楽」、「正覚」「本覚」せよと呼びかけ、神楽の舞台に上がった者を成仏させようとすること——などは、「水を灌ぐ」「位が進む」「穢れを除く」「成仏させる」など灌頂と重なる点が多い。いざなぎ流の神楽の成立に灌頂儀礼の影響があったのかもしれない。[43]

（5）神を変容させる神楽

しかしながら、バッカイが後から導入されたという伝説を考えると、灌頂に通じるような考え方は後からいざなぎ流に付け加わったということになる。現在のいざなぎ流神楽の中核である「水ぐらえ」も、「バッカイ以前」には存在しなかったのである。おそらく、古来の神は「位を上げる」必要や、仏教的な装置によって「罪や穢れを除く」必要はなかったのだろう。「バッカイ以前」、すなわちバッカイを使わなかった時代の仮想のいざなぎ流神楽は、おそらく日本各地の神がかり儀礼のような、依り代を中心に置いて、回りを宗教者が取り囲んで唱文や楽器の音によって神がかりを誘発するようなものだったのだろう。

だが、「バッカイ」（天蓋）導入以後の神楽において、神は何らかの原因で穢れた存在であり、人間がとりおこなう神楽によって清められることで罪や穢れが消え、新しい姿に変化するという転生の物語が付け加わった。そして新生した神は、神楽の主催者である人間にお返しに加護を与えてくれるのである。おそらくこのような変化の背景には、中世に広まった、苦しむ存在としての神を仏教が救済するという考え方が横たわっているのだろう。[44] 天蓋の導入によって、神楽のストーリーは豊かになり、儀礼の多様化が進んだものと思われる。

図5　再現されたいざなぎ流のバッカイ

五来重氏は、四角形の天蓋に大きな幡が中央に下がる構造をもつ法隆寺献納御物の金銅製灌頂幡について、これは幡蓋《ばんがい》という形で、日本各地の神楽の天蓋のルーツであると主張している。[45] 図5は、いざなぎ流太夫の小松豊孝氏が、物部町市宇《いちう》にいた宗石吉三郎太夫のメモをもとに再現したバッカイの古形である。それは、すでに失われた形の想像復元なのだが、法隆寺献納御物の金銅製灌頂幡と見比べると、四角形と六角形の差はあるものの、古代と現代という時間を乗り越えて両者が似ていることに改めて驚かされる。いざなぎ流の「バッカイ」という名称も、白蓋《びゃっかい》の訛りと考えられるが、もともとは幡蓋《ばんがい》の訛りなのかもしれない。

おわりに――弓と仮面――

ここまで、いざなぎ流の神楽を分析しながら、神がかり、神を育てる、神の変身などのテーマを読み取ってきた。だが、いざなぎ流の神楽を読み解くにはまだ十分ではない。本稿では、本役の太夫が叩く真似をする弓については触れなかった。本来、音を立て、太夫の唱文を助けるはずの弓が、いざなぎ流の神楽ではまったくその役目を果たしていない。なぜなら楽器としては別に太鼓があって、「太鼓の本地」が読まれるや、「地突く天突く天天天」のリズムで打ち鳴らされ、舞いに至るまで神楽のリズムをコントロールするからだ。

では、弓のルーツはどこか？　江戸時代の土佐では、それは博士《はかせ》ということになる。(46)「土佐国職人絵歌合」の「博士」は、弓を叩き、犬神落としをする様子が描かれている。梓《あずさ》や祈念と呼ばれる託宣の作法では弓が必須の祭具だった。では、祭文を読む神楽で弓を用いる事例はないか？　と探してみると、土佐や四国では見当たらないが、中国地方では広島県に弓神楽や神弓祭がある。(47)これらは長大な土公祭文を二日もかけて読誦する。東北地方のイタコも、弓を叩きながらオシラ祭文を唱える。(48)弓を叩きながら祭文を読み、託宣をおこなう宗教者の系譜が、いざなぎ流の神楽の形骸化した弓に残っているのだろうか。

そしてもうひとつ仮面についてもふれておきたい。神楽と言えば私たちがイメージするのは、鬼や女神の仮面の乱舞である。中国地方では仮面神による神話劇になっている演目も多い。同じ高知県でも中西部の神楽は、鬼や女神の出る仮面舞と素面の舞が入り交じって演じられる。だが、いざなぎ流の仮面の演目は、まったくそれらと雰囲気が異なっている。まず、礼神楽や本神楽、舞神楽の中で仮面が登場することはない。すべての演目が終わった後のオプションとして仮面は登場する。たとえば、炭焼き五郎の嫁聟取りという演目は、独身の炭焼き五郎が仲人の仲介で嫁をもらうまでを、一二人の仮面の役者たちが思いつきのセリフと即興の展開で演じるものである。(49)

だが、まったく関係がないわけでもない。高知県西部の神楽に登場するダイバンという鬼の演目は、神楽を邪魔しに来た鬼が、神々に屈服し七つの宝を差し出して降参するという内容である。これとよく似たシナリオが、いざなぎ流では「鎮め」の儀礼としておこなわれてきた。「鎮め」とは、疫病や不作が続いた時、村人が集まっておこなう臨時の儀礼で、鬼面を災厄に見立てた呪術儀礼である。(50)「鎮め」に用いられる仮面は永禄一〇年（一五六七）など中世年号を記した物が多い。おそらくいざなぎ流の仮面群はその頃、新たなテクニックとして導入されたものではないかと考えられる。他の地域の神楽では、仮面の演目は素面の舞と混交していったのに対し、いざなぎ流では、融合以前の古い姿をとどめているのではないだろうか。

このように、いざなぎ流の神楽にはまだまだ興味深いことが多い。しかしながら、紙数も大幅に超えてしまったので、これらのテーマや他の地域の神楽とのさらなる比較は今後の課題として、ひとまず本稿を終えることにする。いざなぎ流の神楽を思考実験の材料とすることで、日本各地の神楽の位相が明らかになっていくことを期待したい。

（1）いざなぎ流については、高木啓夫『いざなぎ流御祈禱』一〜三集（物部村教育委員会、一九七九〜一九八六年）、斎藤英喜『いざなぎ流　祭文と儀礼』（法藏館、二〇〇二年）、松尾恒一『物部の民俗といざなぎ流』（吉川弘文館、二〇一一年）、小松和彦『いざなぎ流の研究　歴史のなかのいざなぎ流太夫』（角川学芸出版、二〇一一年）、高知県立歴史民俗資料館『いざなぎ流の宇宙　展示解説図録』（同、一九九七年）などを参照。

（2）高知県立歴史民俗資料館『仮面の神々　土佐の民俗仮面展　展示解説図録』（同、一九九二年、五三頁）。

（3）いざなぎ流の神楽については、前掲註（1）の内、高木啓夫『いざなぎ流御祈禱』、斎藤英喜「神懸かりする神楽」「神楽・祭文・呪術――「御崎様の祭文」と式王子」（『いざなぎ流　祭文と儀礼』所収）を、舞神楽については、高木啓夫「いざなぎ流御祈禱舞神楽」（『いざなぎ流御祈禱の研究』高知県文化財団、一九九六年）を参照。

（4）いざなぎ流の祭文については、吉村淑甫監修／斎藤英喜・梅野光興編『いざなぎ流祭文帳』（高知県立歴史民俗資料館、一九九七年）が代表的なテキストを収録している。小松和彦「いざなぎ流祭文研究覚帖」（一）～（三一）、『春秋』三一一～三五八（一九八九～一九九四年）に断続的に連載。

（5）梅野光興「天の神論」（『高知県立歴史民俗資料館研究紀要』第四号、一九九五年）。

（6）山本ひろ子「鉄の女神　タタラの呪術世界をめぐって」（『へるめす』六七号、岩波書店、一九九七年）。斎藤英喜氏も「神楽・祭文・呪術――「御崎様の祭文」と式王子」においてオンザキ様のことを「グループ神」と述べている（斎藤前掲註1、一六二～一六三頁）。

（7）いざなぎ流の祭儀については、註（1）の各文献を参照。

（8）「法の枕」については、山本ひろ子「呪術と神楽――日本文化論再構築のために」第一回　法太夫の住む村（『みすず』四四三、一九九八年二月、二五～二七頁）を参照。

（9）梅野光興「天中姫宮、米の本地――いざなぎ流と巫女信仰――」（『国立歴史民俗博物館研究報告』第一四二集、二〇〇八年）。以下、巫女の仏おろしや成巫式における米については本稿を元にしている。

（10）佐治靖「死霊供養の口寄せ――ワカの葬式当夜のホトケオロシ――」（『東北学』二号、東北芸術工科大学、東北文化研究センター、二〇〇〇年）。

（11）文化庁文化財保護部編『民俗資料選集一五　巫女の習俗Ⅱ　青森県』（国土地理協会、一九八六年）。同じく『民俗資料選集　巫女の習俗』のⅠ　岩手県、Ⅳ　秋田県や、高杉悠子「口寄せ巫女」（谷川健一編『日本民俗文化資料集成第六巻　巫女の世界』三一書房、一九八九年、二三〇頁）などを見てみると、ハヤシやヤマに類似したものは、岩手県、秋田県、宮城県でも報告されている。

（12）文化庁文化財保護部編『民俗資料選集一四　巫女の習俗Ⅰ　岩手県』（国土地理協会、一九八五年、二二九〜二三〇頁）。

（13）『民俗資料選集一五　巫女の習俗Ⅱ　青森県』前掲註(11)。文化庁文化財保護部編『民俗資料選集二〇　巫女の習俗Ⅲ　福島県』（国土地理協会、一九九二年、八四頁）。同編『民俗資料選集二一　巫女の習俗Ⅳ　秋田県』（国土地理協会、一九九三年、九六頁）。文化庁文化財部『無形の民俗文化財　記録　第五〇集　巫女の習俗Ⅵ　東北地方・山形県』（二〇〇六年、一四七〜一五六頁）。

（14）玉蓋の下に太鼓を立て、麦三斗入りの俵二俵を置き、ひとつの俵には宇豆幣三本を立て、もうひとつの俵には茣蓙《ござ》を敷き、神子が腰掛け、太鼓を打ち鳴らし神遊び歌を歌いながら神がかりしたと言う（牛尾三千夫「隠岐島の神楽と神がかり」牛尾三千夫著作集一、名著出版、一九八五年、二四六〜二四九頁）。入巫式や神楽の神懸かりと俵の関連については、渡辺伸夫氏が「「生まれ清まり」の儀礼と歌謡」（岩田勝編『神楽』歴史民俗学論集一、名著出版、一九九〇年（初出一九七九年）、二一二頁）で指摘している。

（15）鈴木正崇「葉山の託宣」（宮家準編『山の祭りと芸能』下、平河出版社、一九八四年）。

（16）白川琢磨「美作の護法祭」（宮家準編『山の祭りと芸能』下、前掲註15）。

（17）葉山の祭りや護法祭では米の重視が見られない。米を重視する方法は、巫女の儀礼や西日本の神楽において顕著のようである。

（18）松尾恒一「いざなぎ流　託宣祈禱の諸相――神霊と交流する言語と身体――」（『物部の民俗といざなぎ流』前掲註1）が、小松豊孝太夫の記した「伊弉諾流　日月祭作法　其の他」によって詳述しているので、本稿もそれに従って述べる。

（19）前掲註(1)の文献以外に、例えば小松和彦「「いざなぎの祭文」と「山の神の祭文」――いざなぎ流祭文の背景と考察――」（五来重編『山岳宗教史研究叢書一五　修験道の美術・芸能・文学』名著出版、一九八一年）、山本ひろ子「天中姫宮の修行の旅　「いざなぎ祭文」の呪術世界」（『土佐・物部村　神々のかたち』ＩＮＡＸ出版、一九九九年）。

（20）物部町岡ノ内の滝口弥久忠太夫所蔵の「大将運（軍）の本地」、『いざなぎ流祭文帳』（前掲註4）所収。

(21) 「天之神祭典法」(大正一〇年本)。高木啓夫『いざなぎ流御祈禱　第三集――天ノ神・御先神・みこ神篇――』(物部村教育委員会、一九八六年)所収。
(22) 石塚尊俊『西日本諸神楽の研究』(慶友社、一九七九年、二〇七〜二一一頁)。谷本浩之「将軍という名の神楽考序説」(山陰民俗学会『山陰民俗叢書九　神楽と風流』島根日々新聞社、一九九六年)、永松敦『狩猟民俗と修験道』(白水社、一九九三年、六二〜九三頁)。
(23) 三村泰臣『中国・四国地方の神楽探訪』(南々社、二〇一三年、七一〜八三頁)。
(24) 三村前掲註(23)。荒平については、岩田勝「しはんぢやうの杖――天正十六年荒平舞詞の世界――」「荒平考――招迎される鬼の変遷――」(『神楽源流考』名著出版、一九八三年)。梅野光興「荒平・ダイバ・山の神――中四国の神楽の鬼の舞い――」(『中国地方各地の神楽比較研究』島根県教育庁古代文化センター、二〇〇九年、三八〜四〇頁)。
(25) 斎藤英喜前掲註(1)、六〜一一頁。
(26) 高木啓夫『いざなぎ流御祈禱』(前掲註1)。
(27) 石塚尊俊前掲註(22)、一〇三〜一〇七頁。
(28) 福田アジオ他編、吉川弘文館、二〇〇〇年、一六一頁。
(29) 松本実『村のあれこれ』(物部村教育委員会、一九七一年一二月、六五〜六七頁)。
(30) 三村泰臣氏も「神楽の天蓋について」(『中国地方各地の神楽比較研究』前掲註24)で同じ指摘をおこなっている。
(31) 例えば「天之神祭典法」(大正一〇年本)では、天井に下がるバッカイの記述はなく、三階棚にバッカイ幣が九ヶ所下がる程度である(高木啓夫『いざなぎ流御祈禱　第三集――天ノ神・御先神・みこ神篇――』前掲註21)。
(32) 高木啓夫『いざなぎ流御祈禱　第三集――天ノ神・御先神・みこ神篇――』(前掲註21)に、オンザキ祭文のいくつかのバージョンが収録されている。
(33) 小松和彦「いざなぎ流祭文研究覚帖(二四)「御崎の祭文」(中)」(『春秋』三四八、一九九三年五月、三四頁)。
(34) 前掲註(33)、三六頁。山本ひろ子氏は、「公開シンポジウム・いざなぎ流研究の新時代へ」の討論において「オンザキの祭りを象徴するのは、天上から吊るす「ばっかい」、天蓋の一種ですよね。そこから、母胎あるいは生まれ清まりといったモチーフが浮かび上がってきます」と述べ、それを受けて小松和彦氏は「御崎の祭祀の中には、明らかに出産のメタファーが見られます」と述べ、みどりの緒が胎児のヘソの緒とみなされていることから、バッカイは胎児が包まれている胞衣のような意味合いをもっていたと思われると指摘している（『和光大学総合文化研究所年報　東西南北二〇一三』和光大学総合文化研究所、二〇一三年、四五～四六頁）。

(35) 斎藤英喜前掲註(1)、山本ひろ子「呪術と神楽──日本文化論再構築のために　第二回・第三回　いざなぎ流の御子神儀礼　Ⅰ・Ⅱ塚起こし（一）（二）」（『みすず』四四四・四四五、一九九八年三月）。

(36) 物部村別府在住だった中尾計佐清太夫の言葉。「神に迎える御霊というものは赤子のようなもので、じゃから儂も赤子を抱いている気持ちになって、大切に大切に扱うのです」（吉村淑甫「土佐畸人」『土佐の神ごと』高知市民図書館、一九八九年、二七六～二七七頁）。

(37) 斎藤英喜前掲註(1)、一三三頁。

(38) 香美市物部町の穢れ観念については、小松和彦「山姥をめぐって──新しい妖怪論に向けて──」（『憑霊信仰論』講談社、一九九四年）、近藤直也『ケガレとしての花嫁　異界交流論序説』（創元社、一九九七年）などを参照。

(39) 石塚尊俊「白蓋考」（『里神楽の成立に関する研究』岩田書院、二〇〇五年）。山本ひろ子「大神楽「浄土入り」──奥三河の霜月神楽をめぐって」（『変成譜　中世神仏習合の世界』春秋社、一九九三年）。また、渡辺伸夫「「生まれ清まり」の儀礼と歌謡」（岩田勝編『神楽』前掲註14）では、天竜川流域の「生まれ清まり」の儀礼（神子儀礼）において、産湯式・着衣式が重要であることが指摘されている。これは第二節でみた大将軍や恵比寿が産湯を浴び、産着を着ることを想起させる。

(40) 五来重「幡蓋から灌頂幡および白蓋へ」（大谷大学国史学会編『論集　日本人の生活と信仰』同朋舎、一九七九年）、同「葬送幡と天蓋」（『葬と供養』東方出版、一九九二年、一七八～二〇〇頁）。

(41) 岩松浅夫「灌頂」（『平凡社大百科事典』三、一九八六年〈一九八四年初版〉、一〇三九頁）。

(42) 五来重「幡蓋から灌頂幡および白蓋へ」『論集　日本人の生活と信仰』前掲註40、四一一～四一三頁）。

(43) 斎藤英喜前掲註(1)、一七四頁。斎藤英喜「折口信夫「山の霜月舞」再考──「花祭」研究の現在へ──」（『佛教大学歴史学部論集』六号、二〇一六年）。

(44) 中世的な考え方では神もまた人間同様苦しむ存在であり、その姿はしばしば龍蛇の形であらわされた（伊藤聡『神道

とは何か　神と仏の日本史』中公新書、二〇一二年、一三一～一三三頁）。苦しむ神のイメージは、すでに古代に見られる。疫病は、この苦しみから仏教による救済を願う神が引き起こすものと考えられた。神は自ら仏道修行をすることもお布施もできず、すべて人間が代行せねばならない。神のための造寺造仏を〈法楽〉と言った（同、三七～四二頁）。

（45）五来重前掲註（40）。

（46）博士といざなぎ流については、小松和彦前掲註（1）参照。

（47）田中重雄「備後の弓神楽」（岩田勝編『神楽』前掲註39）、牛尾三千夫「弓神楽」「神弓祭」（『神楽と神がかり』前掲註14）。

（48）『民俗資料選集一五　巫女の習俗Ⅱ　青森県』（前掲註11）。

（49）「物部の仮面」（『仮面の神々　土佐の民俗仮面展』前掲註2）。

（50）「仮面を起こす～笹の資料から」（『いざなぎ流の宇宙』前掲註1、一〇五～一〇六頁）。池田光穂・梅野光興「神楽の鬼」（『鬼　展示解説資料集』二〇〇五年、九四～九六頁）。

第11章　山の神祭文と神楽祭文――狩猟祭文の解釈をめぐって――

永松　敦

はじめに

山の神祭文と神楽祭文との関係については、筆者はこれまで九州の神楽を中心にいくつか述べてきた(1)。山の神祭文とは、山の神の由来を説く祭文で、西日本では、奥山・中山・山口の三カ所で祭ると説くものが多い。山の神祭文の文言が、九州山間部の神楽祭文でも共通して語られていることから、民間の山の神信仰と神楽で登場する神々との間は思想的に深くつながっていると見て、ほぼ間違いはない。

ただ、注意しておかなければならないのは、「山間部の神楽であるから山の神を祭っているのだ」と捉えてしまうと、山間部の豊かな神々の世界を見えにくくしてしまう。山の神祭文と神楽祭文がクロスする世界は、それほど多いわけではない。ある特定の演目に集中していることは確かである。例えば、山人が来訪する、太鼓を作る由来を語る、弓矢を採物とする舞などには、山の神祭文との共通性が認められるものの、それ以外の演目はそれぞれ別の世界を語る祭文を有している。

本稿で与えられたタイトルに、「狩猟祭文の解釈をめぐって」というサブタイトルがあることから、問題は狩猟祭文を中心に取り上げなければならないのだが、狩猟儀礼がすべて狩猟祭文の内容の通りに行われている訳ではないので、その矛盾がどこからくるのかも併せて検討することにしたい。この作業から、おそらく多くの人々が漠然と山の神を祭っているのだと思い込んでいる山の神楽全体を、もう一度新鮮な目で見直してみたいと思う。ここでは、宮崎県の椎葉《しいば》神楽を中心に、その周辺諸神楽を対象として論じることにしたい。

一　神楽に勧請され祭られる神々は何か？

まず、椎葉や高千穂など宮崎県北部の神楽では、神楽祭文のことを唱行《しょうぎょう》と称している。神迎えの儀礼としては、椎葉村栂尾《つがお》地区の場合、椎葉村内では珍しく神輿渡御《みこしとぎょ》がある。このとき、神社で宮神楽が舞われ、「御講屋に参りてみれば神くだる、いかに氏人たんとかるらん」と歌われる[2]。嶽之枝尾《たけのえだお》地区では、民家で神楽が行われる場合には、太刀の御先《みさき》・弓の御先という露払いの刀持ち・弓持ちが先頭となって行列を組む。神楽宿までの途中の橋などで、太刀の御先、弓の御先がそれぞれ唱行を唱え、二人の扇の手による「みこし神楽」が舞われる[3]。「弓の御先」の唱行によれば、「神ノ前ノツトメ　神ハ氏神様、外ハ四柱の神」と唱えられており、祭る神は氏神と四柱の神ということになる[4]。

神迎えのあと、唱行が語られる演目は、御幣《ごへい》などの祭り道具を作るための俎板《まないた》を褒めたたえる「板起こし」である。次に、太鼓の胴木のいわれを語る「安永《あんなが》」（「有永」ともいう）と神楽の舞処となる御神屋《みこうや》のいわれを語る「御神屋ほめ」が続いて行われる。地区によって、「安永」と「御神屋ほめ」の順が入れ替わったりしている。

栂尾地区の「御神屋ほめ」では、次の神々を勧請すると説いている（『御神屋しやうぎやうの事』明治二八年本）[5]。

しょじんくわんじやう（諸神勧請）の。おんところ。あや（綾）の。むしろ（筵）を。しきならべ。十二のぼさつ（菩薩）にハ。十二こん。

ないぐう《内宮》。げぐう《外宮》八しやうじん《八将神》。あめのみや《雨宮》。かぜのみや《風宮》。日よみ。月よみ。たけのみや《多気宮》。なをところの。ちんじゅ《鎮守》。そのところの。かみ《神》をいれ。ことに三十神。十二神しやう。地神荒神とうまで。くわんじやう《勧請》たてまつ《奉》る。

十二の菩薩、内宮外宮、八将神、雨宮、風宮、多気宮、地神、荒神など、仏教・神道・陰陽道に関わる神仏が勧請されていることが認められる。

次に、「神送り」の祭文に目を転じると、次の様な内容が語られている。

今年よりも東東方の神の数は六万六千六百六拾六人のさいみょうけんぞくきみおんがみはきこしめす、神の送り鈴もんどり神達かへられ神達、神は社のもとに、仏は堂々寺々に、みさきははいしのもりもりに、三枚紙は五でごへい紙はさしはそうで、天にすいたるこうたかゆらゆら、やなごにちようちよ、御幣にさらさら、米粒を空に巻き上げて参する、米粒を土に巻き下し参らする（嶽之枝尾神楽）[6]

以下、南南方、西西方、北北方、中中方と繰り返し、神の数は、七万七千七百七十七人から十八千八百八十八人まで順に増えて語られる。

この神送りの唱行は、椎葉村内ほぼ全域において、同様の内容となっている。神は社へ、仏は寺やお堂に、ミサキは森に、それぞれ帰っていくと歌われている。このなかには、ミサキ神という神とも妖怪とも知れぬ存在も神送りの対象とされていることが認められる。

椎葉村に隣接する諸塚《もろつか》村には、椎葉神楽の唱行の内容に近い神楽本がいくつか現存していることが、渡辺伸夫の精緻な現地調査によって明らかにされている。

諸塚村日《ひ》が暮《くれ》神楽の『鳴り高し』天文一六年（一五四七）本は、「鳴り高し」で始まる椎葉神楽「御神屋ほめ」の唱行と共通した内容となっている。資料を紹介した渡辺も年代については確証がもてないとしているが、内容的には古体を留めていると指摘している。(7) 内容は、天竺より天下った神が数多の神を産みおとし、飛騨の匠と竹田の番匠を招き木を刳り貫いて船を作り、神々を国配りのため沖へ送り出すというものである。

この神産み神話は、先に紹介した椎葉神楽の神送りの唱行と同じ形態をとっているのが注目される。すなわち、六万六千六百六十六人から九万九千九百九十九人の神々の出自を順に説く形式で語られているのである。この祭文の最後には、「六万一天のほしのミかとの山御神、三十六ヨ《（余）》のひ《（火）》の御神も、三十六とよへついとの《（豊竈殿）》のとうミ《（産）》たてまつらう」と語られており、数多くの神々を産み落としたあとは、「星のみかとの（星の神）」「山の神」「火の神」を三六の「豊竈殿《とよへついどの》（竈の神）」として産んだと結んでいる。数多の神々の中から、最後に、山の神、火の神などをまとめて豊竈殿として産んだと語られていることは、現在の神楽の信仰や神事の構成を見るうえで極めて注目される。とくに、山の神と火の神との関わりは、山中の神楽においては極めて深い。この点に注目し、さらに、この祭文の続きを見ておこう。

祭文の前半部は、神々の国配りのための船出で終了し、次に、「さてこそ山と歌わせ給う　しきのふね《（船）》、かミ《（上）》ゆくせわたんてもゝせ《（百瀬）》ゆくにそ神わよろこふ《（喜）》」から始まる山の神にまつわる説話が語られている。前段の神の降臨から船作り、沖への神送りまでの下りからすると、国配りをした最後の山の神に関する説話が語られていると捉えることができる。

山の神に関する祭文は南九州全域の山の神祭文に共通する内容を有しているので、ここに全文を掲載する。

さてこそ山とうた《（歌）》ニうたわせ給うしきのふね《（船）》、かミ《（上）》ゆくせ《（瀬）》わたんてもゝせ《（百瀬）》ゆくにそ神わよろこふ。春さい如うこんわあや《（綾）》のひゆうふ《（屏風）》を神《（上カ）》にたて、にしき《（錦）》のひゆうふ《（屏風）》をあと《（後）》にたて、こけ《（苔）》のころも《（衣）》をぬき《（脱）》かつき《（担）》、ふした《（伏）》る神もをき《（起）》てよろこふ《（喜）》。山もり《（守）》の神をわこれからいわい《（祝）》はしめ給う。むかし《（昔）》ニ百日々やわ《（夜）》神のをん生しん《（御精進）》。七十五日わミ《（身）》のけんさい《（潔斎）》。なかころ七十五日わ神のをん生しん《（御精進）》。たう太此ころ《（当代此頃）》わ三日三や《（夜）》わ神のをん生しん《（御精進）》。

一日一や《夜》わミのけんさい《潔斎》とつかうまつり、一しお生せ、七日よりくゝるて生まいらせ、なかしおは三日よりこま《駒》にてしやうまいらて、やまとにわはらい《祓》をはしめ、かわとには御ちの人行《人形》かけすもりいもり生し二つかうまつり、けさ《今朝》の寅の一天ニとふ《飛》鳥のくも《雲》とさわたらんさ木に、東くにとんひさかもとふくてのかわ内ニ吉《斧》木下、神かとさため、吉方ニかとしめ《門注連》おろし《下》、一そう神おゑんてむか《向》へあわせ《合》ニすへまいらせて、なかやま《中山》にもさの事く《如》、おく《奥》山ニさしいり、西方八しめ《注連》をおろし《下》、五人の王子、九十九人の山の御神一かた《方》二かた《方》の神おくわん《勧請》上申して、こし《腰》より大とう《刀》剣をぬき《抜》いだし《出》、一のおんかた《御方》に八ほんのしやうこのミやりう、八わのミたふさ、二のおんかた《御方》おたに十二ほんのしやうこのミやりう、十二わののミたふさお給わんて、三大げ《三台》く如う《玉女》の方ニむかん《向》とて大三とおし《度押》をかミ《拝》給うたる山人なり。

ここで、現在、諸塚村戸下《とした》神楽にのみ現存する「山守」の由来について語られる。「山守」は、現在、諸塚村戸下神楽の大祭のときにのみ演じられる神迎えと太夫との問答の儀礼である。山守は、隠れ笠に隠れ蓑をまとい、山から葛の巻き付いた椎の木を鉈で切り落として杖とする異形の来訪者である(8)（図1）。

図1　諸塚村戸下神楽「山守」

この祭文の構成が興味深い。「山守の神をこれから祝い始め給う」と語ったあとは、「昔、百日は神の御精進、七十五日は身の潔斎」「中頃、七十五日は神の御精進」「当代此頃は、三日三夜は神の御精進、一日一夜は身の潔斎」と続く。「昔」「中頃」「今当代」と三段階で語られるのは、南九州の神楽祭文や山の神祭文の特色でもある。

椎葉村の栂尾神楽の「どうぎ」（当該地区では、「安永」とは呼ばずに、「どうぎ」と称している。太鼓の胴木の意）では、太鼓のいわれを語る詞章に、「昔には八声、声長、歌う鹿あり。中頃は七声、声長歌う鹿あり。今当代、今日この頃には、三声、声長歌う鹿あり」と歌われており、同種の山の神祭文は南九州各地の神楽でも歌われ

ていたと考えることができる。(9)

鹿児島県大隅半島には同種の山の神祭文が伝えられていることは早くから千葉徳爾の研究によって知られている。そのなかの、筆者が採録した大根占《おおねじめ》町池田（現在、錦江町城元）の寛延三年（一七五〇）『山神作法之事』の「山之神秘」には、次のような記載がある。(10)

ムカシ《昔》ノリウシ《猟師》ハ大道ツルキ《大刀剣》ヲコシ《腰》ニサシ《差》小道劔《小刀剣》ヲユキ持山口ニサシカ、リ中山ニサシ通リ奥山ノ三山《深山》ノ奥ノ嵐ハケシキ所ニシイ《椎》ノ木七本シャカキ《榊》七本ソベラノ木七本廿一本打直シウラ打ツブ切柴之ヤシロヲ造リ是

山ノ御神ト勧請申

この祭文は続いて、「中比ノ猟シ（中頃の猟師）」「今ムキノ猟シハ」と続き、同じく、大刀剣と小刀剣を持って、柴を切って社を作り、それぞれ中山と山口の山の神を勧請すると説いている。しかも、日が暮本のここでの引用の末尾には、「五人の王子、九十九人の山の御神一かた《方》二かた《方》の神おくわん《勧請》上申して、こし《腰》より大とう《刀》剣をぬき《抜》いだし《出》、一のおんかた《御方》に八ほんのしやうこのミやりう、八わのミたふさ、二のおんかた《御方》おたに十二ほんのしやうこのミやりう、十二わののミたふさお給わんて、三大げく《三台玉女》如うの方ニむか《向》んとて大三と《度》おし《押》をかミ《拝》給うたる山人なり」と語られており、山守が、五人の王子、九九人の山の御神一方、二方を勧請して、腰より大刀剣を抜き出して、一の御方、二の御方に、「しょうこのみやりう」と「みたふさ」（実態は不明）を給わんとして、三台《さんだい》玉女《ぎょくにょ》に向かって、三度拝み給う山人であると結んでいる。

つまり、山守は複数の山の神を勧請する司祭者なのであって、山の神そのものではないことがわかる。『山神作法之事』に記されるように、猟師が山の神を祭っていることと同じである。しかも、山の神を勧請するために、三台玉女に三度拝んでいることからすると、山の神と三台玉女は深いつながりのあることが認められる。

先にも述べたように、日が暮本『鳴り高し』の最後は、星のみかとの、山の神、火の神を三六の豊竈殿として

産んだと結んでいるので、星のみかとの、山の神、火の神はすべて竈の神と関わっていると解釈して間違いはないだろう。

諸塚村戸下神楽では、大祭のときのみ演じられる曲目として、先にあげた「山守」のほかに、「げくにょう」という名を持つ女支度の舞がある。頭上の櫃を載せて、田植えの昼飯を運ぶ様子を表すとされる[11]。「げくにょう」の姿は渡辺も指摘するように、阿蘇神社の御田《おんだ》祭のウナリにつながると見て間違いはなかろう。渡辺は、神楽歌や祭文中の「玉女」「げくにょう」という言葉を整理しているが、玉女と、田植えにかかわる「げくにょう」とは同音異義語ではないかと説明している[12]。この点はさらに慎重を要するので、次節「神送りと火の神、竈の神」で再度述べることにして、ここでは玉女について、もう少し掘り下げて考えてみたい。

一九八〇年代に、田中貴子[13]、山本ひろ子[14]が相次いで、玉女に関する論考を発表している。中世では、玉女が中世密教・陰陽道において、「愛敬の法」として、荼枳尼《だきに》天や愛染明王などの修法とも関わる性的な神として進化を遂げていく姿が認められる。とくに、山本は、土公供《どこうく》の作法から反閇《へんばい》と玉女が関わることに着目し、玉女が大地の神としての性格を有していると指摘している。密教の土公供は大地を鎮める修法であるが、盲僧琵琶の世界では竈祓いの修法とも密接に結びついてくるので、玉女と竈との関係についてはさらに検討を要するであろう。

図２　椎葉村尾前　ししまつり

祭礼において、猟師が山の神を祭る事例は、椎葉村尾前地区の神楽に認められる。祭礼の当日、神楽宿に猪や鹿などの獲物が奉納されたときに、猟師が登場し、シシ祭りの儀が執り行われる[15]（図２）。

山の神幣とコウザキ（狩猟神）の幣を立て、獲物と俎板、小刀を用意する。猟師が着座し、まず「諏訪の祓い」を唱える。この儀礼を順を追って記すことにする。

(1)諏訪の祓い

抑々諏訪大明神と申するは弥陀のさんずん《三尊》にてまします。

ううおう元年庚戌の年、東山ぜんしょうぜが嶽より天下らせ給うては、千人の狩子を揃え、千頭の鹿を射止め、ふいかま、ないかも、はやいかま、とて御手に持ち、右にはかまの大明神、左には山宮大明神、身をつく杖は残りきて、雨は降りくる高天原を通りきて、諏訪の原で会うぞ嬉しや、南無阿弥陀仏

(2)猟師が小刀を手に、獲物の頭（かぶ頭）から尻（かぶふた）にかけて、三度なぞりながら唱える。

ヒャーフリ（尾）を切る際の唱え言

①祭祀を執行する人物が獲物を鉄砲で射止めた場合

今日のきく神、げくにゅうの神、天にいち神、山の神の御神で、かぶふた押し向け押しゆるぎゃあて成仏させ申すぞや　南無阿弥陀仏

②罠にかかった獲物、または、犬に食い殺されているなど、死因がわからない場合

その日のきく神、げくにゅうの神、天にいち神、山の神の御神で、かぶふた押し向け押しゆるぎゃあて成仏させ申すぞや　南無阿弥陀仏

最後に、ヒャーフリ（尾）を小刀で切り取り、小刀を俎板に突き立てる。

(3)続いて、シシ祭りの唱え言となる。

かぶ頭を以ては、天大しょうごん殿に祭って参らせ申す

かぶふたを以ては、奥山三郎殿に祭って参らせ申す

こひつぎあばら（腰骨と肋骨）以ては、中山二郎殿に祭って参らせ申す

奥山三郎殿の三百三十三人、中山二郎殿の三百三十三人、山口太郎殿の三百三十三人
あわせて九百九十九人の深山の御神様にも祭って参らせ申す、
下のコウザキ、上のコウザキ、中頃のコウザキ、只今のコウザキ殿まで祭って参らせ申す、オザサ山のコウザキ、上ノ小屋山、雷カドワリのコウザキ殿にも祭って参らせ申す
アロウ谷からフルコエの間まで、木の根茅の根の下の祭り荒らしのコウザキ殿まで、小猟師のまつりてを差し上げ申するによって、三丸、五丸、七丸、十三丸、三十三丸、百六丸までのやくごん（約言）を奉り申するによって、その上はのされ次第、御授け下さりゅうところを偏に御願い奉り申す

このあと、獲物の肉を切り、竹串に刺して、それを松明の火で炙り、参拝者に配って終了する。この儀礼については、椎葉神楽にのみ伝えられる「板起こし」という俎板の儀礼との関連性について、以前、詳細に論じたことがある。(16)

ここでは、諸塚神楽日が暮本との共通点を見ておきたい。

まず、諏訪の祓いの最後に唱えられる「身をつく杖は残りきて、雨は降りくる高天原を通りきて、諏訪の原で会うぞ嬉しや、南無阿弥陀仏」の文言は、明治二四年の『御神屋誉』の最後の歌に、

あめのふるたかまかはらをとをりとをるにハきよめのあめにあうぞうれしき

とあり、神勧請の歌としても用いられていることがわかる。諏訪の祓いは、動物を成仏させるという諏訪信仰が元になっているが、この種の祓いを唱えるのは九州以外ではほとんど見られない。

続いて、尾を切るときの唱え言であるが、「今日のきく神、げくにゅうの神、天にいち神、山の神の御神で、かぶふた押し向け押しゅるぎゃあて成仏させ申すぞや　南無阿弥陀仏」とあり、「きく神、げくにゅうの神、天にいち神、山の神」と四神が同列で唱えられていることからすると、げくにゅうの神と山の神はやはりここでも

関わりのある神であることが認められる。この唱え言では、「げくにゅう」とあるが、柳田國男が『後狩詞記』で紹介した「狩之巻」では、

今日の日の三度三体玉女殿にかけ法楽申、野山の神、天日の神、三日の神、同所のちんじゅの森、かくら、山の御神に参らする

とあることからすると、「げくにゅう」は「三台玉女」と見て間違いないだろう。先ほどの山本ひろこの論文においても、叡山文庫の『土公供』から「一ツ以上ノ供物ヲ聞神〈其ノ日の三ツ目〉又玉女〈其ノ日ノ九目〉ニ納メヨ」とあるのを紹介し、注において、「ちなみに玉女は上に見えている「聞神」とセットになり、たとえば「今日の聞神三台玉女……」というフレーズでもって奥三河の神楽の祭文などにかつての活躍と信仰の痕跡をとどめた」と指摘している。尾前地区のシシ祭りもまったく同様で、聞神と玉女が対で語られていることが認められる。

最後のシシ祭りの唱え言については、獲物の各部分の骨や肉で山村のあらゆる神々を祭る「かけぬい」と呼ばれる作法であることは、以前に論証したところである(17)。

この唱え言では、天大将軍を最高位の神とし、続いて、山の神、コウザキが祀られている。コウザキはある特定の土地で祀られているものの他に、猟師たちが獲物を解体する際に、そのつどその場に勧請して祭る習慣があることから、「木の根茅の根の下の祭り荒らしのコウザキ殿」と表現されているのである。

さて、ここで、山の神と玉女との関係についてもう少し掘り下げてみよう。東京大学史料編纂所所蔵の島津家文書に、寛文元年から五年にかけて編纂された祈禱書一六五冊の一群がある。このなかの『猟祭作法』を取り上げたい(18)。

猟祭作法

先護身法　　如常
向玉女　内獅子印
南無山神護応来臨
影向　　　三遍
　外　獅子印
南無鮫之前来臨影向　三遍
南無九山八海之鮫《スナトリ》之前
山神相姓給テ矢先猪鹿山
野之猟々忽ニ立所合得給
唵唵如律令
　心経百廿一巻
矢ヲ行シテ
　我向矢前ニ来ル猪鹿ノ物
　射フセ取フセ得タルウレシヤ
矢立置祈念任意
一　三台玉女　九台玉女
　方向テ修ス　鉄鉋時ハ矢取歌唱
一　弓矢ヲ立置其前御水
　粢備山神ニ酒粢祭

一　箭ヲ行シテトハ立置タル矢ヲ取観念シテ歌三反

此書者当家秘要兵術
而伝授者鮮矣中以為
絶以集以記全書成後
世察其人如何能伝能
授莫忽焉

野村美作守
源良綱
野村太郎左衛門尉
源充綱
野村四郎左衛門尉
源景綱（印）

中興
従四位下小少将源光久朝臣
寛文五年乙巳
正月元日

この史料では、猟祭りの作法として、護身法のあと、玉女に向かって内獅子印を結び、山の神を来臨させ、さらに、外獅子印を結んで、「南無鮫之前来臨影向　三遍　南無九山八海之鮫《スナトリ》之前」とあることから、漁りによる魚（あるいはオコゼか）の前に山の神を来臨させ、山の神の相性によって、山野で猟をすることで、忽ちに矢先に猪鹿を得ることができると説く。さらに、「我向矢前ニ来ル猪鹿ノ物　射フセ取フセ得タルウレシヤ」と唱えた後、矢を立てて、「三台玉女　九台玉女」の方向に祈念すると記されている。

三台玉女は、諸塚村日が暮本の「三大げく《（三台玉女）》如うの方ニむ《（向）》かんとて大三と《（度）》おし《（押）》をかミ《（拝）》給うたる山人なり」と語られることと同じく、祈禱する人物（山人、または猟師）が、山の神を勧請する作法の一環として、玉女の方角に向かって祈禱作法を修するという特色を有していることが認められる。

この書は、標題通り「猟祭作法」であって、山の神祭りの作法書ではない。主体はあくまでも猟祭りだということが重要なのである。

寛文年間の島津家の祈禱書の一群には、『山神法』という一書がある。ここでは、真言や印がいくつか記された後に、次の文言が記される[19]。

　奥山釈迦如来中山丸須
　下山口摩利支天
　七難即滅七福即生今日ノ
　眷属某授給へ急急如律令

ここでは奥山・中山・下山口の本地仏を記し、七難即滅・七福即生を願うのみで（中山の丸須は不明）、玉女のことは記されていない。

椎葉村尾前のシシ祭り、島津家文書の祈禱作法書から考えると、玉女は猟祭りに伴う山の神祭りに関わる神だということができるのではなかろうか。山の神の降臨に際して、玉女の方角に向かって儀礼を執り行っていたことは、島津家文書の『猟祭作法』の記述からも明らかである。このように考えると、諸塚村日が暮の『鳴り高し』も、単に、山の神の降臨を意味するだけの祭文ではなく、猟祭りに伴う山の神祭祀の司祭者である山人の伝承と捉えることが可能である。椎葉村尾前地区のシシ祭りも、現在は夜神楽が演じられる冬祭りに獲物が獲れた場合にのみ執行されるが、本来は、冬祭りの執行に必ず必要な山の神勧請の儀礼として執行されていた可能性が高いと考えられるのである。

ただ、この種の祭文は一八世紀に至って大量に書写される傾向があることから、諸塚村日が暮本『鳴り高し』が、天文一六年（一五四七）まで本当に遡れるかどうかが、伝播経路を説く鍵となるだろう。

二　神送りと火の神、竈の神

宮崎県山間部の神楽の場合、神送りは火の神や竈と極めて密接な関係にあることがわかる。

銀鏡《しろみ》神楽では、夜明け後に行われる狩猟の模擬演技をする「ししとぎり」と最後の演目となる「神送り」は二演目とも、台所の竈に練り込むかたちが見られる。

「ししとぎり」は爺・婆の面を着けた猟師役が、猪に見立てた俎板を矢で射止め背中に担いで台所に行き、竈のうえに吊り下げるという内容を演じる。続く、神送りは、着面の一人が竪杵《たてぎね》を振り回し、他の二人が木臼の入った筵を担ぐ。二人は顔の前後に面を着け、神社の前庭をまわったあと、台所へと入っていく。このときの歌は、「うしろたの　さきにはほいほい、まえのたに　なおりてしりをさいた　にいさいた　ほいほい」と歌う。「神送り」役の三人が庭から台所へ進むのにあわせて、すべての祝子《ほうり》たち（ほうり、舞手のこと）は米を盛った折敷《おしき》を持ち、閉扇《へいせん》で折敷の縁を叩いて音を鳴らし、「はらえたーまえ、きよめたーまへ」と唱えながら、社務所から台所までの廊下を行列を作って練り込んでいく。神送りのための散米儀礼の一種と見てよいだろう(20)。

椎葉神楽の場合は、夜神楽の終盤に近づき、夜明けを迎えた頃に、火の神舞が行われ、火の神幣《かみべい》をもった舞手

図3　銀鏡神楽 神送り

が台所の竈まで行き、御幣を竈の神棚に捧げてから、もとの舞処である御神屋に戻って終了することがよく見られる。そのあとに、神送りとなり、御神屋中央に太鼓を立て、その上に米を盛った盆を置き、祝子全員が神送りの唱行を唱えながら、扇子の先に米をすくい上げて散米する儀礼が執り行われる。このときの歌は、第一節で紹介した通りである（二八六頁）。

諸塚村日が暮の神楽本、明治二四年『御神屋誉』には、「神帰しの説き」が記される。

これより東とう方ふのかみのかずが六万六千六百六十六人のさいみやうけんぞく《眷属》きみをんがくゆみ《弓》にへんぢやうやなきにさらさらまいわ五つでしんぎやういたへてまいらする

たんご《丹後》やたじま《但馬》やほうき《伯耆》やいなば《因幡》のをき《沖》より十二のこも《子供》にそはいや《綾》とこがさ《子笠》きて、くれない《紅》のあをぎ《扇》をもて、にしき〈錦〉のはゞき《脛巾》して、をんび《帯》にみひろ《三尋》して、たすき《襷》によひろ《四尋》して、こがね《黄金》のわらぢ《草鞋》をさずはへてかみたち《神達》かいりやれ、ほとけたち《仏達》もどりやれ、かみ《神》わ本のやしろ《社》ニ、ほとけ《仏》わとう《堂々》てら《寺々》に、げんぶ《怨府》は本のつか《塚々》に、みさきわ本のはいに、いるとはみれどもかいるとわみん、かみつゞをそら《空》にまきあげてまい《参》らする、よねつゞきをつし《土》二まきをれてまいらする

これより南なんふうふうのかみかずは七万七千七百七十七人の

これより西さいふうのかみかずは八万八千八百八十八人の

これより北ほつふうのかみかずは九万九千九百九十九人の
これより中ちうほうのかみのかずわ十万八千八百八十八人の
五ほうをなじく

本詞章の「丹後の但馬の伯耆や因幡の沖より……」の下りは、椎葉神楽の栂尾・大河内にも伝えられるとされ、小崎神楽では民家で夜神楽を行ったときにのみ、神送りでこの歌が歌われる(21)。

春こに千枚、夏この千枚、二千枚の小種を籠のはたにかいつけて、ふぐさのもとにかいつけて、帯に三尋、襷に四尋して、錦のはばきの紅の扇をもって、おるおるとおろいて参らする、招いて参らする、千夜今宵のせいしゅのうじょとは、一よのよばしらに、げくみょつなぎとめて参らする

このときの「げくみょ」は、「げくにょう」であるが、上述したように、渡辺は三台玉女とは区別するべきだと主張している。筆者も、三台玉女についてはあくまでも、玉女の方角に向かって山の神を祭るための存在であって、これまでの事例から、竈に向かう存在とは考えにくいので、同一視するには無理があると思われる。ただ、山本が指摘するように、三台玉女が土公神と関わるのであれば、山の神を勧請する玉女と竈に練りこむ「げくにょう」とはまったく無関係ではない可能性がある。

小崎の神送りは、火の神舞が終わったあと、すべての祝子が横一列に並び、太夫が竈の御神体として祀られている苧桶を手に、列の先頭に立ち、全員が上記の歌を歌いながらゆっくりと台所に練り込んでいく。数名は手に杵をとり、おどけて炭を舞手や見物人の顔につけてまわる。竈の前には、宿主の女房が座っており、太夫から「この宝この宝誰に譲ろう三笠山」と歌われ、苧桶を貰い受ける。家の女房が竈の神の使いとしての性格を有していることが明確にわかる儀礼である。

数多の神々を迎え、一晩中かけて神楽を舞って祭り上げ、最後に、送るところは竈ということになる。苧桶は

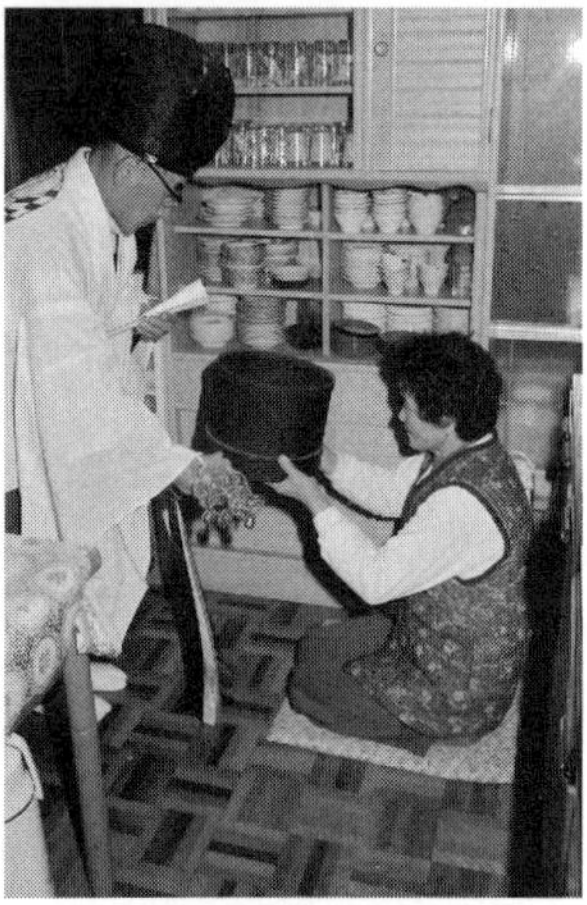

図４　椎葉村小崎神楽 神送り

一晩中、迎え祭った多くの神々の象徴だと見ることができる。しかも、その司祭者が女性だというところが興味深い。

　狩猟民俗から竈と女性との関係を見ると、興味深い事例がある。椎葉の猟師は獲物がとれると、解体してもっとも美味な部分の肉を竹串に刺して、女房に手渡す。女房はその肉を「火の神様ジシ」と称して、竈の火の神に捧げるのである。猟師は女房を山の神だと信じており、粗末にするとオコゼの魚になってしまうので、最良の肉を最初に女房に手渡すのだという。(22)

　オコゼの説話はこの地方の山の神祭文、とくに、柳田國男が採録した「狩の巻」の大摩《だいま》と小摩《しょうま》の狩人が山の神のお産を助ける話と関わってくる。(23) 大摩は山の神のお産を介抱せず放置したが、小摩はあたたかく介抱したので、山の神が多くの獲物を授けるようにしたという内容である。この説話の最後は、小摩の家の者に、タツコという男と、セガコという女がいて、シシを背中に担いだり、頭に載せて運んだりしていると、一人が海に飛び込んでオコゼとなり、もう一人は山川に入ってアカハエになってしまった、と結んでいる。

　椎葉地方では今も、大摩、小摩の猟師、あるいは、ダイバ・ショウバの猟師という話が伝えられている。椎葉村川の口に伝わる明和五年『小猟師一流猟ノ書』には、「夫昔の猟師のいわれを申セハ、東やま大りうし西山ハ小りうし殿とてますますが、大ば《婆》のりうし小ば《婆》のりうしさ所の猟師候」とあり、東山大猟師が大婆の猟師、西山小猟師が小婆の猟師であるとしている。[24]猟師たちは西山小猟師（コリュウシ）の子孫だと言い伝えており、小摩や小婆の子孫だとは語っていない。東山大猟師と西山小猟師、大摩の猟師と小摩の猟師という二重構造が気になるところである。近年、四国イザナギ流の研究が進展し、「西山法」という狩猟作法書にも注目されるようになったので、今後、九州・四国の狩猟作法の両面から考察を進める必要性を痛感している。[25]

さて、地元、猟師の間ではもう少し詳細な説話が伝承されている。山の神のお産を助けた小摩は多くの獲物を得ることができたので、女房にその肉を町まで売りに行かせていた。ある日、女房が道の途中の橋から川に自分の姿を映して見たところ、頭の毛がすっかりなくなっていることに気付いた。「こんな姿になって町まで行って恥ずかしい」と嘆き、川に身を投じてオコゼの魚になってしまったという。そのため、オコゼは魔物だと言われ、恐れられている。[26]

猟師が「火の神様ジシ」を女房に手渡し、女房がそれを火の神に捧げることは、女房が火の神（竈）の司祭者であることを物語っている。さらに、女房を粗末にするとオコゼの魚になると信じられていることがわかる。小崎神楽の事例をあわせると、女房は夜神楽に迎えた神々を竈の使い手として受け入れる司祭者であると同時に山の神でもあると考えられていることが重要である。

神楽祭文に現れる「山の神―玉女―山人」と、椎葉地方の猟師の世界観「山の神―女房・竈の司祭者―猟師（夫）」との関係が極めて近いように思われてならない。

さて、ここで、宮崎県山間部の山の神楽の神送りの問題に話を戻すと、次のことが言えるのではないだろうか。日が暮本『鳴り高し』の最後は、多くの神々の由来を語ったあとに、星のみかとの、山の神、火の神を三六の豊竈殿として産んだと結んでいる。

星のみかとの、山の神、火の神の三神が明確に見られるのは、銀鏡神楽である。ここには、夜神楽の前日、すべての準備を終えたあとの夕暮れ時に舞われる「星神楽」がある。天井には星形の飾り物が吊り下げられる。そして、翌日の神迎えとなる「面様《めんさま》迎え」のあと最初に舞われるのが「清山舞《きよやま》」で、この二番は長老格の同じ舞手が舞わなくてはならないという習わしがある。神勧請に関わる神楽として清山舞が舞われるとしてよいだろう。そして、最後の「神送り」では、三人の面と全員の祝子の行列によって竈に迎えた神々が送られることになっている。星にまつわる神楽は、椎葉村嶽之枝尾神楽の「星さし」にも見ることができる。

椎葉村小崎の火の神への神送りでは散米の儀礼は伴わないが、銀鏡では折敷の米を扇で叩いて揺らす所作があることから、火の神への練り込みと散米は同時に行われていると見ることができるだろう。椎葉村でも、向山地区の神楽では、散米の儀礼は伴わず、全員が御幣を持って舞ったり、火の神の舞を神送りとして取り入れたりしているところが多く、その間、太夫が一人、神送りの祈禱をしている姿が見受けられる。向山地区を除く椎葉神楽のほとんどの地区で、「火の神舞」のあと、太鼓を立てて散米の儀礼を「神送り」と称して執り行うのは、本来、「火の神舞」と「神送り」は同時に行われるか、連続して行う一連の儀礼であったと考える方が自然であると思われる。

結　論

神楽の神勧請と神送りの儀礼を、山の神と火の神を通して考察してきた。

神勧請に関する山の神の問題は、全国の山の神祭文の文書化とも関わりがあり、近世中後期に膨大な量の山の神祭文が作成されるようになると、様々な神々のことを記した祭文や祈禱作法が「山の神」という名称の下に一元的に集約されるようになる。

神楽の場合も同様に、数万の神々を招くと語りながら、最終的には、星の神・山の神・火の神の三神に集約され、すべて、竈の神として一元的に捉えられるという思想がつくられていく。

勧請する様々な神々を山の神と捉え、その司祭者に山人を充てる。山人は大刀剣、小刀剣をもって、玉女に向かって祭祀を行う役割を担っているが、山の神そのものではない。山の神の勧請儀礼は極めて狩猟神としての性格が強く、山人と猟師との関係は同一、またはそれに近い関係にあると推定することができる。

数多の神々を山の神として招き、一昼夜をかけて奉納した夜神楽で神々を満喫させ、鎮め祭ったあとは、火の神として集約させ、竈の神に送り返す。このときの司祭者は山の神である女性が受け持つ。

先ほど、指摘した神楽祭文と椎葉地方の猟師の世界観の比較をみておこう。

神楽祭文の世界観	山の神―玉女―山人
椎葉地方の猟師の世界観	山の神―女房・竈の司祭者―猟師（夫）

両者を比較すると、猟師の女房が、山の神と山人との仲介役としての玉女の役割を担っているのではないかと考えられる。先ほどの三台玉女が土公供と関わるという事実からすると、玉女が竈と関わっていても不思議ではない。渡辺は火の神祭りの文書などを根拠に、「げくにょうを玉女と解すると、玉女をねりすえて釜に入ることになり、意味をなさず不自然である」と述べているが[27]、椎葉地方の猟師の世界観から見ると、まさに理に適っている。あらゆる神々の代表格である山の神を勧請する時も、そして、火の神としてまとめて送り返す時も、玉女に相当する位置にある猟師の女房が関与している事例から考えると、神迎えの「玉女」と神送りの「げくにょう」は、語源的には異なるとしても、性格的には同一性を有しているとしてよいのではなかろうか。このように

見ると、密教・陰陽道における玉女にまつわる性愛関係の秘法が、九州山間部では、山人と玉女、猟師と女房という図式に置き換えられて、今も神楽や狩猟儀礼の中で実践されていると考えることができよう。さらに、想像をたくましくすれば、山の神には本来性別はなく、その担い手である玉女の役割が強く表れたために、山の神もまた女性と解されるようになったのかもしれない。

日向山中の神楽は、食料を獲得する山野から猟師でもある山人が神々を招き、そして、人間の食として加工する竈に、食事を施す山の神でもある女房によって送り帰される儀礼が毎年繰り返し伝承されている。まさに、狩猟生活が生きている日向山中ならではの信仰生活が、現在も夜神楽を通して、われわれの眼前に繰り広げられていると言えよう。

（1）拙著『狩猟民俗と修験道』（白水社、一九九三年）、『狩猟民俗研究――近世猟師の実像と伝承――』（法藏館、二〇〇五年）ほか。
（2）『椎葉神楽調査報告書』第二集（椎葉村教育委員会、一九八三年、一三〇頁）。
（3）前掲註(2)二六八頁。
（4）前掲註(2)唱教本「大刀の御先　弓の御先　御注縄の唱行」三五五～六頁。
（5）前掲註(2)唱教本「御神屋しやうぎやうの事」二〇六～九頁。
（6）前掲註(2)五方立・神送り、三五四～五頁。
（7）渡辺伸夫「宮崎県諸塚村日が暮神楽資料」（『演劇研究』第一五号、演劇博物館紀要、一九九二年）。
（8）渡辺伸夫『椎葉神楽発掘』（岩田書院、二〇一二年、三四六～五五頁）。
（9）前掲註(2)唱教本「どうぎの事書記」二〇九～一四頁、拙稿「九州の神楽祭文――九州山地の神楽祭文と山の神祭文」（岩瀬博・福田晃・渡邊昭五編『在地伝承の世界（西日本）』講座日本の伝承文学　第8巻、三弥井書店、二〇〇〇年）。

(10) 拙著『狩猟民俗と修験道』二三九〜四八頁。
(11) 前掲註(7)一三二頁。
(12) 前掲註(7)一三三頁。
(13) 田中貴子「〈玉女〉の成立と限界――『慈鎮和尚夢想記』から『親鸞夢記』まで――」(大隅和雄・西口順子ほか編『巫と女神』シリーズ女性と仏教四、平凡社、一九八九年)。
(14) 山本ひろ子「幼主と「玉女」――中世王権の暗闇から――」(『月間百科』三一三、平凡社、一九八八〜一一年)。
(15) 拙著『狩猟民俗と修験道』九三〜一二六頁。
(16) 拙稿「椎葉神楽「板起こし」考――奥日向地方の霜月神楽と動物供養――」(木曜会責任編集『民俗宗教』第二号、東京堂、一九八九年)。
(17) 同右。
(18) 東京大学史料編纂所所蔵「島津家文書」(島津八〇―一〇―五―一九)、拙著『狩猟民俗と修験道』二一二〜四頁。
(19) 東京大学史料編纂所所蔵「島津家文書」(島津八〇―一〇―五―二九)、拙著『狩猟民俗と修験道』二一五〜八頁。
(20) 濵砂武昭著／須藤功写真『銀鏡神楽――日向山地の生活誌――』(弘文堂、二〇一二年、一一六頁)。
(21) 拙稿「椎葉神楽の衣裳と住まい」(山村民俗の会編『住む・着る――山村の民家／民具と衣生活――』シリーズ山と民俗五、エンタープライズ社、一九九〇年)。
(22) 拙稿「猟師と異界」(小松和彦編『日本人の異界観――異界の想像力の根源を探る――』せりか書房、二〇〇六年)。
(23) 柳田國男『定本柳田國男集』第二七巻(筑摩書房、一九八〇年)。
(24) 渡辺伸夫「小猟師一流猟之書」(『民俗と歴史』第一二号、民俗と歴史の会、一九八二年)。
(25) 小松和彦『「いざなぎ流祭文」と「山の神祭文」――いざなぎ流祭文の背景と考察――』(五来重編『修験道の美術・芸能・文学Ⅱ』山岳宗教史研究叢書一五、名著出版、一九八一年)、松尾恒一『物部の民俗といざなぎ流』(吉川弘文館、二〇一一年)など。
(26) 拙稿「椎葉村の狩猟伝承1」(『民俗と歴史』第一七号、民俗と歴史の会、一九八五年)。
(27) 渡辺伸夫「宮崎県諸塚村日が暮神楽資料」(前掲注7、一三三頁)。

第12章　九州における神出現の神楽と祭文

井上　隆弘

九州においては他の日本の諸地方より濃密に神楽が分布している。とりわけ南部の宮崎県、鹿児島県には修験道の影響を受けた中世の神仏習合の信仰を伝える神楽が数多く残されている。

これらの神楽は他の地方に見られないユニークな造形をもっている。多くの場合、いわゆる岩戸神楽がゴールであるが、それは形ばかりで、むしろこれらの神楽の中心は、そうした記紀神話に登場しない仮面の神の舞にあると思われる。こうした仮面の神は多くは在地の神であり、密教・陰陽の神が在地の神と習合した神々である。例えば宮崎県の椎葉、諸塚、米良、高原《たかはる》などでは、これらの神の舞を中心に神楽祭儀が構成されている。こうした仮面の神々の神楽はどのような意味をもっているのだろうか。

一　「神体出現の神楽」

九州南部の仮面の神の神楽を考えるうえで、いわゆる「神能」についての検討は避けて通ることはできない。通説では仮面の神の神楽は出雲の佐太《さだ》神社の「佐陀神能」に起源をもつとされるからである。この説によるかぎり九州の仮面の神の神楽もまた、その亜流ということになる。九州の神楽を「出雲流神楽」とする見解がそれである。

こうした通説にたいして有力な反証を提供しているのが石塚尊俊である。以下、氏の『西日本諸神楽の研究』「四　西日本諸神楽の祖型模索」を参照してみたい。

氏は「四国の僻地や九州南半地方」の神楽を「神体出現の神楽」ではないかとして、西日本の神楽を逐条検討する。

すなわち佐陀神能では、「十二番の「神能」がすべてこれ演劇」で「すべて能楽風に構成され」ている。これにたいして、西ないしは南に行くほど次第に演劇性は薄れ、四国や九州南部の神楽では、ほとんどが「一神舞」の連続になっている。

そしてこれらの考察から、「中国・四国・九州地方では、その東北部の出雲・石見・備中・備後地方にこそはっきりした演劇神楽が見られるが、それから遠ざかるに従って次第にその演劇性が薄れ」、「南九州に至ると……面神楽のすべてが、ここにいう神体出現の神楽となってくるのである」と結論づける。

そして、「演劇風の神楽と神体出現の神楽とでは、そのいずれが古いかも、……明白なことである」。「出雲を頂点とする演劇風の神楽より、例えば日向あたりを頂点とする神体出現風の神楽の方が、少なくとも様式としては古いのである」とするのである。(1)

そして以下の考察で、出雲の神能においては、これに先立つ採り物舞からなる「七座」が祭式となっているのにたいし、「神能」は「祭典後における法楽」としてつくられたもので、「いわば余興」であった。しかし、これより西あるいは南に向かうと、「祭式と採物舞と演劇とがそれぞれきちんと整頓されることがなく」、芸能と祭祀が未分化な形になってくる。そして出雲から一番遠ざかった日向・大隅・薩摩の神楽では、「直面の採物舞」と「着面の神」の舞の関係は、「神を招く神主の舞と、それに応える神自体の出現の舞とのからみ」になるとしてい

るのである。(2)

つまり出雲の神楽では、採り物舞が「祭式」を構成し、神能はその「余興」であった。後者が「演劇」ないしは「芸能」ということになろう。それにたいして九州南部の神楽においては、採り物舞は「神を招く舞」であり、着面の舞はそれに応えて神自身が出現する「神体出現の舞」だということになる。そして両者が結びついて「祭式」を構成しているとするのである。

それから石塚は節を代えて「日向米良神楽の分析」を行なっている。そこでは「神楽を行うにあたって伊勢の大神や地方の大神の来臨も仰ぐけれども、同時に、いやそれ以上に在所の神々の降臨を求めるということが大切である」としている。そして「演劇舞が発達した地方にあっては、もはや破片さえ窺えない……神楽の祖型」が、ここに「残留」しているとするのである。(3)

こうした石塚の説くところは、着面の神楽は出雲の佐陀神能に起源をもち、その他はその亜流であるとする通説にたいする有力な反証となるものである。またそうした「演劇風の神楽」にたいして九州南部の「神体出現の神楽」の方が神楽の様式としては古いという論も説得力あるものと考えられる。

しかしなお石塚の論には若干の疑問を感じざるをえない。

一つは神楽の歴史的把握にかかわる問題である。

石塚は日向米良神楽のような「神体出現の神楽」が神楽の「祖型」であるとしたが、歴史的にみて着面の神楽はせいぜい中世後期までしかさかのぼることはできない。古代―中世前期の神楽は、神子舞ないしは湯立と神子舞の神楽である。神子舞においては、神子が舞によって神がかって託宣することによって神が祭場に「出現」するのである。

こうした神子舞と「神体出現の神楽」の関係如何は石塚説では明らかでない。石塚は神子舞の先行形態として

「神主舞」を想定しているようなところもあり、かならずしも明解とはいえないのである。

いま一つは神楽の地理的・地域的把握にかかわる問題である。

石塚は一種の言語地理学的方法をとっている。つまり、周辺部にいくほど、神楽は古形を残しているというわけだ。それはたしかに一定の有効性はあるのだが、一方で地域的な特殊性の問題が等閑視されてはいないか。

たしかに中国地方でも、広島県旧山県郡の壬生井上家文書の「荒平舞詞」（天正一六年＝一五八八）(4)に見られるように、かつては荒平《あらひら》と呼ばれる鬼神の舞、すなわち記紀神話による「演劇神楽」以前の在地の神の舞が分布したことが想定できる。だが、九州南部の神楽のような多様な在地の神の舞がかつての中国地方に存在したかどうかは疑問である。

むしろ日向米良神楽に見られるような「神体出現の神楽」は九州南部の神楽のきわだった個性と考えられる。そもそも九州の仮面の神の神楽が出雲からの伝播でないとするなら、それが九州特有の内容をもつと考えるのはむしろ自然なことではないのか。

こうした立場から、以下九州南部の神楽について概観していきたい。

二　九州南部の神出現の神楽

ここでは日向の椎葉、米良の神楽を具体例として見ていきたい。以下、石塚の「神体出現の神楽」というのは言葉としてこなれないので、「神出現の神楽」とする。

（1）椎葉北西部

宮崎県椎葉村の北西部と南東部では神楽の形態はかなり異なっている。例えば神楽の大祭における祭場の荘厳である「大宝の注連」のつくりは両者でかなり違う。「神出現の神楽」についていえば、南東部では中国地方に見られる荒平系の鬼神である「荒神」が登場するのに対し、北西部にはそれがなく、「一人神楽」という他に見られない舞が見られる。

北西部の向山地区および不土野地区では、手力面《たぢから》をかぶった「一人神楽」という特有の舞が見られる。向山地区のそれを実見すると、大夫がほとんど神がかりのようになって激しく舞う印象的な舞である。「手力面」が天岩戸神話の手力男命ではないことは、それが単独の舞で天照大神などをともなわないことから明らかである。

この舞は向山日当《ひあて》、向山日添《ひぞえ》などでは大夫が舞う。また不土野では面が特定の家で保管され、当主が舞うという。(5) 特殊な神格と考えられているゆえであろう。

大夫は例えば向山日添などでは祈禱に携わった家筋の者であることから考えて、おそらく修験的な祈禱者が持ち伝えた神格であろう。どのような神格かは詳らかにしえないが、祭祀者が祀る神をわが身に降ろして舞い、自らのカリスマ性を示す舞ではないか。こうした神格としては、奥三河の花祭の龍王しずめの舞が想起される。また「神出現の神楽」としては、仮面の舞ではないが、同じく向山地区および不土野地区で行われる神事的次第である「しょうごん殿」を挙げるべきであろう。

この次第では、願主が一人ずつ祭場である御神屋《みこうや》に入り大夫の前に進み出て願い事を述べる。これにたいして大夫は「あたかも神の託宣のごとく応答する」(6)。そして、もっとも当意即妙の受け答えをしたと認められた者にお宝の神酒が授与される。

ここでも大夫が「しょうごん殿」という神の姿で登場することに注目すべきである。

「しょうごん殿」とは大将軍神を意味すると考えられる。すなわち、この次第はそれに先立つ「森」という弓矢の舞と関連がある。「森」は、中国地方で「将軍舞」と呼ばれる大将軍神の舞である弓矢の舞に相当するもので、[7]椎葉でも地区によっては「弓のしょうごん」（栗の尾）などと呼ばれることも、これを裏付ける。

本来、大将軍神は陰陽道の暦神であり、俗に「三年塞がり」と呼ばれる凶神であるが、椎葉神楽では、「森」は「しょうごん殿が狩に行く様を模した舞」（追手納）[8]といわれるように、狩猟神としての相貌を示している。

以上のように椎葉北西部の神出現の神楽においては、手力面の神および「しょうごん（将軍）」が代表的な神格である。

（2）椎葉南東部

椎葉南東部の神出現の神楽は荒神に代表されるといってよかろう。

大河内《おおかわち》、栂尾《つがお》、嶽之枝尾《たけのえだお》では、荒神は祭前半に「芝荒神」、後半に「綱荒神」と二回登場する。ただし後者の「綱荒神」は、大宝の注連を立てて執行される「注連の願」と称する神楽の大祭においてのみ行われる。

両者には特徴的な問答が見られる。

例えば嶽之枝尾では「芝荒神」の問答において、荒神が誰の許しを得て榊芝を御神屋に入れたのかと神主に問いただし、問答の末、荒神は神酒の盃を受けて榊芝を許す。「綱荒神」の問答においても、問答の末に盃事があるのは同様である。この榊芝の譲り渡しは中国・四国地方の荒平系の鬼神に見られるモチーフである。

図１　椎葉村大河内神楽の「綱荒神」、金剛杖の譲り渡し

これにたいして栂尾、大河内では「芝荒神」においても「綱荒神」におい

ても、問答の末に荒神から神主に金剛杖（面棒）が譲り渡される。渡辺伸夫によれば、この杖は栗の尾の荒神の言い句から、死者が生き返るといわれる「しはんじょうの杖」と考えられる。これも荒神が荒平系の鬼神であることを示しているという(9)。

こうした荒神の問答については次節で詳述した。

(3)　米良

宮崎県西米良村の村所《むらしょ》神楽を中心として、神出現の神楽を見ていこう。ここでは荒神も登場するが脇役であり、主役はさまざまな土地神である。

最初の面形は「大王様」。むかしはこの神を「米良荘の宿神」と称したという(10)。「宿神三宝荒神」は西都市東米良の銀鏡《しろみ》にも見られる。金春禅竹の『明宿集』に、翁は荒神であり星宿の神・宿神であると説かれているように、宿曜の影響を受けた密教の神と考えられる。修験が持ち込んだ、こうした神格が土地神と習合したものであろう。この神は南朝の皇子である懐良《かねなが》親王とも考えられている。これも米良の各所にみられる南朝伝説である。続く「爺様」「婆様」は大王様の父母とされる。同時に、爺様、婆様の七人の孫とされる「七つ面」が登場する。

それから氏神である村所八幡宮の祭神である「八幡様」と「御手洗様」。これは非業の死をとげた米良領主・米良重鑑《しげかね》公と、その奥方だという。

後段では、とって付けたような岩戸神楽を別にすれば、重要な面の神は荒神である。しかしここでは次の二面に注目したい。

山の神とされる「大山祇命《おおやまつみのみこと》」。記紀神話の神名である大山祇は後世の付会であろう。怪異な面を着け猪を狩る様を演じるのは、この地の山の神の姿そのものと思われる。この神が片手を欠損した像容をもつことも興味深い。

最後の面の神である「部屋の神」は醜怪な像容をもつ女神である。東米良の尾八重《おはえ》や木城町中之又では「ばんぜき（盤石）」と呼ばれる。謎の神格であるが、筆者は山の神の女神ではないかと考えている。

こうした土地神こそが、この神楽の主役なのである。

村所など西米良では必ずしもはっきりしないが、東米良では石塚が指摘しているような、「神を招く採り物舞」とそれに応える「神体出現の舞」の反復によって基本的に祭式が組み立てられている。その典型は尾八重神楽である。ほとんどの仮面の神の舞にはそれに先立つ「地舞」と呼ばれる直面の採り物舞がともなっている。

こうした米良系の神楽のなかで、木城町の中之又神楽はさまざまな土地神が登場し、他では神楽祭儀に見られぬ猟場の守護神である「鹿倉《かくら》面」が見られるなど異色の神楽である。なかでも「住吉」は謎の神格であり、異様な登場の仕方をする。最初、意識を失った舞人は二人の者に抱えられて御神屋に登場し、杖にすがってようやくに舞いだす。楽屋で焼酎を呑みすぎて出来上がったのかと思うと、そうではなく、恒例の作法なのだという。つまり、舞人は意識を失って「人ならぬ者」として御神屋に登場するのである。そして神の資格で舞うということであろう。

図2　中之又神楽の「住吉」

このことは「神体出現の神楽」の本義をよく表していると思われる。舞人は神を演じるのではなく、神そのものとして舞うのである。発生論的に考えれば、神子舞で神子が神がかりとなって舞う形を面形の舞に移しているのである。

仮面を着けて舞う者は、小さい眼孔でおそろしく視野狭窄となり、しかも面の中は酸欠で意識朦朧となる。こうした条件のもとで舞人はトランス状態に入るのではないか。神として舞う者の原像とはこのようなものであろう。

三　宮崎県の椎葉神楽における荒神と祭文

以上で検討したように九州南部の神楽において中心的な神格は、記紀神話の神ではなく在地の神たちであった。この土地神たちも石塚のいう産土神というようなものではなく、陰陽・密教の神と在地の神が複雑に習合したような存在であった。

こうした神として荒神は代表的なものであろう。荒神は前述の椎葉村南東部、西米良村ばかりでなく、諸塚村や高原町の神楽にも見られる。

旧島津領で大宝の注連を立てて執行された神楽の大祭を神舞《かんめ》というが、この神舞においても荒神は重要な神格である。例えば神舞の旧態をよくとどめている宮崎県高原町の祓川の神舞は荒神の祭という印象が強い。これらの神楽で唱えられた荒神の言い句は祭文に準じた内容をもち、荒神の信仰世界をよく表現している。以下、椎葉神楽と薩摩の藺牟田《いむた》神舞を例として、そこに残された中世的な信仰を探っていきたい。

（1）　嶽之枝尾神楽における荒神

「芝問答」　宮崎県椎葉村嶽之枝尾神楽の「芝荒神」の問答である「芝問答」では、神主が神前に置かれた太鼓に座り、荒神と対面して問答を行う(11)。

この中で荒神は、「この御高屋(神)にたれが許して芝を入れたるか」と神主にせまり、神主と問答を行い、最後に仲裁役が出て、「御神酒をもって御ことわりを申す」と言うと、荒神は、「酒は三杯まではよいが、三杯をすぎると三毒となる」と言って納得し杯を受ける。

ここで言う「芝」とは榊芝のことである。芝荒神は、山の神の印である榊を断りなく引き入れた、といって御神屋に現れるのである。

これは米良神楽の荒神や出雲奥飯石《おくいいし》神楽の大山祇など、荒平系の鬼神に共通するモチーフである。ここでは荒神は山の樹木を管掌する山の神の相貌をもっている。

「綱問答」

綱荒神の問答・「綱問答」では、神主が同様に綱荒神と対面して問答となる。

神主が、「この鬼神いずれの処より来るぞや。具《つぶさ》にちょうもん《（聴聞）》せん」と荒神に問うのにたいし、荒神は「我は是れ三方《（宝）》荒神なり」、「昔しやくそん《（釈尊）》は我が為に一管《（巻）》の経をとき給ふ。其の経本に曰く、静かなる時はほんう《（本有）》の如来なり。心あれたつ《（荒立）》時は荒神……」と述べる。

この「静かなる時は」以下は、中世の偽経である「仏説大荒神施与福徳円満陀羅尼経」（以下「仏説荒神陀羅尼経」と略）に見られる次の一節と一致する。

意荒立つ時は三宝荒神、意寂なる時は本有の如来なり。

ここには、きわめて興味深い中世的な荒神信仰のあり方が示されている。

以下、神主の言い句は吉田神道の影響を受けた内容をもち、荒神の中世神道的な言い句とかみ合っているとは言いがたい。

まず神主が、御神屋に引き入れられた綱の由来を記紀神話の八岐大蛇退治譚から説くのにたいし、荒神は、「抑も〳〵綱と謂ふは三つの綱なり。とんよくぐち《（貪瞋癡）》さんどく《（三毒）》の起りなり。……ただ惜み悲むか三毒大蛇となりて、切りはなされて我が身を亡すを以て、綱とは名付けたり」と、綱の由来を仏教にいう貪瞋癡《とんじんち》の三毒から説きあかす。

両者の言い句は別々に伝えられ、そのうち神主のものだけが吉田神道の影響で改変をこうむったということであろう。したがって、こうした改変をこうむっていない荒神の言い句が本来の形を伝えるものと考えるべきであろう。

綱は仏教に言う三毒の当体たる蛇体を表すものであり、以下の綱切で、まさにそのようなものとして切り鎮められる。ここにも中世の荒神信仰を見てとることができる。

この問答の眼目は、御神屋に引き入れられた綱の由来と、それがまさに「三毒の当体」として切り鎮められなければならないことを説くことにあろう。

同様の詞章は近隣の椎葉村栂尾神楽にもみられる。同地の江戸時代のものと考えられる荒神の言い句「芝の句」には次のような詞章が見られる。

　心もし静かなる時は本有の如来なり、心荒れ立つ時は三宝荒神なり。
　慈悲と憤怒（破損、「は譬えば」欠カ）車輪の（破損、「如」欠カ）。一輪欠くるとき、人を度するをえず。[12]

同様の句文は宮崎県諸塚村の南川神楽の荒神にもみられる。このように、前述の仏説荒神陀羅尼経の一節は椎葉や近隣の神楽に広く確認できる。

(2)　仏説大荒神施与福徳円満陀羅尼経

以上、椎葉神楽における荒神について、とりわけ中世の偽経である仏説荒神陀羅尼経との関連に着目してみてきたが、それではこの経はどのような内容をもつものだったのだろうか。まず、そのあらましをみていきたい。

仏と比丘衆の会中に一人の天女が現れて荒神の因縁譚を語る。過去世において空王如来という仏がおられ、その使者に飢渇神《きかつしん》、貪欲神《とんよくしん》、障礙神《しょうげしん》の三人がいた。三人は「我らは末世に荒神となって、人々の財物や福徳を奪い取ろう。もし人々が福徳を欲するなら我に帰依し供養するように」、という誓願を発したという。この三人は過去世において大日如来・文殊師利《もんじゅしり》・不動明王であり、また貪《とん》・瞋《じん》・癡《ち》という三毒でもあった。それは今日、三鬼として顕現した。そうしたことは、「不信の衆生にあながちに信を発させしめ」る方便であるというのである。(13)

荒神は貪・瞋・癡という、仏法にいう三毒を本体とするが、それはすなわち如来の仏性でもあるというのは、無明即仏性、煩悩即菩提という天台本覚論の教説によるものである。

ここでは荒神が現世で三鬼として顕現したという記述に着目しておこう。

論考「宇賀神――異貌の弁財天女――」（『異神』所収）において山本ひろ子は、次の部分を仏説荒神陀羅尼経のキイセンテンスとしている。

○慈悲と憤怒は譬えば車輪のごとし。一輪を闕《か》くとき、人を度するをえず。

○意荒立つ時は三宝荒神、意寂なる時は本有の如来なり。

これらの句文は『勝尾寺縁起』や慈遍著『天地神祇審鎮要記』、『明宿集』などにも見えており、右の句文を要とする荒神祭文が流通していた消息がしのばれるという。(14)以上の文献は鎌倉時代末期から室町時代にかけて記されたものであり、この経が鎌倉時代末にはすでに成立していたことを示すものであろう。

これらの句文は、荒神の両義的な性格を示す文言であり、非常に祟りやすいとともに、祀ることによって守護神となり、人々に福徳をもたらす荒神の性格をよく表している。

大河内、嶽之枝尾、栂尾の荒神の言い句には、これらのいずれか、あるいは両方が見られることは興味深い。

四　鹿児島県の藺牟田神舞における荒神と祭文

鹿児島県祁答院町《けどういんちょう》（現薩摩川内市）の藺牟田神舞は大きな祝い事があるときなどに限り行われていた大祭の形式の神楽である。これは一九七六年の執行を最後に退転し実見できないが、以下、牧山望著『藺牟田神舞』[15]所収「神舞一庭之事」（延宝八年＝一六八〇、押領司兼次書写、元文二年＝一七三七、三峰呑悦書写）を参照して述べていきたい。

（1）胞衣《えな》としての荒神

藺牟田神舞のなかで夜半過ぎに行われる「三笠舞」には、祭具の「三笠」にかかわる荒神の特異な伝承が残されている。ここでは、この問題に絞って述べていきたい。

「三笠舞」は、笠をかぶり、鈴、扇などを採り物とし、舞の中で大宝の注連から引かれた宝綱を採って舞った。舞手が持つ宝綱の先には、日輪・月輪が吊されていた。これら天蓋状の祭具は、まさに三笠舞の「三笠」そのものであったのである。

まず鬼形（鬼神）と「とい」（問い方）の長い問答があり、その後舞となった。このなかで特異な荒神の言い句が唱えられたことが前記文書によってうかがえる。

問い方の詞の後、「鬼形」が登場し、「宇婦荒神」の由来を唱える。この言い句のなかでは、いわゆる「五輪砕き」が語られる点が興味深い。「五輪砕き」は、八丈島の神楽、東北のイタコの祭文、各地の念仏歌謡や盆踊り歌などに見いだされる、五輪五体思想によって、人間の五体の形成を説くものである。「砕き」は「口説き」でくわしく述べることを意味する。

この「五輪砕き」では、人間の身体各部は、さまざまな仏神と結びつけられる。繭牟田神舞の「三笠舞」では、「去は人の身に真言放れし事もなし」以下が、その部分である。「日月の御恩で頭と定め、目には明ら観音の真言の籠給う。鼻には不動の真言の籠り、耳にはとうち菩薩の真言の籠給う。口には毘盧舎那仏の真言の籠給う。左のかひなには薬師の真言の籠給う」というぐあいである。人間の身体各部は、仏神の御恩をこうむって作られ、それぞれの仏神が宿って守護しているというわけである。

これらの部分に先立って、「受胎出生の秘儀」が語られる点にも注目したい。

まず、「父のたふさに三年三月舞遊ひ、母の胎に移る事是にんにく（忍辱）とて九月宿を借給う」とある。以下、誤伝のためか文言が錯雑して、きわめて理解しがたいが、これは仏教にいう「胎内五位」をへて胎児が出生することを表していると思われる。

すなわち、世親作、玄奘訳の『阿毘達磨倶舎論《あびだつまくしやろん》』巻第九「分別世品第三之二」では、母の胎内における胎児の変化が羯刺藍《かららん》・頞部曇《あぶどん》・閉尸《へいし》・鍵南《けんなら》・鉢羅奢佉《はらしやきや》という五つの分位としてとらえられている。これは修験道にも取り入れられ、修行者が山中修行で擬死の後、再生する階梯として再解釈された。

例えば、「四月には口もなきへいしの如し」は、胎内五位の第三位「閉尸」のこと。「五月にはごかんとて五つの角のおい給う」の「ごかん」とは密教の法具「五鈷」で、胎内五位の第五位を五鈷形とすることを指すものであろう。

それではなぜ「三笠舞」の詞章においては、このように五輪砕きが受胎出生の秘儀と結びつけて語られるのであろうか。

これについて、鹿児島県曽於《そお》郡有明町（現志布志市）に伝わる神舞書「神舞一庭之次第」（延宝七年＝一六七九、蟻穴和尚書）の「天蓋之事」には次のように説かれている。

図3　西米良村竹原神楽における「白蓋」

○天蓋之事
天蓋は神道の荘厳なり。胎内に於いては衣那とこれを習う。頂上を覆いて寒熱等の難を防ぐ。出胎の時四目と謂う。世間にては荒神三世諸仏と成る。等正覚の時天蓋と成るなり。(16)

「衣那」は胞衣であろう。胞衣が荒神であり天蓋となるとされていることに注目したい。

宮崎県西米良村の村所神楽の「荒神問答」では、御神屋の天井を荘厳する天蓋状の祭具＝白蓋《びゃっかい》について次のような荒神の言い句が語られる。

それは神事礼法に垂れ合う物を　白蓋と云うなり。……これよりて　人々母の胎内に宿る時　えなをかむいて宿る事　全くこれに同じ　且又えなの儀　彼のえなと言うは　人胎中に宿る時一身にかむいて宿るなり。それいかんとあらば其母百味百毒を食するとも　懐胎の子は一味の毒にもあたらず　是天地一同相の理想に同じ　是によりて白蓋の形を作る。(17)

ここには白蓋が「胞衣」であるという考えがうかがえよう。同村の小川神楽で、白蓋を褒めたたえる舞を「エナ褒め」と呼ぶのも、白蓋が胞衣だと信じられていた証拠であろう。

このように、天蓋＝笠は母の胎内の胞衣（胎盤）であり、また古い神舞書に見られるように荒神であると信じられていたのである。こうした天蓋の下は母胎であり、さまざまな危難や病に苦しむ立願者は、この神楽の祭祀空間の造形した母胎のなかで胎児の状態までもどって、よりよき人生へと生まれ変わるのである。

（2）中世における胞衣＝荒神説

以上をふまえて中世の胞衣＝荒神説について見ていきたい。

山本ひろ子著『異神』所収の「荒神講式」（三千院円融房蔵）を参照する。

伝に曰く。忝くも乾坤の気を受け魂魄を胎に宿す時、頂上に蓋あり。宇浮神と名づく。出胎已後七歳以前、立増神居増神と成りて頂上に住す。昼夜衛護すること眼精を護る如し。八歳以後は守宅神と成りて朝夕養育の計を成し、没後には霊鬼と成りて死骸を守り、骸骨朽損の後は塚神と成りて子孫を守る氏神是也。此の如く入胎の始より影の形に随う如く慈悲の覆援を成すこと猶父母の養育に過ぎたり。もっとも仰ぐべし。信ずべし。(18)

ここには、まさに人が胎内にいるときから、出胎後、そして死後まで、「影の形に随う如く」守護する荒神のはたらきが示されている。このなかで人が胎内にいるとき頂上にあって覆護のはたらきをするものとして「宇浮神」が挙げられている。この宇浮《うぶ》神が前述の藺牟田神舞の三笠舞の「宇婦荒神」と一致することは、もはや明らかだろう。宇婦荒神は胞衣荒神であり、立願者の再生を司るものとして、大宝の注連で荘厳された祭の庭に登場したのである。

また、中世の特異な荒神信仰を伝える『明宿集』には、能楽の始祖とされる秦河勝は、翁の化現であり、翁は荒神であること。翁のまとう衣装である「襌の袖《ちはや》」は、母の胎内において胎児を覆護する胞衣であり、荒神そのものであることが説かれている。(19)中世猿楽が取り込んだ胞衣＝荒神の信仰がうかがえる。

以上から、天蓋＝笠は母の胎内の胞衣であり荒神であるという信仰は、中世の胞衣＝荒神説の延長に位置づけうることは明らかであろう。

ここでは、ほんの一部を紹介したに過ぎないが、この「神舞一庭之事」所載の荒神の言い句は非常に長文のもので、その問答も長時間にわたるものであったと考えられる。

このように九州南部の神出現の神楽は長文の言い句――それは一種の祭文と考えられるが――をもつことを特徴としている。

ここでは司霊者は石塚のいうように、たんに神を呼び出すばかりでなく、説いたててその語りを引き出す役割をはたす。そして神は、それに応えて自らの本縁を語るのである。

それらは前述のように、密教・陰陽の神と在地の神が複雑に習合した神々である。その語りは、そうした神々のもつ中世信仰の豊饒な宗教世界を説き明かすものなのである。

例えば、前述の嶽之枝尾の荒神の祭文からは、荒神が、密教に説かれる、祟りやすいが祀ることによって福徳をもたらす三宝荒神と、山の樹木の管掌者である山の神との、二つの性格が習合した神格であることが読み取れる。

また本稿では立ち入らなかったが、陰陽の神である大将軍は、日向から薩摩の神楽に広く登場する。それがたんなる陰陽の暦神でなく、山の神の相貌をもつことは前述したとおりである。

こうした荒神、大将軍神は、中国地方のそれと共通性をもつが、それ以外にローカルな土地神、あるいは性格のよく分からない神々が九州南部の神楽には広く存在する。

その祭儀は、神そのものを出現させるという神楽の原点を示すものであると同時に、九州特有の神楽のあり方を表現しているものでもあったのである。

（1）　以上、石塚尊俊『西日本諸神楽の研究』（慶友社、一九七九年、一八〇～九二頁）。

（2）以上、同前、一九二〜七頁。
（3）以上、同前、二四五頁。
（4）芸能史研究会編『日本庶民文化史料集成』第一巻（三一書房、一九七四年）所収。
（5）『椎葉神楽調査報告書』第二集（椎葉村教育委員会、一九八三年、一九頁）。
（6）渡辺伸夫『椎葉神楽発掘』（岩田書院、二〇一二年、三八一頁）。
（7）同前、三八三〜四頁参照。
（8）渡辺伸夫ほか『椎葉神楽――山の民の祈りと舞い――』（平河出版社、一九九六年、七〇頁）参照。
（9）前掲註(5)、七二〜三頁。
（10）西米良神楽解説書作成委員会『西米良神楽』（鉱脈社、二〇〇九年、二六頁）参照。
（11）以下、嶽之枝尾の荒神の言い句の典拠は、前掲註(5)。
（12）同前、二二一頁。
（13）『修験聖典』（三密堂書店、一九六八年）所収。原漢文の要約を現代語訳した。
（14）以上、山本ひろ子『異神』（平凡社、一九九八年、三四八頁）参照。
（15）牧山望著／所崎平編『藺牟田神舞』（一九七六年）。
（16）『有明町誌』（鹿児島県曾於郡有明町、一九八〇年、一四一一頁）。原漢文を読み下し文とした。
（17）前掲註(10)、二〇〇頁。
（18）前掲註(14)、三五二頁。原漢文を読み下し文とした。
（19）表章・加藤周一校注『世阿弥　禅竹』（日本思想大系〈新装版〉、岩波書店、一九九五年）参照。

〔研究ノート〕 青ヶ島における中世的病人祈禱祭文といざなぎ流との関係について

ジェーン・アラシェフスカ
（ジョルジョ・プレモセリ 訳）

はじめに

ここでは、青ヶ島や伊豆諸島で保存されている中世祭文、さらにそれらの治療的機能について述べる。青ヶ島（東京都）は、孤立した場所にあり人口も少ないことから、医療設備は比較的遅くに導入された。初めて医院が建てられたのは昭和三七年（一九六二）、本土での施設の設立より一世紀以上後である。そのため、本土では早くに喪失していた、中・近世の儀式に由来する伝統的な祭祀・儀礼が残されている。

青ヶ島の伝統的な治療儀式は、シャーマン的能力を持つ儀礼実践者によって行われる。彼らはシャーマン的な力で、トランス状態に入って、イニシエーション（カミソウゼ）の時に受け継いだ、「オボシナ」という自らの保護神と交信することができる。島の伝統的な治療儀式は、病気の原因と思われている神の呪いを祓う過程を踏む。この祓えの過程には一種の「中世祭文」が必要となる。それらの祭文には、宗教者のオボシナ（保護神）が、病気の原因を克服することが語られている。

以下では、青ヶ島の病人祈禱祭文とそれらの祭文の中に見出せる近世的な治療方法を見ていく。さらに、青ヶ島の祭文と高知県旧物部村《ものべそん》のいざなぎ流祭文（青ヶ島より一〇〇〇キロ西にある）との類似点を見ていく。なお、本稿は、平成一四年（二〇〇二）～平成一七年（二〇〇五）に実行された青ヶ島でのフィールドワークと平成二二年（二〇一〇）に行われた追跡調査にもとづくものである。

一　伊豆諸島南部にある青ヶ島

青ヶ島は伊豆諸島の最南端に位置する有人の島である。諸島は、黒潮（八丈島の方言では黒い川「黒瀬川」）という強力な海流によって南北に二分されている。三つの南伊豆諸島（青ヶ島、八丈島と小島）は、黒潮の南にある。黒潮の北から南へ渡ることは、今日の船でも難しい。黒潮を渡ることは困難であったために、諸島の歴史のなかで、伊豆諸島南部と海流北部の島では接触が実質的になかった。この状況は、伊豆諸島南部を日本でもっとも孤立した場所の一つにした。「八丈追分」という八丈島の民謡では、島のことを「鳥も通わぬ島」（鳥でさえ止まろうとしない島）と歌う。伊豆諸島南部と外界との接触は非常に限られていたのである。外部との交流は、まれに難破、漂着する船や、税を集めるために三年ごとに寄港する船に限られていた。島民たちは、その税を絹で支払っていた。こうした独立した状況により、島民たちは独特の儀式システムを生みだした。儀礼実践者はそのシステムのことを「神様拝み」と呼んでいる。明治時代まで多くの民間宗教者たちが八丈島に住み、そこが儀式と儀礼テキストの発展の中心地であった。

しかし、八丈島での儀礼生活は、いわゆる迷信的信仰（神様拝みのようなシャーマニックな信仰）を禁止した明治政府の始めた宗教的改革に影響を受けた。明治時代の禁止令により、神様拝みの民間宗教者の多くが、姿を隠すため青ヶ島か小島などのより遠く離れた島へ逃げた。神様拝みに関する儀式は、禁止令により八丈島から実質的に消えたのである。

江戸時代にあっては、八丈島は重要な流刑地になっていたために、幕府の役人と接する機会が多く、幕府によって発せられる命令は八丈島で厳格に実行された。周辺の島は遠く、幕府が気にかけることはなかったため、周辺の島に儀式をこっそり持ち出すことによって、民間宗教者はなんとか現代まで神様拝みの儀式を保つことができたのである。たとえば小島では、昭和四三年（一九六八）、島が無人になるまで儀式は続けられていた。そうしたなかで、現在も神様拝みの儀式が残っているのは、青ヶ島だけである。この島は歴史的にもっとも孤立した島で、今日においても東京へ直結する交通手段はない。したがって、現在における儀式とその祭文の研究は、青ヶ島に集中することになったのである。

二　神様拝みの指導者

神様拝みを実修する青ヶ島の儀礼実践者は、五つの区別がなされる。

(1)巫女（日本のシャーマンまたは女の予言者――託宣を得る者）、唯一の女性宗教者
(2)社人《しゃにん》（「神社人」）といった男性の宗教者
(3)卜部《うらべ》、占部《うらべ》、年配の社人（律令時代に制度化された卜部――亀の甲羅を使って占いを行った氏族の伝承をもつ一族）
(4)神主
(5)博士《はかせ》

私がフィールドワークを行った時には、博士や卜部はすでに島に存在していなかった。博士がいついなくなったかは不明だが、最後の卜部（廣江次平）は、九〇才で平成元年（一九八九）に青ヶ島で死去した。現在は、巫女、社人と神主の役割だけが残っている。

卜部、巫女、社人は、イニシエーション（通過儀礼）である「カミソウゼ」を受ける。それにより彼らは超自然的な力にアクセスするための神がかりの力を取得する。一方、神主の役割は、代々親から受け継ぐもので、イニシエーションを経験しない唯一の儀礼実践者であり、神がかりの力を有していない。なお、神主は、神道の用語であるが、青ヶ島の神主は、とくに神道（神社本庁）には所属していない。卜部の系譜が滅んでから後は、神主は卜部の機能をいくつか吸収したようだ。

現存する神主は、かつて卜部によって伝えられた儀式をリードしたり、儀礼テキストを唱えたり、また太鼓で伴奏を行うこともある。しかし神主は、トランスに入ることができず、直接神とコミュニケーションが取れないので、治療儀式は行えない。

イニシエーションとトレーニングは、成熟した儀礼実践者によって行われる。イニシエーションの鍵は、彼らに乗り移った神を「手なずける」ことにある。彼らのイニシエーションの前に、まず憑霊状態になる。その状態を「ミコゲ」と呼ぶ。その症状は身体的、また精神的な病気に似ている。精神的な病気に似ている状態は、「ダンシン」（乱心）と呼ばれる。

ある文書では、「ミコゲ」が肘の知覚の消失としてあらわれた。彼らに乗り移った神は「オボシナ」（保護神）となるように、「カミソウゼ」によって、彼らはその症状を快復にした。イニシエーションの後、オボシナは、儀礼実践者の家にある小さい木の箱に（ミバコミ）に住むとされる。

また、儀礼実践者は「カナヤマ（金山）」（治癒儀礼と関連した恐ろしい霊）に、しばしば取り憑かれた。カナヤマは、金属、鍛冶の神として、列島各地にも見出されるものであり、火（シャーマンの道具）と関係して、金属の形を変えて、悪魔払いを助ける能力を備えている。

巫女、社人、さらにかつては卜部も、イニシエーションを経験した民間宗教者である。これらの島民が「カミソウゼ」をなんら支障なく経ることで、儀礼実践者としての役割を得たのである。さらにまた、「ミコゲ」（ここではイニシエーションを経て儀礼実践者になる能力の意）を示す島人のみが、イニシエーションを受ける資格があるとされている。

イニシエーションの儀式について述べたところで、さらに詳細に儀礼実践者の区別を見ていこう。

巫女　一般に日本の巫女は、神社巫女として、神社祭祀に専門的に携わる。一方「拝み巫女」または「口寄せ巫女」は、託宣を得たり、祈禱することを専門とする。しかし、伊豆諸島南部では、巫女はさらに多様な役割を成し遂げる。伊豆諸島南部の巫女は神楽での中心的な役割を果たすが、その神楽で巫女はトランス状態に入って、託宣を得る。また巫女は、死者と言葉を交わす能力をもつ。そのような能力を持つ巫女は、「ナコヒトを着く人」（ナコヒトが取り憑く人々）と呼ばれている。巫女は、「シトリョウ」という死者の言葉を聞く。また巫女は、病人を癒やす能力もある。青ヶ島は、昭和三七年（一九六二）まで近代的な医療施設がなかったため、島人たちは巫女の従来の「治療」に頼り続けたのである。

神主　「神主」は唯一の家筋で継承される宗教者である。その役割は奥山家の中で受け継がれてきた。平成二二年（二〇一〇）の時点で神主は、奥山信夫（当時八八歳）ひとりであった。神主はイニシエーションに参加しないため、「オボシナ」（保護神）を得ることはない。したがって、彼は、イニシエーションを経た儀礼実践者のように、保護神との関係を媒介とした能力をもっていない。神主は、トランス状態に入り、託宣を得ることができないのである。儀式における神主の機能は、祝詞を読むことに限られるが、上述したように、近年では神主は、卜部の役割の多くも吸収して祭文を暗唱している。しかし、「オボシナ」との間で対話を重視する「悪魔祓え」などには、神主は参加することはできない。

博士　かつての「神様拝み」儀式には博士も含まれていた。これは青ヶ島の宗教世界が、陰陽道と繋がりをもつことを示唆している。しかし残念ながら博士の役割は、明治時代に消えてしまった。そして博士が、新年（年の祭）に関係する儀式で中心的な役割を果たしたこと以外、どのような役割を担ったかはほとんど知られていない。

卜部　「卜部」は、遠方の島々（歴史的な系譜は九州の対馬と壱岐島にも見られる）に在住する占いを専門とする宗教者である。古代・中世では、卜部は遠くの島から朝廷と天皇のために亀卜《きぼく》を行うための移動をした。中世には彼らの卜占の役割が減少したにもかかわらず、彼らが拠点とする島では亀卜の知識・技術は、明治初期まで継承されていた。しかし、明治政府による「国家神道」をめざす宗教政策によって、八丈島での亀卜は消失した。また対馬、壱岐と八丈島でも亀卜は途絶えた。八丈島の卜部たちは、青ヶ島に安全な場所を得て活動していたが、ひと世代前に滅びてしまっている。しかし彼らにより、亀卜の知識、技術をのぞいて、八丈島で発展した儀式作法などが青ヶ島に伝えられたのである。

青ヶ島の卜部は、「社人」としてイニシエーションを受け、徐々に卜部のレベルへ上昇した。彼らは神様拝みの儀式をリードし、社人の伝達と朗読とともに、小さな太鼓で伴奏することを担った。しかし現在では、彼らの役割は、主に神主と巫女に吸収されたようだ。

三　青ヶ島の祭文

(1)　祭文の種類

青ヶ島の祭文は、大きく六つの種類に分けることができる。

(1)病気治療に関する祭文（すそ祭文、金山祭文、不動明王祭文）

(2)海上安全に関する祭文（船玉の祭文と木玉祭文）

(3)出産に関する祭文（「うぶの祭文」は、安永六年〈一七七七〉の年号が付された、青ヶ島でもっとも古い祭文のひとつである）

(4)死人の霊に関する祭文（ミサキの祭文）

(5)荒神祭文（荒神の祓え）

(6)読み上げ祭り祭文（神楽祭文）

読み上げ祭りは、青ヶ島では「神楽」を指し、金山祭・海の口開け祭・先頭祭・天神祭・新神の祭・金比羅様の祭・ロクヤサマ・サンヤサマ・クガクウンチなどの祭祀を含んでいる。

その祭祀の構造は、以下のようになる。

①祭りの名称・神事名を申しあげる。身を清め。（神道系の祝宣、仏教系の経文、八丈系の祭文）。

②湯立。「湯の本」を唱え、米の形で占い。

③神楽。初めに「神寄せ」（神々の名を挙げる）。それから「船木口祭文」を行う。[1]

祭文の間に「ノケモノ」（巫女が神懸かり状態に入る）が入る。

④大神楽、大祓。

⑤サクラ祝い。

（2） 祭文の伝本

次に青ヶ島に伝わった祭文のテキストを紹介しよう。もっとも古い年号をもつテキストでは、安永六年（一七七七）の本が伝わっている。新しいものは大正年間（一九一二〜一九二六）のテキストがある。一九五〇年代後期に、本田安次は青ヶ島の祭文などを蒐集、書写し、分類した共同研究を行っている[2]。その研究は、現存しているテキストが伝承者（所有者）によって四つの支流に分かれることを発見した。そしてその支流を下記のように分類した。なおこの分類は『東京都民俗芸能誌』下巻に掲載されている。これにもとづいて、私は表1にまとめた。

🄰は青ヶ島の東台所《とうだいしょ》神社に収納されている。その他のものは、儀礼実践者たちの家に残されている。各々の分類に属するテキストは若干の共通部分を含むが、他とは独立した固有のテキストもある。

🄰のテキスト群は、本田安次の調査時には、一二冊の書物として伝わっていた。しかし平成二二年（二〇一〇）に、私がこのテキスト群を調査し、デジタル化した際には、一三冊の本しか見つけることができず、しかもそれらの保存状態は、たいへん悪かった。

東台所神社の所蔵本は、安永六年に浅沼長六によって書きとめられた、もっとも古い写本を含む。安永六年のテキストには、年の祭り（新年の博士によって行われた儀式）が含まれている。そして、「とあけ」（戸開け）と「おふとしのとあけ」も含まれていた。これらは、弓を使った鎮魂儀礼である。「うぶのさへもん」「うぶのちゅたん」といった出産に関連する二つの祭文もある。

安永六年のテキスト以降、儀式テキストの写本は、五〇年の間、出現していない。これは、天明七年（一七八七）に、青ヶ島で大規模な火山噴火があり、島民たちが半世紀にわたり、八丈島に避難することをよぎなくされた、という事実による。

次の儀式テキストは天保年間（一八四〇年代）から始まる。島民たちがふたた

表1　青ヶ島に伝わる祭文の分類

本田安次の分類	支流名	作成された時期	収集本数
🄰	東台所神社	1777-1896年	21本
🄱	奥山長作家	大正、昭和年間	4本
🄲	廣江家	1842-1912年	38本
🄳	佐々木家	大正年間	2本

注：本田安次氏の1958年の調査にもとづいて、神様拝みに関する資料を５家（A、B、C、D）に分けて分析した。

び青ヶ島に住むことが可能となって以降のものである。これらのテキストには、もともと青ヶ島の大里神社で実修されていた「面付き神楽」の、唯一残っている祭文（大里祭司）が含まれる。それは、三つの面付き神楽から構成されている。すなわち「デイラホン」「オトリサマ」と「エンダン祭り」である。これらのテキストは、八丈島から帰った直後に書きとめられている。したがって、青ヶ島の「面付き神楽」の祭文は、八丈島での「面付き神楽」に由来する可能性が高いと思われる。

一九六〇年代までは、青ヶ島では、三つの「面付き神楽」を保持していた。これらは、大里神社の中で実修された。それゆえに、大里神社祭祀として知られ「トリの祭、ヂーラホンの祭、オトリサマの祭、エンダンの祭」から構成されていた。

また面付き神楽は、「おけどの、大宮のねぎどの、やわた、若みや、はながた、でいらほん、そしまつり」という、独自な祭文を伝えていたことが確認できる。

「デイラホン神楽」は、再生に関する物語である。卜部は、女性の仮面をつけて、死んで再び生まれる母の役を演じる。「エンダン祭り」の神楽は、赤い鬼の仮面をつけた儀礼実践者が主役となる。これは、明治時代まで八丈島で実修された追儺《ついな》（鬼払い）の要素にもとづくことが示唆される。八丈島での追儺は赤と黒の鬼仮面を使っていたからだ。

Ｂは現在、神主の奥山信夫が保管している。大正から昭和期に組織されたものだ。この分類の祭文の系統は「読み上げ祭り」に関連しており、「読み上げ祭り」の「船子口《ふなこくち》祭司祭文」と、その「湯の本」から成っている。「湯の本」とは、湯立て神楽のテキストである。

Ｃは、現在、巫女の浅沼キミ子の家族によって保管されている。もっとも多数の儀式テキストを含んでおり、天保一三年（一八四二）～明治四五年（一九一二）のあいだに書写された三八冊のテキストから成り立っている。この分類には、「湯の本」「うぶの祭文」「木霊の祭文」「年祭り」と船玉、弁天と金比羅に関連した海の儀式祭文を含む。また、この分類には、治癒と占い（私がこの章の後半で触れる）に関した多数のテキストも含まれている。

Ⓓ（佐々木家収集）は、大正時代に組み立てられて、四冊の本から成る。Ⓒと同じように、「金山祭文」のような治癒に関連しているいくつかのテキストを含んでいる。現在は社人である佐々木宏によって保管されている。

四　祭文を使った病気への対処

青ヶ島の儀礼・祈禱における、病気への対処は、次の二つの過程を経る。

第一の過程は、原因を占うこと。その場合、病気である人々が「呪い」によって病気になったと占われることが多い。呪いはいくつかの形をとって「呪詛」「呪い」「調伏」「恨み」と称される。通常、病症を見せる人が直接的に呪われたということが多い。しかし、土屋久・堀口久五郎によれば、病症が呪われた祖先から継承されることもあることを指摘している。呪われた人は、穢れが憑いた状態で、「不浄」と称される。不浄とされ、病気となった人を治療するためには、その呪いを解かねばならない。

第二の過程である「呪い」に対抗する過程を儀礼実践者たちは、「治療をする」と呼ぶ。不浄を解き、病気を治療するために「悪魔祓え」（鬼払い儀式）が行われる。

悪魔祓えは、かつては卜部によって実修されてきたが、現在は巫女が実行している。悪魔祓えの「祓え」の部分は、治癒に関する祭文（呪詛祭文と金山《かなやま》祭文）を必要とする。これらの祭文では、儀礼実践者と彼らの守護神たるオボシナと、「悪魔」「悪霊」との対話を表現する。儀礼実践者は病気を引き起こしている凶悪な神を破るようオボシナに頼む。そのとき儀礼実践者は、注意して彼らのオボシナを扱う必要がある。陰陽道やいざなぎ流のような他の宗教儀礼と同じく、オボシナは、善悪の両義的存在であるからだ。オボシナは、回復する能力も危害を加える能力ももっていたのである。

この第二の過程において青ヶ島の病人祈禱祭文は、二つの中世特有の対処方法を伝えている。一つ目の方法（呪詛祭文と金山祭文の例）は、オボシナとの交戦を通して、憑依し、呪っている神霊を克服することである。二つ目の方法（金山祭文の二つ目の例）は、凶悪な神をもとの本地に戻すことで、災厄を無効にするのである。

（1） 呪詛祭文

呪詛（呪咀）（じゅそ、すそ、しゅそ）は、呪いの古語。呪詛を鎮める作法は、古代の宮廷陰陽師から発展したものである。呪詛儀式のもっとも早い記録は、天禄三年（九七二）に宮廷陰陽師によって実修されたものが伝わっている。それは河原で行われ、鉄、木とスズの七対の人形《ひとかた》、七台の車、馬、牛、鶏を用意し、さらに儀式の対象となる人物の衣類をもちいた。人形と衣類が呪詛の移動と浄化のために多分使われたようだ。そして、車と牛と馬は呪詛を外に持ち出すことに用いられた(3)。平安時代の『枕草子』や『親信卿記』にも、陰陽師が呪詛の祓を実行するために川岸に行ったことが記されている。

中世後期の呪詛に関連した「呪詛祭文」は、いくつかの地方神楽にも伝来している。たとえば、奥三河の花祭に「咒詛返祭文」が、また備中神楽では「呪詛祭文之祓」が伝えられている。これらの地域では「呪詛祭文」自体は伝わっているが、その儀礼実修は途絶えている。しかし、高知県旧物部村の「いざなぎ流」では、呪詛祓えの儀式は、いまだ生きた伝統としてあった。「すそ」という言葉は、今も地元の人たちの間で通用しており、病気を示す時に用いられている。太夫（いざなぎ流の儀礼実践者）は、呪詛のことを「人々が議論と論争をするとき、起こるネガティブなエネルギー[4]」と定義している。

私は、青ヶ島のフィールドワークのなかで、青ヶ島版の「呪詛祭文」に出会った。その写本テキスト（明治二七年〔一八九四〕）は、Ⓒの儀式テキスト群に属していて、巫女の浅沼キミ子が所有している。また、かつて本田安次たちも、青ヶ島の「呪詛祭文」を発見し、書写している[5]。しかし、彼らは祭文の分析や、それを他の地域の祭文と比較するという研究成果は出さなかった。私の発見のまえに青ヶ島版は、学界では認知されていなかったのである。この祭文の分析によって、「呪詛」の穢れに対処するために巫女が行った方法の概略を知ることができる。

青ヶ島の「呪詛祭文」は以下の要素から成る。

・呪いの神を儀式に呼び出すこと（その神は、敵に呪いをかけ始める）

・呪いの象徴――呪いは、神社の門に打ちこまれた釘で象徴される。それから仏の目に打ち込まれる針の象徴である。

・保護神（オボシナ）――五柱の知恵を持つ偉大なる王（五大明王）は、呪いの神との戦いに呼び出される。これらの好戦的な、怒れる神は、日本の密教に取り込まれたヒンズー教の神である。密教において、五大明王は、胎蔵界で四方と中央を守っている。

・浄化の象徴――呪いの神が征服されると、神社の門から釘が引き抜かれる。

祭文は、呪いの神が追放される場所を「本地」と呼ぶ。この「呪詛祭文」の中で、「本地」の用語は、二つの方法で使われる。一つは、神の起源の地の意味として。もう一つは呪いの神の仏としての姿を示すときに使われる。言いかえると、「本地垂迹」の思想を「凶悪な神を慈善的な仏に変える方法」として読み替えて、同じ理屈で呪詛神の悪意のある力を、無効にしていくのである。この儀礼によって、呪詛神による呪い、不浄の状態は解

表2　青ヶ島といざなぎ流呪詛祭文での呪いの比較

〈青ヶ島卜部の呪詛祭文〉	〈いざなぎ流の呪詛祭文(女流)〉
神の鳥居に釘を打ち	神の鳥居へ血文字をかけ
仏の御眼《おふめ》に針を刺し	仏のまなこへ針をさし

かれ、病気の原因が克服されていくのである。

一方、いざなぎ流では、「取り分け」のなかで読まれる「呪詛祭文」は、呪いの克服と移動といった中世的な治療術を保持している。呪詛神を「すその御社」へと送り出して、呪詛の災厄を防ぐ。また呪詛神と戦うために保護神（式王子）を召喚する作法もある。

私は、いざなぎ流の主要な研究者である斎藤英喜と共同研究することで、青ヶ島の卜部の「呪詛祭文」といざなぎ流の「呪詛祭文」とのさらなる類似点を発見した。とくに、いざなぎ流の七つの「呪詛祭文」のひとつである「女流」の祭文には、青ヶ島の祭文にも見える呪いの作法が見られる。

「女流」の祭文において、呪いを掛けるときの作法は、「針をさす」と表現される。それは逆に釘を引き抜く行為は、呪いが解けることを象徴する。青ヶ島版において、神社の入口から釘を引き抜くことと、仏の目から針を引き抜くことは、同じ機能をもつ。斎藤英喜に聞くところ、「女流の祭文」の中にある特定の呪いは、これまでいざなぎ流以外にあることは、知られていなかった。そのため、彼は「女流の祭文」と青ヶ島版「呪詛祭文」とが、直接的に結ばれているのではないかと推測したのである。

私の知る限りでは、「呪詛祭文」は、現在、青ヶ島では実際に読まれることはない。そのために、呪詛祓えの儀式がどのように行われるかについて知るために、いざなぎ流の「取り分け」を参考にする必要がある。この儀式では、「ミテグラ」と呼ばれる物に「すそ」「穢れ」が集められる。そして最後は、ミテグラを解体し、土中に封印することで、呪詛神を克服したことを表現した。

青ヶ島版「呪詛祭文」は、もともと「悪魔祓え」の儀式で、鍵となる役割を演じた。不浄は人形（わら人形または人形＝ひとかた）へ移されたのち、「不浄船《ふじょうふね》」（穢れの船）に乗せ、海に流される。病気を引き起こしている穢れに対処する方法は、古代の宮廷陰陽師が執行した（とくに斎藤によって解説される天禄三年〈九七二〉の事件[6]）呪詛儀式と著しく類似している。その時も、呪詛はヒトガタへ移されて、船で遠くへ流されたのである。

（2）治療の神としての青ヶ島の「オボシナ」——金山祭文—

青ヶ島の儀礼実践者は、呪っている神との交戦時に、彼らが継承した個人の保護神（オボシナ）に頼る。金山（一般に継承した保護神で、祓えに重要な存在）は、治療過程にとって主要な役割をもつ。「金山様」は、青ヶ島の巫女にとって治療方法の中で強力な武器となるのである。

金山神は、金属と火（火には金属の形を変える能力がある）に関連した神として日本中で有名で、鍛冶と炭産業で働く人々によって祭られている。鈴木健太郎は「鍛冶屋、タタラ師と鋳物師は、「金山」と呼ばれていた巡回職業的な集団に加わった。（中略）そのような人たちは、鉄の魔力をコントロールする能力を持っていることから準宗教的な性格があることとして見られました」と述べている[7]。伊豆諸島南部は伝統的に鍛冶屋と炭産業の中心地であった。そして、日本の他の地域のように、金山神はこれらの職能者とその家族によってとくに崇拝された。伊豆諸島南部の金山神は、強力かつ凶暴な神という両義性をもつ。金山神は呪う力もあり、治癒のための強力な力として使われることもあるからだ。

複数の伊豆諸島南部の祭文が金山神にかかわっている。「船子口祭司」（神楽の中で実修される一連の祭文）は、二つの金山祭文を含む。これらは、「金山の名乗り」と「金山のあかち」である。さらに金山神に関する祭文が『金山祭文』の中にも収録されている。これらの祭文は、金山祭り（別名「吹子祭」＝フイゴの祭り、太陰暦によって一一月八日に行われる祭り）のために唱えられる。

そこで以下では、『金山祭文』所収の祭文について検討する。これは金山祭りのために実行されて、そのうえ「悪魔祓え」儀式の一部であったと思われる。

初めて文献に見えるのは、一九世紀中頃、卜部の廣江福三郎によって書きとめられた『かな山の本』に記録されている。このテキストでは、水神は五つの方向（東西南北と中央）から現れ、呪っている鬼とされる。金山神は「流して祓う」行為を通してこれらの呪いを水に流して返す。次に、鬼の王である「鬼人」は、「魔から」（海の怪物）に乗って五つの方角の宮殿から現れる。金山神は、鬼人の頭を切り落す。次に、大いなる凶悪な鬼である「天明大悪魔」が呪いをかけながら、五つの方向から入ってくる。金山神はこれらを撃退する。最後に、日本のすべての干支の下で生まれた男女数人が現れる。個人個人が呪いをかけるが、オールマイティーな金山神によって反撃されてしまう。

このバージョンの「金山祭文」の治療手法は、呪詛祭文と類似している。両方とも冒頭では、穢れている悪霊と彼らに対抗する神が呼び出される。そして戦いが起こり、悪疫の神が追い出される。呪っている神の敗北は、呪いの除去を容易にする。「金山祭文」において、呪いは水で取り除かれる。それは、青ヶ島の悪魔祓えの儀式の終わり部分で不浄を海に流す行為とよく似ていると思われる。

「金山祭文」にはもう一つ機能があり、そこでは「呪詛祭文」で導入された「本地垂迹」のメカニズムをさらに展開させる。それは金山神が呪いと戦う道具を列挙することから始まり、各々の道具は、仏教の神と一致する。たとえば、大日如来は、金床。弥勒菩薩と治癒の神＝薬師如来は、それぞれ金槌とトング（火挟み）。阿弥陀如来も、火挟みである。王子神である「カシキ王子」と「トクブ王子」は、炭火鉢と大きなフイゴである。これらの道具は、金山神が悪霊を追い祓うために使う「千の剣」を創り出す鍛冶屋によって用いられる。金属の力（鍛冶屋の手法）を用いて、金山神は救済を成し遂げるわけだ。

一方、斎藤英喜によれば、いざなぎ流も鍛冶師の神である「天神」に礼拝する。この神には、敵を屈服させることができる、もっとも強い魔力がある。いざなぎ流の「天神祭文」も、鍛冶屋の道具を仏とみなし、たとえば強い風（フイゴ）は阿弥陀仏で、「くべたるかね」は「なまかね（生金）大明神」である。斎藤は、中国地方、東北地方の北部で見られる「金山祭文」の例に言及する。そこでは、神と仏たちは鍛冶屋の道具に顕現してくるのである。(8)

このような仏と神を鍛冶屋の道具／武器とみなすことは、一五世紀後半の儀礼実践にその起源があるかもしれない。そこでは、専門的な集団は、彼らが使用する道具の聖性を表すために物語を造った。(9)ランベッリはこれを「道具と労働の神聖化」と称する。(10)つまり、集団は「本地垂迹」の発想を用いて説明された神に彼らのアイデンティティを結びつけ、彼らの道具をその神にさかのぼる神聖な物として描写したのである。(11)いざなぎ流は、鍛冶屋の道具を彼らの神楽実修にも取り込んだ。(12)八丈島と青ヶ島では、鍛冶の道具は御神体として保管されている。それらは、金山の神霊が住む保管所でもあった。病気と戦うために鍛冶屋の神と道具が使われることは、いざなぎ流と青ヶ島に限られてはいないが、治療手段としての「金山祭文」と「呪詛祭文」が重視されていることは、二つの儀礼が類似している印象を与える一因になったともいえよう。

（1）　船木口祭詞祭文の次第（資料名）

①よふとめ　②名じくち　③すわのあふじあかち　④おばごぜのなのり　⑤おばごぜのあかち　⑥せうごとのあかち　⑦きみのなのり　⑧きみのあかち　⑨なのり　⑩あわの治郎があかち　⑪なのり　⑫四郎左衛門かあかち　⑬なのり　⑭なかさきさへもん　⑮ごくらくまいり　⑯せんじゅうどの　⑰太郎四郎のなのり　⑱すめうたいじん　⑲ひうがとうせう　⑳雪むらさへもんがなのりへだいはだい　㉑とさの五郎　㉒みでしの大じ　㉓竹のひょうご　㉔金山のあかち　㉕はんこふ　㉖あかち　㉗あかち

船木口祭詞祭文は「ナノリ」と「アカチ」のペアで構成されているが、いくつかのペアは失われ、いくつかは継続している。たとえば「⑦きみのなのり」と「⑧きみのあかち」は一組である。「ナノリ」は神とともに託宣が呼び寄せられる部分であり、また曲前（座ったダンス）を伴っていたらしいが、さらなる検証が必要である。

（2）調査は「伊豆諸島文化財調査」と名付けられた。宮尾しげおが青ヶ島を調査するあいだ、本田安次は八丈島、小島諸島でフィールドワークを行った。最初の調査結果は一九六〇年『伊豆諸島文化財総合調査報告　第三』として出版されている。後に本田は、彼の『東京都民俗芸能誌』下巻（錦正社、一九八五年）に再収録した。

（3）斎藤英喜『安倍晴明——陰陽の達者なり』（ミネルヴァ書房、二〇〇四年）。

（4）Umeno Mitsuoki 2012 The Origins of the Izanagi-ryū Ritual Techniques: On the Basis of the Izanagi saimon, translated by Jane Alaszewska. Cahiers d'Extrême-Asie 21. Faure, B. and Iyanaga, N., eds. pp. 341-386.

（5）本田安次『東京都民俗芸能誌』（前掲註1）。

（6）斎藤、前掲註(3)。

（7）Suzuki Kentarō. Kajishin in Encyclopedia of shinto. Retrieved from (http://k-amc.kokugakuin.ac.jp/DM/dbTop.do?class_name=col_eos)

（8）斎藤英喜『いざなぎ流　祭文と儀礼』（法藏館、二〇〇二年）。

（9）DEAL and RUPERT 2015, 197, DEAL, William and RUPPERT, Brian 2015 A Cultural History of Japanese Buddhism. Wiley–Blackwell guides to Buddhism, 1. Malden, MA: Wiley–Blackwell.

（10）2003　Honji Suijaku at work: religion, economics, and ideology in pre-modern Japan. In Buddhas and Kami in Japan: Honji Suijaku as a combinatory paradigm, ed. Teeuwen Mark and Rambelli Fabio, 255-287. New York and London: RoutledgeCurson.

（11）前掲註(9)。

（12）斎藤、前掲註(8)。

【参考文献】

原典資料

「金山の祭文」「金山の本」卜部の廣江福三郎書写。本田安次『東京都民俗芸能誌』（前掲註2）に複写（一一二七〜一一三〇頁）、原本は浅沼キミ子家に保管。

「金山のさいもん」書写名は不明。成立不明。現在行方不明。本田安次『東京都民俗芸能誌』（前掲註2）に複写（一一三〇〜一一三六頁）。

「すそのさへもんの本」廣江福二郎書写。原本は、浅沼キミ子家に保管。

文献

石塚尊俊・一九八五『鑪と鍛冶』岩崎美術社

太田曲礼・一九七六（一九六五）『生きている原始宗教』東京：出版科学総合研究所

斎藤英喜・二〇〇七『陰陽道の神々』京都：思文閣出版

酒井卯作・一九五二「伊豆青ヶ島の巫女」『民間伝承』一六（三）、東京：秋田書店、一〇八〜一一二頁

蒲生正男、坪井洋文、村武精一・一九七五『伊豆諸島——世代・祭祀・村落——』東京：未来社

土屋久、堀口九五郎・二〇一一「八丈島・青ヶ島におけるカナヤマサマ信仰」『人間科学研究』第三二号、立教大学

山本ひろ子、斎藤英喜、梅野光興、小松和彦・二〇一三年公開シンポジウム「いざなぎ流研究の新時代へ」『東西南北』和光大学総合文化研究所年報、四二〜五六頁

ALASZEWSKA, Jane and ALASZEWSKI, Andy.
2015 "Purity and danger: shamans, diviners and the control of danger in pre-modern Japan as evidenced by the healing rites of the Aogashima islanders." Health, Risk and Society 17, 3-4: 302-325.

LOMI, Benedetta
2014 Dharanis, Talismans, and Straw-Dolls: Ritual Choreographies and Healing Strategies of the Rokujikyōhōin Medieval Japan. Japanese Journal of Religious Studies 41:2, 255-304.

テレビ番組

『牛とカンモと神々の島』ＮＨＫ、一九六六年七月放送

〔資料翻刻と解説〕

対馬の新神供養
――「綱教化」と「提婆」を中心として――

渡辺伸夫

対馬の新神《さらかみ》供養は、単に「かみ」とも呼ばれた先祖祭の一つで、中世後期から近世幕末期にかけて、法者と神子によって執り行われた。さまざまな祈禱と祭文と舞からなる大掛りな霊祭神楽であった。法者は天台密教系の宗教者で両部習合神道験者ともいった。法者の行う祈禱の作法は、弓弦を篠竹で打ちならしながら祭文を誦む、いわゆる弓祈禱であるが、新神供養の場合も例外ではなかった。

この新神供養については、ほとんど解明されていない。わずかに鈴木棠三氏によって法者頭蔵瀬家文書の「六道」関係祭文が翻刻紹介され（『神道大系　神社編四六　壱岐・対馬国』、一九八四年）、その祭文をもとに論じた岩田勝氏の「対馬の迎六道・送六道をめぐって」（『山陰民俗』第四六号、一九八六年）と、同じ蔵瀬家文書を扱った徳田和夫氏の「『〈一盛長者の鳥の由来〉』祭文をめぐって」（『国語国文論集』第二七号、一九九八年）などがあるにすぎない。

鈴木棠三氏は、こうした六道関係の祭文を法者頭蔵瀬家による創作であり、同家のみの伝承と推測されたが、現在では旧法者家にも資料が伝存していることが判明している。いずれにせよ、新神供養の全体像を把握するまでには至っていない。

対馬の法者の起源伝承として、よく知られているのは、平山東山の『津島紀事』である。すなわち、貞元元年（九七六）に三善清行の八男、浄蔵貴所の子、布施と伊能の二人が、対馬に流罪となり、その子孫が法者になったというものである。これに対して法者頭蔵瀬家の伝える始祖伝承は次のようなものである。

三善清行を初代として、後年老松宮《おいまつ》と称して祭った。二代は清行の八男、浄蔵貴所で、康保元年（九六四）一一月二一日死去、後年疫伏宮《やまぶし》と称して祭った。三代は浄蔵の長子、飯田式部清胤《きよたね》で、初名を布施と号した。円融天皇の時代に故あって対馬に流罪となり、上県《かみあがた》郡伊奈に住んだ。両部習合神道の法者の教法を初めて広め、法者の元祖となる。各村に諸神を勧請し、農耕漁猟の法を教えた。寛和元年（九八五）一一月二一日死去すると、上県郡伊奈の味曾《みそ》篭《ごもり》に葬った。その後、清胤の功績をたたえ追慕するために、御園村の浜に祠を建て、寄神《よりがみ》大明神として祭った。

浄蔵貴所と清胤は忌日が奇しくも同じ一一月二一日である。江戸前期の寛永から寛文期の成立と推定される四三代飯田乾頭大夫智元著「年中行事大略覚書集」によると、飯田家は毎月二一日の命日には、御備物を献じ、一一月二一日の祥月命日には、二柱の御祭日として特別の御備物を献じ、また府内と田舎の法者たちが夜は歌舞神楽を勤めた。法者頭飯田氏は元禄一一年（一六九八）に蔵瀬氏に改めた。

新神供養の起源については、蔵瀬家の伝承によると、室町時代の永享九年（一四三七）、宗貞盛公の時に八坂因瀬満が筑前国より対馬に来て始めたという。「かみ」は法者が六道をよく扱い、佛の供養になるといって対馬では大いに流行した。八坂因瀬満以前の法者は「かみ」を学ばず、因瀬満が対馬島内に広めたという。八坂氏は飯田（蔵瀬）氏の傍流で、浄蔵貴所の次男、伊能を元祖（初代）とする。伊能は兄の布施（清胤）が対馬に流罪になった時、布施の妻がその跡を追うのに同行し、筑前国宗像郡に到り、伊能は兄妻を対馬に送り届けた後、宗像郡に住んだ。

因瀬満は八坂流二五代で、対馬に渡り、佐賀村後に久志村に移り住んだという。その末裔が貞享三年（一六八六）の『対州神社誌』峯郡佐賀村、宗像八幡宮の祭礼の項に「右神主同村之法者八坂式兵衛神楽仕ル」とある八坂式兵衛である。さらに明治・大正・昭和にかけて対馬神道界の重鎮であった八坂盛祥は、対馬神道八坂流本家四〇代を名乗っていた。八坂盛祥家の法者祭文類は、内野対琴《うちのたいきん》の『反故廼裏見《ほごのうらみ》』に書写されているが、その中に新神供養関係の祭文は含まれていない。

中世の新神供養がどのようなものであったのか、その実態を示す史料は残されていない。対馬島民の分限を越すような大掛りな先祖祭（霊祭神楽）であったらしく、近世になると、対馬藩は風習の害になるとして、しばしば法者の執行を禁じている。以下四例を示す。

〔史料一〕八郷江之御壁書之控　延宝五年（一六七七）五月二日　宗家文庫

一先祖之弔不致結構いかにも軽ク可仕候、付、かみ・せきわたし・やまいれ祈禱堅停止之事、

〔史料二〕御郡奉行毎日記　延宝五年（一六七七）一二月二一日条　宗家文庫

○田舎ニ而為先祖祭かミ付候儀、已前より堅停止被仰付置候処ニ、密々ニかミ仕候段、御聞届被成候、自今以後曾而仕間敷候、殊かミ仕かわりニせきわたし・山入祈禱仕候、是又停止被仰付候条、此段八郷ニ申渡候様、大浦忠左衛門殿より御寄合所ニ而杢兵衛ニ被仰聞候、

〔史料三〕八郡江之御壁書控　元禄六年（一六九三）五月二日　宗家文庫

一先祖之弔分限相応ニいたすへく候、分に過たる結構仕間敷候、付リかミ・せきわたし・やまいれ祈禱令停止

候事、

〔史料四〕寺社方記録　寛政五年（一七九三）一一月一六日条　宗家文庫

かみ・関渡し・山入レなとの唱、大造之祈禱間々下々ニ而令執行候義有之由、右名目之祈禱取行候段、風習之害不少事候付、郷村ハ敏ク停止被置候、此節御国内一躰ニ被差停止ニ付、向後法者共決而致執行間敷、万一違背之族於有之者、厳重御沙汰之所有之候条、田舎法者共江ハ尚又矴と夫々頭を以可被申付候以上、

十一月十六日　年寄中

寺社方兼帯
小河左軍殿

与頭衆中

一宮惣左衛門殿
御郡奉行所　可被得其意

右之通被仰出候付寺社中へ尚又差出

対馬の先祖祭であるかみ（新神供養）・関渡し・山入祈禱については、執行記録も少なく、管見によれば、かみ（新神供養）は寛政五年（一七九三）一一月（御郡奉行毎日記）。天保五年（一八三四）一一月（蔵瀬家文書・天保五年毎日記）、関渡しは寛政四年（一七九二）一〇月（寺社方記録）のみであり、山入祈禱の執行に至ってはその執行記録は皆無である。

筆者は、蔵瀬家をはじめとして旧法者家所蔵文書や宗家文書の調査をふまえ、その実態の解明に努めてきたが、新神供養の次第と諸祭文とをつき合わせ復元を試みることを当面の課題としている。本稿は、新神供養の

「綱供《つなく》」「綱教化《つなきようげ》」「提婆《だいば》」など、〝綱〟をめぐる次第に注目し、資料の翻刻と若干の解説を行うものである。翻刻資料は次の通りである。

〈資料1〉「新羅神供養大事」旧渕上家（万延元年本）
〈資料2〉「綱供」飯田家（年月不詳本）
〈資料3〉「津奈之教化壱流」豊田家（年月不詳本）
〈資料4〉「綱教化」豊田家（貞享元年本）
〈資料5〉「だいば」扇家（宝暦一一年本）
〈資料6〉「提婆」舎利倉家（安政五年本）

資料解説

〈資料1〉新羅神供養大事

旧渕上家文書。万延元年（一八六〇）本。筆者の渕上可傅は峯郡吉田村（現対馬市峰町吉田）の法者。藩政時代、吉田村には渕上家二家と龍造寺家の法者がいて法者村であった。

新神供養の次第を記した唯一の資料である。平成六年冬、東京古書会館の古書市に出品されたが、先約があって入手できなかった。古書店主の温情によって次第のみを書写させていただいたものである。

次第の中で舞は「注連舞」と「剣舞」の二番のみであるが、内野対琴の『反故廼裏見《ほごのうらみ》』第九巻日之巻によると、「かみ」の時に、「おしきの舞」があり、法者が丸盆を両手の掌にもち、これを落とさぬように体をひねってまわり舞った話が記され、また次第にみえる「位牌縛ク《いはいば》」は、前記天保五年の蔵瀬家の新神供養の時に、法者の妻（神子）が勤めたことが見えている。

また第六番の「ヨツラ張ル」は「寄弦張る」で弓祈禱において弓に弦を張ること。平安末期成立の『新猿楽記』の巫女の項に「ヨツラ」とあるが、同書の最古の写本（康永本）には「寄絃《ヨツラ》」とある。

新神供養に誦まれた祭文には「迎六道」「送六道」「五戒」などが知られているが、他に「願物（願物語）」「星物語」「一森長者の鳥の由来」などの説経風祭文があった。本資料から後者の説経風祭文が誦まれる局面が推定できず、新神供養の次第はいくつかの方式があったとみるのが妥当であろう。

〈資料2〉綱供

上県町志多留、飯田家文書。折本。一面二〇センチ×一四・九センチ。年月不詳本。表紙・表題を欠くが、第一〇面に「綱供終」とあり、これが表題であることは明らかである。第一一面以下「送六道」を記すが、その下紙に「大鬼（提婆の七つ歌）」や「不動秘鍵」が記されている。折本の経文の上に紙を張り、祭文を記す例はよく見られ、祭文の上にさらに別の祭文を張ることもある。

〈資料3〉津奈之教化壱流

上県町越高、豊田家文書。折本。全一二面。年号不明本。内容的には〈資料2〉綱供の冒頭の綱供作法を欠き、歌のみ記したもの。歌の中で注目されるのは、対馬のほたけ祭の祭文と共通する歌が誦われることである。ここには参考として豊玉町仁位の国分家文書の中から寛永一九年本「ほたけまつり」の歌を示しておく。

○飯の山やこしきのたうけをけさ行は、わふなるものは、もちりだふろのうづまくみよ
○あひなますに御はんかきすへあひやなれたる心こそすれ
○さけ〳〵と心ばかりはにをへ共ひらきもやらんきくの花かな

〈資料4〉綱教化

豊田家文書。巻子本で表題と七つ歌を欠損しているが、内容から推測して「綱教化」とした。貞享元年（一六八四）の奥書は、新神供養関係では最も古い。〈資料1〉の新羅神供養大事の次第では「経化」とある。同じ豊田家には文政六年（一八二三）本の「綱教化」があるが、漢文体である。また蔵瀬家文書の中に、安政二年（一八五五）本の「教化」があり、漢文体で「縄供飯辨事」「唄歌二二首」「教化巻巻表白」を記す。この安政本は〈資料2・3〉と〈資料4〉を合わせた形であり、綱供と綱教化が密接な関係にあることがわかる。

〈資料5〉だいば

上県町鹿見の扇家文書。表紙・裏表紙とも全一六丁。こより綴。二四・一センチ×一六・六センチ。表紙に「だいば」、奥書に「宝暦十一辛巳年／九月吉日　扇弥平」とある。

〈資料6〉提婆

厳原町樫根の舎利倉家文書。表紙・裏表紙とも全一〇丁。こより綴。二三・七センチ×一六・〇センチ。表紙に「安政□（五）午年／提婆／二月下旬　舎利倉氏」とある。

右の「綱教化」と「提婆」は、連続する次第になっているが、実は両者の問答からなる一演目である。それぞれが別個に記されており、問答体に記された伝本は見出せない。提婆は荒平や翁とも名乗り、初七日から三十三回忌までの年忌ごとに、死霊を地獄に責め落とそうとする。綱教化は尊き仏法を聴聞して早々綱を許せと迫る。荒平風の鬼の問答が注目される。

凡例

一、本文の丁付けは示さなかった。
一、適宜に改行し、句読点を施した。
一、難読箇所及び破損箇所は□で示した。また原本に脱字がある場合には、その字数分を空け、右傍に（　）で補うなど、筆者の注はすべて（　）で示した。

〈資料1〉新羅神供養大事　旧渕上家

（表紙）
新羅神供養大事
（内題）
新羅神供養秘書
両部習合引導法

新神壇定次第
先霊棚壹　カサリヨウハ口伝
次五佛印信
次十三佛
次トウ舛大事　口イ（口伝）
次住（注）連舞

次ヨツラ（寄弦）張ル
次縄（綱）供シ大事　口意
次前祈り
次寄せ太鼓
次国ノ祈り
次回向　戒名入
次霊直シ
次六道初メ大事　戒名入
次六道終り大事
次位牌縛ク
次迎エ六道
次野返シ
次剣キ舞
次送り六道
次霊棚開ク
次焼香
次行列　一ニ剣　二ニ御幣　三ニ錫杖　四太鼓　五ニ人形
巡ニ三度巡ル　二番メノ幣ヲ二番メ廻ル時四方ニ立ルナリ
四方ノ幣ニ把ナカラ人形ヲ可拝

次縄（綱）開ク大事　口意
次経化
次大婆
次綱切
次送六道
次神気狩り
次神送り
次野刺シ征矢射ル弓ノ中通ル唱へ
次結願大事

弓ノ中ヲトウル人ハ千トセノ命ヲナガウヒサシュウ　セン々スガヌキ万スカヌキ弓スガヌキ　数返唱ェ
弓ノ中ヲ三返ツ、トウルナリ

（奥書）
萬延元庚申年六月吉日
渕上　可傳
幾年四十六写之

〈資料2〉綱供　飯田家　年号不明本

綱　供

先綱ヲ居セ霊供ヲ備置　香ヲ薪焰リ之上霊供　三度順廻ス也
次護身法　次佛眼印　同咒曰
曩《ナウ》謨《ホソ》彼《ハ》誐《キャ》縛《バク》姤《ト》隝《ウ》瑟《シュ》抳《ニ》沙《シャ》唵嚕《ロ》□
蘇普《ホ》嚕《ロ》入《シン》縛《バ》羅底瑟吨《タ》悉《シッ》多《タ》路《ロ》你《ニ》
□□縛羅《ラ》他《タ》薩《サ》多《タ》伱娑達訶
次智拳印　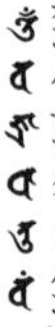（オンバザラダトバン）
次外吾古印　（アビラウンケン）
次無所不至印　（バウンタラクキリクアク）
次拍手　其後太皷ヲ三ツ打鳴也
五首　十二首ノ歌ヲ誦也　歌一首ニ太鼓三ツ宛

一抑いつれも神人ハ生れ死て神の浄土へ参らんハなし　されども此一念の煩悩の鬼綱をきらずしてハ、神の浄
土へは参らぬなり　先々此程のたび立に心しづかにはんのぬしとはなりたまへ
一い丶の山こしきの峠けさ行バ
あふなるものハ酒のいづみそ
一あゆなます御はんかいつけ海山ニ
かいやなれたる心こそすれ
一なまだい八ツひだい九ツい丶ハ八ツ

それもる〳〵とちよを社《こそ》へる
一酒々と心ばかりハにをへども
ひときもやらん菊のさけかな
なれうなれじハこせかまい〳〵
まづ此十二首のうたをちやうもんしたまへ
一しやうわふの五しきの糸をより合
神や佛の御つなとぞいう
一てんかいの引をのつなと諸ともに
神の浄土にひかれてそゆく
一さとり得て神をしやうする我氏子
子孫は猶もさかへてそ行
一いにしへのしわさとふかくしりながら
何を頼まん何をなげかん
一さきの世につくれる罪も今よりハ
神の浄土にうかひてそ行
一うき時ハ我が黒かみをおしなでゝ
きらんはやとハ思きりたし
一これや此生死のころもぬきかへて
神の浄土に参る嬉しき

一極楽の浄土につなく此鬼綱
きりての後ハ思ふ事なし
一光明のひかりさしそう此鬼つな
魔王のものハあらじとぞ云
一鬼綱きる神のおまへに今よりハ
浄土のミちにいるぞ嬉しき
一親ならで子ならで誰かとうべきぞ
もつへきものハみどり子のすへ
一すえの世にとへばぞ罪ハうかひ行
猶もさかへよみとり子のすへ

次錫杖一巻　心経三巻　陀羅尼七返
右太皷ヲ打セ我ハ錫杖ヲ振也
次九字切リ納ムル也
綱　供終

〈資料3〉津奈之教化壱流　豊田家
一いつれも神人ハ生来て
神の浄土にまいらんハなし

一されとも此一ねんのほんのふの
きつなをきらすしては
神の浄土にハ参らんなり
一まつ〳〵此ほどのたび立に
はんのぬしと成り給へ
一い丶の山こしきのとうけを
けさゆけハあふなる物は酒のいつみそ
一あゆなます御はんかいつけ
かひやなれたる心こそすれ
一生たい八つひたい九つい丶ハ八つ
それもる〳〵と千世をこそへれ
一酒〳〵と心はかりハにほへ共
ひらきもやらん菊の花かな
一なれてもよやならてもや
なりうならしハこせかはかまい
一むかしハ三十六しゆと申せとも
まつ十二しゆのうたをちやうもんすへし
一しやうわうの五しきのいとをよりかけて
神や佛のきつなとそゆふ

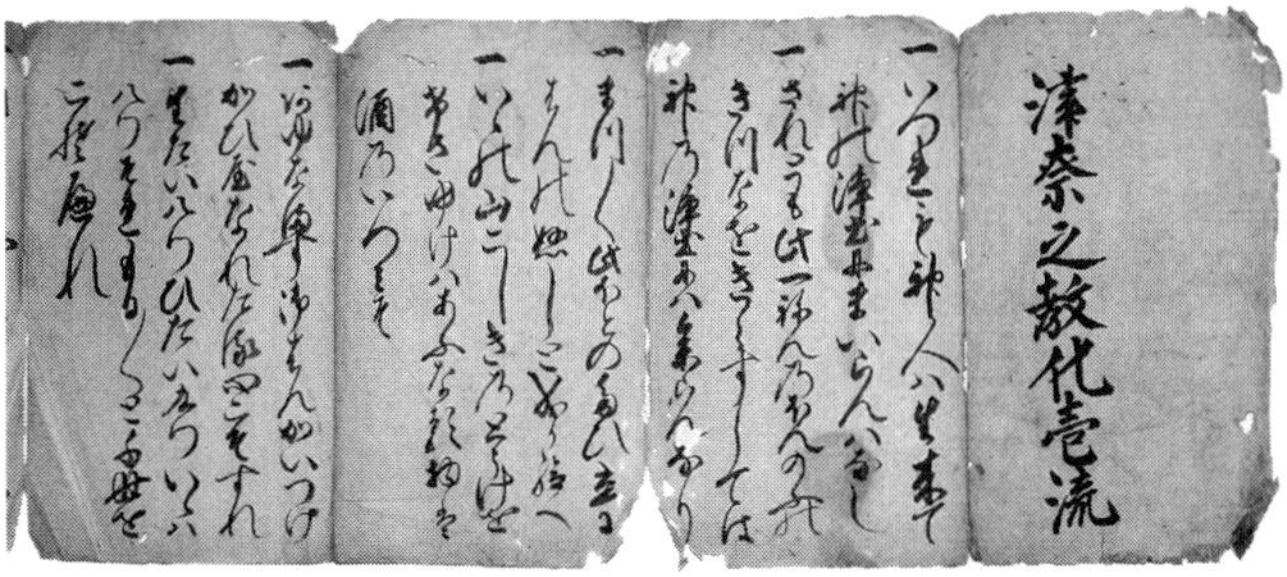

津奈之教化壱流
豊田家　年月不詳本

一てんかひのひきおのつなともろともに
神の浄土に参らんハなし
一さとりゑて神をしやうするわかうち子
しそんハなをもさかへてそ行く
一いにしへのしにさとふかくしりつれは
なにをたのもふなにをなけかん
一さきのよにつくれるつみも今よりハ
神の浄土ニうかひてそ行く
一うきときハ我れくろかみをおしなてゝ
きらんはやとハおもひきりたし
一是や此しやうしのころもぬきかへて
神のしやうとに参るうれしさ
一極楽の浄土につなく此きつな
きりての後ハおもふ事なし
一光明之ひかりさしそふ此きつな
まわうのものハあらじとぞおもふ
一きつなきる神のおまへに今よりは
浄土の道に入そうれしき
一親ならん子ならてたれかとうへきそ

もつへきものハみとり子のすゑ
一末の世のとゑはそつみはうかひ行
なをもさかへよみとり子のすへ

〈資料4〉綱教化（仮題）　豊田家　貞亨元年本

（前欠）

佛こんかふさつた《金剛薩埵》の。つけていわく。我等みらい《未来》あくせ《悪世》のしゆしやう《衆生》をみ□《る》に。壱人もしやうふつ《成佛》すへからず。其□《ゆえい》かなれハ。さいこう《罪業》。しんちう《深重》にし□《て》六道しやうじ。しづミ。しゆつり。□《して》しの身の。ゆへに。しゆしやう《衆生》ハ。おゝく《多》佛たう《道》を。たつ《達》せられず。我等しゆしやうを。あわれみて。一つのひみつの大ほう《法》をとく《説》。是大一の□《ことなり　えんねん》の。□《ひ》ほうを。ちやうもん《聴聞》し□《て、はやはやつな》をゆるし□《候へ》

初七日

一さもあらは。佛ほう《法》の。たつとき《尊》ゆらい《由来》を。かたりて。きかすへし。むしよふしよ《無所不所》のちやうゑ《定恵》。わがう《和合》の。時のすかた《姿》なり。とつこ《独古》は。すなはち。どくそん《独尊》。一本の。しんほうかい《心法界》の。そとハ《卒塔婆》なり。さんこ《三古》ハ。すなはち。地ほうかい《法界》。大さうち《正知》の。しんによの。たいなり。此五こ《古》より。まんほう《万法》。しゆつしやう《出生》す。十□《方浄》□《土は》とを《遠》からず。しゆしやうの□《そのこころにおさま》れり。かほどたつとき。佛ほう《法》を□《よくよく》ちやうもんして。五ぎやくざい《逆罪》の。つミ《罪》をめつ《滅》して。はやはや〱つなをゆるし候へ

二七日

一さるほとに。しやか《（釈迦）》佛ハ。ほけきやう《（法華経）》をとき《（説）》たまゐし時ハ。御こゑを。くもい。かすミの上に。ひゞかしてとき給ふ。みけんの。びやくがう《（白毫）》の。ひかり。とう《（東）》。方。四まん。八千の国をてらし。とうさいなんほくに。くもりなし。百千の。日月の。あま下りたまふがごとし。其ひかりの。内にあることくきこへて。その時しうん《（紫雲）》。たなびきおんがくきこへて。天地をひゞかし。大地しんどう《（震動）》して。ふつほさつ《（佛菩薩）》。□《（ふり）》くたりわきいで。たまふ。ちんかう《（沈香）》。くつし。風に。みち〳〵たり。うミ川も。しづかにて。木々のこずへも。くさむらも。風にみたされず。木くさ。ちくるい《（畜類）》。けたもの《（獣）》。つはさ《（翼）》。海川の。りうわう。すいしん。うろくづのじやの。つの。しかのつの。おちて。みる。しやうふつしたまふぞよ。かほどたつとき。ふつほうを。ちうもんして。はや〳〵つなをゆるし候へ。

三七日

一ふつせつにいわく。此きやうを。よく〳〵しんせよ。しんずれは。八万四千おく。なゆうこうがしやの。ほとけい。ひにそへて。かうべをなで。たな心《（掌）》を。あわせ《（合）》て。らいはいしたまふ。ほさつたちは。かたじけなくもやくわうほさつ。せいし《（勢至）》ほさつ。しゆんれい。くわんおんほさつ。やうりう《（楊柳）》ほさつ。ばとう《（馬頭）》ほさつ。によいりん《（如意輪）》ほさつ。日くわうほさつ。月くわふほさつ。もんしゆしりほさつ。ふけん《（普賢）》ほさつ。かしよう《（迦葉）》ほさつ。あなん《（阿難）》ほさつ。しゆつりほさつ。廿五ほさつ。ふとうミやうわうほさつ。多もん天王。十二大ぐわん。いわうせん神。十らせつ。によ。大ぼん天王。三世のしよふつの。ちかいには。しゆしやう。此きやうを。かきよむ。人をハ。大じやうじひの。御手をのべ。よるひるかふべをなでたまふへし。との。御ちかいなり。七なんミやうくわ。ほこつるぎ。ゆミやきたるとも。た方へ。はらわんとときたまふ。かほどたつとき。ふつほうをちやうもんしてはや〳〵つなをゆるし候へ。

四七日

一されはほとけひほうをときたまふ時んば、天地むりやうの。ほさつ一万ごうがしや《恒河沙》。二万こうがしや。三万こうがしや。くも。かすミのことくいでたまふ。されは。天地国《こく》。ながさ八万里《り》。ひろさも。八万里の。はまあり。此はまの。まさこ《砂》の。かすより。ほけきやう《法華経》のくとく《功徳》ハ。なをすぐれたり。されハ七たたいし《悉達太子》と申ハ。一天のきミたまの。なんてん《南殿》の内。にしきのしとみ。やゑのひまん。七、ゑのきてう。一天四かいを。たな心《掌》にしたがへ。一万人の大神。十万人のくぎやう。天上人に。あをかれし。身なれとも。三かいの。しゆしやうを。けとくせんかために。わうくう《王宮》をいて。だんとくせんにて。御きやうを。ときたまふ時は。いやしきしゆしやうも。つミをつくらす。人をにくます。鬼神もしゆじやうに。あたをなさす。かほとたつとき佛法をちやうもんしてはや〳〵つなをゆるし候へ

五七日

一されはつミのきやうちうに。まかせて。ゑんまのちやうにて。しやうはりの。かゝみのおもてにて。さらし見ればくもりなし。五百千こうか間。おのれが。ゐたせるとがなれは。ほのおに。むせぶ事。かぎりなし。ひん人の心おもやすめす。しんるいそくのひんなるをも。たすけず。たゝせつしやう。ちうたう。しやいん。まうこをも。さとらす。たゝごくそつ。の。使《つかい》に。せめられて。さきたつものハ。なミだなり。されども。御きやうを。かきよミ。しんじたる人は。地ざうほさつハ。れんだいの。くるまにのせ。極楽に。みち引《ひき》。たまふべしと。たつとき。佛法を。ちやう文《聴聞》してはや〳〵みつなをゆるし候へ、

六七日

一されば五百八千のもん。此きやうを見るへき人。をよく〳〵。きようけしたまふが。しかりとハいへども。はらあしくして。つミをつくり。人の。うれいを。おもんせん人には。もろ〳〵ニちかづくべからず。さんぞくをして。あくをつくらんと。はげミ。佛神に。物をおしミ。しう。おや。師《し》の。おんはうの。御おんかうむりて。ほうぜん人は。ちくしやうと。しるへし。おんをしらんともがらは。にごりて。すまん。水のことししと。佛《ほとけ》ときたまふぞや。かゝるたつときふつほうをちやうもんしてはや〳〵つなをゆるしたまへ、

 七々日

一されば佛法をはげむ人ハ。上ほん（品）上しやう（生）に。うまれたまふへし。はつた。はらもんとうの。五百の。ほさつ。たつとき。びく人。皆一つすかたなりといへとも。あまと。そうと。いんよく。にくしき。大酒人の。まなこをぬき。ほとけにはなかふを。まいらせず。よもすがら。あすの。せいちうを。いとなミ。ひのむすに。此くれの。よの中を。はげミ。おのづから。此きやうを。もちいても。そりやく。にくしきして。くち二而。つミをつくれば。百まんべんのハへず。念佛□た□いふしやうする事なし。たつとき。ほさつと。御僧《そう》は。一つ心なり。まんほうを。すてゝ。たな心（掌）をあわせて。みだをねんし。御きやうを。よミたてまつらんと。しよぐわん。ふかければ。おふしやうの。しよそくわいを。とぐる事。うたがいなしと。ほとけハ。ときたまふぞや。かほとたつときふつほうをちやうもんしてはや〳〵つなをゆるし候へ、

 百ケ日

一くわんぜおんといつハ。百千万の国に身をげんし。しゆしやうを。りやくしたまふ。ふげんといつハ。せけんしゆつりの。たのしミの。らくをゆふ。かるかゆへに。めうおんほさつの。御なをつねに。ねんしたまふ

へし。大じちひの。くわんぜおんハ。もろ〳〵の国こくうに。身ヲげんし。あそひたまふが。さま〳〵にかたちを。三十三へんに。身をへんして。こんじやう。こしやうの。身ならす。のぞミを。かなへ。こかねのたからを。しんしゆとうほうの。身のたから。しゆ人あいきやう。かんろほうき。せんしゆの。あぢわいを。さづけびやうなんくなふ。くるしみなく。いとくのたからをさづけ。こんがう力の。ちからをさつけ。大じ大ひの。くわんぜおんとハ。ねんし。たてまつらん。しゆしやうをバ。しゆミせんの。ミねより。おとさるゝとも。中にてすくわんと。ちかいしたまふ。おや。のかたきしゆくせのかたきと。おこなわれて。かたきにあいて。いのち。ちうせんとするとも。つるぎだん〳〵に。おりしてその身にかわりたまわんと。ちかいしたまふぞや。かほどたつとき佛ほうをちやうもんしてはや〳〵つなをゆるし候へ、

梵字 一周忌

一されば人の五ざう六ふといつは。腹《はら》の内にある。大かいのことし。かたむけ。あらいそゝげども。きよかる事ありがたし。されども御きやうをよミかき。又ハじひなる人のはらのわた。六こんしやう〴〵にして。なかのたましゐ。いわ。すいしやうのことし。あさやかに。くまなき月をみることし。して。ひかりかゝやく。くわうたいじひの心をかりて。うちやうてんの。くもの上にて。三千大せんせかいにかくれなし。ぢんかうまんかうじやかう。たき物むめのにをい。かくのことくなり。ぶつほうを。ちやうもんせん人は。まなこ。ぬけてせミのぬけがらのことし。月日のひかり。おかまず。我心から。ぼんなふの。くもにかくされて。浄《しやう》ぶつすることなしと。ほとけハときたまふぞや。かほどたつときふつほうをちやうもんしてはや〳〵つなをゆるし候へ

大三年

一されはあミだほとけハ浄土《しやうと》三ふきやう《（部経）》にいわく。ほうもんしやうけうに。とかるゝと。いへどもじやう佛。するもさらになし。それをいかにと申にしゆしやう五このさわり。身をもつてしやうじをはなれず。ねんふつきやうにハ。とかれたり。さればなん方むくせかいにてしやかほとけハ。御せつほうをときたまふを。ちやうもんせんとてりうわうの。おとひめ大じやのすがたを。ひきかへて女人のかたちとなり。しやくそんにまいりせつほうを。ちやうもんしてたちまちに。じやうふつしてほさつのくらいに。なる事こと。御きやうねんぶつのくりき也。とねんぶつきやうにはとかれたり、いわんや人げんのをんな。よく〱御きやうねんふつを。ちやうもん申べし。さればだいばたつたとゆいし人は父《ち》をがいし。母を七ちうのろう二こめきやうたいを。国〱にはなし。寺をやき。佛の御《み》あしをうちちをなかしたつとき御そうをころせは五きやくざいの人なり、むかしもいまも。かゝるあく人ハなしとあり、されハしゝての後《のち》一まんごうの間むけんのそこにこかれしがねんぶつきやうをとかれし。風にあたりて人にうまれたれども。人にまじわらん、やまふをして。人のかど二たちて。こつじきをしけるが。ねんぶつきやうおわとかれたまふをちやうもんして。たつとしと思ひてくわんきのなんだを。なかしたる。くどくによりて。又てんわうと。むまれ如来となりたまへは。つミをつくるといへども。五ぎやくのうちにはいらすとほとけはときたまふぞや。これほとたつときぶつほうをちやうもんしてはや〱つ

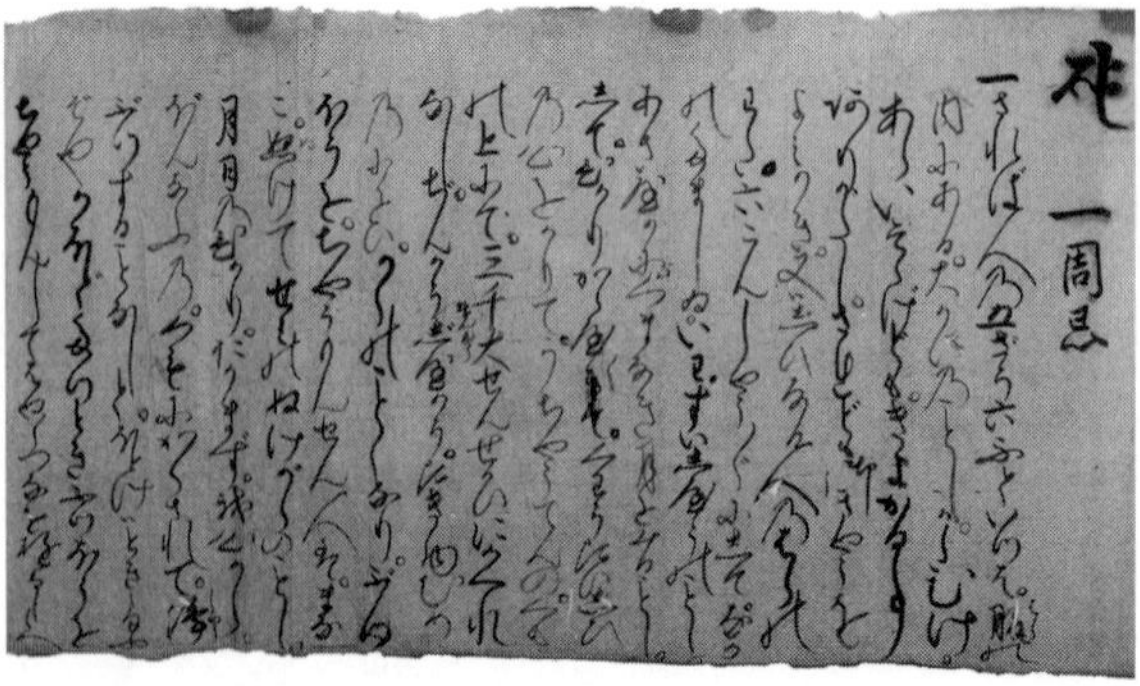

綱教化　豊田家　貞享元年本

なをゆるし候へ、

七周忌

一されば神りきほんとて。人のじひくわふだいなる。ほとけの御したをさしいだしたまへば。てんにさしあがつて。身のけのあなよりむりやうむじんの御ひかり。十まん三千せかいをてらしたまふ。みけんびやつかふのひかり。百千万の日月を。あつめたることし。十万三千たいの。あミだ。如来ハ。御したをさしあげたまへは。うちやうてんにあがりたまゐて。御ひかり百千万の日月を。あつめたるがことし。くもかすミのほさつ。あまくたりびわ、こと、わごん、しやう、ひちりき。つゞミ、よこふへ。百弐十てうのまいのがく。九じやくほうわうかりよふひんのこゑ〳〵なり。其後こがねのとびら。たまのすだれ、やうらくつゆをたれ。ねんぶつきやうをかきよミちやうもんするしゆしやうをむかへとりたまふべしと。ほとけハときたまふなり。かほどたつときふつほふをちやうもんしてつなをゆるし候へ、

十三年忌

一さればしやかほとけときたまふやうハ、ほけきやうをかきよミちやうもんする時は。はんしをすて丶。よねんなくしんずる人ハしやうじんの。あミだによらいなりとて。ほさつたちハ。手をあわせて。おがミたまふ。さればしんある人のせんごんハ岩をにいわをた丶むがことし。しんなき人のせんごんはいさごを大かいにうむるがごとし。あく人の作るせんごんハ。ほむらとなりてもへうする。だうを立佛をこんりうし九ほんのねんふつとおこなふといへども。あくゑんにては。かなふましとほとけはとかせたまふぞや、かほどたつときぶつほうをちやうもんしてはや〳〵つなをゆるし候へ、

十七年忌

一さるほとにしやかほとけときたまふやうハ。御きやうをとききかする事のうれ（し）さよ。あくだうをはなす事。かへす〳〵もうれしさよ。しゆじやうのためには。あミだハ母、しやか（ハ）父。しゆじやうハ。御子なればこそすがたハ。ほとけにたがひ申さんなり。ほとけをやならずといふ事なかれ。ほとけおやならずとおふせあるならば。ほとけしやうがくならずして。御したぬけて。こくうにかへさんとときたまふぞや。かほとたつときふつほうをちやうもんしてはや〳〵つなをゆるし候へ、

廿五年忌

一されば人。しやう佛なるみハ。ほけきやうねんふつにはしかじ。かたじけなくも。ぼんてんより。あけのいとを。くだして。大かいのそこなる。はりのさきにつらぬくとゆふとも。ほけきやう一字のくとくに。しゆじやう成《しやう》佛ならずとゆふ事なし。命をわらん事をおもいて。かなしむゆへに。一日一夜の。八どく四千のつミをつくるなり。人間《げん》五十ねんといへともおくれさきだつつゆの身は。むじやうの風にちるをさだめなし。しやばせかいと申たは。極楽《こくらく》の。ひがしのもんの。はちすのつゆふりかゝる時《とき》。人げんのたねと。なりて。しゆじやうハ。むまれたまへハ。すがたハ。ほとけに。かわらぬなり。されともほとけの。御心とふるあめの。びやうどうなる事ハ。かわらず。人間《げん》の心。じやけんにして。人をそねミ。まふごを。たくめば。心に。大小あれば。あめハ。ふれとも。みづ。とくる事ハ。おゝきなるこの葉《は》ハ。をしうけて。ちいさき木の葉ハ。つゆを。すくなく。う　むねにあり。あめハ。びやうどうなり。ほとけハしゆじやうを。ひとり子のごとしと。佛はときたまふぞや。かほとたつときふつほうを。ちやうもんして。はや〳〵つなをゆるし候へ、

三十三年忌

一されば十方《(万)》八千のもろ〳〵のぼさつ。御身をはなさず。ほけきやうを。かきよみ。あくぎやうを。すて丶。じひの心をなさん。ともがらをば。ひゞにかふべをなで。ほとけの。ちからを。さづけん《(と)》。ときたまふ、七なんをはらい。たまわんと。ちかい。したまふぞや。ほけきやうをかきよミたまわん人ハ。いさ丶かはらくろくして。人をにくみ。そねミ。そしる人に。はぢを。か丶せべからず。しやうじを。すて丶。かきよむべし。又かやうになる人を。しんぜす。そしりたる人は。ほけきやう大はんにやの。中にまします。くもかすミの。しんめい。三ほうを。そしりたる。うちなり。したすくミ。あし手かなわん。ものに。うまれて。人にまじわらん。人に。むまれて。ながくむけんのそこに。おちて三千大せんせかいの。ぶつ神にはなされて。むりやうごうにもうかはす。ついのすミかにハ。地ごくならでハ。あるべからずと。ときたまふそや。かほとたつとき佛法をちやうもんしてはや〳〵神のつなをゆるし候へ、

一きつなきるかミおなしくもいまよりは
きりての後におもふことなり

一極楽の神のはしらにみつなさし
きりてののちにおもふことなし

終

貞享元甲子年　　角左衛門

〈資料5〉だいば　扇家　宝暦十一年本

一はつ花のしげくひらけるさく花も

ま王つまでハたれかつむべし
一山高しいわをきびしきるりのちに
まわうふさでたれがふす
一我をたそととうべき人ハ天ぢくにてハまけいそふ、我ちやう（にてハ）しやくそんはなれて我をたそととうべき人ハ候まじ。おもいもよらす。
一猶々なんち。おろかに。おわします。それをいかにと申に。しやくそんの立おかれし。ぜんぼうじとゆう寺有。此寺ニひかしかた。一方ハ。よものしゆじやうの。つめ神を以テふく。南かた一方ハ。人の身のけを以テふく。西のかた一方ハ。しやりこつを以テふく。きたのかた一方ハ。おやのふきようを。かうむり。しのかんどうをき。しきてうニ。そむく物有ゆへニ。くわゐんとなつて。もゐこうすいとなんて。なかれうせて、いまた。此だう。じやうじゆせん所ニ。しんのミつな。ゆるせとや。おもいもよらぬ。
一猶々ふしぎなる事を。の給ふ。しやか如来と申とも。卯月八日うまれさせ給。ミつからと申ハ。うまるゝおもしらず。そだづをおもしらず。天こそ。ちゝよ。地こそ。母よ。かのおきなか。もつたる。たからにハ。かくれミの。かくれがさ。打手のこづち。うきくつ。しづむく（つ）。しくわつぢやうの。ふちを以テ三千大せん。世界を。だゝ一はねに。とびまわり。まつせんの。しゆじやうを取て。天ニけあげ。地ニおつる所を。ほねをかミ。ちをあぢわう。かほどに。ひきやうじざいの。おきなか。もちたる。しんの。ミつなゆるせとや。
一猶々おろかに。おわします。それを。いかにと申ニハ。かのおきなが。よわいひさしき事を。かたつてきかせ申さん。近江の水海ハ。一万年ニ。一とひて。二万年ニ山となり。川となるをも。七度ミて有そ。それのミならず。昔し。せいわうふ（西王母）かそのゝもゝハ三千年ニ一ど花さきて。九千年に一どミとなるおも七どミて有。かほど。ひきやうじざい（飛行自在）の。おきなか。もちたる。しんのミつなを。ゆるせとや。おもいもよらん御事なり。

一猶々なんぢ。おろかにおわします。そうしゆつけと申せ共。人の。せもつをハ。とりおき。ねん佛の。一へんおも申さねハ。なんぼうこれ。とが也。ミこ。ほつしやと。いゑ共。人の。せもつとこい。ほうせされハ。さなから。ねんてつをぶくするか。ごとし。おもいもよらす。

一猶々おろかに。おわします。初七日しんくわう王。請取給へて。たすけ給へといゑども。かのおき。なかうけ取。じやうねつの。ぢごく。おとすも。ミつからか。はからいなり。

一二七日しよかう王請取給て。たすけ。たまへと。いゑども。かのおきなか請取。三津の川に。せめおとす。ときんハ。しやか如来も。かなわせ。給わんぞや。をもいもよらん。

一三七日そうてい王請取給て。たすけ給といゑども。かのおき。なか請取。はりのミことうニ。せめむけ。とうれハ。ゆるす。とうらねハ。くろがねの。ふちを以テ。ミんちん打くだくも。ミつからか。はからいなり。

一四七日五くわん王請取給へて。たすけ給へと。いへども。かのおきなか。請取。こうのはかりニ。かけ。あくだうニ。おとすもミつからか。はからいなり。

一五七日ゑんま王請取給へて。たすけ給へと。いゑとも。しやうはりの。かゝみにむけ。あくやぜごんを。さたすると。いへとも。かのおきなが。うちでの。こつちをもつて。一万六千才の。ちごくを。うちいだし。とつておとすも。ミつからか。はからいをもいもよ（ら）ん。

一猶々おろかに。おわします。六七日べんしやう王請取給へて。たすけたまへといへとも。ミつから請取。つるきの山にせめむけ。くを請さする。ときんハ。ほとけもかなわせ。たまわん。しかるニ。しやくそんののたまう。鬼神かミ、に。いらす。つミ。ある物おも。つミなき物おも。た、一ゑにゆるせとや。おもひもよらす御事なり。

一七々七日たい三王。うけとり給いてたすけ給ふといへとも。かの。おきなか。請取。四十九の。もちいか有ハ。もちにうち。四十九のもちいか。なけれハ。みけんミくたり。あしの。つまさきまで。四十九くぎを。うつもおきなかはからい　おもひもよ(ら)ん。

一百ケ日びやうどう王請取給いてたすけ給といへ共。かのおき(な)が請取。ぢごくかきちくしやう。しゆら道に。おとすも。ミつから。はからいなり。おもひもよらす。

一一しようき。年王請取給いて。たすけ給ふと、いゑとも。かのおきなか請取。くろかねの。うすきねを以て。つきはたく。これなにたる。ゆへぞ。しやバ世界の。人の七々くさのなりわいを。つくりてハ。佛神三宝に。たてまつらす。又ハ念佛の。一へんおも申さす。むようニくいうしなうゆへに。よつて。此くを。うけさするも。ミつからか。はからいなり。

一大三年きと申ハ五たう天りん王請取給いて。たすけ給ふといへ共。ぜんこんをし。あくを。このまさる物こそ。佛《ほとけ》もたすけ給へ。ぜんこんおも。せず。あくをこのむ物を。ミつからが請取。八まんちごくニ。おとすも。ほとけも。かなわせ給ハす。おもいもよらす。

一七年きと申ハ。あしく佛請取給いて。たすけ給ふと。いゑとも。おなじく。百八の年からに。おいてハ。しよてんのかげに。ミをもちけるに。ゑん日をもしらず。又ハしおいこうりを。とつて。しやだんニあゆミを。はこばされハ。ねつてつに。おつるも。ほとけも。かなわせ給わんぞや。

一十三年きと申ハ大日如来請取給へて。たすけ給ふと。いゑとも。一字せんぎんニ。あたう。すてに。しのおんな。七尺さつてかげを。ふまんと。ゆうニ。したのかやるとて。しの事おも。そしり。おなじく。ともからを。そしる。とがに。よつて。かなばしをもつて。三寸のしたを。ぬくも。ミつからか。はからいなり。
一十七年きと申にハ。びるしやのふつ請取給いて。たすけ給ふといへ共。いしやうの有をハ。きにかけて。我か身ハ大くわゑんの水ニかけて。さけぶ物あり。これハ。何たるゆへそ。さんぞく。かいぞくをして。人のいしやうを。はぎとりたるゆへに。きる物ハ。あるおきんとすれハ。くわゑんとなりて。やきうしなう。やかて。かんのちこくに。おとすも。ミつからか。はからいなり。をもひもよ（ら）ん。
一二十五年きと申にハ。るしやのぶつ請取給いて。たすけ給ふと。いゑとも。ゆゑをかたるべし。くわうミやう。あきらかの。じやうどゝ申せしか。わかゆへミを。こゝろゑて。あるじの。おんなニゆいけれハ。しかるに。おんなハ。つミぶかし。のちのよを。しらんとて。せんごんをいとなミしゆへニよつて。九ほんの。じやうどニかきおかれたり。五ほんのじやうどニハ。三ぜのしよ佛の。あつまり給へて。くわうミやうの。ために。ひかりだうを。つくられける物なり。かゝる事おも。ミづからか。はからい也。
一三十三年忌と申にハ。こくうざう菩薩請取給いて。たすけ給ふといへ共。ちゝ母の。おんのしらんゆへに。よつて。あいむけんおとする。ミつからか。はからいなり。しやくそんハ。一ゑニたすけよとのたまふ。ゆるし給ず。しらず又ゆるし給まじきおもしらず。
一しやくそんの。おゝせをハ。いかてかそむき申べし。かくハ申せども。ミつからこそ。あわれなれ
一おいのさかだにくるしきに。又たびたつそあわれなる物
一おいのさか。のほると見へて。く（だ）らんハ又たびたつそあわれ（なる物カ）
一おいの坂登りて見れハあととを（し）。いそがんたひのさきのちかさや

宝暦十一辛巳年
九月吉日　　　扇　弥平

〈資料6〉提婆　舎利倉家　安政五年本

一《佛》初春のしけくひらけるるりの地に
　　まわふの者の伏ぞあやしき
一《鬼》山たけし岩をきひしきるりの地に
　　あらひらふさで誰かふすべし
一《佛》山里ハ夜社寝られぬこのころハ
　　松吹風におとろかされて
一山たけし岩をきひしくさく花も
　　あらひらつまて誰か摘べし

荒平ならでたれかふすべし。我をたそととふへき人とては、天ぢくにてハ釈迦、だるま、とふとにてはけいくわそふ、まけいそふ、我か朝にてハゑんのきやうじや、弘法大師。是ならで我をたそととふべき人もなし、天こそ父よ地こそ母よ、

一猶を申候か我らひぎやうじざいなる事をかたつてきかせ申へし、かん事ハ船の事、瀬とハ岩の物語り、せい王ぼうそのゝもゝ三千年に花ひらき、四千年にミとなる事おも此おきなが七度迄ミてある。又おうみの水海が七度ひくはらとなり岩となりくがとなりたる事おも此おきなが七度迄ミてある、それのみならずかのしくわつじやうをうちふつて、三千大千せかいをせつながあいだひぎやうして、いまだ三がいの

提婆　舎利倉家　安政五年

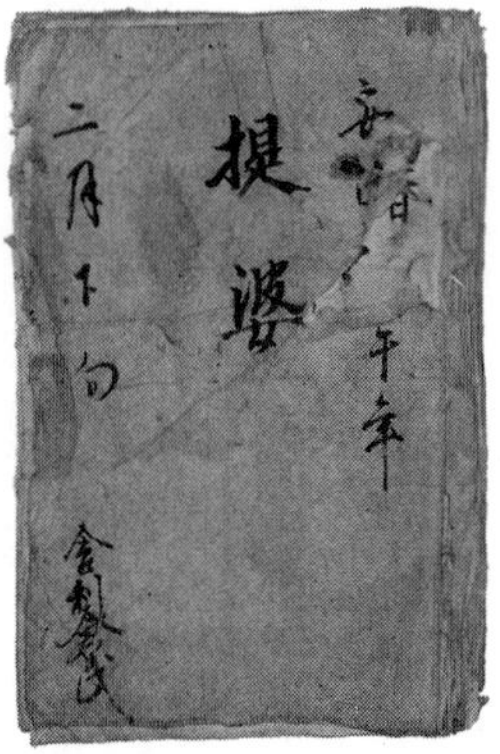

（表紙）

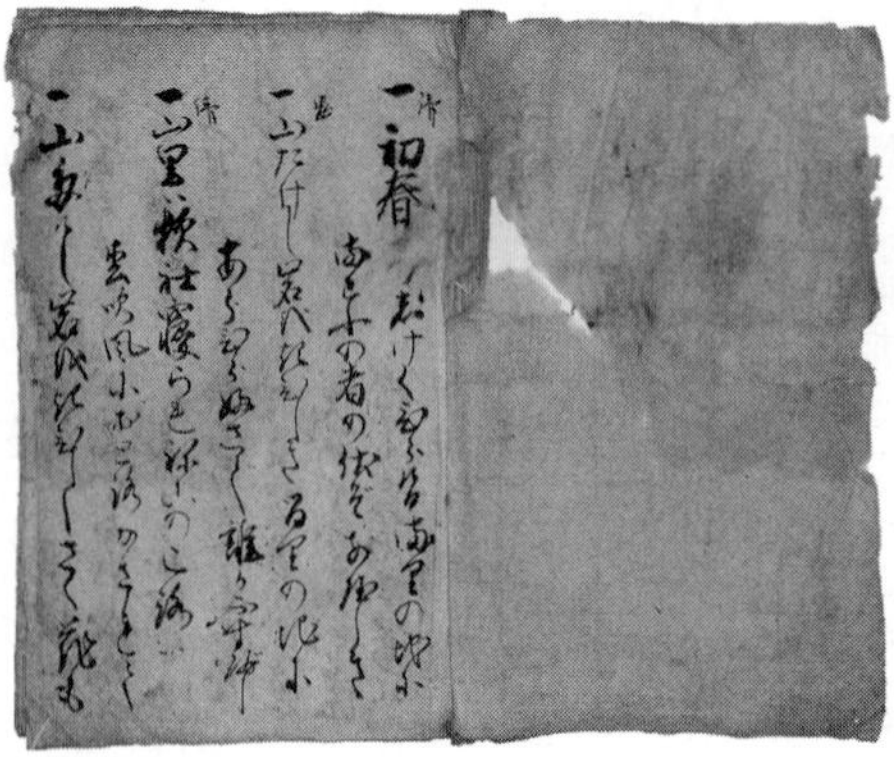

まよいのしゆじや《(う)》をとつて天にけあげ、おつる所をとつておさへ、くわつ〳〵とうちくだき、づいをとふしちをすいほねをかミ、あじおふときんバ、いかなる佛菩薩もかない給わん、

一猶を仰候か我らよわい久しき事を語て聞せ申べし、是よりも五天ぢくあいさかさま川とてかわあり、かの川と申たハ川上ハ辰巳にて川下ハ丑寅になかる、大川なり、されハかの川のははたにことぜんぼうどうとてどう《(堂)》有、彼どふと申たわ、東方一方ハおやかう〳〵なるしゆじやうのそつくすゝたるかみにてふく、南方一方ハ親かう〳〵なるしゆじやうのきつてすてたるつめにてふく、西方一方ハ親かう〳〵なるしゆじやうのしゝたるしやりこつをもつてふく。北方一方と申たハ今た三かいのしゆしやうのせんの心をとりのけ。あくの心をちかづけ。どうとうおもこんりゆうせす、大川にふねをもやらす、小川にはしおもかけす、やふれげうおも申さず、さむきにおんそうおもあたゑず、ひどるきにしよくもつヲもとらせず、たゝおしさほしさばかりにて、むどふしんにてあるあいだ、されバ彼どふくわゑんとなつてもゑくつるゝ事、此おきなが七度まで見て有る、かほどよわい久しきおきなが搦取たるしんのつなをゆるし候へとや、

一初七日秦廣王請取給いてたすけ給へともふせとも、まず此おきながうけ取て悪や善根のさらし、其後初大じごくにとつてせめおとすときんば、いかなるふどふ明王もかない給わん、

一二七日しよかう王請取給いてたすけ給へと申せども、あくやぜごんのさらし、其後すいばつぢこくにとつておとすときんバ、いかなる釈迦如来もかない給わん、

一三七日宗帝王請取給へ《(て)》たすけ給へと申せとも、あくやせごんのさらし、其後かせんどふぢごくに取て落すときんハ、文殊菩薩もかない給わん、

一四七日五官王請取給へてた《(す)》け給へと申せとも、まず此おきながうけ取て、あくやぜごんのさらし、其後こくしやうちごくにとつておとすときんバ、普賢菩薩もかない給わん、

一五七日焔魔王請取給いてたすけ給へと申せども、先此おきながうけ取て、あくやぜごんのさらし其後しよふはりのかゞみのまへにとつておとすときんバ、地蔵菩薩もかないに給わん、

一六七日変成王請取給へて助け給へと申せども、まず此おきなが請取て、あくやぜごんのさらし、其後やみの林しにせめ落すときんハ、弥勒菩薩（も）叶給わん、

一七々日に相当るときんハ、泰山王請取給へて助け給へと申せども、まつ此おきなが請取て、あくやぜごんのさらし、其後かやの木のくぎを長サ壱尺二寸、中八寸、小六寸ニつくらせて、されハかのくきのうちところ、かふべに六ツ、むねむらに二十二、こしに十五、ほぞふ壱つ、両手両足に八つ、合て七々四十九うたれける、されハかのつちおと天ハひゝそう天、大地ハならくのそこまでも、とふ〳〵とひゞくなり、かゝるくげんをうけて後、こくしやう地ごくにせめおとすときんハ、いかなる薬師如来も叶給わん、

一百ケ日平等王請取給へて助け給へと申せとも、先此おきなが請取て、あくやぜこんのさらし、其後かき道地獄に取て落すときんバ、くわんせ菩薩も叶給わん、

一一周忌に相当るときんバ、都市（帝）王請取給て助け給へと申せども、先此おきなが請取て、あくやぜごんのさらし、其後畜生地獄にせめ落ときんハ、いかなる勢至菩薩も叶給らん、

一第三年忌五道天輪王請取給へて助け給（へ）と申せとも、先此おきなが請取て、あくやぜこんのさらし、其後ねつてつ地獄にせめ落すときんハ、いかなる阿弥陀如来（も）叶ひ給わん、

一七年忌蓮帝王請取給いて助け給へと申せども、まづ此おきなが請取て、あくやぜこんのさらし、其後すいね地獄におとすときんハ、あしく如来も叶ひ給わん、

一十三年忌抜苦王請取給いて助け給へと申せとも、先此おきな請取て、あくやぜこんの（さらし）、其後むけんちこくに落すときんハ、いか成大日如来も叶ひ給わん、

一十七年胎蔵界盧遮佛も叶ひ給わん、
一二十五年愛染明王も叶ひ給わん、
一三十三年虚空蔵菩薩も叶ひ給わん、
一おいのさか登りて見れハあととふし
いそかんたひのミちのちかさや

あとがき

三年まえの春、久しぶりに再会した井上隆弘氏と、鴨川ぞいの床のジャズバーのテーブルで交わしていた何気ない会話……。思えば、それが本書の出発点だった。

そもそも、われわれふたりは、神語り研究会の同人だった。「神語り研究」といえば、いまや知る人は知る、伝説的な存在かもしれない。山本ひろ子氏を主宰に、七十年代の〈学と知〉の反乱の時代を受け継ぎつつ、アカデミズムとは異なる地平をめざした研究者集団だ。そこでの共同研究のテーマが、奥三河の花祭だった。これまで正面から扱われてこなかった祭文の解読、そこから浮かんでくる牛頭天王や大土公神、荒神など異神たちの信仰世界、あるいは華麗な舞がもつ象徴的な意味の分析へとのめりこんでいった。だが研究会も『神語り研究』第五号を刊行して後、いつか解散した。そして歳月は流れ、われわれはそれぞれ別々の道を歩んでいた……。

そんなふたりがひょんなことで再会し、最近の祭文や神楽をめぐる研究状況を話し合ううちに、若手の研究者や、あるいは異分野の研究者をも巻き込むような、先鋭的な論文集を作りたいという気持ちが沸き起こり、やがて話はどんどん進んでいった。さらに二〇一四年の春、「いざなぎ流と物部川流域の文化を考える会」が主催した、いざなぎ流の祭文をめぐるシンポジウムが、本書を具体化してくれる大きな役割をはたしてくれた。

かくして、二〇一五年の暑い夏の一日、京都の某会館に、われわれふたりが「ぜひ書いてほしい」と呼びかけた研究者の方々に集合していただき、論文集の主旨とともに、それぞれが書きたいテーマや課題を提示して、議論することを通して、ほぼ全員の執筆によって成ったのが、『神楽と祭文の中世』を名乗る本書である（なお、神語り研究会の同人で、若くして急逝した池原真氏の論稿を再録できたことは、なによりも嬉しいことだ）。

ここに結集した論文たちは、従来の民俗芸能研究の枠組みでは捉えきれなかった、列島社会の「中世」に息づいていた神楽の現場、そして祭文の信仰世界を描き出してくれているはずだ。もちろん本書が、どれほど研究史を進展させたかの判定は、読者の方々にお任せするしかないが。

最後に、編者ふたりの無理難題に応えてくれた執筆者の皆さま、そして献身的な力をもって、編集実務にあたってくださった思文閣出版の三浦泰保さんに、最大級の感謝を申し上げます。

斎藤英喜

二〇一六年十月　秋の深まる京都で

Jane Alaszewska（ジェーン・アラシェフスカ）
1972年生．ロンドン大学東洋アフリカ研究学院SOAS音楽学科民俗音楽専攻博士過程修了．
ロンドン大学東洋アフリカ研究学院SOAS日本宗教センター研究員．
ジェーン・アラシェフスカ，金田章宏編『八丈島古謡：奥山熊雄の歌と太鼓』（笠間書院，2005年），「Edo Traditions on the 'Islands of Exile': The Narrative Ballads of the Southern Izu Islands」（『World of music』46-2号，2004年），ジェーン・アラシェフスカ，アンディ・アラシェフスカ共同執筆「Purity and Danger: shamans, diviners and the control of danger in premodern Japan as evidenced by the healing rites of the Aogashima islanders」（『Health, Risk and Society』17，3-4号，2015年）．

渡 辺 伸 夫（わたなべ・のぶお）
1942年生．早稲田大学商学部卒業．椎葉民俗芸能博物館神楽研究所（所長）．
『椎葉神楽発掘』（岩田書院，2012年）．

翻訳者紹介

Giorgio Premoselli（ジョルジョ・プレモセリ）
1983年生．佛教大学文学研究科仏教文化専攻博士課程満期退学．佛教大学文学研究科仏教文化専攻研究員．
「陰陽道神・泰山府君の生成」（『佛教大学大学院紀要』42号，2014年），「漫画と神話――『蟲師』」（斎藤英喜編『神話・伝承学への招待』思文閣出版，2015年），「陰陽道の祭祀と呪術」（『陰陽師の世界』別冊宝島2443号，2016年）．

松山由布子（まつやま・ゆうこ）
1984年生．名古屋大学文学研究科博士課程後期課程修了（文学）．名古屋大学文学研究科附属人類文化遺産テクスト学研究センター研究員．
「奥三河の民俗芸能と文学記録」（『愛知県史　別編　文化財４　典籍』愛知県，2015年），「花太夫所蔵文献に見る奥三河の宗教文化――宗教テクストの特徴と普遍性をめぐって」（『説話・伝承学』第23号，2015年），「奥三河の宗教文化とその担い手」（地方史研究協議会編『三河――交流からみる地域形成とその変容――』雄山閣，2016年）．

神 田 竜 浩（かんだ・たつひろ）
1972年生．中央大学文学部卒業．独立行政法人日本芸術文化振興会勤務．
「壱岐神楽の荒平舞」（『民俗芸能研究』第51号，2011年），「山代本谷神楽」（『民俗芸能』第92号，2012年），「下柴彼岸獅子舞」（『民俗芸能』第92号，2012年）．

池 原　 真（いけはら・しん）
1953年．同志社大学文学部卒業．2012年逝去．
「調査報告・草木霜月神楽――静岡県磐田郡水窪町草木」（『神語り研究』第３号，春秋社，1989年）「草木霜月神楽の祭祀組織と祭祀形態」（『神語り研究』第５号，岩田書院，1999年），「山梨県上野原市秋山村無生野の大念仏〈道場入り〉の世界」〔１〕〔２〕（『年間藝能』第16号・第17号，2010年・2011年）．

鈴 木 昂 太（すずき・こうた）
1988年生．総合研究大学院大学日本歴史研究専攻後期博士課程在籍中．
「比婆荒神神楽の時空間：神楽場の民俗誌」（『民俗芸能研究』60号，2016年），「研究公演「石見大元神楽」」（『総合研究大学院大学文化科学研究科　学術交流フォーラム2014　活動報告書』2015年）．

梅 野 光 興（うめの・みつおき）
1962年生．大阪大学大学院文学研究科前期課程修了．高知県立歴史民俗資料館学芸員．
「解釈の技法・記憶の技法――高知県大豊町の蛇淵伝説――」（小松和彦編『記憶する民俗社会』人文書院，2000年），「いざなぎ祭文の誕生」（斎藤英喜編『呪術の知とテクネー』森話社，2003年），「妖怪譚――土佐の河童伝承を事例として――」（斎藤英喜編『神話・伝承学への招待』思文閣出版，2015年）

永 松　 敦（ながまつ・あつし）
1958年生．総合研究大学院大学文化科学研究科国際日本研究専攻博士後期課程修了．宮崎公立大学教授．
『九州の民俗芸能――海と山と里と　交流と展開の諸相――』（鉱脈社，2009年），『狩猟民俗研究――近世猟師の実像と伝承――』（法藏館，2005年），『狩猟民俗と修験道』（白水社，1993年）．

執筆者紹介（収録順，＊は編者）

＊斎 藤 英 喜（さいとう・ひでき）
1955年生．日本大学大学院文学研究科博士課程満期退学．佛教大学歴史学部教授．
『いざなぎ流　祭文と儀礼』（法藏館，2002年），『増補　陰陽道の神々』（思文閣出版，2012年），『陰陽師たちの日本史』（角川選書，2014年）．

＊井 上 隆 弘（いのうえ・たかひろ）
1947年生．秋田大学鉱山学部鉱山地質学科中退，法政大学経済学部卒業．佛教大学総合研究所嘱託研究員．
『霜月神楽の祝祭学』（岩田書院，2004年），「南九州の神楽における荒神」（『民俗芸能研究』第56号，2014年），「三信遠における死霊祭儀」（『国立歴史民俗博物館研究報告』第142集，2008年），「神楽と死者のまつり」（『佛教大学総合研究所紀要』第23号，2016年）．

梅 田 千 尋（うめだ・ちひろ）
1970年生．京都大学文学研究科博士課程日本史学専修単位取得退学（文学）．京都女子大学文学部准教授．
『近世陰陽道組織の研究』（吉川弘文館，2009年），「近世の神道・陰陽道」（『岩波講座日本歴史』第12巻，岩波書店，2014年）．

阿 部 泰 郎（あべ・やすろう）
1953年生．大谷大学大学院文学研究科博士後期課程（仏教文化専攻）単位取得退学．名古屋大学文学研究科（2017年４月より人文学研究科）附属人類文化遺産テクスト学研究センター教授・センター長．
『湯屋の皇后――中世の性と聖なるもの』（名古屋大学出版会，1998年），『聖者の推参――中世の声とヲコなるもの』（同，2001年），『中世日本の宗教テクスト体系』（同，2013年）．

北 條 勝 貴（ほうじょう・かつたか）
1970年生．上智大学大学院文学研究科史学専攻博士後期課程単位取得満期退学．上智大学文学部准教授．共編著『環境と心性の文化史』上・下（勉誠出版，2003年），共編著『寺院縁起の古層――注釈と研究――』（法藏館，2015年），共著（北原糸子編）『日本災害史』（吉川弘文館，2006年）．

星　 優 也（ほし・ゆうや）
1991年生．佛教大学大学院文学研究科歴史学専攻博士後期課程在籍中．
「荒木株と株講――記念碑・系図の祭祀と系譜の世界――」（『福知山市三和町草山の民俗――2013年度「歴史文化フィールドワーク調査報告書」――』2014年），「「偽史」が創り出す民俗――『東日流外三郡誌』を中心に――」（斎藤英喜編『神話・伝承学への招待』思文閣出版，2015年），「『神祇講式』の流布と展開」（『鷹陵史学』第42号，2016年10月）．

神楽《かぐら》と祭文《さいもん》の中世《ちゅうせい》
—変容《へんよう》する信仰《しんこう》のかたち—

2016(平成28)年11月30日発行

定価：本体8,000円(税別)

編　者　斎藤英喜・井上隆弘
発行者　田中　大
発行所　株式会社　思文閣出版
〒605-0089　京都市東山区元町355
電話075-533-6860(代表)

装　幀　小林　元
印　刷
製　本　亜細亜印刷株式会社

ISBN978-4-7842-1871-4　C3039